EDUCAÇÃO INTEGRAL
NOTAS SOBRE A PARTICIPAÇÃO DE CRIANÇAS NA
EXPERIÊNCIA DE MAIS TEMPO NA ESCOLA

Editora Appris Ltda.
1.ª Edição - Copyright© 2024 da autora
Direitos de Edição Reservados à Editora Appris Ltda.

Nenhuma parte desta obra poderá ser utilizada indevidamente, sem estar de acordo com a Lei nº 9.610/98. Se incorreções forem encontradas, serão de exclusiva responsabilidade de seus organizadores. Foi realizado o Depósito Legal na Fundação Biblioteca Nacional, de acordo com as Leis nos 10.994, de 14/12/2004, e 12.192, de 14/01/2010.

Catalogação na Fonte
Elaborado por: Josefina A. S. Guedes
Bibliotecária CRB 9/870

B152e 2024	Baiersdorf, Márcia 　　Educação integral: notas sobre a participação de crianças na experiência de mais tempo na escola / Márcia Baiersdorf. – 1. ed. – Curitiba: Appris, 2024. 　　346 p. ; 23 cm. 　　Inclui referências. 　　ISBN 978-65-250-5878-8 　　1. Educação Integral. 2. Crianças – Pesquisa. 3. Ensino fundamental. I. Título. II. Série. 　　　　　　　　　　　　　　　　　　　　　　　　　　CDD – 370.112

Livro de acordo com a normalização técnica da ABNT

Appris
editora

Editora e Livraria Appris Ltda.
Av. Manoel Ribas, 2265 – Mercês
Curitiba/PR – CEP: 80810-002
Tel. (41) 3156 - 4731
www.editoraappris.com.br

Printed in Brazil
Impresso no Brasil

Márcia Baiersdorf

EDUCAÇÃO INTEGRAL
NOTAS SOBRE A PARTICIPAÇÃO DE CRIANÇAS NA EXPERIÊNCIA DE MAIS TEMPO NA ESCOLA

FICHA TÉCNICA

EDITORIAL	Augusto Coelho
	Sara C. de Andrade Coelho
COMITÊ EDITORIAL	Ana El Achkar (UNIVERSO/RJ)
	Andréa Barbosa Gouveia (UFPR)
	Conrado Moreira Mendes (PUC-MG)
	Eliete Correia dos Santos (UEPB)
	Fabiano Santos (UERJ/IESP)
	Francinete Fernandes de Sousa (UEPB)
	Francisco Carlos Duarte (PUCPR)
	Francisco de Assis (Fiam-Faam, SP, Brasil)
	Jacques de Lima Ferreira (UP)
	Juliana Reichert Assunção Tonelli (UEL)
	Maria Aparecida Barbosa (USP)
	Maria Helena Zamora (PUC-Rio)
	Maria Margarida de Andrade (Umack)
	Marilda Aparecida Behrens (PUCPR)
	Marli Caetano
	Roque Ismael da Costa Güllich (UFFS)
	Toni Reis (UFPR)
	Valdomiro de Oliveira (UFPR)
	Valério Brusamolin (IFPR)
SUPERVISOR DA PRODUÇÃO	Renata Cristina Lopes Miccelli
PRODUÇÃO EDITORIAL	Miriam Gomes
REVISÃO	Camila Dias Manoel
DIAGRAMAÇÃO	Andrezza Libel
CAPA	Tiago Reis

*Às crianças da Capoeira,
com carinho e gratidão,
por terem me emprestado um
segundinho dos seus olhos.*

*Não há tempo perdido nem tempo a economizar
o tempo é todo vestido de amor e tempo de amar.*

*(Carlos Drummond de Andrade,
O tempo passa? Não passa,
em Amar se aprende amando)*

PREFÁCIO

Marcia, autora do livro, "pegou a rua errada", no melhor sentido benjaminiano do termo! Definitivamente ela pegou a rua errada! E, ao assim fazer, nos ofereceu outros caminhos investigativos, novas paisagens da instituição escolar, outras perspectivas sobre as experiências das crianças na escola e na vida – e isso tudo pelo olhar das próprias crianças.

Escolhendo não pegar a rua certa (a que proporcionaria seguranças e certezas) ela opta pelos caminhos que trazem "os terrores da errância" (Benjamin, 2021, p. 557), trazendo becos inesperados, cantinhos vistos a partir de uma outra perspectiva, cheiros que transbordam, pensamentos que pulsam, denúncias que nos deixam de "pernas bambas", mas, também, possibilidades e apostas que nos afagam a alma.

Dentre os vários caminhos errantes, escolho aqui destacar apenas alguns, na esperança tanto de não adiantar muitos dos segredos de leitura que o livro nos proporciona, quanto de não macular uma escrita tão fluida e prazerosa quanto a que a autora nos proporciona.

Um dos primeiros passeios que faço com a autora é por uma rua estreita e longa, cheia de pedras e fronteiras espinhosas. Trata-se do caminho das políticas públicas educacionais brasileiras do início do século XXI, que vinha tentando fazer avançar a ideia de uma escola verdadeiramente "integral" em que não apenas se aumentasse o tempo das crianças e jovens na escola, mas que se desenvolvesse uma educação com ampliação cultural a partir de várias perspectivas e experiências. Para isso era necessário uma verdadeira educação intercultural que cruzasse as rotas do conhecimento escolar com a dos saberes locais. Nessa bela encruzilhada, a separação entre conhecimento científico e cotidiano deveria ser borrada. Mas, isso é possível? A autora mostrará que sim. Às vezes mostrará que não... Acho que bem no fim, mostrará o quanto as crianças não estão alheias a isso.

Passando pela rua pesada da política, em que até se duvida da sua eficácia, tamanho o pouco investimento e incentivo das políticas governamentais a esta proposta de Educação Integral, seguimos o mapa desenhado pela autora que nos leva a uma instituição, a escolar. O mapa tem muitas delas, mas, de início, a autora quer problematizar a própria ideia de Escola Integral oferecida pelos documentos oficiais. Neles, esta escola deve (por palavras minhas, não dos documentos) se "desarrancar" do lugar, movimentar-se em torno da sua comunidade, de seu próprio território, compreendido agora como "educativo", conhecendo o que ele pode oferecer, seja clubes e igrejas, seja bibliotecas, museus, centros culturais, comerciais, fábricas, entre outros. Sobre essa concepção de território educativo, aliás me pergunto: será que todos os territórios se mostram como um "recurso" para as crianças ou se, em alguns casos, se apresentam como uma "restrição" (Ferreira; Fernandes, 2023)?

De qualquer forma, esse "desarrancamento" da escola, é quase certo, criaria novos movimentos, novos sentimentos e afetos e, inclusive, os atores escolares teriam maior chance de se sentirem parte da tessitura de suas comunidades. O mesmo valeria para o pertencimento à cidade, a partir de visitas "a museus, parques, comunidades indígenas e quilombolas, dentre outras". Desta forma a educação integral correria por todas essas ruas, caminhos, rotas e, mesmo, nos pequenos carreirinhos trilhados pelas crianças.

No entanto, para entender melhor a questão, a autora ainda nos oferece mais algumas errâncias. Com ela mergulhamos em uma parte de Piraquara – cidade da região metropolitana de Curitiba –, que é descrita a partir de uma paisagem de tirar o fôlego, tamanha gentileza na descrição e no cuidado com as imagens e textos. Na verdade ela sabe o quanto elas são potentes e podem se fixar em nós, criando novas compreensões e afetos sobre as experiências das crianças. É assim que, continuando a viagem, sentimos o cheiro do mato, as cores do amanhecer, o céu de Piraquara visto pelo próprio olhar das crianças. Deste momento em diante do texto, já estamos inebriados e rendidos pelos muitos tons – de inspiração benjaminiana, isso é certo – de como as crianças pensam seus tempos e espaços de moradia, mas, também, na escola. Na narrativa, embora com muita sensibilidade, também não falta ao texto a crítica necessária, o posicionamento firme sobre tudo o que acontece na escola, no projeto de educação integral, na própria vida das crianças.

Nesta parte da viagem, ela nos apresenta fios históricos que formaram a cidade e a região onde se situa a escola analisada, tanto pelo olhar de moradores antigos quanto das histórias ouvidas pelas crianças. Mas as trilhas são longas, se ramificam e nos é proposto, como leitores, um outro percorrer. Nele, a paisagem vai se tornando muito mais rural que urbana, com uma incrível relação afetuosa das crianças com os bichos, o mato, as plantações, as lagoas e tanques de criação de peixe e onde até os papagaios entram pela janela do quarto das crianças.

A autora tensiona, então, se essas experiências das crianças se relacionam com as experiências escolares. Tem a ver? Dialogam? Se opõem?

Pela proposta curricular da política nacional de Educação Integral analisada no livro, as mandalas curriculares propostas devem relacionar saberes científicos com os da comunidade, mas, como diz a própria autora, nem os documentos trazem exemplos de mandalas produzidas a partir de diferentes localidades, quanto mais organizadas por professores, ou pelas próprias crianças.

É aqui, mais uma vez, que o livro se mostra muito inovador. A autora nos oferece uma construção ativa e potente de uma mandala curricular produzida pelas próprias crianças. Metodologicamente, do meu ponto de vista, ela faz isso desde o momento em que passa a percorrer diferentes caminhos realizados com as crianças (no ônibus, nas chácaras, na comunidade, mas também na escola, na visita ao Cras etc.), ou quando pede para as crianças fotografarem o seu cotidiano. Isso, aliás, lembra muito o que um pesquisador da infância indígena chamou de *pegadas reticulares autorais* (Souza, 2020).

É a partir dessas pegadas reticulares que sabemos do que as crianças mais gostam, de como observam a natureza, o crescimento das plantas, o céu ("é legal olhar a lua quando tá bem frio. Parece que ela fica andando e umas nuvens passando por cima dela", explica Gabriel). Isso demonstra uma incrível integração criança-bichos-natureza-ciência, a partir de "Paisagens bonitas para um dia de Sol" (Luan). Elas contam ainda sobre o brincar livre na natureza ao redor da casa, de "brincar de lobisomem", do banho de mangueira, de casinha. Falam de suas incríveis coleções. Essas pegadas autorais percorridas com as crianças são, portanto, de intensa aprendizagem!

E ainda, frente a uma escola repetitiva, pouco organizada para a ampliação do tempo-espaço, que proporciona "atividades soltas e esperas vãs" são as crianças aqui que pegam a rua errada. Elas reivindicam, questionam, burlam, gazeteiam, bricolam, usam táticas (Certeau, 1998), enfim, mostram os limites deste tipo de educação instrumental, tornando impraticável, pela escola, realizar a Educação Bancária denunciada por Freire.

Elas nos contam o que querem, o que pensam, como pensam e denunciam uma escola que não está, muitas vezes, cumprindo o seu papel nesse projeto de escola integral. Fazem críticas importantes, mostrando que fazer mais do mesmo não funciona; que tocar adiante um projeto de escola integral a partir de monitores e sem maiores investimentos, só faz com que elas queiram voltar para casa, preferindo ficar com seus cavalos, cachorros ou gatos, brincando, ou, até em certas vezes, trabalhando junto com suas famílias.

Ao olhar para dentro da escola a autora também não se dá por feliz com uma análise mais fácil ou maniqueísta do que é bom ou ruim, ela pondera, apura o olhar para nos mostrar aquilo que vaza da cultura escolar, as práticas gazeteiras (Certeau, 1998), as rebeldias, mas também as reproduções institucionais de preconceitos, racismo, machismo.

Assim, a pergunta "Como as crianças participam de mais tempo na escola?" é respondida plenamente. É a partir da triangulação entre criança, escola e lugar que o texto nos entrega o agigantamento da "criança" em relação ao de "aluno/a", nos oferece diretamente a crítica impaciente que elas fazem – perfeitamente bem construída e atuada –, dos problemas de uma escola integral, que não foi pensada a partir delas, com elas, mas sim a partir de muitas experiências empobrecidas ou inalteradas para um tempo ampliado na escola.

Abrindo uma grande janela de escuta, a autora fala das "desorganizadas e emergentes rebeldias ou das silenciosas contestações" das crianças e ao assim fazer, mostra o nível apurado de crítica das crianças, demonstrando que a construção de outros currículos feitos com elas, levando em conta o que elas têm a dizer, é central para que a escola de tempo integral não fracasse já no início do seu projeto!

Curitiba, primavera de 2023
em meio a mais uma crise climática

REFERÊNCIAS

CERTEAU, M. **A invenção do cotidiano**: artes de fazer. Petrópolis: Vozes, 1998.

FERREIRA, Valéria Milena R. Ferreira; FERNANDES, Sonia Maria. Infância e justiça espacial: Desigualdades inter e intrabairros na apropriação da cidade por crianças curitibanas. **Educação em Revista**. 2023.

SOUZA, José Valderi Farias de. **Crianças Huni Kuin e suas redes de interdependência**: tensões e negociações nas configurações da infância indígena. Tese de doutorado. Programa de pós-graduação em Educação da UFPR. Linha DDDSE, 2023.

APRESENTAÇÃO

O texto que aqui apresento resulta de uma pesquisa do cotidiano com crianças e em uma escola paranaense de ensino fundamental, incentivada por meio do Programa Mais Educação, federal, a ampliar tempos e espaços de escolarização, entre 2014 e 2016. O estudo considerou aproximações, distanciamentos e tensões entre o prescrito e o vivido na/com/contra a escola, como também vislumbrou possibilidades de ancoragem curricular com base em referentes culturais do lugar mediante as lentes fotográficas das crianças.

Trago algumas recomendações de leitura as quais considero válidas quanto às intencionalidades do livro, embora caiba a você, que me lê, a tessitura de uma dialogia entre o dito e o não dito, à luz do seu próprio percurso formativo e conforme as práticas sociais compartilhadas, incluindo a partir daqui suas interferências sobre o que essa autora lhe escreve.

Começo com a primeira recomendação. As notas de rodapé devem ser lidas. Importante considerá-las como formas de fazer fluir a reflexão que não pertence a uma pessoa só, mas reporta-se a outros estudos, paralelos e complementares, em composição com o que se passa dentro do texto principal.

Outra recomendação se dirige a alguém que, como eu, se esforça para ver o cotidiano para além do corriqueiro e se desafia a apreender algo de uma particularidade. Capturar o que se passa, portanto, em movimento e por dentro da estrutura é possível como na fotografia? Em um tempo e espaço de suspensão?

Não sei bem, mas penso que essa seria uma segunda recomendação de natureza metodológica. O percurso pode mudar, e mais de uma vez. Para isso, tranquilidade para ver o máximo em uma pequena parte do que se vê. Nada está predeterminado.

Mas isso significa ausência de objetividade? Ao contrário, diz respeito à busca sistemática do detalhe de um objeto complexo. Nessa perspectiva, pense no sumário como um mapa de um percurso que prioriza aquilo que escapa da regularidade, e põe visíveis vozes e ações dos sujeitos, constrói assim um roteiro, desejando que você os encontre na página remetida, daí a sua extensão.

Segue mais uma recomendação, complementar às anteriores. É sobre o reconhecimento e gratidão às gentes que ofereceram tempo e espaço para que a pesquisa da qual se originou o livro acontecesse. Movimento de abertura à experiência, compreendida como travessia e perigo.

Falo das pessoas de "antestempo" e das "de agora" tornadas participantes, especialmente as crianças, e falo do trabalho de aluno por elas realizado. Rostos, cores, vozes... partilha de pertenças e de diferenças no cotidiano. Mas também me refiro ao aporte teórico sustentado em outros textos, pesquisas, pesquisadores, os quais emprestaram os fundamentos do corpo do livro.

Estes últimos, autores de outros estudos, referenciados com seus respectivos nomes completos ao fim do livro. Porém no corpo do texto apenas as mulheres foram citadas pelo nome junto ao sobrenome, para demarcar a necessária perspectiva de uma educação feminista para a qual faz diferença demonstrar que, quando apenas o sobrenome é dito, a lógica social patriarcal nos induz a pensar na autoria de um homem. É ele quem tem a palavra final.

Romper com essa imagética é intenção desta edição, em revista à própria pesquisa, até porque mulheres e crianças aqui presentes têm algo a dizer.

No entanto o "aluno" aparecerá, ao longo do texto, no masculino, como sinônimo da palavra "trabalho". Não como sinônimo de crianças, embora elas estejam presentes enquanto exercem seus trabalhos de alunos. Nisso, vai mais uma recomendação de leitura.

"Alunos" referem-se a um trabalho sendo feito com o uso das lógicas escolares e sociais mobilizadas na sua realização, em conformidade ou contestação com o ensino instituído. Ao passo que as "crianças" são as pessoas aquém deles, reconhecidas ou não em seus saberes pelo currículo escolar oficial.

"Crianças" sendo aqui reportadas à "infância", mas no plural. Mesmo sendo elas parte de uma mesma realidade educacional vivida e compartilhada, não se vive a infância de um único modo e menos ainda sem o impacto das desigualdades sociais e das confluências sócio-históricas sobre a escola, a região, a casa e os percursos formativos experienciados.

E, por falar das infâncias, segue a última recomendação, de cunho ético e imagético. A categoria remete às crianças em sociedade, não apartadas da produção desse tempo histórico, com as suas ambivalências e contradições.

Remetidas a essa categoria plural, minha intenção é marcar que são capazes de transver, no presente-futuro, o passado, talvez como redenção. Algo do que se passou e que se revê a cada reencontro geracional, do qual a escola é parte. Suas atividades concentram-se nas coisas, nas sobras, no detalhe da imaginação, que confere mobilidade ao pensar e por isso destrói o pensamento único (atrofiado).

Não espere fotografias elaboradas como faria o adulto. Tente ver com os olhos das crianças; suas miudezas. E, ao escutá-las, por meio dos registros feitos por mim (com a minha própria limitação de adulto), espero tocar você com os lampejos da experiência delas... Um inédito-viável tecido aos poucos, talvez com a fragilidade e a força de um saber vivido. Por que não tornado parte do conhecimento escolar?

Mas, se você me perguntar "O que pode um olhar tão miúdo em face das contingências e urgências impostas ao ensino, sobrepostas à escola convencional?", eu lhe respondo: com tudo e nada.

Porque a macropolítica define, mas não define a escola, tampouco classifica perfeitamente as pessoas que a frequentam. E que a constroem como experiência social a cada novo encontro com as infâncias.

A autora
Piraquara, 7 de agosto de 2023

LISTA DE SIGLAS E ACRÔNIMOS

AIB	Ação Integralista Brasileira
Anfope	Associação Nacional pela Formação dos Profissionais da Educação
APA	Área de Proteção Ambiental
Caic	Centro Integrado de Atenção à Criança
Capes	Coordenação de Aperfeiçoamento de Pessoas de Nível Superior
Cecip	Centro de Criação de Imagem Popular
Cenpec	Centro de Estudos e Pesquisas em Educação e Cultura
Ciep	Centro Integrado de Educação Pública
Comec	Coordenação da Região Metropolitana de Curitiba
Consed	Conselho Nacional de Secretarias de Educação
CNT	Confederação Nacional do Transporte
Cras	Centro de Referência de Assistência Social
Fundeb	Fundo de Manutenção e Desenvolvimento da Educação Básica
FNDE	Fundo Nacional de Desenvolvimento da Educação
IBGE	Instituto Brasileiro de Geografia e Estatística
Ideb	Índice de Desenvolvimento da Educação Básica
IDHM	Índice de Desenvolvimento Humano
Inep	Instituto Nacional de Estudos e Pesquisas Educacionais Anísio Teixeira
Ipardes	Instituto Paranaense de Desenvolvimento Econômico e Social
MEC	Ministério da Educação
MDE	Manutenção e Desenvolvimento da Educação
ONG	Organização Não Governamental
PME	Programa Mais Educação
PDDE	Programa Dinheiro Direto na Escola
Pronasci	Programa Nacional de Segurança Pública com Cidadania

RMC	Região Metropolitana de Curitiba
SEB	Secretária de Educação Básica
Semed	Secretaria Municipal de Educação
SEP	Sociedade de Estudos Políticos
Snaf	Secretaria Nacional de Arregimentação Feminina
UERJ	Universidade Estadual do Rio de Janeiro
UFMG	Universidade Federal de Minas Gerais
UFPR	Universidade Federal do Paraná
UFRGS	Universidade Federal do Rio Grande do Sul
UFRJ	Universidade Federal do Rio de Janeiro
UnB	Universidade de Brasília
Undime	União Nacional dos Dirigentes Municipais de Educação
Unesco	Organização das Nações Unidas para a Educação, Ciência e Cultura
Unicef	Fundo das Nações Unidas para a Infância
Unirio	Universidade Federal do Estado do Rio de Janeiro
UPP	Unidade de Polícia Pacificadora
USP	Universidade de São Paulo
UTP	Unidade Territorial de Planejamento

SUMÁRIO

INTRODUÇÃO 23
   1. Relato de uma experiência à pesquisa 26
   2. Interpretação da demanda 32
   3. Alunos inquietos dizem "another brick in the wall" 37
   4. O corpo do livro 45

PARTE I
EDUCAÇÃO INTEGRAL MULTIFACETADA

1
PROGRAMA MAIS EDUCAÇÃO 53
   1.1 A educação integral sugerida no PME 56
      1.1.1 Currículo escolar em mudança 58
      1.1.2 Educação intercultural 59
      1.1.3 Ação educativa no território 61
   1.2 Ambivalência do discurso oficial 67
      1.2.1 Transformar a cultura escolar 69
      1.2.2 Promover a gestão intersetorial no território 78

2
PERSPECTIVA HISTÓRICA 85
   2.1 Um ponto de partida para a educação integral 86
   2.2 Movimento anarquista 90
   2.3 Pedagogia liberal progressiva 97
   2.4 Forças sociais regressivas 104

PARTE II
CAMINHOS DA PESQUISA

3
CONFIGURAÇÃO DO CAMPO EMPÍRICO 117
   3.1 Do território ao lugar de pertencimento 119
   3.2 Conhecendo Piraquara 122
      3.2.1 Piraquara de "antestempo" e de agora 123

3.2.2 Marcos históricos 127
3.2.3 Histórias do trabalho 128
3.2.4 Lazer ontem e hoje 133
3.2.5 Histórias das águas 136
3.2.6 Histórias da educação 139
3.3 O Seminário Municipal de Educação Integral 142
3.4 Por um passo a mais 148

4
O ESTUDO EM ESCOLA 151
4.1 Sociologia da experiência 154
4.2 Cotidiano e experiência 157
4.3 Outra educação 162
4.4 Abordagem participante 164
4.5 Composição metodológica 167
    4.5.1 Fases da entrada na escola e da exploração do campo 168
    4.5.2 Fase da produção de dados 171
    4.5.3 Fase do detalhamento das iniciativas de mais tempo 174

PARTE III
RECONSTRUÇÃO DA REALIDADE EDUCACIONAL DA CAPOEIRA

5
A ESCOLA 183
5.1 Conselhos de Classe 188
5.2 Conselhos Participativos 192
5.3 Episódios das salas de aulas 195
    5.3.1 Alfabetizandos do primeiro e do segundo ano 196
    5.3.2 Classe de transição 201
    5.3.3 Classe do quarto ano 203
    5.3.4 Classe do quinto ano 207
5.4 O acompanhamento do aluno Raimundo 210
5.5 As duas etapas do PME 212
    5.5.1 Sobre as atividades selecionadas 213
    5.5.2 Episódios do PME 216
    5.5.3 O uso das carteiras escolares 217
    5.5.4 Interações com o ensino regular 217

  5.5.5 Banalidades do cotidiano..219
  5.5.6 Constatações do PME..221

6
OS ALUNOS..223
 6.1 Participações dos alunos e suas visões de escola............................226
  6.1.1 Eu não gosto de nada na escola..230
  6.1.2 Queria brincar com meu cavalo..233
 6.2 O projeto é indisciplina ou convivência?..236
  6.2.1 Alunos convidados..237
  6.2.2 Conversa com os familiares..237
  6.2.3 Sabotagem..239
  6.3.4 Gentileza..242
  6.3.5 Educação e alteridade..243
 6.3 O que os alunos acharam da experiência de mais tempo?..............245
  6.3.1 Precisa mais tempo de escola para todos os alunos?...........246
  6.3.2 Por que fui convidado?..247
  6.3.3 O meu jeito de participar..247
  6.3.4 Notas numéricas..248
 6.4 Primeiras notas para uma educação integral..................................249

7
O LUGAR..253
 7.1 O que as crianças fotografaram?..256
  7.1.1 O Céu..256
  7.1.2 Lugares...257
  7.1.3 Pessoas...262
  7.1.4 Bichos e plantas...266
  7.1.5 Minhas atividades..269
  7.1.6 Objetos colecionados...273
  7.1.7 Trajetos..275
  7.1.8 Autorretratos...279
 7.2 Pequeno álbum de fotografias das crianças...................................281
 7.3 A descoberta da pesquisa...288
 7.4 Referentes culturais e escolarização..293
  7.4.1 Leituras de mundo em expansão..297
  7.4.2 Temas geradores do conhecimento......................................300
  7.4.3 Eixos formativos da proposta curricular municipal............302

 7.4.4 Práticas de um ensino diversificado..304
 7.4.5 Referentes culturais da Capoeira...306

NOTAS CONCLUSIVAS..311
 1. Notas circunstanciadas..313
 2. Mudanças educacionais plausíveis...315
 3. Notas prospectivas..317
  1.º Aprimorar a autonomia pedagógica das escolas............................321
  2.º Educação em sistemas de ensino integrados.................................322
  3.º Crítica ao ensino prescritivo 324
 4. Apontamentos finais..325

POSFÁCIO..333

REFERÊNCIAS..335

INTRODUÇÃO[1]

A educação brasileira, mesmo sob o impacto das segregações sociais, que incidem na vida cotidiana das escolas públicas, tem registrado iniciativas de democratização do acesso e do conhecimento, entre elas a educação em tempo integral, questão colocada desde o início da república, nos idos de 1920.

A esse respeito, o poder público continua hoje a apresentar suas propostas de ordenamento do sistema educacional, sempre renovando o argumento de que é preciso mudar o ensino convencional.

Identificadas as questões circunstanciais alardeadas como crise da escola, o discurso governamental segue elegendo os destinatários das mudanças. Geralmente são aqueles alunos identificados como em situação de vulnerabilidade social ou defasados em suas aprendizagens escolares.

Nessa linha de atuação, nas últimas duas décadas, assistimos ao crescimento de programas e reformas educacionais, justificados em razão das expectativas de eficácia da aprendizagem, arguidas como necessárias às reformas no sistema educacional. Justificativa observada também nas discussões sobre a ampliação da jornada, prevista desde a aprovação da Lei de Diretrizes e Bases da Educação Nacional (LDBEN), em dezembro de 1996.

Propondo a normalização do percurso de escolarização dos alunos, bem como a melhoria da qualidade educacional, tais iniciativas, frequentemente, são remetidas ao currículo oficial. Contudo, não têm conseguido devolver à sociedade uma escola renovada em sua forma e em seus conteúdos. Promessas desfeitas, sem que a realidade educacional se modifique, surge um campo de insatisfação propício para novos fôlegos reformistas.

Ainda assim, o debate político-pedagógico continua a mobilizar, e isso ocorre porque a sociedade é sensível à educação pública de qualidade. Vale reforçar que essa sensibilidade é herdeira de construções sociais mantidas como resistência durante os ditames e abusos próprios das rupturas institucionais, pelas quais, de tempos em tempos, a sociedade brasileira se vê atravessada.

---

[1] Atenção: as notas de rodapé são necessárias à compreensão da noção de "integral" indagada ao longo do livro. Aproveito para fazer a primeira incursão benjaminiana, "Livros e prostitutas – as notas de rodapé estão para aqueles como as notas de banco na meia para estas" (BENJAMIN, 2013, p. 31).

A defesa da qualidade da escola pública aparece ao lado da reivindicação de um currículo justo e digno, pautando temas como: a formação de professores; os reordenamentos pedagógicos em tempos e espaços diversificados; as políticas afirmativas; o investimento nas escolas públicas e o empoderamento dos envolvidos na realização do ensino. Desses embates, surge a proposta de educação integral atrelada a uma agenda político-pedagógica combativa, contrária às desigualdades sociais e que prioriza a consolidação da educação como direito subjetivo inalienável.

Mas onde estão os alunos? O que pensam sobre suas escolas? Como participam desse debate? É preciso que a sociedade se posicione em favor deles, mas é igualmente importante que eles mesmos se representem.

Sobre a condição de alunos, há confluência entre História, políticas públicas, práticas sociais, programas e reformas educacionais construídos ao longo do tempo. O cotidiano das escolas em muito se define em razão dessas heranças e desses embates, constituindo-se em *locus* para onde convergem distintos projetos societários. São disputas relativas ao que se espera da escola ontem e hoje, e, por meio dessas confluências, o trabalho do aluno vai sendo gradativamente apreendido, assim como ocorre com o trabalho de outros envolvidos na construção da escola — de um modo análogo, o ofício de professor.

Podemos pensar então que o trabalho de aluno se refere a um passado educacional presente nas escolas, reeditado nas disputas societárias direcionadas ao ensino atual, retomadas em desafios contemporâneos e a cada novo encontro geracional.

Em suas atuações as crianças e os jovens estudantes podem ser reconhecidos como atores sociais se movendo segundo uma profusão de lógicas da ação social, produzidas e difundidas dentro e fora da instituição escolar. Nessa dinâmica relacional, orientam suas escolhas, deslocando-se por entre as conjunturas e os meios sociais disponíveis nesse tempo histórico. E, por dentro das estruturas societárias vigentes, os tensionamentos sócio-históricos incidentes reconfiguram-se, em cada contexto, como arranjos peculiares.

Pesquisar as participações dos alunos na escola nessa perspectiva requer atenção às atuações individuais ou coletivas, concebidas como plurais, diversas e nem sempre coadunadas a uma unidade de fins, ainda que isso também possa ocorrer em razão de a escola ser uma experiência coletiva. Isso tendo em vista a construção das experiências sociais, em muito sendo definidas por meio das diferenças entre grupos e pessoas, nas suas incongruências, nas suas resistências, nas suas incoerências e em seus equívocos. Os sucessos e, sobretudo, os fracassos das iniciativas escolares, assim dimensionados, revelam-se como diferenças observáveis no cotidiano.

Há, portanto, uma gama de disputas e possibilidades pedagógicas, renegociadas por entre as práticas educacionais compartilhadas. Daí a importância de pesquisas em educação voltadas à dinâmica dos processos de socialização incidentes sobre o trabalho dos alunos, pondo atenção aos deslocamentos individuais e em grupos em face das lógicas escolares instituídas.

Também no caso da construção da experiência de mais tempo de escola, quando confrontada à prática pedagógica convencional, e se entendida como produzida em relação à cultura escolar compartilhada em cada estabelecimento de ensino, tal olhar investigativo se faz oportuno; aqui esmiuçado, esteve voltado à ação cultural dos alunos e à própria escola, sem esperar coerências extremas, pois pressupôs encontrar atuações distintas, talvez antagônicas, complementares ou mesmo paralelas.

Tratou-se de uma dialética convidativa do estudo da educação integral na perspectiva dos envolvidos com a escola e, nesse movimento, suscetível às lógicas escolares. Nesse empenho, tomou-se como objeto de investigação a forma como os alunos se expressam nos seus dizeres, gestos, irreverências, recusas, combinados explícitos e tácitos, silêncios e confrontos.

Analisando suas interferências nas práticas escolares, foi possível identificar distintas atuações, como também linhas de coerência, pois em vários momentos eles dialogam com a história da Pedagogia Moderna, fazendo uso de sua compreensão de sociedade.

A pesquisa apresentada neste livro mostra que, com esse conhecimento, os participantes do estudo estiveram a todo instante tomando posição nas relações estabelecidas com a escola em que estudam. Os eventos aqui apresentados deflagram a complexidade das relações escolares, em muito explicitada nas tensões do ensino convencional.

Algumas práticas e circunstâncias observadas assustaram pelo grau de exposição às regressões sociais desse tempo histórico, alimentadas nas interações sociais, ocorridas dentro da escola e personificadas nas atitudes entre alunos e com os adultos. Já outros eventos trouxeram a face viva da escola, empenhada em ser uma experiência autodeterminada, apesar da precariedade e sob o comando de tantas conformações.

Os eventos levados à análise referem-se à realidade de uma escola específica, reconstruída como uma experiência social apreciada, contestada, renegada e redefendida por seus alunos. Seguindo uma abordagem metodológica de influência etnográfica, para melhor compreendê-los, a pesquisa esteve em aproximação às suas explicações sobre a escola, particularmente quanto às experiências de mais tempo.

Perguntando sobre como vivem "as crianças da Capoeira[2]", a pesquisa ateve-se à leitura das respostas, deparando-se com um aluno que também era criança e que levava os referentes culturais de sua realidade para a escola.

O que as crianças disseram para a Escola da Capoeira? Suas leituras de mundo e vivências foram reconhecidas? Por que foram ou não escutadas, e em quais momentos? A experiência de educação integral conduzida deixou rastros de alteridade vivenciados e mediados entre os alunos e com os adultos? Como, em suas manifestações de alunos, as crianças contribuíram para desmistificar a lógica da eficácia, regulador maior do atual sistema de ensino público brasileiro?

As notas para a educação integral impressas neste livro resultaram dessas indagações e participações, insistentes e intermitentes, a imprimir marcas sobre o ensino convencional e que avultam como contributos à defesa de uma educação transformada.

1. Relato de uma experiência à pesquisa

No ano de 2009, atuando como pedagoga em Secretaria Municipal de Educação (Semed), tive meu primeiro contato com o Programa Mais Educação (PME), federal. A primeira preocupação foi quanto às condições objetivas de realizá-lo. Desde o início, percebia como seria difícil adequá-lo à proposta pedagógica das escolas municipais, mesmo em um município economicamente desenvolvido como São José dos Pinhais (PR).

Isso porque mais tempo de escola impacta uma reconfiguração não apenas das experiências escolares como também a infraestrutura necessária para realizá-la. E ainda requer os meios e a mudança nas formas convencionais de aproximação da escola com a comunidade, do currículo oficial com os saberes locais, ao lado da abertura de novos circuitos educativos aquém dos muros da escola e da localidade.

---

[2] A escola em questão é chamada "Escola da Capoeira", nome do lugar, menção ao mato que cresce em toda a região.

Entre os anos de 2010 e 2012, na condição de coordenadora municipal do PME, busquei incentivar a sistematização da experiência e avaliar coletivamente as etapas do trabalho então iniciado. Nesse período havíamos nos tornado um grupo de seis escolas, alcançando 600 alunos.

Como grupo, buscávamos visibilidade política para o tema da educação integral, carro-chefe da campanha política do prefeito à época. Nossa motivação era a de que tais experiências pudessem prosperar e superar a precariedade inicial sentida pelas equipes escolares.

Muitas dúvidas e indagações nos acompanhavam. Fazia sentido oferecer mais tempo de escola sem mudar a forma de organizar o ensino? Acabaríamos, como provoca Arroyo (2012), oferecendo mais do mesmo? As crianças identificadas como prioridade seriam estigmatizadas perante os demais alunos? A adesão ao programa implicaria reorganização da oferta assumida pelo município? Conseguiríamos integrar o PME à prática pedagógica das escolas? Como fazê-lo, se nem todos os alunos participavam, por falta de condições objetivas, como recursos humanos, físicos e espaciais? Qual a leitura dessa experiência pelos alunos participantes do programa?

Nosso grupo era bastante ativo e questionador. Abrimos espaços na comunidade para realizar as atividades selecionadas e conseguimos inúmeras parcerias locais. Buscávamos esclarecimento nos documentos oficiais. Entretanto, apesar do empenho, víamo-nos distantes de realizar a educação integral tal como foi orientada pelo Ministério da Educação (MEC) à época: uma experiência inovadora, capaz de inaugurar novos paradigmas educacionais.

Chegamos a elaborar uma proposta de minuta de lei para que o município pudesse sustentar seu próprio PME. No entanto ela não foi apreciada, embora algumas de suas proposições constassem no texto popular que serviu de base para o "Documento referencial do Plano Municipal de Educação" debatido na Câmara de Vereadores durante conferência intitulada Cidadania e Direito a Educação de Qualidade, realizada em 2011.

O trabalho como coordenadora pedagógica oportunizou-me participar de alguns Encontros de Educação Integral: Estadual (Curitiba, 2009), Regional (Porto Alegre, 2009), Nacionais (Brasília, 2010; 2011; 2012). Além disso, mantive contato com outras Semeds paranaenses — Apucarana, Paranaguá, Pinhais e Curitiba —, ampliando, assim, meu conhecimento sobre outras experiências em educação integral.

No Encontro Nacional de Conselheiros Municipais de Educação (TOCANTIS, 2010), tive a oportunidade de conhecer as instalações físicas da escola de tempo integral proposta por aqueles governantes.

Nessa ocasião, fiquei impressionada com a capacidade de realização do poder público, edificando equipamento escolar altamente desenvolvido. Porém, na informalidade do encontro, alguns pais com os quais conversei me disseram que a prática pedagógica valorizava sobremaneira campeonatos entre escolas. Isso acabava por exaurir os alunos, tanto os selecionados para as competições como os demais, treinados no afã de melhorar o Índice de Desenvolvimento da Educação Básica (Ideb). Um desses pais me disse que, no início, seu filho estava entusiasmado, porém, passado o primeiro bimestre, a criança dizia que *"doía barriga e cabeça"* como desculpa para faltar às aulas.

A participação em espaços de debate e reflexão pôs-me em contato com os atores sociais de outras realidades. Compartilhava com eles do entusiasmo relacionado à importância da ampliação de tempos e espaços educativos. Porém, no que se refere à condução do PME, via que o sentimento de angústia vivenciado pelas equipes de São José dos Pinhais era também presente entre coordenadores, monitores e famílias em outras localidades.

A cada encontro, inevitavelmente as condições objetivas do trabalho pedagógico eram levantadas, e o debate ficava inflamado, endossando minha posição de educadora, em favor de alternativas de superação da precarização do ensino no Brasil.

Outro ponto de indagação se referia à dificuldade de o PME firmar-se diante das exigências das políticas de eficácia escolar. Considero o discurso oficial oscilante entre a perspectiva de promover melhores resultados de aprendizagem, via ensino convencional, e o sentido da qualidade educacional sinalizada por outros parâmetros avaliativos.

Nesses aspectos, o necessário debate curricular parecia ausente, subsumido em relatos de experiência que se repetiam a cada novo encontro, sem com isso ampliar conceitualmente as discussões. Minha própria expectativa, participação e entusiasmo com o tema fazia-me requerer maior ousadia na tomada de posição do governo federal.

A contrapartida mínima exigida pelo MEC aos gestores estaduais e municipais frustrava e dificultava as negociações locais quando da adesão de governos. A expectativa de que o programa pudesse melhorar o Ideb era a moeda mais comum de negociação junto à autoridade municipal, que, por essa razão, via-se motivada a oferecer melhores contrapartidas para as escolas.

Apesar disso, as práticas pedagógicas relatadas pareciam não corresponder de um modo tão direto a essa exigência de eficácia pedagógica. Nem sempre ocorria a melhoria nos resultados da aprendizagem, ainda que os dirigentes do município se mostrassem interessados nisso.

Os próprios trabalhos acadêmicos divulgados em revistas especializadas divergiam com relação a essa questão. Para algumas pesquisas, a aprendizagem eleva-se (MATOS, Sheila; MENEZES, Janaína, 2012; XERXENEVSKY, Lauren, 2012), enquanto para outras não há diferença (GODOY, Claudia, 2012; ROCHA, Neusa, 2012).

Em minha prática profissional, os depoimentos das escolas de ensino fundamental informavam os êxitos das ações educativas por caminhos diferentes dos mensuráveis. A maioria dos relatos positivos referia-se a processos de subjetivação autodeterminados, expressos nas mudanças de atitude de algumas crianças, que se tornavam mais confiantes, comunicativas, menos agressivas e mais afetuosas. Para muitas crianças, a participação no PME favoreceu oportunidades de convívio entre pares, cuidados assistenciais e elevação da autoestima, mais do que os resultados escolares expressavam num primeiro momento. Isso me fazia considerar se o parâmetro da eficácia seria o mais adequado para validá-lo.

Desde esse tempo, incomodava-me a falta de assertividade na defesa da proposta de educação em tempo integral. Para mim, essa oferta enseja outras lógicas formadoras, engendradas no campo da produção das condições objetivas do trabalho pedagógico e desenvolvida mediante apostas na diversificação dos conteúdos e das formas de ensinar.

Entendo que o modelo da eficácia imposto aos estabelecimentos de ensino não converge com os tempos necessários para a organização do trabalho educacional e nem de longe corresponde aos tempos da subjetividade infantil e às miudezas requeridas pela mediação da escola.

Constantemente a escola se vê indagada e forçada a executar programas destinados a corrigir sua eficácia, porém sem o poder de decidir e de exercitar sua autonomia pedagógica, concedida pela Lei 9.394/1996.

Minha atuação como pedagoga e coordenadora do PME fez-me pensar na mudança de paradigmas intencionada. Seria necessário política educacional menos empenhada na padronização de resultados e mais propensa ao incentivo de processos escolares pautados na superação da simples instrução. Junto disso, o convívio com as escolas mostrava-me que, mesmo com os percalços identificados, não se limitavam a relatar as dificuldades. Faziam questão de afirmar as experiências de sucesso. Expressavam o valor do trabalho realizado. Expunham seus anseios, ao mesmo tempo que projetavam uma educação que requeria mais tempo, não para replicar o já realizado, mas para mudar a forma como o trabalho escolar se organizava.

Aprendi a considerar a ambivalência dos programas sociais e a valorizar a potencialidade da prática pedagógica cotidiana. Identificando-me com o arguido por Larrosa (2002), sentia a dimensão de travessia e perigo expondo a fragilidade e a força das experiências educacionais construídas pelas escolas.

Em 2012, as escolas desse município continuaram sua experiência de educação integral, enquanto eu, em razão de outras oportunidades profissionais, encerrei minha participação na coordenação municipal do PME.

Contudo, a curiosidade em conhecer o alcance dessa experiência continuou a me mover, agora na condição de docente e pesquisadora na Universidade Federal do Paraná (UFPR). No fim desse mesmo ano, ingressei no programa de pós-graduação dessa universidade, levando a educação integral como tema de pesquisa.

Durante esse tempo, mantive o contato com as escolas de São José dos Pinhais, pois me interessei especialmente por uma delas, a última a fazer adesão ao PME e que pretendia atender a todos os alunos em tempo integral. Minha aposta era a de que, em escolas menores, a probabilidade de a experiência não se reduzir a um projeto de contraturno escolar seria maior, porquanto todos os alunos estariam envolvidos. Nessas condições, talvez fosse possível observar mudanças na organização do ensino.

Com esse intuito, pretendia estudar as características do trabalho pedagógico favoráveis ao sucesso da educação em tempo integral, de onde surgiu a ideia de realizar um estudo comparativo entre escolas.

Passei a procurar outra escola paranaense com características similares e que também estivesse iniciando no PME. Além das semelhanças, interessava-me pelos possíveis contrastes favoráveis à comparação pretendida.

Em São José dos Pinhais, a escola que seria investigada não correspondia totalmente aos critérios de vulnerabilidade social apontados pelo MEC e, por isso, distinguia-se das outras adesões no município.

Tratava-se de uma escola do campo, pequena, sem mensuração de Ideb e que pouco tempos antes havia deixado a velha "escolinha de madeira ao lado da igreja" para ocupar novas instalações. Essa escola, animada com seu novo espaço pedagógico, solicitou ser contemplada, adesão confirmada após consulta de aceite encaminhada ao MEC.

Em 2014, na cidade de Piraquara, encontrei uma escola adequada ao comparativo então pensado. As duas atendiam perto de cem alunos, ambas estavam situadas no campo e eram iniciantes na educação integral. A diferença entre uma e outra era de ordem socioeconômica.

A primeira estava situada em um município de grande atividade industrial; e a segunda, pertencente a uma rede de ensino subsidiada, estava localizada em região de mananciais.

Esse quadro inclinava o estudo a um percurso metodológico sustentado em comparativos estatísticos entre os referidos municípios, com o uso de mapeamentos quantitativos cotejados por dados qualitativos observados em campo.

Entretanto, ao entrar nessas escolas, constatei que os objetivos do PME não repercutiam conforme o prescrito, a ponto de me interrogar sobre sua possível centralidade na indução das iniciativas em estudo. Passei a redimensionar a ideia da comparação, inclinando-me para a cultura escolar como elemento de significação das práticas observadas.

O contato com as escolas provocava-me a querer compreender melhor a atividade dos envolvidos com o trabalho pedagógico. Relembrei as antigas inquietudes, desde a época em que havia atuado em São José dos Pinhais.

Percebi que cada uma das escolas se movia conforme lógicas específicas. Cada uma delas apresentava uma dinâmica e uma cultura próprias. E, como a questão da qualidade dos processos de ensino sempre me interessou, optei pela redefinição dos objetivos da pesquisa. Recorri às abordagens qualitativas para firmar minhas escolhas metodológicas, especialmente aquelas relativas ao estudo do cotidiano (HELLER, Agnes, 1977; EZPELETA, Justa, 1989; ROCKWELL, Elsie, 1997; MARTUCCELLI; DUBET, 1998; KRAMER, Sonia, 1998, 2002; BAUER; GASKELL, 2002; GARCIA, Regina, 2003; MAFRA, Leila, 2003; MINAYO, Maria, 2006; GAMBOA, 2007; MAFRA, 2010).

Adentrei ao estudo do cotidiano escolar e, à medida que me aproximava dos atores sociais, ajustei os objetivos da pesquisa. Queria compreender, pelo ponto de vista dos envolvidos com o processo pedagógico, os sentidos da experiência de educação em tempo integral, as dificuldades, as conquistas e as possibilidades de diversificação do ensino.

Quanto mais me aproximava das especificidades locais, a observação exigia maior profundidade, mais tempo de dedicação à dinâmica de cada contexto, o que me levou a redefinir mais uma vez o estudo, desta vez em uma única escola, aquela localizada no município paranaense de Piraquara. Meu objetivo principal era observar a ação social dos alunos na construção da experiência de mais tempo na escola.

Olhando retrospectivamente esse caminho investigativo, penso que foi acertada a mudança de rota. Sobretudo porque isso me levou às dinâmicas intraescolares para compreender dimensões possíveis de reconfiguração dos tempos e espaços de escola, mas principalmente porque a dimensão da educação integral buscada somente se revelou quando me debrucei ao trabalho dos alunos, como mostra Dubet (1998), realizado com e contra escola. Mas, também, quando apoiada em Freire (1987), fui em direção ao universo cultural que permeia a escola e, assim, pude vê-la pelas lentes fotográficas das crianças, como um lugar de pertencimento, como um currículo vivo.

Conforme me aproximava das crianças e de seus saberes de experiência, deparava-me com cada vez mais nitidez do principal achado da pesquisa, elas mesmas. Foram elas as principais fontes para a reflexão e proposição de um currículo culturalmente diversificado. O modo como participavam da experiência social chamada escola sinalizava uma exigência delas para algo lido por mim como atrelado ao direito de saber-se (ARROYO, 2004; SILVA, 2012). Justa reivindicação sobre serem vistas menos como alunos e mais como crianças no ensino fundamental.

À medida que iam se tornando participantes da pesquisa, trouxeram o vivido, o cotidiano compartilhado na escola e suas experiências fora dela. Ultrapassaram o prescrito no PME, expuseram as contradições da forma escolar e mostraram-se em seus tempos de infância. Abriram à investigação uma pluralidade de mundos. Suas diferentes infâncias pulsavam dentro da escola, ainda que por vezes o trabalho requerido a elas como alunos não pudesse vê-las...

2. Interpretação da demanda

A demanda por educação integral, não por acaso recorrente na história da educação brasileira, sinaliza diferentes expectativas sociais quanto às funções assumidas pela escola ontem e hoje. Expectativas expressas, por exemplo, na busca das famílias por turnos escolares ampliados.

Em meu entendimento, são demandas ainda não convertidas em políticas públicas duradouras e contínuas. Daí que seja necessário analisar de forma cautelosa o alcance das iniciativas em educação integral incentivadas pelo PME que deram início à pesquisa aqui relatada.

Esse programa foi instituído pela Portaria Interministerial n.º 17/2007 e pelo Decreto Presidencial n.º 7.083/2010, mediante a transferência voluntária de recursos da União via Fundo Nacional de Desenvolvimento (FNDE). Posteriormente modificado segundo a nomenclatura "Programa Novo Mais Educação", de acordo com a Portaria Ministerial n.º 1.144/2016 e a Resolução do FNDE n.º 5/2016. Contudo, ative-me a análise e problematização da sua versão inicial, editada entre 2007 e 2015, e anterior ao processo de impedimento da então presidenta Dilma Rousseff.

Na pesquisa nacional intitulada *Educação integral/educação integrada e(m) tempo integral: concepções e práticas na educação brasileira. Mapeamento das experiências de jornada escolar ampliada no Brasil: estudo qualitativo*, solicitada pelo Ministério da Educação no ano de 2014 às Universidades Federais de Goiás, Minas Gerais, Pará, Pernambuco, Paraná e Universidade do Rio de Janeiro (Unirio), ficou demonstrado que o PME, iniciado em 2008 em 54 municípios, alcançou em 2013 (portanto, em cinco anos) sua máxima expansão, chegando a 4.836 municípios, num universo de 5.565.

Os dados então publicados pelo Instituto Nacional de Estudos e Pesquisas Educacionais Anísio Teixeira (Inep), no resumo técnico do Censo Escolar de 2014, confirmam que em 2013 o ensino fundamental teve um acréscimo de 139% das matrículas em tempo integral, correspondendo a cerca de 3 milhões de alunos, um aumento de 45% em relação ao ano anterior, período em que o PME atingia o seu ápice. Também os anexos "Resultados finais do Censo Escolar" (2010; 2011; 2012; 2013; 2014; 2015), divulgado em diário oficial, confirmam esse acréscimo, trazendo a série histórica do período e referindo-se à matrícula inicial em creche, pré-escola, ensino fundamental, ensino médio e Educação de Jovens e Adultos (EJA), e ainda discriminando a oferta das redes estaduais e municipais, urbanas e rurais, em tempo parcial e integral, por unidade da Federação.

Neste mesmo período, o Paraná concentrava o número de matrículas iniciais em tempo integral na educação infantil e anos iniciais do ensino fundamental. Nas creches e nas pré-escolas, somava 58% em relação ao número total na etapa. E nos anos iniciais, duplicando a cada ano, chegando em 2015 ao número de 112.117 alunos, 17% de um total de 662.332

matrículas. No ensino fundamental, com menor constância nas matrículas integrais em comparação com a educação infantil, dada a maior concentração das matrículas nas modalidades e etapas escolares regulares, declaradas ao Censo Escolar.

Minha interpretação é que, para cumprir a obrigatoriedade estabelecida em cada nível de ensino, o poder público tendeu a priorizar os turnos regulares, em observância ao ano letivo de 200 dias, correspondentes a 4 horas diárias, perfazendo 800 horas no ano. Focando modalidades, níveis e etapas escolares obrigatórios, os governos aproximam-se da universalidade das matrículas, com maior êxito nos anos iniciais.

Presumo que, para manter ofertas educacionais não obrigatórias como a educação integral, em redes de ensino com menor capacidade de investimento próprio, haverá maior dependência de recursos suplementares federais. Isso explica a inconstância identificada nas matrículas em tempo integral, no caso do ensino fundamental. A ampliação da jornada estaria em segundo plano, em face dos investimentos obrigatórios na Manutenção e Desenvolvimento do Ensino (MDE), na sua forma regular obrigatória. Entretanto, há interesse em oferecê-la, justificado em razão da melhoria dos índices de aprendizagem.

Ainda a respeito da universalização do ensino fundamental entre 2007 e 2014, segundo a Pesquisa Nacional por Amostra de Domicílio (Pnad) de 2011, no Brasil a taxa de escolarização das crianças entre 6 a 14 anos era de 91,9%. Naquele mesmo ano, o Censo Escolar registrou 16.360.770 matriculados nos anos iniciais e 13.997.870 nos anos finais, num total de 30.358.640 alunos do ensino fundamental. Destas matrículas, 87% localizadas na escola pública municipal e estadual.

Os dados populacionais levantados pelo Instituto Brasileiro de Geografia e Estatística (IBGE) em 2010 apontavam para o tempo de escolarização média de 7,7 anos, para pessoas com idade superior a 15 anos, sinalizando a não universalização do ensino fundamental de nove anos. No Sul do país, o tempo de escolarização médio era de 8,4 anos entre os residentes em áreas urbanas, e de 5,9 anos entre a população do campo. E, segundo essa fonte estatística, em 2010 54% da população de 15 anos não havia concluído o ensino fundamental na idade esperada. O Censo Escolar do Inep de 2010 detalha essa informação ao mostrar que as maiores taxas de distorção idade/série estavam concentradas nas escolas municipais: 26,5%.

Chamo atenção para estes dados porque evidenciam a seletividade do sistema educacional brasileiro. Para enfrentá-la, o poder público vinha postulando neste período um conjunto de programas e reformas educacionais, do qual a ampliação do tempo de escola surgiu como uma proposta estratégica.

Há décadas a política de avaliação por resultados de aprendizagem ganhou centralidade, servindo como balizadora da oferta do ensino fundamental, bem como auxiliando na seleção de escolas, consideradas prioritárias quanto às ofertas suplementares, destinadas a corrigir a eficácia da educação básica.

A proposta de ampliação da jornada escolar no período de expansão do PME estava em sintonia com essa orientação, e não por acaso esteve implicada como argumento de sustentação da sexta meta do Plano Nacional de Educação (2014-2024): "Oferecer educação em tempo integral em, no mínimo, 50% (cinquenta por cento) das escolas públicas, de forma a atender, pelo menos, 25% (vinte e cinco por cento) dos(as) alunos (as) da educação básica" (BRASIL, 2014, s/p).

Note que, desde o enunciado da meta, é possível presumir a existência de políticas públicas suplementares e orientadas para a seleção de escolas e alunos destinatários dessa oferta, mas não à escola como um todo; o que pode se tornar um problema para a construção de proposta pedagógica na perspectiva da educação integral num mesmo estabelecimento de ensino, ou ainda a sustentação de ofertas continuadas pelo poder público.

Piraquara, município paranaense em que ocorreu a pesquisa referenciada neste livro, acompanhava essa tendência verificada no âmbito nacional e estadual. Concentrava a maior parte das matrículas integrais na educação infantil. Em 2015 contabilizou 39% de matrículas nessa etapa, num total de 886 vagas ofertadas.

Entretanto, consultando a série histórica do Censo Escolar (Inep), notei uma inversão desde 2010, quando 71% das matrículas eram integrais. Entre 2010 e 2015, o município gerou 632 novas vagas na educação infantil, porém em tempo parcial. Minha interpretação é que, diante das prerrogativas legais, essa foi uma estratégia para ampliar vagas sem precisar expandir fisicamente sua rede.

Vale considerar que, entre 2010 e 2015, os municípios tiveram que se adequar à obrigatoriedade de oferta de vagas na pré-escola. Concomitantemente, havia questões originárias da implantação do ensino fundamental de nove anos, decorrentes do corte etário das matrículas.

No ensino fundamental (anos iniciais), em 2010 não houve registro de matrículas em tempo integral. Somente em 2011 essas matrículas começaram a ser contabilizadas, coincidindo com as primeiras adesões ao PME. Foram 1.265 matrículas integrais, correspondentes a 16% do total de alunos.

Nos anos seguintes, diminuíram as matrículas em tempo integral no ensino fundamental, mas, mesmo assim, Piraquara alcançou, entre 2011 e 2013, 2.428 alunos subsidiados pelo PME, significativos 10%, num universo de 23.326 matrículas efetivadas nesse mesmo período.

Ponderando sobre o fato de esse município apresentar baixo nível de arrecadação para investimentos além do vinculado constitucionalmente, a inconstância nas matrículas sinaliza que a ampliação do tempo escolar dependeu do incentivo federal. E ainda, segundo explicações da Secretaria Municipal de Educação de Piraquara, os momentos em que nacionalmente ocorreram cortes orçamentários no PME impactaram a diminuição das matrículas integrais efetivadas.

No âmbito nacional, em 2010 ocorreram atrasos nos repasses sob o efeito da crise imobiliária americana de 2008. Em 2014, o mesmo ocorreu devido aos ajustes fiscais do governo Dilma Rousseff. Em audiência pública realizada em 07/10/2015, noticiada pelo Centro de Referência em Educação Integral, o MEC reconheceu atrasos no envio de recursos do PME relativos ao ano de 2014. Em março de 2016, o mesmo veículo noticiou que o então ministro da Educação, Aloizio Mercadante, anunciara cortes no programa, optando o MEC pela concentração dos recursos em 26 mil escolas, consideradas pouco eficientes nas áreas de alfabetização e letramento. Até que em 2016, no cenário de crise política nacional, aguardava-se a inclusão na nova fase do PME, anunciada pelo então governo interino, de Michel Temer.

Contudo, mesmo com o caráter intermitente do incentivo federal aos programas, há interesse da população, manifesto mediante a oferta, de onde se denota que, mesmo que recrudesçam os recursos para a manutenção do PME, ou mesmo se afetada a continuidade das ações governamentais, situação comum em ofertas não obrigatórias, a demanda persistirá como expectativas e necessidades da população. Talvez porque as expectativas da população se refiram a um ideal de escola de qualidade ainda não consolidado no país.

Justamente diante desta hipótese é que retorno ao cenário de vigência do PME. Relativizo desde aqui as políticas educacionais voltadas para a avaliação da eficácia do ensino, mesmo quando mescladas com ações suplementares ou assistenciais (respostas recorrentes às demandas apresentadas pela população).

Identifico como políticas de eficácia aquelas relacionadas à mensuração da qualidade das escolas com base em índices como o Ideb, mensuração essa baseada na comparação entre escolas ou países. Refiro-me às avaliações focadas exclusivamente nas habilidades de ler, escrever e contar. Ainda que sirvam de parâmetro para a focalização de investimentos educacionais visando à equidade social, os números são divulgados e sempre reiterados na mídia, bem como por gestores de sistemas, corroborando a imagem de uma escola pública estigmatizada como de baixa qualidade.

Compreendo a pertinência de agendas governamentais baseadas em projetos e programas ofertados por estados e municípios, de forma independente ou com o apoio da União, mas penso ser insuficiente a aposta em ofertas que apenas replicam a forma escolar existente, utilizando o tempo ampliado para reforçar disciplinas tradicionais, como Língua Portuguesa e Matemática, ou, por outro lado, ocupar o tempo e os espaços "ociosos" com atividades culturais e esportivas em turno contrário, sem com isso modificar substancialmente o ensino convencional.

Se assim atrelada ao trabalho pedagógico, a educação integral tenderá a ampliar rotinas de ensino cindidas em turno e contraturno. Iniciativas ainda distantes de um currículo escolar culturalmente diversificado, integrado ao trabalho pedagógico e incorporado ao modo como a escola valoriza a formação dos alunos.

Em meu entendimento, isso representa pouco, mesmo se considerado o empenho dos profissionais envolvidos na execução dessas iniciativas, e mesmo se reconhecida a significativa adesão por parte das famílias e dos alunos.

Defendo que, quando se trata de educação integral, a expectativa da sociedade vai além do caráter pragmático dos programas governamentais e necessita ser interpretada conforme o lugar social ocupado pela escola hoje. No caso da escola pública brasileira, estou aludindo, especialmente, aos sucessos e aos fracassos de um sistema de ensino historicamente marcado pela precarização.

3. Alunos inquietos dizem ""

A escola continua a ser uma experiência social valorizada, porém talvez não como antigamente, quando o acesso ao ensino formal se constituía em principal (se não a única) aposta para a mobilidade social, validando a escola de massa como um influente mecanismo de ajustamentos sociais, pautado quase exclusivamente na meritocracia.

A crítica à escola de massa está endereçada em grande parte a sistemas de ensino universalizados, como as escolas francesas. Nessa realidade, o acesso à educação básica está amplamente difundido, mas a escola dá sinais de esgotamento. O que há de errado?

Sociólogos como Bourdieu (1998, 2003) e Dubet (2003, 2004) debruçaram-se sobre essa pergunta, mostrando o papel da escola na reprodução da desigualdade social e analisando o fenômeno da universalização do ensino de massa. Ao se tornar acessível a um maior número de pessoas, a escola teve seu papel adaptativo e seletivo relativizado, questionado pela própria racionalização instrumental do ensino, que a havia configurado como um mercado eficiente na tarefa de distribuir diplomas, correspondentes às colocações sociais disponíveis e conforme o grau de instrução dos diferentes atores sociais.

Mesmo no Brasil, país no qual o acesso da população à educação básica é um direito não efetivado plenamente, tal esgotamento do ensino de massa também se faz determinante, somando-se aos acentuados efeitos da exclusão social.

Em alusão ao período de expansão do PME, volto aos indicadores do Pnad 2011. A taxa de conclusão do ensino médio no Brasil era de apenas 54,3%; entre os mais pobres, 32,4% de concluintes; e, entre os mais ricos, 83,3%. Ainda, 35,1% de concluintes nas áreas rurais; e 57,6% nas áreas urbanas. Entre os jovens brancos, a taxa de conclusão era de 65,2%; e, entre os negros, de 45%. Os números dão a exata dimensão da desigualdade estrutural da sociedade brasileira.

Atualmente os mercados mundiais são instáveis, incertos quanto à correlação entre instrução e mobilidade social, e, nessas circunstâncias, a formação escolar convencional também passa a ser questionada pela sociedade e pela juventude quanto a sua real contribuição para a melhoria das condições de vida e de trabalho da população.

A escola parece ser uma experiência incerta quanto à projeção de um futuro e é frequentemente criticada como defasada, pouco atrativa quando comparada a outros meios pelos quais circulam informação e conhecimento. Mas, ainda assim, continua a ser lembrada pelas atuais gerações como um importante instrumento de justiça social.

No Brasil, em vários estados, escolas foram ocupadas pelos estudantes do ensino médio entre 2015 e 2016. A juventude, mesmo insatisfeita com a precariedade da escola pública, reivindicava seu direito social subjetivo.

Ao que parece, para muitos, a escola continua a ser uma aposta validada na ação social individual ou coletiva, tal como se viu neste protagonismo do movimento secundarista. Enquanto para outros, neste mesmo período avançaram movimentos de ataque a escola, como o Escola Sem Partido espraiando-se em projetos de lei pelo país, sob o discurso de que a escola seria um espaço ideologicamente perigoso.

Ao que parece, a escola continua sendo um espaço social em disputa, nos tensionamentos sociais desse tempo histórico. Diante da complexificação das relações sociais, torna-se uma experiência ao mesmo tempo afirmada e contestada pela sociedade. Buscada segundo diferentes gradientes de valorização estratégica pelos alunos nela inclusos, como também alvo de ataques, contestação ao que representa enquanto acesso ao conhecimento e à cultura ou mesmo negação desse direito.

Às novas configurações sociais se somam os velhos conflitos existentes desde a sua institucionalização, reforçando a ideia de uma escola em crise, ultrapassada e que já não apresenta a mesma centralidade na formação dos alunos que nela aprendem ou com ela fracassam.

No Brasil, essa insatisfação é endereçada a um sistema educacional marcado pela seletividade e pela precariedade. Em "A educação na encruzilhada", texto de Anísio Teixeira com Fernando Azevedo (1953 *apud* CAVALIERE, Ana, 2010), encontrei exemplo de quanto a escola brasileira sente dificuldade em atender aos anseios sociais. Na sua época, eles exerceram a crítica ao tempo parcial e à invenção dos turnos intermediários. Defendiam um projeto de nação e de democracia, contrários à forma como se dava o processo de institucionalização. Em "Educação não é privilégio", conferência realizada em 1957, Anísio Teixeira fez referência à qualidade da escola e reivindicou maior abrangência dos processos educativos. Argumento atualmente presente nos debates sobre educação integral, por meio dos quais reaparece a perspectiva de uma escola que

> [...] é o seu próprio fim e que só indireta e secundariamente prepara para o prosseguimento da educação ulterior à primária. Por isto mesmo, não pode ser uma escola de tempo parcial, nem uma escola somente de letras, nem uma escola de iniciação intelectual, mas uma escola sobretudo prática, de iniciação ao trabalho, de formação de hábitos de pensar, hábitos de fazer, hábitos de trabalhar e hábitos de conviver e participar em uma sociedade democrática, cujo soberano é o próprio cidadão. Não se pode conseguir essa formação em

uma escola por sessões, com os curtos períodos letivos que hoje tem a escola brasileira. Precisamos restituir-lhe o dia integral, enriquecer-lhe o programa com atividades práticas, dar-lhe amplas oportunidades de formação de hábitos de vida real, organizando a escola como miniatura da comunidade, com toda a gama de suas atividades de trabalho, de estudo, de recreação e de arte. (TEIXEIRA, 1989, p. 440).

Na defesa anisiana, vejo recorrência histórica sinalizadora de que o interesse social manifesto hoje em relação à educação integral ultrapassa as questões de ordem imediata, por vezes corriqueiras. Refere-se a disputas societárias provenientes do plano político e cultural epocal. Essas disputas são reativadas a cada debate sobre as mudanças necessárias para a educação das novas gerações e, por dentro das estruturas pedagógicas vigentes, ganham contornos específicos.

Tais imperativos históricos e culturais repercutem na formação da opinião pública, fazem-se presentes nas resistências e nos conflitos ocorridos nas escolas, bem como nas mobilizações sociais em torno da qualidade da educação básica. E, diante das mudanças reivindicadas para a escola pública, somo-me ao debate pedagógico sobre as condições objetivas e subjetivas da qualidade dos processos formativos, aspecto motivador do olhar sobre experiências escolares concretas, concebidas como ajustamentos entre perspectivas sociais heterogêneas.

A defesa aqui é por uma escola democrática, menos seletiva, mais preocupada em humanizar os processos pedagógicos e que se recusa a tornar-se um lugar de passagem, de treinamento ou de confinamento. Em meu entendimento, uma configuração possível e necessária.

Conforme sugere Cavaliere, Ana (2007), a educação integral refere-se a essa defesa. Sua realização estaria atrelada à questão da qualidade da escola pública, tornando-se importante contributo no processo de democratização da sociedade brasileira.

Como já disse, trata-se de questão colocada, desde longa data, em observância de uma Pedagogia horizontalizada, capaz de propiciar experiências formativas pautadas não apenas na instrução, mas, sobretudo, voltadas a uma variedade de conhecimentos e aprendizagens culturalmente relevantes.

Em Freire (1987, p. 53), encontro posicionamento pedagógico criticamente esperançoso a esse respeito, dadas as conjunturas sociais com as quais a escola se depara quando lançada nessa busca. No livro *Pedagogia do oprimido*, editado no fim da década de 1960, ele aponta a existência de temas recorrentes, disputados numa dada temporalidade. São temas geradores de situações-limite que ensejam transformações na escola e na sociedade. Para ele, o tema "cultura" é central, porque refere-se à experiência dos atores sociais. Afirma que, na prática social, os sujeitos históricos agem em busca do direito de ser mais, e, nesse processo, as tensões próprias de uma época emergem, "não como a fronteira entre o ser e o nada, mas como a fronteira entre o ser e o mais ser [...] percepção em que está implícito o inédito viável".

Dessa vista, a educação integral pode ser um inédito viável, uma inflexão da escola de massa. A integração buscada deseja desacomodar a forma escolar instituída, contrariar as lógicas de (re)produção da desigualdade social e, desse modo, participar do debate político-pedagógico imbricado na relação entre escola e sociedade.

Penso as experiências de educação integral nesses termos, e apresento neste livro uma análise direcionada aos envolvidos com a escola, especificamente a criança que realiza seu trabalho de aluno. Tenho a necessidade de estudá-la à luz dos acordos firmados e dos conflitos vividos na escola, entre escola e sociedade.

Encontro, na Sociologia da Experiência Social (DUBET, 1994) e na Teoria da Forma Escolar (VINCENT; LAHIRE; THIN, 2001), suporte para essa abordagem e, com apoio nessas teorias, problematizo a escola, compreendendo-a como um lugar marcado por mudança e continuidade.

Com essa mirada, aprofundo-me na crítica à educação de massa, sem, contudo, subestimar sua lógica mais intrínseca, pois identifico, nas práticas instituídas, embates históricos reeditados, observáveis nos processos pedagógicos em curso e na ação dos sujeitos sociais. Desse modo, relativizo o alcance das críticas endereçadas à escola, as quais, em nome da eficácia pedagógica, a pressionam a baixar muros e a conectar-se com seu entorno.

Contesto esse argumento, presente em diversos discursos voltados à melhoria da qualidade do ensino, noticiadas como: a participação das famílias; a prática de atividades nos fins de semana; o trabalho voluntário; as parcerias; a ampliação de tempos e espaços educativos na comunidade — enfim, uma gama de projetos pedagógicos que reivindicam a abertura da escola.

A Teoria da Forma Escolar mostra que essa abertura é relativa, uma vez que está sustentada no processo de massificação do ensino, bem-sucedido, responsável por fazer prosperar a forma escolar de socialização que se impôs a toda a sociedade. Nessa ótica, os muros escolares poderão ser baixados, porque o modo de socialização escolar generalizou-se para além da escola:

> A abertura da escola poderia por em perigo o monopólio dos docentes, como agentes detentores da competência pedagógica legítima, mas não ameaçaria os fundamentos da educação escolar, nem seria a passagem do modo escolar de socialização para outro modo. Ela poderia, ao contrário, contribuir para reforçar a dominância da forma escolar, favorecendo sua difusão fora da instituição escolar. A escola poderia se abrir porque ela socializa menos contra o exterior (as famílias, a rua...) e porque o exterior socializa mais com ela... (VINCENT; LAHIRE; THIN, 2001, p. 45).

Em acordo com essa análise, passei a duvidar do alcance do processo de abertura apregoado no discurso do PME, tendo em vista sua limitada interferência nas regras, nos métodos e nos objetivos do ensino. Indago se as políticas governamentais e se os discursos de crítica endereçados às escolas não estariam aquém do esperado pela população, subestimada e subsumida em suas necessidades imediatas.

Seguindo nessa análise sócio-histórica, inclino-me a reconhecer nas disputas pedagógicas internas, ocorridas nas escolas, motivações pretéritas da Pedagogia, corroborando o interesse manifesto pela sociedade em torno da educação integral. Bem por isso, penso no significado e alcance das experiências de educação integral, sob o desejo de uma escola diferenciada, decorrente da contribuição valiosa das pedagogias não instituídas que há tempos disputam espaço nas escolas.

Tal inflexão requer perseguir como princípio qualitativo a diversificação do ensino, uma exigência do público escolar, culturalmente heterogêneo e, frequentemente, em desacordo com a forma escolar padronizada.

No esmiuçar da crise da escola, tenho que ressituar o campo do plausível a fim de melhor compreender as exigências endereçadas à docência e à discência. De um modo sensível, considerar a dificuldade real em se conseguir o equilíbrio sutil das finalidades da educação, do qual escreve Dubet (1998, p. 33):

> [...] pode-se, então, massificar a escola sem transformar profundamente as regras, os métodos e os objetivos? Atualmente a situação é quase sempre tão grave que os apelos aos princípios parecem magia.

Com o aporte da Teoria da Ação Social (TOURAINE, 1965, 1982; LAHIRE, 2002), mergulhei nessa crítica, porém concebendo a escola não apenas como uma instituição fechada, conforme mostrou Foucault (1999). Passei a considerá-la uma experiência social viva sobreposta ao seu caráter institucional totalizante.

Debruçando-me sobre as relações estabelecidas entre os alunos e com a escola, nesta e em outras épocas, e considerando as particularidades de uma dada realidade educacional, busquei referentes culturais disponíveis a uma Teoria da Ação Dialógica (APPLE, 1989; FREIRE, 1987), mas que talvez estejam ocultados pela imposição de lógicas sociais autoritárias, incorporadas às sistemáticas de ensino vigentes, de modo que tais referentes culturais, por muitas vezes, não são sequer lembrados como componentes do processo educativo.

Dessa perspectiva, mesmo aquelas demandas mais voltadas às questões de ordem prática (como deixar a criança amparada enquanto as famílias cumprem extensiva jornada de trabalho) passaram a ser redimensionadas, assim como as ações assistenciais dedicadas a proteger crianças e jovens das ruas, numa tentativa de apaziguar a violência social.

Em resposta às insatisfações e às expectativas direcionadas às escolas, obrigo-me a reconhecer demandas sociais de diferentes naturezas. Vejo-me motivada a defender tempos e espaços necessários para a construção de experiências formativas não apenas instrucionais, mas também voltadas a processos de subjetivação ancorados nas dimensões ética e estética do desenvolvimento humano. Trata-se de um ponto de confluência complexo, porém fulcral para as Pedagogias Críticas, aquelas inconformadas com as desigualdades sociais.

Nesse esforço, a escola, especialmente quando se coloca a serviço da justiça social, inevitavelmente se deparará com mecanismos sociais geradores de lógicas de desintegração, aniquilação e (de)formação dos educandos. É preciso levar em consideração como é difícil abrir espaços para mediações pedagógicas solidárias, buscadas por dentro de uma estrutura de ensino massificada, reforçadora de experiências escolares negativas, bancárias, opressoras para muitos alunos.

Porém vale observar, nessa difícil tarefa de equilibrar forma e conteúdo, que a escola nem sempre fracassa. Arrisca acertar e algumas vezes obtém êxito, tornando-se um espaço de ação cultural contraposto à exclusão social. Se assim problematizada, a prática educativa poderá produzir, no trabalho diariamente realizado, lógicas de inclusão; e, assim procedendo, redimensiona e revê sua própria finalidade, em sintonia com a alteridade nas relações humanas.

Nesse aspecto, a dimensão da educação integral mostra-se como fundamento educativo e ético de uma Pedagogia Libertária.

Reporto-me agora ao PME nesses termos, valorizando-o enquanto instrumento de inclusão social, especialmente em contextos educacionais marcados pela precariedade de acesso ao conhecimento. Porém, não sem deixar de considerar sua ambivalência e incompletude, uma vez que, no jogo político, poderá ser descartado ou utilizado como peça de interesses sociais excludentes.

No Brasil, é comum que as trajetórias de profissionais atuantes na escola pública acumulem experiências de precarização. Essa realidade se aplica à própria expansão do PME, como demonstra o fato de a adesão ser maior justamente nas regiões brasileiras mais empobrecidas.

A já citada pesquisa nacional *Educação integral/educação integrada e(m) tempo integral* mostra que o PME, em 2013, alcançou a quase totalidade dos municípios do Nordeste e do Norte (98% e 97%); teve 91% de adesão no Centro-Oeste; e, no Sudeste e no Sul, registrou menor adesão (80% e 76%, respectivamente).

Em contextos precarizados, a adesão, embora legítima, dá-se não apenas, mas também devido à busca por recursos extras para a Manutenção e Desenvolvimento do Ensino, sem necessariamente gerar mudança na oferta regulada.

Mantidos os cenários de exclusão e precariedade, não surpreende que a educação integral seja com frequência descartada e em seguida retomada pelo discurso político-partidário a cada nova eleição. Do mesmo modo, não é estranho que ela se torne objeto de engajamento, por parte de setores mobilizados em torno da defesa de direitos sociais, somando-se a projetos relacionados à ampliação de oportunidades para a infância e a juventude.

Por isso, enfatizo a ambivalência de iniciativas políticas e de programas que se distinguem, que se completam e, por vezes, se tornam concorrentes na definição e proposição das experiências de ampliação de tempos e espaços educativos.

Importa compreender a educação integral como expressão de arranjos particulares da sociedade que se apresentam na escola enquanto oportunidade buscada pelos atores sociais.

Se efetivado na contramão da atual lógica da eficácia, e não apenas em razão do tempo escolar ampliado, o adjetivo "integral" tenderá a configurar processos formativos não discriminatórios e democráticos. Caso contrário, apenas reforçará a forma escriturária e competitiva da sociedade.

Concretamente, isso pode ser um diferencial, porque coloca a educação integral num outro patamar, puxando-a como desvio-padrão do ensino convencional, como um processo formativo não plenamente realizável, porém sempre retomado na sua relação com a escola existente. Como se fora uma lógica social orientada à educação transformada e que se materializa como instrumento de justiça curricular.

4. O corpo do livro

Neste livro, retomo meu caminho de aproximação sucessiva à educação integral, desvelada como um tema não resolvido, intrínseco à superação da escola de massa. Assim concebido, corporifica-se como um ensaio crítico sobre a transformação da escola.

A pesquisa que lhe dá origem abarcou dimensões conceituais, metodológicas, descritivas e reflexivas, desenvolvidas com base na leitura de eventos apreendidos durante a configuração do campo empírico, do qual emergiram as principais análises, as sínteses e os apontamentos, concluídos no formato de notas.

Este livro se estrutura em três partes. A primeira, intitulada "Educação integral multifacetada", mostra a educação em tempo integral concebida como uma experiência formativa relacionada à qualidade da escola pública brasileira.

Os embates em torno da definição da educação integral iniciam pelo capítulo 1, "Programa Mais Educação", no qual analiso e problematizo o discurso dos cadernos pedagógicos e manuais publicizados pelo MEC disponibilizados às escolas quando da adesão ao referido programa federal.

No capítulo 2, "Perspectiva histórica", debato a insatisfação social para com a escola de massa no Brasil e no mundo. O capítulo constitui-se em fundamento conceitual, pelo qual pude mostrar tensionamentos em torno das finalidades da escola pública, disputada entre projetos societários distintos que permanecem como heranças no cotidiano. Tomo como recorte a época de surgimento da proposta anisiana de educação integral em relação a outros projetos que disputaram a escola pública naquele período.

Há neste capítulo contributos do movimento anarquista e da Pedagogia Liberal Progressiva, chancelada por intelectuais que se tornaram emblemáticos na educação brasileira e, de um modo particular, na escola integral. Além de reflexões sobre a persistência de forças sociais regressivas, em alusão ao movimento integralista que congregou visões de mundo sectárias, acolhidas por diferenciados perfis individuais, movimentos sociais e ativismos da época.

Na segunda parte do livro, intitulada "Caminhos da pesquisa", explico o estudo em escola. Trago elementos de caracterização da "Escola da Capoeira", mostro como se deu a participação dos alunos e descrevo os primeiros achados. Desse modo, explicito a necessidade de tornar a criança participante na investigação.

No capítulo 3, "Configuração do campo empírico", apresento a investigação, construída durante dois anos de trabalho de campo, sob influência das perspectivas etnográfica e participante, e segundo a noção de cotidiano. O capítulo abre as categorias de análise apreendidas da escola. O próprio direcionamento aos alunos, tornados colaboradores na produção de dados, resultou das características culturais do contexto.

Além disso, situo a cena educacional do município em que ocorreu a pesquisa, com base em relatos de moradores, professores e alunos, obtidos por força do documento *Conhecendo Piraquara* (PIRAQUARA, 2007) e da minha participação como docente e pesquisadora em evento municipal intitulado Seminário de Educação Integral (2015).

No capítulo 4, "O estudo em escola", detalho as técnicas e estratégias utilizadas, bem como cito os eventos que se tornaram objeto de análise e reflexão, quando da reconstrução da realidade educacional observada.

A terceira e última parte intitula-se "Reconstrução da realidade educacional da Capoeira". Os eventos capturados no campo foram recompostos em três dimensões descritivas e conceituais, trianguladas na apresentação e discussão dos dados: a escola, o aluno e o lugar.

O capítulo 5, "A escola", discute as dominâncias pedagógicas, objetificadas na análise de dois eventos tipicamente escolares, os Conselhos (Escolar e Participativo) e as dinâmicas de trabalho nas classes regulares.

Reportado às práticas educativas, o capítulo esclarece quais características do trabalho dos alunos foram incentivadas pelas lógicas escolares, em turmas do primeiro ao quinto ano. A problematização da eficácia e do controle do trabalho educativo, nas sistemáticas do cotidiano escolar, encontrou espaço na análise.

O capítulo 6, "Os alunos", discute a participação dos atores sociais na/com/contra a escola (DUBET, 2003). Os processos escolares apreendidos foram contrastados com as características da participação dos alunos, levados à reflexão como eventos/episódios elucidativos dos conflitos e tensões sociais replicadas e produzidas na experiência de mais tempo de escola.

O capítulo 7, "O lugar", traz a colaboração dos alunos na pesquisa. Reflexiona o transcorrer diário dos processos pedagógicos, corriqueiros e cansativos, ao mesmo tempo que apresenta a diversidade cultural local com base em fotografias produzidas pelas crianças.

O percurso casa-escola é, por essa dinâmica, evocado e exemplificado nas rotas do ônibus escolar, compreendido como elemento de conexão entre escola, alunos e localidade. Os referentes culturais apontados foram sintetizados em três mandalas, confeccionadas por mim, ilustrativas das análises sobre as relações pedagógicas de um ensino diversificado.

"Notas conclusivas" corresponde às considerações finais. São apontamentos (conjecturais e prospectivos) sobre o processo pedagógico e o campo político da educação integral. Referem-se ao ponto de vista dos alunos e estão em ruptura com as lógicas de exclusão repercutidas no contexto investigado.

Com o conjunto de dados produzidos, a experiência de mais tempo de escola foi evocada pelas crianças como tempos e espaços necessários para o convívio, para a expressão corporal, para a construção de laços de pertencimento e de amizade, além de reconhecida como oportunidades de crescimento emocional e intelectual. Mesmo contestada, a escola permaneceu enquanto aposta social valorizada.

A defesa reafirmada neste livro é a da educação integral como relativa aos processos formativos autodeterminados. Experiência vivida na forma de expressão de tempos e espaços culturalmente diversificados. Necessária para que a escola pública brasileira se torne uma experiência social libertadora.

PARTE I

EDUCAÇÃO INTEGRAL MULTIFACETADA

*Para homens
Convencer é estéril.
(Walter Benjamin)*

Começo o debate sobre educação integral tornando a escola pública brasileira o fórum da discussão, isto é, objeto de crítica e, ao mesmo tempo, a principal referência para que essa experiência seja pensada como necessária ou não à formação dos alunos nos próximos anos.

Com isso estou de pronto reconhecendo que o conceito é multifacetado e gerador de embates — políticos, pedagógicos, filosóficos — na sua definição.

Em meu entendimento, a escola ganha quando pensamos em quanto essa experiência pode ensejar mediações culturais diversificadas, bem como maior participação dos alunos nos processos escolares.

Com quais finalidades, objetivos, parâmetros de qualidade e por quais meios essa outra forma de educar pode, ou não, ser reconfigurada é, segundo Cavaliere, Ana (2002), a questão fulcral relativa à identidade da escola pública brasileira. Questão mobilizadora da definição da educação integral nos próximos anos.

Abro minha incursão no tema demarcando posição contrária às experiências de ampliar tempos e espaços educativos conformadas à escola existente, ou seja, aquelas que não pautam, enfaticamente, a superação da precarização da escola pública como o principal elemento de ruptura com o ensino convencional — sem o que se torna impraticável defender a educação integral como um ponto de inflexão na forma de educar e de reconfigurar o sistema educacional brasileiro.

Primeiramente farei a exposição do Programa Mais Educação, importante veículo de divulgação e promoção de experiências escolares de educação em tempo integral, entre 2004 e 2015, no Brasil, sem negar as experiências anteriores, e as recentes, que sustentam e perpassam o ideário de melhoria da qualidade da educação escolar pública.

Em seguida, discuto a educação integral na perspectiva histórica, no intuito de mostrar embates relacionados a defesa e definição da dimensão integral e da qualidade educacional. Reconheço na perspectiva histórica a base de sustentação de Pedagogias Críticas e transformadoras do ensino convencional.

1

PROGRAMA MAIS EDUCAÇÃO

O PME foi instituído pela Portaria Interministerial n.º 17/2007 e pelo Decreto Presidencial n.º 7.083/2010. Funcionava via transferência voluntária de recursos da União por meio do FNDE, em apoio a atividades socioeducativas no contraturno escolar.

A adesão das escolas viabilizava-se por intermédio do Programa Dinheiro Direto na Escola (PDDE). A seleção destas, conforme critérios como Ideb, repetência, evasão, defasagem idade-série, alunos e territórios socialmente vulneráveis.

As escolas do campo foram sendo gradativamente incluídas, pois inicialmente foram priorizadas localidades mais populosas e escolas urbanas com mais de cem matriculados.

A proposta era o apoio financeiro da União findar à medida que as gestões locais passassem a contabilizar os alunos da educação integral no Censo Escolar, de modo que estados e municípios financiassem o atendimento educacional em jornadas de no mínimo sete horas diárias. Para isso, o Fundo de Manutenção da Educação Básica (Fundeb; Lei n.º 11.494/2007) prevê valores diferenciados de financiamento para matrículas de alunos em tempo integral.

O conteúdo do Programa Novo Mais Educação e dos Cadernos Pedagógicos do PME de 2016 não serão objeto desta análise, pois ative-me ao período de maior circularidade do programa, entre 2007 e 2015. Assim procedendo, fui aos escritos *infra* destacados:

a. *Educação integral: texto de referência para o debate nacional* (BRASIL, 2009a), produzido pelo MEC com base em grupo de trabalho formado com a representação da União Nacional dos Dirigentes Municipais de Educação (Undime), Confederação Nacional do Transporte (CNT) e Associação Nacional pela Formação dos Profissionais da Educação (Anfope).

b. *Gestão intersetorial no território* (BRASIL, 2009b), produzido pelo Centro de Estudos e Pesquisas em Educação, Cultura e Ação Comunitária (Cenpec) e com base no Fórum Mais Educação.

c. *Rede de saberes Mais Educação: pressupostos para projetos pedagógicos de educação integral* (BRASIL, 2009c), produzido com o coletivo Casa das Artes, Semed de Recife, e Fórum Interministerial Mais Educação.

d. *Caminhos para elaborar uma proposta de educação integral em jornada ampliada* (BRASIL, 2011a), produzido pelo Centro de Criação de Imagem Popular (Cecip) e com base em grupo de trabalho interinstitucional. Contou com a representação de universidades, Organizações Não Governamentais (ONGs), centros de estudo e associações — Anfope; Casa das Artes; Cecip; Cenpec; Cidade Aprendiz de São Paulo; CNT; Conselho Nacional de Secretários de Educação (Consed); Semeds de Nova Iguaçu, Apucarana, Belo Horizonte e Recife; Undime; Universidade Federal de Minas Gerais (UFMG), Unirio, UFPR, Universidade Federal do Rio de Janeiro (UFRJ) e Universidade Federal do Rio Grande do Sul (UFRGS).

e. *Programa Mais Educação passo a passo* (BRASIL, 2011b), produzido pela Secretaria de Educação Básica (SEB/MEC).

f. *Manual operacional da educação integral*, versão 2012 (MEC/FNDE).

Ademais, a título de consulta exploratória, fui à página do MEC e localizei os seguintes arquivos digitais complementares:

a. *Bairro-escola passo a passo* (2012), produzido pela Associação Cidade Escola Aprendiz, com apoio do Fundo das Nações Unidas para a Infância (Unicef) e da Fundação Educar DPaschoal.

b. Cadernos Cenpec *Educação Integral* (n.º 2, 2006), com artigos publicados por profissionais ligados a entidades como Fundação Itaú Social, Abrinq, Fundação Darcy Ribeiro, *Folha de São Paulo*, UFRJ e Universidade de São Paulo (USP).

c. *Centros e Museus de Ciência do Brasil: guia de localização de museus e centros de ciência (aquários, zoológicos, parques e planetários)*, produzido pela Associação Brasileira de Centros e Museus de Ciência, Casa da Ciência [Fundação Oswaldo Cruz (Fiocruz), 2009] e Museu da Vida.

d. *Escola que protege* (2007): publicação MEC/ Organização das Nações Unidas para a Educação, Ciência e Cultura (Unesco), com informações sobre o enfrentamento da violência contra crianças e adolescentes.

e. *Educação patrimonial* (Cadernos 1, 2 e 3): manual produzido pelo Instituto do Patrimônio Histórico e Artístico Nacional (Iphan, 2013), que serve de base para a confecção de inventário das expressões culturais locais. Trata-se de uma das atividades disponíveis para a escolha das escolas do campo quando da adesão ao PME.

f. *Tecendo redes para a educação integral* (2006): documento-síntese do Seminário Nacional promovido por Fundação Itaú Social e Unicef.

g. *Redes de aprendizagem: boas práticas que garantem o direito de aprender* (2009): mapeamento de práticas de municípios que se destacam no cenário nacional, com a participação de Unicef, Undime, MEC e Inep.

h. *Educação & participação "Muitos lugares para aprender"* (2003): conjunto de artigos publicados pelo Cenpec com apoio de Itaú Social e Unicef.

i. *Educação integral/educação integrada e(m) tempo integral: concepções e práticas na educação brasileira*: mapeamento das experiências de jornada ampliada realizado entre 2007 e 2009 e em duas etapas (quantitativa e qualitativa), com a finalidade de subsidiar a política educacional brasileira. Contou com a condução de UFPR, Universidade de Brasília (UnB), Unirio, UFRJ, Universidade Estadual do Rio de Janeiro (Uerj) e UFMG.

A análise desses documentos (ORLANDI, Eni, 1993; BARROS, Diana, 1996; ROCHA; DEUSDARÁ, 2005; BRAIT, Beth; SOUZA E SILVA, Maria, 2012), compreendidos como vozes do discurso pedagógico oficialmente veiculado, garantiu discernimento quanto à posição assumida pelo poder público diante do tema "educação integral", bem como favoreceu o pensar sobre o lugar estratégico que o PME ocupou, no âmbito do conjunto das políticas educacionais e sociais em desenvolvimento no país, enquanto vigorou seu formato original.

Chamo atenção ao fato de os textos analisados não se propagarem em sentido único. Desde a sua elaboração, entra em cena um conjunto de atores sociais e concepções, reveladores de posicionamentos concordantes e discordantes sob muitos aspectos.

Do mesmo modo, quando em interlocução com outros atores e em outros espaços de apropriação do seu conteúdo prescrito, suas orientações didáticas sofrerão modificações diante das diferentes interpretações e práticas sociais. Sendo assim, explico que esta é uma leitura analítica entre outras possíveis.

1.1 A educação integral sugerida no PME

Desde o contato com o material analisado, é notável a participação de diversos agentes e de suas entidades na confecção dos escritos e que as experiências educativas divulgadas estão orientadas a conceber/propor uma educação integral aberta para ações e parcerias exteriores às escolas.

Um traço forte no discurso é o foco em comunidades vulneráveis à violência e marcadas pela pobreza. Tal opção esteve também presente em diferentes programas federais à época, os quais foram idealizados como componentes de ações intersetoriais — Bolsa Família, Dinheiro Direto na Escola, Segundo Tempo, Escola Aberta, Mais Educação, Saúde na Escola, e Escola que Protege[3].

Nesse sentido, identifico a oferta de educação em tempo integral como ação estatal focalizada, de base assistencial e que argumentou em favor da integração de setores como educação, assistência, saúde, cultura, esporte e lazer.

Tomando por base o desempenho dos alunos em exames externos à escola, e também considerando indicadores como taxas de evasão, distorção idade/série e repetência, a política educacional estruturou um tipo de intervenção federal supletiva, pela qual justificou a criação de programas sociais estratégicos.

Com essa justificativa, o fator "desempenho escolar", ao lado da oferta de programas sociais integrados no território, especialmente aqueles direcionados ao público infanto-juvenil, constituíram-se em dinamizadores das experiências de educação integral fomentadas pelo PME.

A ênfase no desempenho escolar pode ser confirmada no caderno *Gestão intersetorial no território* (2009). Nele há divulgação de séries estatísticas sobre a relação entre o PME e a eficácia escolar. Desde a introdução do documento, o Ideb é priorizado como balizador do programa. Com base na justificativa da eficácia, surge a proposta de uma ação educativa que ultrapasse os limites físicos da escola e que vá ao encontro do direito de aprender.

A "Série Mais Educação" desenvolve essa defesa segundo duas linhas expositivas: o legado histórico da educação integral e o destaque dado às experiências educacionais recentes na ação de ONGs e governos locais.

---

[3] Os documentos da "Série Mais Educação" mencionam a existência de cerca de 40 programas federais, entre eles o PME.

São lembradas iniciativas como o Centro Educacional Carneiro Ribeiro (Bahia, 1950), as Escolas Classe e Parque (Brasília, 1960) e o Centro Integrado de Educação Pública (Rio de Janeiro, 1980). Todas qualificadas como modelos pedagógicos, configurados como oferta estatal e sob o comando de intelectuais inovadores.

Os textos do PME utilizam-se desse legado para enfatizar que o tema da educação integral está historicamente situado na trajetória do movimento educacional brasileiro em favor da universalização da escola pública.

Contudo, apesar de qualificadas como de grande riqueza, as experiências-legado são consideradas pontuais e esporádicas, uma vez que o poder público não logrou êxito na expansão desses modelos no território nacional. A busca por uma oferta educacional mais adequada à formação integral e à integralidade do currículo escolar estaria hoje colocada de outro modo.

O caminho para a ampliação dos tempos e espaços escolares deveria ser construído para além dos muros da escola, por intermédio de ações afirmativas no território, promovidas por variados agentes sociais, gestores públicos e aberta às comunidades locais, o que corresponderia a uma ampla mobilização nacional.

Em face das expectativas sociais, caberia à escola dialogar com outras formas de educar, aquelas não tão conhecidas ou praticadas em seu cotidiano, e, na redefinição de suas finalidades formadoras, acomodar demandas culturais, assistenciais e tecnológicas, além de compartilhar sua ação educativa com toda a sociedade.

A articulação entre os saberes escolares, aqueles relacionados à função clássica dos estabelecimentos de ensino (FORQUIN, 1992, 1993), com os saberes locais, praticados em cenários não escolares e por agentes educativos da comunidade da qual a escola é parte, favoreceria a melhora da aprendizagem dos alunos.

Ao abrir-se para a comunidade, o processo de escolarização tornar-se-ia próximo dos interesses, necessidades e contextos existenciais dos educandos. O próprio conteúdo curricular tradicional, averiguado nos diagnósticos e exames nacionais conduzidos pelo MEC/Inep, passaria a ser mais bem abordado, o que favoreceria o bom desempenho dos alunos, revertendo diagnósticos negativos dos sistemas educacionais.

Ao oferecer mais tempo para a aprendizagem, diversificando espaços educativos e modificando a forma e o próprio conteúdo do ensino, a educação integral colocaria o país na condição de ofertar uma formação qualitativamente superior e equânime.

A ampliação dos tempos e espaços de aprendizagem corresponderia, nesse sentido, a uma política afirmativa, assumida como combate à pobreza e abrangendo a escola e o seu entorno. O currículo escolar, se assim integrado ao território, garantiria proteção e desenvolvimento pleno às crianças e aos adolescentes.

1.1.1 Currículo escolar em mudança

Os escritos do PME apontam para a transformação da cultura da escola, chave para o sucesso da aprendizagem dos alunos. Para isso, argumenta que mudanças curriculares seriam conseguidas por meio de ativismo educacional conciliatório e pacificador, reunindo comunidades e escolas em torno de projetos de educação.

Sustentando como princípio pedagógico a integralidade, o PME conclama a escola a fazer frente "à globalização, às mudanças no mundo do trabalho, às transformações técnico-científicas e às mudanças socioambientais globais" (BRASIL, 2009a, p. 12).

A mudança curricular pretendida deve prever a atualização dos conteúdos tradicionais, inscritos nas diversas áreas do conhecimento — artístico, corporal, científico e tecnológico — e, de um modo complementar, abrir-se para as práticas culturais da comunidade e, ao mesmo tempo, para a cidade educadora.

O processo de escolarização, assim reorientado, necessitaria recorrer a outra forma de organização dos tempos, espaços, saberes e agentes envolvidos no trabalho educativo. Nesse processo,

> [...] a ampliação da jornada não pode significar uma diferenciação explícita entre um tempo de escolarização formal, de sala de aula, com todas as diferenciações e ordenações pedagógicas, em contraposição a um tempo não instituído, sem compromissos educativos, mais voltado à ocupação do que a educação. (BRASIL, 2009a, p. 36).

A reorganização do trabalho pedagógico exigiria a adequação entre os tempos da escola, empenhada no planejamento e na estruturação de sua proposta pedagógica, e os tempos dos projetos dos parceiros da comunidade, chamados a participar conforme seus próprios ritmos, espaços e experiências.

No âmbito dos processos de aprendizagem, o trabalho escolar deveria levar em consideração os tempos requeridos pelos aprendizes para a elaboração do conhecimento. Por esse encaminhamento, a aprendizagem sustentar-se-ia em múltiplas experiências educativas. As mediações pedagógicas, assim orientadas, consistem em oportunizar o tempo requerido pelos aprendizes para que ocorram tentativas, erros e buscas inerentes ao processo de apropriação dos conteúdos ministrados.

Entretanto, a escola não deveria pautar-se em práticas de hiperescolarização, pois se assim o fizesse estaria apenas replicando o modelo de ensino tradicional, pouco atrativo e pouco significativo para os estudantes.

Quanto aos espaços educativos, o princípio da integralidade propõe "a reapropriação pedagógica de espaços de sociabilidade e de diálogo com a comunidade local, regional e global" (BRASIL, 2009a, p. 18).

Nos termos do documento *Rede de saberes Mais Educação*, trata-se de ampliar a prática escolar por meio de projetos educativos territorializados, pois "cabe à escola abrir-se aos saberes locais para transformar a educação numa prática comunitária" (BRASIL, 2009c, p. 12, p. 89).

Para a cartilha *Caminhos para elaborar uma proposta de educação integral em jornada ampliada*, a criação dessas oportunidades de aprendizagem inclui: a) a articulação com a cidade educadora, pois a "educação integral pressupõe que a cidade, como um todo, é uma grande sala de aula"; e b) pensar a escola-comunidade como espaço educativo sustentável, pois "a educação integral prevê uma nova relação entre tempos e espaços educativos e convida as escolas a se tornarem parceiras do desenvolvimento sustentável do município" (BRASIL, 2011a, p. 9, 19).

Quanto aos saberes selecionados por essa proposta de educação integral, ao mesmo tempo comunitária e global, os cadernos da "Série Mais Educação" reforçam a necessidade de a escola levar em consideração "a superação da fragmentação e do estreitamento curricular e da lógica educativa demarcada por espaços físicos e tempos delimitados rigidamente" (BRASIL, 2009a, p. 28).

1.1.2 Educação intercultural

Os cadernos argumentam em favor de uma educação intercultural, pela qual o conhecimento escolar e os saberes locais pudessem se harmonizar, esforço conseguido pela ruptura com hostilizações recíprocas entre escola e comunidade.

Como resultado desse esforço, os conteúdos do ensino sofreriam modificações, constituindo-se em "saber diferenciado". Desse modo, desapareceria a distinção hierárquica entre o conhecimento científico e o cotidiano, responsável pelo isolamento da escola em sua comunidade. A esse respeito, o caderno *Rede de saberes* propõe que

> [...] o conjunto de conhecimentos sistematizados e organizados no currículo escolar também inclua práticas, habilidades, costumes, crenças e valores que estão na base da vida cotidiana e que, articuladas ao saber acadêmico, constituem o currículo necessário à vida em sociedade. (BRASIL, 2009c, p. 27).

Para demonstrar a viabilidade dessa construção, sustentada na aproximação escola-comunidade, a mandala é apresentada como objeto-símbolo do currículo, representativa das possibilidades de trocas, diálogos e mediações.

O "currículo-mandala" é evocado não enquanto modelo para formular um plano pedagógico flexível. Autodefine-se citando como inspiração Umberto Eco, autor do livro *Obra aberta*, editado em 1962:

> [...] a Mandala de Saberes atua como obra que não encerra em si suas possibilidades, mas se abre para que diferentes sujeitos possam escolher suas condições, seqüências, formas... transformando a prática educacional em espaço de diálogo e negociação, ou talvez em espaço de criação. (BRASIL, 2009c, p. 28).

O caderno *Rede de saberes* ilustra três mandalas: "Saberes Comunitários", ligados à vida social; "Saberes Escolares", especificados em conformidade com os Parâmetros Curriculares Nacionais, e "Relação entre saberes", síntese das outras duas. E ainda, quando o caderno se reporta ao projeto político-pedagógico institucional, propõe sete passos para a confecção da mandala da escola.

Na construção de sua proposta educacional, ancorada no território, deveria a escola incorporar metodologias e práticas de educação comunitária; superar grande parte dos modelos educacionais vigentes; esquivar-se de posturas hostis ou preconceituosas; identificar falsos vínculos com a comunidade; e, finalmente, associar-se aos grupos, projetos e agentes sociais comprometidos com ações educativas territorializadas.

O caderno *Rede de saberes* evoca como protagonistas dessa construção o agente comunitário e o sujeito coletivo que se educa. Na condição de partícipes, professores, educadores e estudantes assumir-se-iam como pertencentes à comunidade e apropriar-se-iam da escola, projetando nela suas identidades culturais.

O PME desenvolve esse discurso apostando que "a marca da comunidade é o bem comum, seus membros estão sempre numa relação de igualdade entre si, sem mediação. Possuem geralmente o sentimento de unidade e destino comum" (BRASIL, 2009c, p. 37).

Nesses termos, a escola é conclamada a superar os modelos de ensino instituídos e a colocar a si mesma como agente pertencente e mobilizador da comunidade educativa. O professor é evocado como o articulador de todo o processo:

> O articulador deve ser um professor que já tenha relações com a comunidade, que seja parte dela (se possível), que conheça seus líderes, vocações locais (equipamento público: clubes, igrejas, bibliotecas, museus, outras escolas, centros culturais, centros comerciais, fábricas, praças etc.). É importante também que conheça (ou pesquise) a história local. (BRASIL, 2009c, p. 79).

A escola e os profissionais do ensino seriam os principais responsáveis pela mobilização local da proposta educativa. Num tom otimista, os cadernos da "Série Mais Educação" lançam como proposta a interculturalidade e seguem oferecendo sugestões didáticas para a transformação dos conteúdos curriculares e das condições de vida dos alunos.

1.1.3 Ação educativa no território

Segundo o *Texto referência para o debate nacional*, a ruptura com a dicotomia entre ensino formal e educação informal deve priorizar a superação da distinção entre aulas acadêmicas e atividades educacionais complementares à rotina escolar. Nesse aspecto, o caderno prescreve:

> O projeto pedagógico **deve** preocupar-se com o planejamento das atividades cotidianas da escola; **deve** prever as possibilidades de interação com a comunidade e com a cidade por meio da visita a museus, parques, comunidades indígenas e quilombolas, dentre outras, e **deve**, ainda, estimular a participação de colaboradores da comunidade em atividades pedagógicas extraclasse sob a supervisão dos profissionais da educação. (BRASIL, 2009a, p. 37, grifo meu).

Seguindo nessa prescrição, o caderno *Rede de saberes Mais Educação* acrescenta a necessidade de articulação das práticas realizadas além do horário escolar com os conteúdos, as práticas e os desafios acadêmicos.

A cartilha *Caminhos para elaborar uma proposta de educação integral em jornada ampliada* segue nessa mesma linha, afirmando pretender fazer a educação integral "correr nas veias da escola". Para qualificar a participação de variados atores sociais na construção da proposta pedagógica, afirma a necessidade de promover a formação dos agentes educativos com a perspectiva da educação integral. Inserindo chamadas, intituladas "exemplos que fazem pensar", ilustra esse ponto de vista argumentando em favor de uma educação integral construída com base na escola e no diálogo com a localidade.

O manual *Programa Mais Educação passo a passo* propõe uma gama de atividades complementares ao ensino regular, distribuídas em macrocampos e que necessitariam ser integradas ao currículo das escolas. Ressalta o papel de mediação realizado pelo professor comunitário a fim de garantir que os estudantes vivenciem esse tempo ampliado como um *continuum*.

Com empolgação, especifica as principais qualidades do agente educativo, responsável pela coordenação das atividades selecionadas:

> Solícito e com um forte vínculo com a comunidade escolar; busca o consenso e acredita no trabalho coletivo; é sensível e aberto às múltiplas linguagens e aos saberes comunitários; apoia novas ideias, transforma dificuldades em oportunidades e dedica-se a cumprir o que foi proposto coletivamente; sabe escutar as crianças, adolescentes e jovens e tem gosto pela convivência com a comunidade na qual atua; é aquele que se emociona e compartilha as histórias das famílias e da comunidade. (BRASIL, 2011b, p. 17).

Para orientar o planejamento do professor-coordenador, o manual disponibiliza várias tabelas e roteiros de organização das rotinas, atividades, recursos e espaços extraescolares. Sublinha que o professor comunitário deve organizar "itinerários formativos que transcendam os muros da escola, alcançando as praças, os teatros, os museus, os cinemas, entre outros" (BRASIL, 2011b, p. 17).

Outro agente educativo mencionado como mediador entre o PME e a comunidade é o diretor, responsável por

> [...] promover o debate da Educação Integral em jornada ampliada nas reuniões pedagógicas, de planejamento, de estudo, nos conselhos de classe, nos espaços do Conselho Escolar, nas atividades com a comunidade escolar. (BRASIL, 2011b, p. 18).

O planejamento participativo é apresentado como adequado ao envolvimento de lideranças comunitárias, movimentos sociais, profissionais de outras áreas, entre outros agentes da localidade.

O protagonismo desses agentes favoreceria que a educação integral fosse debatida com a comunidade, com base no projeto político-pedagógico da escola. Assim seria possível promover a ação educativa no território. Para isso, propõe a mobilização da população em Comitês Locais, Territoriais e Metropolitanos.

Os cadernos *Programa Mais Educação passo a passo* e o *Manual operacional de educação integral* especificam as tarefas desses comitês. E o caderno *Gestão intersetorial no território* define a importância dessa organização popular no "aproveitamento do potencial educativo das políticas de assistência, ciência e tecnologia, cultura, educação, esporte e meio ambiente" (BRASIL, 2009b, p. 13).

Os comitês estariam organizados segundo o princípio de representatividade dos agentes sociais, setores e serviços públicos disponíveis no território.

O Comitê Local, composto por professores, pais, estudantes, lideranças, seria responsável por

> [...] mapear num plano de ação as oportunidades educativas locais; formular, acompanhar e avaliar o plano; firmar parcerias; levantar demandas; indicar a formação dos profissionais; informar o Comitê Metropolitano e solicitar deste o desempenho do Programa na Região. (BRASIL, 2009b, p. 20).

O Comitê Metropolitano teria as mesmas responsabilidades, porém com maior representação e abrangência regional. E o Comitê Territorial reuniria programas e políticas sociais afins, especificamente os Programas Mais Educação e o Escola Aberta, contando com a representação das equipes gestoras das secretarias municipais ou estaduais, universidades e representante de outros comitês, entre outros atores e instituições presentes no território.

Os textos também reforçam a necessidade de as escolas e as redes de ensino considerarem, em suas propostas pedagógicas, a democratização da gestão e a formação de educadores na perspectiva da educação integral. São requisitos importantes para a sustentabilidade das principais frentes de trabalho assumidas — curriculares, metodológicas, avaliativa e administrativa.

O caderno *Gestão intersetorial no território* refere-se ao PME como política de indução para que a oferta de educação em tempo integral avance em todo o país. No âmbito da gestão do programa, os entes federados estariam compondo uma política educacional estruturada desde a esfera nacional até a escolar.

Caberia à União fomentar o debate por meio da disseminação de novas concepções de currículo e do apoio técnico-financeiro aos estados, municípios e escolas. Além disso, caberia planejar, coordenar a implementação do PME e monitorá-lo, seguindo uma macropolítica que se utilizasse de ferramentas de geoprocessamento e de construção de parâmetros intraurbanos ou regionais capazes de dar relevo às informações que orientam os governos.

As escolas priorizadas pelo PME seriam aquelas identificadas com demandas por Direitos Humanos e rastreadas com base em séries estatísticas e na avaliação dos resultados escolares. Tal sistemática poderia ser replicada por estados, municípios, distrito federal e escolas.

Nesse sentido, o PME alavancaria um esforço conjunto entre os entes federados em prol da qualidade da educação. Por meio da convergência das políticas setoriais, seriam conseguidas boas condições de governança, uma vez que o poder público tornaria as políticas sociais mais focadas, atuando territorialmente segundo etapas ou metas.

No âmbito dos sistemas de ensino, a democratização da gestão necessitaria se apoiar no princípio da isonomia para garantir uma política educacional capaz de promover: a valorização do magistério; a revisão da jornada de trabalho dos professores integrais em uma única escola; a viabilização de mecanismos legais para a inclusão de profissionais de outras áreas na escola; e a garantia de condições materiais para a execução do trabalho pedagógico.

Entretanto, esses objetivos, embora lembrados como importantes para a desejada reestruturação do tempo pedagógico, não se convertem em temas pactuados como contrapartidas, quando da adesão ao PME.

Feita a adesão, há o detalhamento da execução, numa linguagem acessível. Os documentos operacionais reportam-se a vários interlocutores — dirigentes governamentais; profissionais de outros setores e serviços públicos; liderança educacional, institucional, empresarial ou comunitária; membros de equipes gestoras das secretarias municipais e estaduais; docentes; diretores; representantes das famílias e dos estudantes, entre outros.

Alguns desses interlocutores passam a ser identificados, de um modo direto e recorrente, como responsáveis pela condução do PME. São eles o professor comunitário e a escola, representada pelo diretor. Os alunos e suas respectivas famílias também são lembrados como sujeitos de direitos.

A cartilha *Caminhos para elaborar uma proposta de educação integral em jornada ampliada* estabelece um roteiro para avaliar o alcance das experiências em andamento ou daquelas em processo de implantação nas escolas.

Ao longo do texto, são apresentadas perguntas que orientam o trabalho dos envolvidos na execução do PME:

> Que tal escrever contando alguma coisa acontecida na sua cidade, que mostre que as escolas estão desenvolvendo um currículo significativo? [...] Conhece alguma escola onde as atividades que ampliam a jornada escolar sejam integradas ao currículo, enriquecendo-o e tornando-o mais significativo? [...] Pode citar atividades desenvolvidas por escola de seu município que contribuam para a formação integral dos educandos? (BRASIL, 2011a, p. 20).

As perguntas estão direcionadas a alguém envolvido com as situações práticas e necessárias à realização do PME na localidade. Cada pergunta é reforçada por uma situação do tipo "exemplos que fazem pensar", demonstrando como outros agentes educativos conseguiram êxito nesse processo e, também, como estão sendo estruturadas políticas e programas conduzidos por governos locais e sensíveis ao tema da educação integral.

Não encontrei, nos textos pedagógicos, falas ou produções dos citados interlocutores. A maioria dos relatos se refere à narrativa de secretarias e ONGs. Professores, alunos, famílias e agentes comunitários aparecem em fotos ilustrativas de situações da prática pedagógica sugerida, a exemplo da prescrição da confecção das mandalas das escolas e dos professores.

O caderno *Rede de saberes* apresentou um conjunto de 14 imagens de mandalas, identificadas como símbolo cultural ancestral. Foram produzidas por artistas, monges tibetanos ou encontradas em manuscritos astecas do século XV. Eram também confeccionadas como artefatos de indígenas americanos, aborígenes australianos e yanomamis. Estavam presentes em um templo egípcio, numa catedral francesa do século XIII e no Muro de Jerusalém. Mas não identifiquei mandalas expressamente referenciadas como produção de crianças ou de professores.

Em minha leitura, essa ausência demonstra o tom prescritivo das sugestões didáticas dos referidos manuais. No afã de mostrar para as escolas a riqueza de possibilidades de um trabalho educativo culturalmente abrangente, a autoria dos envolvidos no processo pedagógico acabou secundarizada.

O mesmo aplica-se aos "exemplos que fazem pensar" e aos relatos de experiência, nos quais os sujeitos de direito — especialmente as crianças — são reconhecidos e evocados, mas não falam por si mesmos ou valendo-se de suas produções.

Nessa lacuna, são os manuais *Programa Mais Educação passo a passo* e o *Manual operacional de educação integral* os textos que se prontificam a explicar o funcionamento do PME.

Esses escritos operacionais oferecem às escolas uma noção mais exata sobre como efetivar a adesão, quais os recursos disponibilizados pelo governo federal, como adequar o programa à prática pedagógica em andamento e qual a contrapartida do governo local.

A única contrapartida exigida pelo MEC para que estados e municípios viabilizem em seus sistemas de ensino o PME, nos termos dos referidos manuais, é "designar um professor da escola de seu quadro efetivo para exercer a função de professor comunitário com dedicação de no mínimo vinte horas, preferencialmente quarenta horas denominado 'professor comunitário'" (BRASIL, 2012, p. 8).

Acréscimos seriam viabilizados por iniciativa dos governos locais, usando seus próprios recursos. No momento em que os alunos fossem contados no Censo Escolar, os recursos do Fundeb passariam a financiar a oferta, não mais vinculada ao PME, e com um custo-aluno calculado na proporção de 30% a mais em relação às matrículas de estudantes do ensino fundamental regular.

À pergunta "Como faço se minha escola não tem espaço?", a cartilha *Mais Educação passo a passo* responde que o espaço físico não é determinante para a oferta de educação integral, e propõe que as escolas verifiquem sua própria ociosidade ou recorram à comunidade.

O apoio financeiro ofertado pelo governo federal quando do convite à adesão das escolas se justifica sob critérios como: a) escolas municipais ou estaduais com Ideb menor que 2,9 nas capitais e regiões metropolitanas com mais de 200 mil habitantes; b) escolas municipais ou estaduais com Ideb abaixo ou igual a 4,2 nas séries iniciais ou 3,8 nas séries finais; c) escolas localizadas em territórios prioritários do Plano Brasil sem Miséria; d) escolas com 50% dos estudantes do Programa Bolsa Família; e) escolas que participam do Programa Escola Aberta; f) escolas do campo com índice de pobreza maior ou igual a 25%; mais de 15% de não alfabetizados; mais de 20% de docentes leigos; 30% de população do campo; g) escolas com 100 ou mais famílias assentadas; h) 74 matrículas ou mais de quilombolas; i) escolas que permitam atendimento a todos os estudantes matriculados.

As escolas orientadas a selecionar os alunos com base em critérios como: a) risco e vulnerabilidade; b) líderes positivos; c) defasados na relação idade/série, dos anos finais entre os quais há mais saída espontânea; d) interessados em permanecer na escola por mais tempo; e) anos ou séries com evasão ou repetência; f) beneficiários do Programa Bolsa Família.

Para efetivar o aceite, deviam seguir procedimentos de registro em plataforma digital específica do PME. Além disso, registrar um conjunto de atividades ofertadas, disponíveis à escolha segundo "macrocampos". Para cada escolha, um valor de referência a ser transferido para a compra de "kits" didáticos correspondentes, exceto equipamentos de natureza tecnológica enviados pelo próprio MEC (por exemplo, a rádio escolar, pertencente ao macrocampo comunicação e uso das mídias).

As escolas urbanas escolhiam seis atividades entre os macrocampos: acompanhamento pedagógico; educação ambiental; esporte e lazer; Direitos Humanos, cultura e artes; cultura digital; promoção da saúde; comunicação e uso das mídias; investigação no campo das ciências da natureza; educação econômica.

As escolas do campo escolhiam quatro atividades entre os macrocampos: acompanhamento pedagógico; agroecologia; iniciação científica; educação em Direitos Humanos; cultura e artes; educação patrimonial; esporte e lazer; memória e história das comunidades tradicionais.

Era obrigatório escolher ao menos uma atividade do macrocampo acompanhamento pedagógico. Havia valores para a aquisição de materiais permanentes e serviços, calculados de acordo com o número de estudantes atendidos, bem como recursos destinados ao auxílio alimentação e transporte de voluntários, de acordo com o número de turmas atendidas, e se escola era urbana ou do campo.

Recomendava-se que os monitores fossem universitários ou pessoas da comunidade com conhecimento nas áreas selecionadas. Eram citados exemplos de prefeituras que disponibilizaram valores complementares de ressarcimento ou contrataram estagiários, designaram profissionais do quadro próprio ou ainda firmaram parcerias.

1.2 Ambivalência do discurso oficial

Em minha análise, a proposta de educação integral via PME ocorre preferencialmente nas escolas e localidades marcadas pela desigualdade social e por baixos índices de aprendizagem. Essa ação educativa no território compõe uma política social mais ampla, articuladora de vários programas de governo. Assim sendo, pode ser definido como um programa social estratégico de uma política avaliativa específica.

Eis aí sua principal ambivalência[4] e contradição. Como conciliar o desempenho comunitário apregoado com as exigências de uma política nacional de educação por resultados?

Sob o slogan "Garantir o direito de aprender", o PME reporta-se à política de avaliação externa e, assim, explica os critérios utilizados na seleção das escolas, bem como justifica sua proposta de gestão por resultados.

Mas os documentos não chegam a apontar como se dá a composição com a política curricular nacional, e até que ponto a proposta de formação integral se coaduna com os critérios de qualidade avaliados nacionalmente. Com essa lacuna e com base em critérios quantitativos, questionados no meio educacional[5], o discurso de educação integral do PME chega às localidades vulneráveis.

Quanto à ação educativa no território, a educação integral sugerida reporta-se à dimensão subjetiva dos processos escolares, indicando práticas socializadoras orientadas ao discurso de uma escola capaz de baixar os próprios muros a fim de "abrir-se aos saberes locais para transformar a educação numa prática comunitária" (BRASIL, 2009c, p. 89). Para conseguir a almejada integração aos saberes comunitários, sugere a busca de parcerias locais, apostando em aliados estratégicos na tarefa de rever o ensino convencional.

Com esse discurso, levanta questões curriculares e metodológicas e apresenta direcionamentos à escola, identificada com a urgência de mudar a si mesma. Ainda, na tentativa de reforçar tal ação educativa, o PME coloca-se como integrado a outras ações do poder público, voltadas à pacificação[6] de territórios socialmente vulneráveis.

---

[4] Uso o termo "ambivalência" para enfatizar as políticas sociais e suas repercussões, reconhecendo diferentes usos do discurso oficial, bem como suas ausências, o não dito. Considero, também, que as políticas públicas e os programas se configuram de um ou de outro modo, a depender da correlação de forças e do trabalho dos atores em cada experiência social construída.

[5] Basicamente são esses critérios que põem em ação, na escola, a lógica da eficácia, ancorada na meritocracia.

[6] O termo "pacificação" era recorrente no discurso político, com ampla exposição na mídia, a exemplo das Unidades de Polícia Pacificadora (UPPs) e do Programa Nacional de Segurança Pública com Cidadania (Pronasci). Um parêntese na ideia de pacificação poderia ser o atual contexto mundial, no qual a violência e a crise migratória fazem pensar sobre a ação das forças humanitárias em territórios destruídos pela guerra, além de supor o peso das segregações no processo de acolhimento dos refugiados. Sobre esse aspecto, aponto contribuições da Teoria Social — *Os estabelecidos e os outsiders*, de Norbert Elias (2000); *Da diáspora*, de Stuart Hall (2009); *A invenção dos direitos humanos*, de Lynn Hunt (2009); *Estranhos à nossa porta*, de Zygmunt Bauman (2017).

Diante do exposto, vislumbro um debate educacional plural e tenso. Tanto no que se refere à compreensão sobre a natureza das parceiras da escola e sobre o papel do Estado quanto no que diz respeito à diversidade de concepções e práticas, recentes ou do passado, da educação integral.

No intuito de explicitar alguns desses tensionamentos, coloco em discussão dois argumentos recorrentes no PME:

1º argumento É necessário transformar a cultura escolar e, para tanto, construir pontes com os saberes locais.

2º argumento A oferta de educação em tempo integral resulta da mobilização popular e da gestão intersetorial no território.

Debatendo com essas duas frentes discursivas e considerando a ambivalência das políticas sociais, ensaio interpretações e contestações a fim de projetar cenários e verificar lacunas e tendências na oferta da educação em tempo integral nos próximos anos.

1.2.1 Transformar a cultura escolar

Sob o argumento de transformar a cultura escolar, o PME parte da ideia de que as mudanças curriculares seriam alcançadas com base na superação de posicionamentos recíprocos de hostilização entre escola e comunidade.

Nesse aspecto, a desinstitucionalização da escola surge ao debate. Noto uma projeção negativa sobre a cultura escolar, caracterizada como fechada, hierárquica e autoritária para com os alunos, seus saberes e modos de viver. Ao mesmo tempo, identifico uma projeção idealizada sobre a comunidade, caracterizada como aberta, horizontalizada e democrática.

Ao desconsiderar que a relação escola/comunidade também se define pelas interações sociais, muitas vezes contraditórias, algumas vezes mais tensas que harmoniosas, o PME não aprofunda a crítica aos processos escolares. Ignora, na relação escola/comunidade, a existência de disputas marcadas por determinantes econômicos, políticos, históricos, sociais e culturais. Consequentemente, sugestiona visões estereotipadas sobre a superação do fracasso do ensino, pautadas numa concepção negativa dos processos formativos conduzidos nas escolas.

Nesses termos, a complexa inserção da escola em seu território, as disputas societárias presentes na definição do alcance de uma proposta de educação integral, bem como o debate sobre o currículo necessário a essa outra forma de educar, permanecem lacunares. Para mim, o reconhecimento da escola na sua cultura própria e na sua relação com a sociedade do presente não é satisfatoriamente enfatizado no discurso pedagógico do PME. É como se, recorrendo à sua lógica mais intrínseca, a escola estivesse se afastando da comunidade, enrijecendo-se, permanecendo estática. Como se estivesse impedida de pertencer à comunidade, de reconhecer a si mesma no papel de construção social viva.

Por isso, pergunto se, com base em sua dinâmica própria e em relação com os grupos sociais que dela se apropriam, as tradições escolares seriam passíveis de transformação.

Muitas concepções e práticas pedagógicas fazem e já fizeram questionamentos à rigidez dos tempos e espaços escolares e à forma como a escola impôs à sociedade o seu modo de educar.

Se recorrermos à gênese histórica das culturas escolares, veremos um processo de escolarização fortemente marcado pelo afastamento da comunidade, a tal ponto de a escola se tornar, em certa medida, uma instituição fechada ao mundo de fora (VIÑAO FRAGO, 1998), convertida num lugar específico para socializar a infância.

Sua forma escriturária tornou-se generalizada, desautorizando processos de socialização direta, como certas tradições orais pelas quais se aprende fazendo. Para muitas famílias, a escola passou a ser um mundo incompreensível, distante dos referenciais culturais compartilhados, especialmente quando reportada às tradições orais e à expressão corporal.

Nesse processo, a escola generalizou-se, institucionalizando-se mediante variados mecanismos de reprodução da desigualdade social. Promoveu e continuou impondo culturalmente suas padronizações, colocando em ação mecanismos de violência simbólica (BOURDIEU, 2003), como bem mostram as análises sociológicas do fracasso escolar, fortemente difundidas, no Brasil desde a década de 1980.

Mas, por outro lado, a escola não é apenas uma instituição. Trata-se de uma construção social, uma conquista das comunidades (EZPELETA, Justa, 1989; MAFRA, Leila, 2003) empenhadas em romper barreiras culturais.

Nesse aspecto, ela pertence à comunidade, representa um espaço de lutas, de apropriação de conhecimentos, valores, formas de viver e de sobreviver. Converte-se em experiência social valorada, para além dos conteúdos ministrados e apesar dos gradeamentos físicos e simbólicos que promove.

Na localidade, configura-se como um elemento cultural estranho, imposto às práticas sociais compartilhadas, ao mesmo tempo que recebe interferências culturais dos grupos humanos que a frequentam. E, no que se refere ao ordenamento interno da experiência escolar, este se dá não só em razão de um dever ser, prescrito em documentos oficiais ou determinado pelo campo político, mas também de um conjunto de práticas cotidianas (ROCKWELL, Elsie, 1997), por meio das quais o processo de escolarização é continuamente refeito, incluindo-se aí desajustes e mudanças de direção, por vezes imprevisíveis aos olhos das relações institucionais que o sustentam.

Reconhecida a complexidade da socialização escolar, retomo a ação educativa local em outras bases, isto é, com base na tensão conteúdo/forma da experiência pedagógica construída cotidianamente; e, nessa medida, volto-me à relação entre escola e sociedade. Apoiando-me na leitura histórica e social sobre a diversidade das tradições culturais herdadas, encontro subsídios e pistas sobre os processos de socialização produzidos com a escola.

Há uma tradição de contestações pedagógicas quanto às formas escolares herdadas. Há também um processo permanente de produção do ensino (ESCOLANO, 1998; FORQUIN, 1992; VINCENT; LAHIRE; THIN, 2001) a ser considerado. Ambos necessitam reconhecimento quanto à pretensão de transformar a cultura escolar.

Por essa perspectiva, a relação escola/comunidade será, necessariamente, marcada por conflitos, consensos e estranhamentos. E, no âmbito das práticas escolares, as mudanças curriculares almejadas demandam uma problematização que não exclua o ponto de vista da educação sistematizada, já que, ao acomodar demandas/conflitos sociais, a escola tenderá a se voltar ao próprio repertório e, nesse processo, selecionar e rever os conteúdos que são objeto do ensino.

Do ponto de vista da produção do ensino, a mudança das práticas convencionais necessita levar em consideração os acúmulos da Pedagogia, reconhecendo que a redefinição do processo educativo, do mesmo modo como ocorre com a aprendizagem dos alunos, precisa de tempo, conexões com o que já se sabe, reflexões sobre as experiências e saberes até então sistematizados.

Há que se considerar essa dupla perspectiva quando da apreensão das continuidades e mudanças no ensino. Particularmente, se quisermos saber o que será feito com esse tempo-espaço curricular ampliado, no transcorrer das iniciativas de educação em tempo integral.

A crítica substancial ao ensino convencional deve recorrer a esse dinamismo de afirmação e de contestação das formas escolares dominantes e, em vez de direcionar-se simplificadamente à crise da escola, perguntar

> [...] em que medida o que está em causa é a forma escolar e sua predominância no modo de socialização peculiar das nossas formações sociais. O estudo, hoje, das práticas socializadoras na escola e fora dela, situado na perspectiva sócio-histórica, permite defender a ideia de uma predominância da forma escolar nos processos de socialização e formular a hipótese de que as transformações da instituição escolar e das relações dos diferentes grupos sociais com ela participam desta predominância. (VINCENT; LAHIRE; THIN, 2001, p. 37).

Nesse sentido, as práticas educacionais comunitárias estão a compor com a escola na promoção da socialização, o que implica admitirmos a participação de outras experiências socializadoras, entendidas não apenas como contestação, mas também enquanto partícipes na difusão de práticas formalistas e artificiais, tão próprias do ensino convencional.

De outro lado, há que se ponderar sobre os embates e estranhamentos incidentes sobre o ensino homogeneizado, influenciados por outras experiências socializadoras. Emergem confrontos geradores de acordos, repactuados na relação entre os grupos sociais com a escola, admitida a confluência de suas pertenças culturais e atuações sociais.

Nesse aspecto, há também que se considerar a existência de outras tradições educativas, não tão próximas daquelas formas escriturárias que se tornaram dominantes na sociedade. Essas outras expressões da cultura popular impactam as relações pedagógicas ocorridas na escola.

Assim sendo, seja como contestação do currículo, seja como reorientação deste, as confluências e tensionamentos sociais podem ser vividos e interpretados na escola pelo prisma da interculturalidade.

Nessa ótica, a transformação do ensino convencional não deixa de abarcar processos construídos na/com/contra a escola, ao mesmo tempo que se refere a um conjunto de experiências culturais que a transcendem. Daí que o conhecimento sobre como as atuais formações sociais compõem e reconfiguram a educação abre novos horizontes de crítica à escola, situando-a não de um modo isolado, mas em relação a como a sociedade se utiliza dela, e vice-versa.

Aplicado esse conhecimento ao passado da educação integral, veremos a atualidade das experiências-legado, pois, ainda que não tenham se tornado formas dominantes do ensino, as Pedagogias não instituídas continuam vivas nas práticas escolares do presente. Elas se referem à história de luta social, da qual resulta a escola pública brasileira, concreta e simbolicamente.

Nas disputas acontecidas cotidianamente no espaço escolar, tais contributos são frequentemente revividos. Isso ocorre a ponto de compor um conhecimento didático acessível na forma de lógicas compartilhadas sobre aprender e ensinar. Quanto mais conhecem e fazem uso de tal conhecimento, melhor os atores sociais se organizam e participam crítica e criativamente da escola.

Numa projeção otimista sobre tais participações, trata-se de um conhecimento histórico com potencial para ser convertido em pedagogias crítico-transformadoras do ensino e da sociedade de hoje (embora não exclusivamente). Nessa dinâmica, a escola do presente recebe sua herança com/contra as tradições herdadas, configurando a si mesma como uma construção social em permanente movimento.

Por isso, não é estranho que o legado da educação integral ressurja vivo nas demandas sociais concretas, tornando-se tema de debates e de disputas ocorridas no interior das escolas.

Em torno da definição das finalidades da escola, historicamente ressurgem embates por sua democratização, por meio dos quais a defesa do acesso se faz presente, reivindicando condições objetivas para a plena socialização do conhecimento (CAVALIERE, Ana, 2002, 2012).

No plano da política pública, tal imperativo aponta para o investimento material necessário à superação de realidades educacionais deterioradas. Exatamente nesse ponto, vejo com ressalvas os efeitos da indução da organização do território via compartilhamento de responsabilidades, conforme definido pelo PME. Especialmente quando se reporta às práticas comunitárias, vistas com grande otimismo e como alternativa de transformação da cultura escolar.

Tal como propagandeadas nos exemplos que fazem pensar a ação educativa no território, tais efeitos poderão acabar por ocupar o tempo da escola com a busca constante de parcerias, sem, talvez, fortalecer as questões de aprofundamento teórico-prático, requeridas pela mediação pedagógica responsável.

Pergunto se essa ação comunitária não estaria limitada a exemplos imediatistas, segundo o relato de práticas pontuais, algumas até semelhantes à forma escolar criticada, porém sem os mesmos compromissos da educação formal e sem se reportar aos desafios históricos e dilemas existenciais da escola de massa. Talvez apenas por isso se arrisquem a servir de exemplo. Mas como pensar o projeto formador de uma escola pública popular generalizando tais experiências comunitárias para um universo maior de alunos? Como transpor tais experiências a fim de que sejam convertidas em acúmulos do conhecimento escolar, e tendo em vista a universalização de outro projeto formador? A meu ver, essas são questões centrais de uma escola democratizada e atenta aos limites do ensino padronizado.

Pode ser que a escola convencional arrisque menos porque sente na pele a complexidade do desafio. Assume para si a responsabilidade de produzir o ensino e de oferecê-lo para grandes contingentes populacionais. Ao fazê-lo, precisa discutir com a sociedade as finalidades, os objetivos e os meios necessários a outra forma de educar. Esse é seu oficio... O projeto formador abraçado está sempre relacionado à transmissão cultural e à reinvenção das tradições escolares herdadas (FORQUIN, 1992).

Por isso, vejo como insuficiente propor a integração do currículo no território segundo o formato "relato de experiência". Trata-se de um esforço tímido diante dos inúmeros imperativos escolares. Quanto mais se levarmos em consideração a ambição do PME de promover a educação integral enquanto uma mudança paradigmática na educação brasileira.

Há que se tomar cuidado para que a crítica ao ensino convencional não implique o desmerecimento da escola, como se a cultura escolar produzisse apenas modelos rígidos e ultrapassados.

Em minha leitura, o discurso governamental adentra muito pouco nas lógicas mais intrínsecas do trabalho pedagógico e, por isso, talvez não alcance as demandas concretas da escola básica, correndo o risco de ser reduzido a um conjunto de mecanismos operacionais e prescritivos.

Mesmo se nos ativermos a esses mecanismos, a margem para que as escolas tentem imprimir, em seu projeto político-pedagógico, diferenciações no currículo era restrita. Por exemplo, quando os agentes educativos encontravam dificuldades para ampliar alcances espaçotemporais, em territórios nos quais a escola, mesmo precarizada, é um dos poucos equipamentos públicos disponíveis à comunidade.

Com esse exemplo, aponto mais alguns questionamentos relacionados à execução do PME, pois questões dessa ordem sinalizam para a precariedade existencial da escola, um tema ainda não resolvido e reiteradamente debatido. Refiro-me à valorização da educação integral como componente de políticas incentivadoras de mudanças substanciais no ensino. Vamos, então, às problematizações de forma pontual, admitido o recorte datado dos apontamentos:

a. Estabelecer parcerias em realidades marcadas pela precariedade dos serviços ou ausência de equipamentos públicos.

Para efetivar o conceito de integralidade, seria necessário investimentos em equipamentos públicos de qualidade, conquistando-se, no campo da macropolítica, os dispositivos prescritos às escolas. Para isso, o planejamento orçamentário deveria integrar diferentes pastas governamentais.

b. Os agentes educacionais responsáveis pela condução diária das atividades seriam voluntários ou monitores contratados como estagiários, ou ainda universitários bolsistas.

A opção por esses agentes educativos em lugar dos professores pode ter reforçado a tendência das atividades curriculares complementares conduzidas por leigos.

A história vem mostrando que essa forma de entrada na educação básica está bastante relacionada com a precarização do magistério. Isso na medida em que a forma como se deu a expansão da escola pública não permitiu, no longo prazo, que condicionantes negativos fossem revertidos em benefício dos alunos. Um trabalho educativo sustentado no voluntariado pode reforçar cenários distanciados de conquistas trabalhistas caras a uma proposta de educação em tempo integral, como a organização de equipes de profissionais com dedicação exclusiva em um único estabelecimento de ensino.

Para obter êxito nas mudanças curriculares almejadas, seria necessário considerar os caminhos da profissionalização do magistério como uma questão curricular central, relacionada à estabilidade e à qualificação das equipes envolvidas na oferta da educação integral dentro do próprio espaço da escola.

A escola, assim fortalecida como espaço formador da docência profissionalizada, poderia participar de um modo menos subordinado do debate sobre as escolhas curriculares e intervenções didáticas. Respeitada como competente na tarefa de educar, a escola precisaria ser incentivada a arriscar o desenho de arranjos curriculares variados na produção do ensino — disciplinas, temas geradores, projetos, entre outras formas inventadas conforme as tradições pedagógicas e o diálogo com as expressões culturais locais.

Tal empenho requer política pública que priorize excelentes condições de trabalho — tempo, estudo, planejamento coletivo e, definitivamente, profissionalização do magistério.

    c. O professor comunitário como única contrapartida exigida às redes de ensino municipal e estadual e, mesmo assim, sem a garantia de dedicação integral.

Embora requisite um professor do quadro efetivo da escola na função de coordenador pedagógico-administrativo do PME, a atuação desse profissional era descrita como comunitária. Mas nem sempre ele vive na comunidade.

Seria necessário considerar que, como profissionais, os professores prestam serviço, atuando numa dada comunidade e conhecendo-a. Os vínculos comunitários precisam ser estabelecidos por outros mecanismos, atentos à construção do conhecimento escolar e ao aprimoramento docente na escola.

    d. A dificuldade em promover itinerários educativos extramuros.

No que se refere à mobilidade espacial, é provável que o professor comunitário não conseguisse realizar a contento o planejamento de itinerários educativos sem contar com um apoio mais sistemático por parte do poder público.

Para as atividades extramuros, os recursos federais disponibilizados pelo PME eram insuficientes, como também não sinalizavam contrapartidas municipais e estaduais para esse tipo de prática, o que impedia a concretização do conceito de integralidade, caro à ampliação de territórios educativos e à cidade educadora. A tendência seria os itinerários extraescolares permanecerem circunscritos à localidade, pois nesse caso os percursos não exigiriam maiores esforços no translado dos alunos. Consequentemente, a ação educativa seria restrita à comunidade.

    e. O discurso prescrito às escolas contrastava com a insuficiente contrapartida solicitada aos estados e municípios quando da adesão ao PME.

Isso ocorre porque a adesão ao programa se dava em redes de ensino administradas pelas mais diferentes orientações partidárias e com diferentes concepções e opções sobre o lugar estratégico ocupado pela educação integral, nas esferas estadual e municipal.

Como resultado, prevaleceu a tendência a apenas informar as escolas sobre suas novas tarefas e responsabilidades, nem sempre dando-lhe o suporte de que necessitam.

Ao executar o programa nessa condição, a escola tendeu ao isolamento. Reportada a si mesma na busca de infraestrutura e dos meios, nas situações mais corriqueiras, como a segurança alimentar, o transporte, saber quem seriam as pessoas que prestariam serviços voluntários, a salubridade dos espaços a serem utilizados, além das questões de ensino-aprendizagem.

Consequentemente, havia um conjunto de variáveis recaindo sobre as escolas, na difícil tarefa de ajustar as normas do programa às precárias situações de ordem prática.

f. Limites em tornar a experiência escolar diversificada quanto ao uso dos tempos e espaços educativos.

Seguindo as normas prescritas, as escolas deviam escolher entre um conjunto de atividades, buscar os voluntários, encontrar espaços alternativos, empregar os recursos no formato exigido pelo PME, entre outras providências sobre o que fazer com esse tempo a mais investido na educação de alguns de seus alunos. Porém, se as condições objetivas de trabalho fossem pouco favoráveis, a probabilidade era de que o tempo a mais fosse ocupado por experiências consideradas pela própria escola de menor importância, rotuladas como assistemáticas, assistenciais, meramente recreativas ou ainda supérfluas diante das atividades escolares obrigatórias.

Soma-se aqui a exigência de melhorar o desempenho escolar dos alunos — a escola sabendo que seria avaliada e poderia recorrer a mais tempo apenas para melhorar os próprios resultados nas avaliações externas.

O programa poderia ser considerado um projeto entre outros, não necessariamente um experimento de educação integral, instigador de mudanças substantivas no currículo do ensino regular.

Nesse limite, ainda que sob o discurso do direito de aprender, o trabalho pedagógico agregaria propostas educativas pouco inovadoras quanto ao uso dos tempos e espaços para a construção do conhecimento escolar.

g. Apenas alguns alunos participam do PME.

Dificilmente as escolas com mais de cem estudantes e que contam apenas com o PME fariam uma oferta para todos os matriculados. Isso porque poderiam ter receio de não conseguir atendê-los em estruturas adequadas, ainda que obtenham êxito em parcerias no território do qual são parte. Essa situação poderia gerar práticas discriminatórias na comunidade.

Escolher os alunos participantes tornar-se-ia especialmente difícil diante de um conjunto de preocupações quanto a proteção e assistência à infância e à adolescência, em realidades existenciais deterioradas.

Decidir quem seriam os alunos atendidos e como atendê-los seria uma difícil questão pedagógica. Nessa decisão, a escola necessitaria de autonomia, flexibilidade e dinamismo na estruturação de suas estratégias inclusivas, evitando cenários de segregação. Melhor seria se pudesse promover, por exemplo, reagrupamentos constantes, ou oferecer a ampliação do tempo pedagógico para todos os interessados.

Entretanto, ao se ver condicionada a planejar uma proposta de educação integral para apenas um grupo de alunos, poderia encontrar dificuldade para integrar essas atividades ao seu projeto político-pedagógico. Nessas circunstâncias, tornar-se-ia difícil não polarizar as atividades ofertadas (em turno e contraturno) em atividades acadêmicas e complementares.

Diante da dupla tarefa de ofertar um conjunto de atividades complementares para um grupo diferenciado de alunos e, ao mesmo tempo, articulá-las com o turno frequentado pelos demais, seria possível que o currículo de muitas escolas continuasse dividido.

1.2.2 Promover a gestão intersetorial no território

O discurso governamental propôs a gestão intersetorial para alavancar a educação integral como oferta permanente das redes de ensino estaduais e municipais, ao mesmo tempo que quis se utilizar dessa ferramenta de gestão para integrar o conjunto de programas sociais que incidem na localidade.

A escola passou a ser um dos componentes de uma rede de serviços sociais, com a tarefa de promover seu projeto político-pedagógico em articulação com as práticas de educação comunitária.

Apesar disso, alerto sobre o modelo de gestão intersetorial proposto não corresponder, na maioria das vezes, ao modo como se dá a composição e a prática administrativa das secretarias de governo.

Com frequência, as pastas governamentais são distribuídas conforme os arranjos político-partidários acordados no período de eleições, o que quase nunca facilita o planejamento entre secretarias, nem sempre abertas à participação popular. Assim, seria mais comum assistirmos às secretarias de governo promovendo ações sociais setorializadas.

Importante notar que a integração proposta abarcaria serviços historicamente precarizados, pertencentes às áreas dos direitos sociais, que são reconhecidas na Sociologia como os "braços femininos do Estado" (BOURDIEU, 2010; BEZERRA, 2015).

Na saúde, na educação, no esporte e na assistência social, o poder público tem agido, muitas vezes, de forma supletiva e subordinada à esfera econômica. Pelo ângulo da economia, a intersetorialidade tende a corresponder a prerrogativas advindas de forças sociais hegemônicas, atuantes nas arenas decisórias da política nacional e internacional.

Tomando por base a influência do setor econômico competitivo, é possível que as iniciativas de gestão intersetorial no território estivessem sujeitas a esse campo maior de poder. E que, nessa condição subalterna, o compartilhamento de responsabilidades se deparasse com uma intervenção estatal suplementar, apresentada como auxílio humanitário em territórios vulneráveis.

No âmbito das políticas sociais, ontem e hoje, encontramos vários exemplos dessa dominância, como as ações pactuadas entre o aspecto econômico e a segurança pública, segundo contrapartidas acordadas sob a política macroeconômica do país.

Nesse cenário, surgem programas federais apelidados de "guarda-chuvas", porque reúnem vários outros, servindo de contrapartida à macropolítica, os quais são direcionados às comunidades marcadas pelo conflito social, como é o caso dos territórios dominados pela violência do narcotráfico ou das disputas agrárias.

Segundo essa linha de atuação, a presença do Estado dá-se em estratégias distintas, porém complementares (HUNT, Lynn, 2009). Na linha de frente, os serviços ligados aos Direitos Humanos, como é o caso da saúde e da educação, e de outro lado, numa linha de ação mais dura, bastante suscetível a excessos, os equipamentos e setores relacionados à segurança pública.

Em geral, prevalece uma intervenção estatal focalizada, segundo critérios de decisão predefinidos e segundo um modelo administrativo descentralizado quanto à execução dos referidos programas sociais.

Com essas características, deu-se a entrada no território de programas como o PME. Este se apresentou enquanto alternativa pedagógica para a ocupação do tempo livre das crianças e dos jovens, segundo duas finalidades estratégicas: a) melhorar o resultado das avaliações externas, revertendo trajetórias de fracasso escolar; e b) oferecer atividades diversificadas e atrativas, no intuito de afastar os alunos da violência ou ao menos protegê-los da influência e do poder do crime organizado.

A ação comunitária preconizada colocava a escola no papel de mediadora de conflitos advindos das tensões sociais vividas no território, e, na medida em que os processos pedagógicos corroborassem a pacificação da vida social, a educação exerceria sua função clássica de adaptação dos sujeitos às normas hegemônicas.

Por essa via, coadunando-se com outros serviços e ações pactuadas, a intervenção estatal reunia diferentes agentes sociais, os quais passavam a atuar como mediadores de conflitos locais — lideranças comunitárias, ONGs, institutos e também agentes da ordem pública, como médicos, policiais, professores, assistentes sociais, entre outros.

Ressalto tal ambivalência no discurso pedagógico governamental, no que se refere ao cuidado e à educação da infância e da juventude. Pautados no compartilhamento de responsabilidades e na aposta nos aspectos positivos da comunidade, os programas intersetoriais surgiam em resposta à desigualdade estrutural da sociedade, concentrada em territórios empobrecidos e manifesta de forma dramática na vida de crianças e jovens. O incentivo por mais educação queria, nessa conjuntura, promover o currículo enquanto instrumento de justiça social (DUBET, 2004). Entretanto, se novamente nos reportarmos ao campo mais amplo do poder, entenderemos que o currículo escolar (APPLE, 1989) continuava disputado e, dependendo da coalizão de forças sociais em jogo, os princípios e as finalidades propostos para a educação integral tendiam a processos de significação distintos. Isso porquanto as propostas curriculares estariam tensionadas por interesses sociais divergentes e por vezes antagônicos.

Nessa correlação, os territórios representam a arena social da disputa. Se a política e a prática pedagógica estiverem mais voltadas à conservação social, as oportunidades educacionais tenderão a se limitar ao território. A educação integral, assim desenhada, atua no sentido de restringir a socialização do sujeito à sua própria localidade ou classe social. Nesse caso, a face conservadora da escola reflete a face conservadora da sociedade, para a qual é mais apropriado conter a pobreza, adaptando os sujeitos a viverem em um território neutralizado e controlado.

Mas, se a política e a prática pedagógica estiverem orientadas para a superação das desigualdades sociais, a tendência passará a ser incentivar posicionamentos político-pedagógicos mais combativos. Nesse vetor, a educação tende a integrar o movimento social que pressiona o poder público a reconhecer direitos negados aos grupos economicamente explorados, no sentido da sua emancipação, e não da mera tutela. A educação integral, assim desenhada, requer mais presença do Estado a fim de garantir estruturas adequadas ao desenvolvimento do trabalho escolar.

Recorrendo às perspectivas sociológica e antropológica, podemos, então, reconhecer nessas disputas o campo do poder oscilando entre a conservação e a mudança. Torna-se plausível pensar que, embora a correlação de forças seja desigual, as escolas participam e concorrem para a manutenção ou para a desconstrução das desigualdades socialmente produzidas. E ainda, se nos ativermos às tensões sociais transpostas para arenas mais amplas, como a política nacional, identificaremos, na relação escola/localidade, deslocamentos individuais e coletivos, por entre distintas lógicas de legitimação ou de contestação do status quo.

Nesse ponto, reporto-me à Sociologia da Experiência (DUBET, 1994), por meio da qual identifico, no campo da política educacional e no chão da escola, a composição de arranjos político-pedagógicos e, por meio deles, pondero sobre mudanças educacionais plausíveis, resultantes de acordos sociais moderados.

Apoiando-me nessa análise sociológica, sustento uma explicação realista sobre a escola existente e sobre os limites e as possibilidades das experiências de educação integral impulsionadas pelo PME.

Compreendo, por exemplo, por que a ausência de condições materiais e objetivas ao trabalho pedagógico (requeridas pelas escolas e por seus professores em situações aparentemente simples, como não levar um grupo de estudantes ao museu por falta de transporte escolar) cause mal estar.

Mais do que uma questão operacional, esse tipo de barreira social revela que os professores relutam em adaptar suas práticas a modelos formativos precários, distantes de como o desejam e de como se comprometem com a formação integral dos alunos. A questão material é, desse ponto de vista, também simbólica.

Se o apoio concreto para a execução do trabalho pedagógico for insuficiente, a proposta de mobilizar a escola, seus professores e sua comunidade em torno de ações educativas no território pode, até mesmo, corroborar o isolamento da comunidade, territorialmente apartada da noção de sociedade.

Ainda, no que se refere à execução da política pública em realidades precárias, a proposta de intersetorialidade, sustentada na ação da comunidade e dos agentes educativos, empenhados em trabalhar onde o poder público está ausente, em alguns casos substituindo-o, poderá enfraquecer a organização popular, já que as demandas emergenciais, assumidas na localidade, não estariam repercutindo em outras arenas sociais, sobretudo a política.

O risco é de que, deixando de atuar como sociedade civil, politicamente mobilizada, a comunidade deixe também de se fazer atuante diante do Estado. Este, por sua vez, não por isso estará menos suscetível a interesses e demandas de outros segmentos, estes sim organizados no campo político mais amplo, incluindo-se aí os grupos criminosos[7] e que colocam em risco a infância e a juventude. Daí a necessidade de os movimentos sociais ampliarem-se para além das localidades, evitando o isolamento dos sujeitos, da escola e das comunidades.

Territorialmente isolada, nas situações em que o conflito social é iminente, a escola, como se estivesse num cenário de guerra (e por vezes está), passa a ser um campo de refúgio (HUNT, Lynn, 2009), aberto aos grupos cujos Direitos Humanos se encontram negligenciados. Assume assim complexa função. De forma contraditória, define-se numa mimese, na qual uma de suas faces é o Estado; e a outra, a comunidade. Media conflitos, combate tendências de regressão social e contém insatisfações.

Nessa posição, percebe-se vulnerável e, sem o amparo necessário para exercer sua função pacificadora, poderá ser tomada pela comunidade como "bode expiatório", porquanto, por vezes, a escola e seus professores representam na localidade a presença mínima de um Estado negligente.

A percepção de serem usados dessa maneira explica por que muitos profissionais envolvidos na operacionalização do PME poderiam se sentir desrespeitados, nos momentos em que o discurso pedagógico oficial secundarizava certas responsabilidades do poder público na condução da oferta. Tal mal estar poderia se repetir, mesmo quando o discurso afirmava a gestão democrática como instrumento de organização e pressão das comunidades sobre os governos, chegando a se reportar às estratégias de luta dos movimentos sociais para ensinar as comunidades a constituírem comitês.

Questiono o teor dessas prescrições, presentes no discurso do PME, e coloco ressalvas quanto a se de fato se converteram em contributos à emancipação das comunidades. Especialmente quanto à hipótese de uma

---

[7] É possível que alguns desses grupos ocupem cadeiras cativas nos espaços de representatividade política do país.

gestão no território que se propõe a tutelar a organização popular. Na prática, talvez se convertesse em tentativa de harmonizar, no plano local, os conflitos existentes na sociedade desigual.

Num pior cenário, a proposta da gestão intersetorial, em vez de contribuir para a autonomia dos movimentos sociais, poderia servir para dar aparência de credibilidade às decisões tomadas no âmbito da macropolítica ou ainda sustentadas por relações de poder corrompidas e criminosas.

Nesse processo, pautas reivindicatórias diluem-se; e, consequentemente, a pressão popular em favor de equipamentos e serviços públicos de qualidade poderá ser subestimada e domesticada pela ação dos governos.

Com esses questionamentos, finalizo minhas reflexões e provocações ao PME, esperando ter demonstrado quão complexa é a questão da educação integral como instrumento de justiça social. De modo algum, está isenta de disputas e de contradições.

2

PERSPECTIVA HISTÓRICA

Recorro à perspectiva histórica para localizar a proposta de uma educação integral na sua relação com o ensino convencional existente. Este que corresponde ao modo escolar dominante de socializar e de educar as populações e que, desde a origem da escola moderna (entre os séculos XVI e XVII), resultou da disputa entre projetos societários concorrentes quanto à definição dos objetivos e finalidades da educação.

Impulsionada pela análise sócio-histórica proposta pela Teoria da Forma Escolar (VINCENT; LAHIRE; THIN, 2001) e considerando percursos da História da Educação, adentro a reflexão. Parto do ineditismo dessa configuração histórica particular, reconhecida hoje como escola.

Interessa-me compreender como a escola do presente se constituiu numa imposição cultural em face de outros modos de socialização outrora competentes na arte de ensinar aprendendo. Por outro lado, quero reconhecer como a escola se definiu, no confronto com variadas propostas e experiências pedagógicas que, embora não tenham prevalecido, deixaram marcas de resistência no ensino convencional.

Com essa consciência histórica, mergulho na crítica à escola de massa, reconhecendo na cultura escolar acúmulos provenientes de um duplo movimento de mudança e permanência no ensino. Identifico nas formas escolares herdadas as imposições e os esquecimentos promovidos (WILLIAMS, 1970), os quais continuam a ecoar (BENJAMIN, 2002), chegando, por vezes, a ressurgir como vestígios de um passado ainda presente, manifesto nas autorias, nos processos escolares, nas performances individuais ou coletivas, ou seja, nas disputas entre os silenciamentos e as contestações do ensino.

Em minha leitura, a educação integral está em sintonia com esse movimento, pelo qual prevaleceu a forma bancária de educar (FREIRE, 1987), porém não sem resistência e oposição. Não sem que a escola vivenciasse conflitos ou mesmo se deparasse com outras configurações possíveis de si mesma.

Projetada sobre o ensino vigente, a proposta de educação integral está entre o encontro e o confronto com o modelo pedagógico dominante. Compreendê-la nesses termos requer admitir o movimento de contestação da escola pela própria escola, isto é, sua lógica intrínseca e suas lutas históricas. Nesses termos, é preciso considerá-la como instrumento de justiça social, disputada sempre que os objetivos e as finalidades do ensino estiverem em debate.

Entendo que o reconhecimento das experiências pedagógicas do passado e a análise crítica de reformas educacionais do presente ajudam nessa mirada. Ambos conferem identidade ao sistema de ensino existente, tanto no que diz respeito àquelas iniciativas pelas quais grandes mudanças sociais foram almejadas quanto às iniciativas mais modestas ou àquelas conformadas à ordem social vigente.

2.1 Um ponto de partida para a educação integral

A historiografia ajuda a estabelecer um ponto de partida para a educação integral. Esse ponto, como já demonstrado, é a própria escola. As primeiras destinadas a todas as crianças, inclusive as do povo, surgiram na Europa do século XVII. Essas escolas correspondiam aos reordenamentos dos poderes civis e religiosos transformados desde o século anterior. Para a nova ordem pública, era necessário ofertar um tipo de socialização distinto do fazer cotidiano a fim de promover a disciplina, a obediência e a sujeição. O propósito de civilizar correspondeu, naquele momento, a uma finalidade educacional abrangente, ambiciosa. De um ponto de vista conservador, tratou-se de uma formação integral necessária ao avanço da sociedade industrial.

Nesses primórdios, a escola moderna construiu sua primeira identidade histórica, segundo os valores e princípios difundidos pela Reforma (Alemanha, 1517) e pela Contrarreforma (Concílio de Trento, 1546). Princípios e valores como ordem pública, sentenças, disciplinas e civilidades foram a partir daí convertidos em componentes da Pedagogia Moderna.

Souza (2008) busca os fundamentos dessa Pedagogia, relembrando as seguintes correntes de pensamento: Comênio, na obra *Didactica magna* (1631), que propôs a generalização do ensino em conformidade com os rudimentos da Ciência; a Pedagogia Científica de Herbart (1776-1841), sistematizada com base na Psicologia e na moralização, por meio da qual prosperou a Escola Tradicional na sua vertente laica; e os "métodos novos de educação", desenvolvidos na primeira metade do século XX, inspirados em Rousseau (1712-1778) e que abriram espaço para as Pedagogias Progressivas, em revista ao ensino tradicional[8].

A especialização dos saberes escolarizados, que faria do currículo o instrumento para distribuir às populações somente os conhecimentos necessários à manutenção das relações econômicas e políticas, alavancadas pela ascensão da burguesia, veio depois, quando se tornou cada vez mais complexo e contraditório o papel da escola na promoção de uma formação abrangente do cidadão, sem, contudo, pôr em risco os ordenamentos políticos conquistados no conjunto das relações sociais, desde então promovidas com a participação da escola.

A partir daí, a escola estabeleceu-se, em sintonia com a nova ordem social, ancorada nas grandes revoluções científica, industrial (entre 1760-1830) e política (Revolução Francesa, entre 1789-1799). Tornou-se, definitivamente, uma configuração histórica particular, difusora de lógicas socializadoras específicas, pautadas na escrita e na padronização de conceitos, valores e saberes.

Veiga-Neto (2002, p. 164) localiza o currículo como expressão máxima desse ineditismo, porque com este a Pedagogia Escolar

> [...] assumiu uma posição ímpar na instauração de novas práticas cotidianas, de novas distribuições e novos significados espaciais e temporais [...] tanto a escola fez do currículo o seu eixo central quanto ela própria tomou a si a tarefa de educar setores cada vez mais amplos e numerosos da sociedade.

Valorada como um espaço cuidadosamente organizado, concebido segundo um tempo e um ritmo próprios, a escola fez avançar seu projeto formador, em compasso com a sociedade industrial. Generalizou-se valendo-se de meios exclusivos — currículo, manuais didáticos, mobiliários, edifícios públicos, uniformes, rituais, métodos. Viu desse modo materializada a sua especificidade.

A historiografia debruça-se sobre esses meios como fontes de pesquisa e, assim, apresenta uma gama de símbolos do surgimento da escola moderna. Viñao Frago (1998, p. 73) dá outro exemplo, quando associa a materialidade da escola à aceitação social da mesma, arguindo que

---
[8] Demarco também a emergência das Pedagogias Emancipatórias, divergentes da concepção burguesa de educação tornada a forma escolar dominante. O contraponto aqui lembrado é o da Pedagogia Libertária, com suas experiências de educação integral localizadas, não por acaso, entre os séculos XIX e XX.

> A aceitação da necessidade de um espaço e de um edifício próprios, especialmente escolhidos e construídos para ser uma escola, foi historicamente o resultado da confluência de diversas forças e tendências. Algumas mais amplas, de caráter social [...] E outras mais específicas em relação ao âmbito educativo, como a profissionalização do trabalho docente. Da mesma forma que para ser professor ou mestre não servia qualquer pessoa, tampouco qualquer edifício ou local servia para ser uma escola [...] O edifício escolar destacava-se, assim, frente aos demais, sobretudo frente a outros edifícios públicos, civis ou religiosos. E destacava-se também em relação à casa, um lugar com o qual a escola guardará sempre uma relação ambivalente, de aproximação e resistência.

Vejo, nesse processo de institucionalização, a escola gradativamente configurando-se como lugar social de objetivação, codificação e acumulação de saberes. Tal processo alavancou a difusão da instrução em massa, provocando mudanças profundas na forma como a sociedade organizava seus ensinamentos, costumes e modos de vida. Assim, a escola definia a sua finalidade na relação com as transformações sociais e políticas exteriores a ela. Até o ponto de ela mesma se tornar um mundo separado para a infância, perpetuado por um conjunto de regras na aprendizagem, por um controle racional do tempo e pela repetição de exercícios e sentenças com fins em si mesmos.

Considero que isto se deu não sem resistência, pois, nesse percurso, grupos sociais foram desapossados de suas competências e prerrogativas. Por exemplo, nas práticas em que o aprender antecedia o ensinar e as crianças participavam diretamente das situações da vida cotidiana, com seus familiares e grupos de pertencimento.

Desde o século XIX e após a Segunda Grande Guerra Mundial, esse lugar social ocupado pela escola, no conjunto das transformações políticas em curso no sistema capitalista, ganhou relevância, fazendo do ensino convencional importante instrumento na produção e reprodução da sociedade industrial. As transformações políticas desse período histórico configuraram os Estados Modernos e seus sistemas de poder.

Acompanhando o aparelhamento jurídico das democracias capitalistas, a escola tornou-se a instituição responsável pela preparação das forças produtivas e das mentalidades sociais dirigentes e atuantes no campo político. Incluiu em seus objetivos pedagógicos o compromisso com o desenvolvimento socialmente almejado de grandes nações, pois esteve atrelada à imagética do progresso científico e tecnológico de uma época.

Em conformidade com as expectativas do mundo capitalista, firmada na separação entre trabalho manual e intelectual, a Pedagogia Escolar generalizou, assim, seu espectro, mediante a padronização dos processos de ensino. Alinhada com as configurações do campo político e econômico, promoveu sistemas de ensino duais, porquanto reproduzia intencionalmente a divisão do trabalho social.

Bem por isso, a educação direcionada às massas resultou em reformas e ofertas curriculares estratificadas, e a própria expansão da educação escolar ocorreu, por diversas vezes, em bases pedagógicas aligeiradas, rudimentares e fracionadas.

Quanto à padronização da experiência escolar, vale observar os sujeitos sociais cada vez mais abstraídos de seus contextos culturais. A escola aprendeu a tratar a todos de forma nivelada, de modo que as diferenças culturais e individuais não foram suficientemente consideradas no desenvolvimento do ensino convencional.

Essa é uma das razões de a Pedagogia, na configuração do seu campo epistemológico e prático, estar, por diversas vezes, distante das ou alheia às condições existenciais dos alunos e de suas respectivas famílias. Aliás, essa é a contradição estrutural da escola de massa. Ao se tornar responsável pela formação do cidadão (BUFFA, Ester; ARROYO; NOSELLA, 1987), generalizou-se em sistemas de ensino artificiais e elitistas.

Apesar disso, atravessada pelos ecos dos conflitos de classe, manifestos nos movimentos sociais mundiais entre os séculos XIX e XX, a dominância da escola viu-se tensionada pelas forças sociais que emergiam das desigualdades sociais produzidas, convertendo-se em experiência social marcada pelas disputas políticas de uma época.

Porque duais, os sistemas de ensino geraram suas próprias contradições, de onde surgiram outras propostas, de educação popular (GIROUX; SIMON, 2002). Pelas brechas da experiência escolar padronizada, outras Pedagogias foram produzidas, contestando esta, que se tornou dominante.

Não por acaso, a questão da educação integral associa-se historicamente a essas disputas. Tendo em conta tais heranças, a questão da qualidade dos processos de ensino permanece no ideário pedagógico, sendo evocada nas discussões relativas às mediações, aos meios, às práticas, aos tempos, espaços e conteúdos necessários a uma formação humana abrangente. Ela ressurge nos momentos em que as disputas políticas relativas à democratização da sociedade se intensificam; ou, por outro lado, recrudesce ou se desvia para práticas de resistência cultural nos momentos de maior conservadorismo. Surgiu como alternativa de oposição e superação do dualismo histórico da escola de massa, conforme quiseram os anarquistas do século XIX-XX. Continua sendo defendida como formação cidadã requerida pela sociedade capitalista, para a qual se dirigiram os representantes da Pedagogia Progressiva, liberais republicanos, como é o caso de Anísio Teixeira, no Brasil entre os anos de 1930 e 1950.

Pela via do fanatismo, esteve estandardizada em princípios autocráticos, disseminados pela ação de forças sociais regressivas[9], destrutivas das individualidades e pelas quais a sociedade brasileira chegou a propor a formação do homem integral, enaltecido pelo nacionalismo extremado do século XX. Posteriormente reduzido à adesão cega a coletivos exacerbados, violentos e indiferentes ao outro, visto então como ameaça.

Tomando como fio condutor a narrativa de tais disputas, próprias da sociedade industrial, identifico a origem da educação integral. Desde o início, foi buscada como projeção de outra forma de educar em sociedade. Com isso, demarco um importante fundamento para a noção de integralidade hoje: a dimensão da educação integral deve-se às lutas sociais em favor da superação da precariedade existencial da educação massificada.

2.2 Movimento anarquista

O termo "educação integral" está amplamente incorporado na tradição pedagógica emancipatória, especificamente entre os libertários que propuseram e conduziram experiências concretas de educação popular em escolas, centros de estudo e universidades, em vários países, incluindo o Brasil.

Conforme destaca Martins, Ângela (2013), o conhecimento da Pedagogia Libertária torna-se imprescindível à Pedagogia no século XXI. Essas iniciativas estiveram contrapostas às Pedagogias Liberais e se desenvolveram no bojo do movimento operário, valendo-se de debates internos relacionados à organização da classe trabalhadora. Nesse contexto, o anarquismo surgiu como ideologia política para o enfrentamento das relações de dominação e exploração, próprias da expansão do capitalismo na sua fase industrial.

---

[9] Aponto a distopia na base dos discursos de ódio do presente, alimentada por formas culturais arcaicas. Ancorado na prática social concreta, o ódio ao diferente continua sendo disseminado em sistemas de crença incorporados. Experimentado como conteúdo não racionalizado e de fácil apreensão, tal discurso regressivo serve ao esfacelamento da civilização.

Entre os militantes desse movimento, estão Bakunin (1814-1876), opositor de Karl Marx (1818-1883) na I Internacional (1876), e autor da obra *Educação integral*; Paul Robin (1837-1912), responsável pela organização do *Manifesto dos partidários da educação integral* (1893) e pela condução do Orfanato de Prévost (1880-1894); Ferrer y Guardia (1859-1909), que implantou em Barcelona, no ano de 1903, a Escola Moderna.

Souza (2008) acrescenta outros militantes. Kroptkin (1842-1921) é identificado como defensor do princípio educativo da ajuda mútua, que persistiu após as iniciativas comunais do século XVI; em seguida, reprimido, porque relacionado às associações, greves, assembleias e exercício da paridade, na mesma proporção em que na sociedade de classes prosperou o Liberalismo e seus respectivos mecanismos de controle social pela via representativa. Proudhon (1809-1865), na mesma linha argumentativa, afirmou a ajuda mútua como componente estratégico da práxis educativa, na luta contra a desigualdade social. Faure (1858-1942) foi responsável pela condução da escola La Ruche (1904), reconhecida pelo incentivo à auto-organização dos estudos, tendo seus trabalhos interrompidos em 1917.

Além destes, Frenet (1896-1966) é situado por Souza (2008) a meio caminho da proposta libertária. Era adepto das ideias anarquistas pacifistas, as quais o influenciaram na condução da Escola Moderna francesa, atrelando a proposta pedagógica dessa escola à criação de um movimento em prol da educação pública popular, no que esse educador é identificado como diferente em relação ao movimento escolanovista da época, restrito ao âmbito metodológico.

Na retomada da influência anarquista na educação integral, encontrei artigo intitulado "O ensino libertário e a relação trabalho/educação: algumas reflexões" (MORAES, Carmen; CALSAVARA, Tatiana; MARTINS, Ana Paula, 2012). Por meio dele, tomei conhecimento de pesquisa conduzida por um grupo de historiadoras da USP sobre o professor libertário brasileiro João Penteado. Ele foi responsável pela condução das propostas educativas da Escola Moderna n.º 1 (1912-1919) e da Escola Nova (1920-1923), ambas situadas no bairro operário da Mooca, em São Paulo. O artigo reporta-se ao movimento anarquista mundial como pano de fundo dessas iniciativas.

As historiadoras rememoram o Programa de Ensino Integral, elaborado por Paul Robin e apresentado em dois Congressos Internacionais de Trabalhadores (Lausane, 1867; e Bruxelas, 1868); a I Internacional Comunista (1876), na qual a educação integral e igualitária foi considerada prioridade entre marxistas e anarquistas; e o Programa Educacional do Comitê para o Ensino Anarquista (1882). Também foram cotejados jornais do movimento operário brasileiro e os jornais confeccionados nas referidas escolas anarquistas paulistanas.

A historiografia consultada apontou as tensões entre capital e trabalho, tal como se desenvolveram no século XIX-XX. Nesse recorte temporal, os estudos reportaram-se ao desenvolvimento científico e tecnológico, à consolidação do Estado de direito, à oficialização da escola como mecanismo de controle social na ótica do Liberalismo e às Grandes Guerras Mundiais.

Desse contexto emergiu a crítica anarquista ao dualismo do ensino, configurado segundo a lógica da separação entre trabalho manual e intelectual, pela qual a escola pública se conformou ao modelo de industrialização da época.

Diante das pressões do movimento operário pelo acesso à escola e consideradas as necessidades do próprio mundo do trabalho, as elites mundiais viram-se obrigadas à criação de um aparelhamento educacional, sem, contudo, incorrer no risco de perderem o controle sobre o conhecimento científico e tecnológico então produzido na sociedade. E isso foi feito segundo a imposição da Pedagogia Liberal, responsável pela difusão do chamado ensino regular.

Tal oferta "regulada" recebeu o protesto dos setores sociais engajados em outro tipo de educação popular, os quais reivindicavam o amplo acesso ao conhecimento e, nesse sentido, visavam à ruptura com os mecanismos políticos de restrição da liberdade individual e de exacerbação do individualismo. Para esses grupos, as formas de ordenamento social disponíveis eram opressoras, porque sujeitavam a sociedade à vontade de grupos minoritários.

Souza (2008) utiliza-se da categoria "confronto de concepções" para desenvolver a crítica anarquista. Analisa a relação entre Pedagogia Libertária e Pedagogia Liberal, discorrendo sobre a conformação de dois projetos societários (cuja fonte comum é o Iluminismo do fim do século XVIII) convertidos em propostas educacionais distintas e posicionados um contra o outro. Confrontando essas duas concepções, o autor vai aos lemas da Revolução Francesa para mostrar o jogo de ressignificação dos princípios revolucionários.

Segundo ele, a educação libertária, apoiada numa jurisprudência da insurreição, propunha a emancipação individual e uma sociedade igualitária e autogerida. Ao fazê-lo, ameaçava o ordenamento social com o qual a educação liberal se comprometeu, depois de a burguesia ter chegado ao poder. Em resposta a esse tensionamento, a educação liberal visava acomodar demandas da Revolução, sem com isso corroborar o desmonte do sistema de poder instituído.

No plano político e ideológico, o Liberalismo Econômico foi ao encontro da pacificação social, deslocando o lema da liberdade revolucionária para o princípio da competição, pelo qual a liberdade se tornaria o prêmio disputado por indivíduos, grupos sociais e nações.

Adam Smith (1776 *apud* BUFFA, Ester; ARROYO; NOSELLA, 1987, p. 19) define bem essa concepção de liberdade, ao argumentar sobre o fato de a riqueza de uma nação ser correspondente à quantidade de bens produzidos e acumulados. A liberdade conquistada seria decorrente da capacidade de ordenamento político em prol do progresso científico, tecnológico e social. Nessa lógica, o Direito Civil tornar-se-ia a regra comum entre os cidadãos das diferentes sociedades ou países. Os indivíduos, por sua vez, estariam livres para acumular bens sem limites. A concorrência seria o meio pelo qual aconteceria a seleção dos mais capacitados.

Discordando dessa explicação, a ótica anarquista entendeu que a liberdade natural foi suprimida pelo direito à propriedade. A educação do cidadão, na sociedade de classes, estaria legitimada como uma regra da vida social; e a escola, configurada como uma instituição de controle, responsável pela adaptação de grupos populacionais às futuras atividades exercidas e integradas no mundo do trabalho.

Contra esse ordenamento político do mundo capitalista, a ideologia anarquista desenvolveu-se, expandindo-se, assim como o Liberalismo, para além das fronteiras europeias. Apoiada no movimento operário mundial, corroborou a construção de um conjunto de práticas políticas de oposição à desigualdade social, diferenciando-se até mesmo de outras correntes esquerdistas de sua época.

Ao individualismo da sociedade burguesa, para o qual a busca da felicidade não precisa considerar as necessidades alheias, o contraponto político anarquista propõe a ajuda mútua. Trata-se de uma prática comunal, pensada para desenvolver a paridade como princípio básico das relações sociais. Nesse ponto, diferencia-se também do marxismo, pois, conforme explica Souza (2008, p. 49),

> O sujeito marxista preocupa-se com o coletivo, propõe a conscientização das massas que se efetivaria através de uma vanguarda esclarecida, no interior de um partido proletário;

no entanto, ele está posicionado na contramão do ideário anarquista que tem, como bandeira de luta, a liberdade individual e uma concepção social de revolução própria para estabelecer novas estruturas de poder, sem autoritarismo.

Na concepção anarquista, a educação assume-se como parte de uma revolução cultural, fundada na construção de experiências sociais solidárias, o que implica o esforço de "abrir mão de toda e qualquer relação de poder, seja pela autoridade ou pela submissão" (SOUZA, 2008, p. 47).

Por outro lado, na concepção liberal, a educação atua como dispositivo de ordem social, pondo para a escola a difícil tarefa de equalizar, de um modo regulado, a competitividade, vista como positiva para o desenvolvimento social.

Decorre disso que, na Pedagogia Liberal, a democratização do ensino para todos os cidadãos surge como uma progressão dos modelos tradicionais de ensino, ainda que sustentada em paradigmas educacionais inovadores, porém necessariamente conformadores da sociedade vigente.

Para acomodar esse tensionamento, a proposta liberal manteve o cidadão civilizado no centro, substituindo, a partir do século XX, os rigores moralizantes dos métodos anteriores (a exemplo dos castigos físicos) por novos métodos, testados em escolas públicas, com a intenção de buscar na vida prática modelos de ensino renovados, mas não menos ordenados e disciplinados.

Na contestação dos métodos convencionais, as experiências educacionais anarquistas configuraram suas próprias apostas metodológicas. Ao contrário das concepções liberais, a educação libertária esteve intencionalmente inserida em contextos extraescolares, firmando-se na recusa pedagógica ao artificialismo dos métodos e das práticas de ensino.

Devido a isso, conforme mostraram Carmen Moraes, Tatiana Calsavara, e Ana Paula Martins (2012), sofreram retaliação política. Foi o caso da Escola Moderna, conduzida por João Penteado, a qual chegou a promover a educação na sua forma escolar. Na ocasião, por esforço de militantes, teve sua oferta subsidiada e mantida, obviamente segundo composições políticas heterogêneas, firmadas no âmbito do movimento operário brasileiro da época.

Para manter-se atuante, as práticas anarquistas utilizaram-se das estratégias de resistência e de luta então disponíveis. Nos momentos de maior repressão, elas foram extintas. Como quando, em 1919, Arthur Bernardes decretou estado de sítio, fechando a Escola Moderna e as associações operárias, prendendo militantes anarquistas e levando-os para bases militares no Norte do Brasil. Nesse período, João Penteado passou a dirigir a Escola Nova (segundo hipótese levantada pelas historiadoras, esta seria a mesma Escola Moderna sob outra identificação).

Seguindo essa dinâmica de ataque e resistência, o ativismo anarquista entrou em confronto com as normas legais, sem, no entanto, deixar de fazer uso do jogo político daquele período. As historiadoras mostram o desenvolvimento desses embates até que ocorresse o processo de incorporação da Escola Moderna ao sistema de ensino convencional, o que se deu devido à Reforma Francisco Campos, a partir de 1931.

Essa reforma surgiu em resposta ao cenário de crise que se arrastava desde 1920, com o crescimento do número de pessoas sem colocação no mercado de trabalho paulistano. Configurou-se numa tentativa de adequar a escola secundária às demandas do processo de urbanização da sociedade brasileira.

O dualismo estrutural do ensino secundário foi, por força da reforma, mantido, sustentando um sistema escolar estratificado em ramos — comercial, agrícola e industrial — incomunicáveis entre si. Além disso, instituiu a prática de exames e da inspeção das escolas para adequá-las à legislação.

Na tentativa de continuar atuante no cenário nacional, a Escola Moderna submeteu-se à inspeção. E assim se tornou Escola Nova de Comércio e, mais adiante, nomeada Academia de Comércio Saldanha Marinho.

Sobre o processo de institucionalização dessa escola anarquista paulistana e a respeito da provocação das referidas historiadoras — "até quando, quanto ou como resistiram na promoção dos princípios humanitários do anarquismo em suas práticas pedagógicas?" (MORAES, Carmen; CALSAVARA, Tatiana; MARTINS, Ana, 2012, p. 1.010) —, compartilho da compreensão de que a instituição escola possa ser uma experiência social disputada e que guarde vestígios de lutas históricas anteriores.

Martins, Ângela (2013) utiliza-se desse mesmo tipo de provocação quando analisa as experiências de educação anarquista em solo europeu, especificamente na Escola Moderna de Barcelona, iniciada em 1901, e mantida mesmo depois da morte de seu idealizador, Ferrer y Guardia, em 1909. Afirma que os princípios pedagógicos dessa experiência influenciaram as chamadas escolas racionalistas espanholas até o fim da Guerra Civil, em 1936.

Identifico-me com essa linha de arguição. Em meu entendimento, as críticas e construções da Pedagogia Anarquista reverberam na escola e na sociedade de hoje. À sua época, o movimento anarquista sinalizou uma Pedagogia que integrava corpo, intelecto e sensibilidade estética, componentes substanciais das aprendizagens requeridas para a promoção de uma educação como prática de liberdade[10], conforme defendem muitos educadores de hoje.

Refiro-me a intervenções didáticas necessariamente ancoradas na prática social e expressas na metáfora dos círculos concêntricos, esta lembrada por Souza (2008) como mais um contributo do pensamento anarquista para uma pedagogia da autonomia[11].

Tendo em mente tal metáfora, reconheço na Pedagogia Anarquista o esforço de integrar a prática educativa aos variados espaços sociais, de produção material e simbólica, e de articular várias frentes socializadoras, logrando ancorar culturalmente a experiência escolar.

Dentre os contributos dessa Pedagogia destaco: a) o acesso ao conhecimento científico para além de seu caráter instrumental e rudimentar; b) o trabalho como princípio educativo e que integra atividades manuais e intelectuais; c) a relação da escola com a experiência social direta — nas fábricas, no cinema, nas praças, nas bibliotecas populares, nos grupos de teatro, na assembleia estudantil — nos espaços culturais e políticos a serem ocupados; d) as sessões escolares, as atividades culturais e as convenções sobre temas variados **tratados de um modo horizontal**[12] na relação da escola com alunos e familiares; e) o jogo como atividade coletiva privilegiada e como estratégia de ajuda mútua a fim de promover a autoafirmação do indivíduo e favorecer a desnaturalização cultural; f) as excursões na cidade e no campo; g) aulas ao ar livre, menos propensas à passividade dos alunos; h) o uso da imprensa como veículo de expressão e luta estudantil; i) **a supressão do sistema de exames sustentado na lógica do castigo e da recompensa**[13]; j) a auto-organização dos estudos para alcançar liberdade e autonomia.

---

[10] Ver: *Pedagogia da autonomia: saberes necessários à prática educativa* (FREIRE, 1997) e *Educação como prática da liberdade* (FREIRE, 1999).

[11] Os processos de ensino seriam ampliados em círculos concêntricos, num movimento em espiral, a fim de promover aprendizagens socialmente significativas. Trata-se de uma alusão recorrente na Pedagogia Crítica, com apoio na Psicologia. Os processos formadores não se limitam a instrução, memorização, codificação, mas referem-se ao desenvolvimento omnilateral do ser humano e à relevância social dos conteúdos ministrados, indo ao encontro da diversidade cultural.

[12] Grifo para diferenciar relações burocratizadas e formalistas das experiências de comunicação e organização coletiva. É o que torna uma assembleia mais do que simples consulta de gestão e, nesse sentido, explica caminhos buscados com a participação dos alunos e da família na construção da escola pública popular.

[13] Grifo para endossar a crítica à atual política de controle das escolas via índices de aprendizagem regulada por avaliações externas.

Quanto aos aspectos organizacionais, vale citar a ênfase na inserção na comunidade e o sentido da auto-organização política da escola enquanto espaço coletivo. Daí a defesa da paridade entre os indivíduos que participam da construção da experiência escolar, dinâmica necessária à horizontalização das relações de poder, particularmente entre docência e discência.

Por tudo isso, a crítica anarquista à escola burguesa faz-se atual. Ao colocar a educação integral como prática cultural fulcral à superação das desigualdades, fez uso das lógicas de ação social disponíveis em sua época. Permanece viva aquela proposta educacional, buscada como alternativa de superação do caráter instrucional do ensino. Por essa atualidade, os efeitos da proposta pedagógica anarquista continuam a ecoar, indo além de sua incidência sobre os métodos do ensino convencional.

2.3 Pedagogia liberal progressiva

A educação integral no Brasil, tal como defendida por educadores inseridos na política nacional entre os anos de 1920 e 1950, identificados com a Pedagogia Liberal Progressiva (SOUZA, 2008), surgiu como crítica e alternativa para a qualidade da escola pública, naquele momento em estruturação. Sua proposição resultou de grandes embates em torno das políticas e reformas educacionais, as primeiras ocorridas ainda na República Velha. Antes disso, conforme mostra Pereira, Kátia (2012), a escola brasileira já era estratificada, porém ainda sem um ordenamento mais efetivo na escolarização em massa.

No caso da educação integral, a oferta ocorria para algumas das crianças do povo e com base em modelos pedagógicos assistenciais, praticados em orfanatos e com caráter moralizante e confessional[14]. Para as elites dirigentes da sociedade, o sistema de internato vigorava como opção, porém segundo uma formação erudita e, entre outras opções, como aulas avulsas ou instrução conduzida por preceptores. As camadas médias não estudavam o dia todo.

Anísio Teixeira, conforme destaca Pereira, Kátia (2012), ponderava que até a Primeira Guerra Mundial a sociedade brasileira se compunha basicamente de uma elite aristocrática e de uma massa iletrada, sendo a classe média ainda incipiente.

---
[14] A respeito do tratamento à infância pobre, bem como das configurações da relação criança-família-Estado, desde o Império até a República, ver *Infância e educação infantil: uma abordagem histórica* (KUHLMANN, 1998).

Decorrente dessa divisão social, a estratificação da oferta educacional dividia-se em um ensino público superior para as elites, escolas secundárias privadas e preparatórias, além de uma escola primária e um ensino secundário vocacional e Normal, não muito ampliados e marcadamente seletivos, basicamente direcionados às camadas sociais médias. A maior parte da população, sem escola, era direcionada à produção agrícola.

O sistema educacional brasileiro somente começou a ser estruturado de um modo mais efetivo[15] no transcorrer da República, em razão do processo de urbanização e industrialização e em acordo com certas particularidades das disputas internas da sociedade brasileira naquele período[16].

O discurso era o de preparar o país para a construção de uma nação moderna e desenvolvida. Em torno desse objetivo, desde as primeiras reformas educacionais, entre as décadas de 1920 e 1930, a escola pública brasileira passou a ser debatida. A questão da qualidade da educação passava a ser discutida em razão das transformações da sociedade brasileira. Nessa perspectiva, a educação integral correspondia à forma de universalização necessária a um ensino menos instrucional e mais prático, tal como foi pactuado no *Manifesto dos pioneiros da escola nova* (1932), assinado por educadores renomados, como Lourenço Filho, Anísio Teixeira e Fernando Azevedo.

Adeptos da Pedagogia Liberal, esses educadores viam a escola como um espaço de democracia e de descoberta e, como tal, valorizavam experiências metodológicas inovadoras, incompatíveis com modelos pedagógicos tradicionais, repetitivos e sem incentivo à curiosidade científica dos alunos.

A educação integral incorporava, assim, expectativas de mudança no ensino regular. Ampliando as funções da escola, pretendia assegurar o acesso da população aos bens sociais produzidos. Nesse sentido, estaria a serviço do liberalismo igualitário, convertendo-se em oportunidades de estudo, trabalho, vida social, recreação e jogos.

Entretanto, quando da definição dessas finalidades, a escola via-se tensionada por projetos sociais concorrentes, entre católicos, integralistas, anarquistas e liberais. E, como resultado, a proposta de educação integral transitou por uma gama de definições, contestando ou redefinindo o caráter assistencial associado àquela escola regenerativa, higienista, disciplinar do início da República.

---

[15] Referencio o detalhamento de tais reformas educacionais no livro *História da educação no Brasil* (ROMANELLI, Otaíza, 2001).

[16] Há que considerar as forças oligárquicas fortemente atuantes na definição do modelo de desenvolvimento econômico do país.

Cavaliere, Ana (2010) observa que o detalhamento da proposta liberal de educação levou ao gradativo afastamento de Anísio Teixeira da concepção pedagógica cívico-sanitária, compartilhada à época. Tal mudança conceitual se deu pela influência da Filosofia Pragmatista na Pedagogia, para a qual a educação seria necessariamente integral, porque relativa a um contínuo processo de desenvolvimento, assumido como biopsicossocial.

A respeito das finalidades e funções dessa Pedagogia, "assentada no direito biológico de cada indivíduo à sua educação integral" (MANIFESTO dos pioneiros da escola nova, 2006, p. 190), dissertavam os renovadores do ensino:

> A educação nova, alargando a sua finalidade para além dos limites das classes, assume, com uma feição mais humana, a sua verdadeira função social, preparando-se para formar 'a hierarquia democrática' pela 'hierarquia das capacidades', recrutadas em todos os grupos sociais a que se abrem as mesmas oportunidades de educação. Ela tem, por objeto, organizar e desenvolver os meios de ação durável com o fim de dirigir o desenvolvimento natural e integral do ser humano em cada uma das etapas de seu crescimento. (MANIFESTO..., 2006, p. 197).

Seguindo tal propósito e direcionada para a obrigatoriedade e para a gratuidade do ensino primário, a educação integral deveria ser assim estimada pelos quadros dirigentes da política nacional.

Nessa medida, a defesa da escola democrática reivindicava o acesso, a gratuidade, a assistência e o aparelhamento físico do sistema educacional, com uso de métodos diversificados e em tempos e espaços ampliados. Entretanto, vale notar que essa ambição se dava num cenário social altamente excludente, porquanto a maior parte da população brasileira, nesse período, era ainda analfabeta[17].

O Brasil das décadas de 1920 e 1930 esteve marcado pelo atraso econômico e pela desigualdade social, e viu-se, um século depois de a Europa ter iniciado sua oferta de ensino público, pressionado a expandir rapidamente suas escolas, num momento em que não dispunha de meios materiais para promover a oferta de um modo excelente. Consequentemente, as propostas de reformulação do ensino mantiveram-se restritas aos centros urbanos e

---

[17] Vanilda Pereira Paiva, no livro *Educação popular e educação de adultos* (1973), apresenta fontes estatísticas dessa época. Mostra que a questão do analfabetismo se arrastou desde longa data no Brasil, associada ao atraso econômico e a uma visão pedagógica curativa e higienista, pela qual o analfabetismo aparecia como doença a ser erradicada. As estatísticas apresentadas nesse livro apontam para taxas em torno de 80% de analfabetos naquele período.

converteram-se em resposta limitada às demandas e aos conflitos da industrialização e do crescimento desordenado das cidades. Daí a escola pública brasileira ser, desde sua fundação, marcada pela precariedade. Segundo os pioneiros, uma educação na encruzilhada, entre uma oferta integral para poucos e uma educação simplificada para muitos[18].

Mesmo diante desse cenário, os Pioneiros da Escola Nova (1932) esforçaram-se para que as reformas do ensino por eles conduzidas fossem na direção oposta da simplificação. Nesse empenho, alinharam-se com a intelectualidade[19] que buscava ocupar o campo político, segundo o propósito de validar um projeto de nação ambicioso, contraposto às tradições patriarcais e aos atrasos sociais das elites e da própria população iletrada. Em tal projeto, a escola pública assumia lugar de destaque para a promoção da modernização da sociedade brasileira.

A transformação social buscada referia-se à superação de heranças coloniais monárquicas, reconfiguradas desde a República Velha (1889-1930), sob a hegemonia das oligarquias rurais do Sul e do Sudeste do país.

O modelo de desenvolvimento buscado visava responder aos impactos do surto industrial de 1920, absorvendo as demandas sociais subsequentes, advindas do processo de urbanização e referentes aos movimentos de migração e de imigração, intensificados durante esse período de crise mundial.

Entretanto, no que se refere à definição da política nacional, da qual resultou a oferta de educação pública, as forças sociais dirigentes fizeram apostas diferentes durante esse período. Para a elite oligárquica, a questão era preparar o país para o processo de industrialização, iniciado em 1920 e intensificado em 1929, enquanto, para os entusiastas do desenvolvimento social e econômico, a sociedade necessitaria apostar no progresso científico e tecnológico para assim fazer avançar os ideais republicanos de construção de uma nação moderna e industrializada.

Como resultado dessas disputas políticas, prevaleceram reformas de ensino como a que foi oficializada no governo Washington Luís, estabelecendo três anos de estudo para a população rural e quatro anos para a população urbana.

---

[18] A questão é assim colocada no jornal *O Estado de São Paulo* (1926), por Fernando de Azevedo e Anísio Teixeira. O argumento foi, posteriormente, retomado no livro *Educação na encruzilhada*. Ana Maria Cavaliere (2002) é quem faz tal levantamento documental para demonstrar o posicionamento do movimento renovador nos debates sobre a validade da redução dos turnos do ensino primário.

[19] A exemplo da Semana de Arte Moderna de 1922, marco de erudição e vanguarda à época.

Além destas, outras reformas estaduais, como as paulistanas da década de 1920, sob a influência de Sampaio Dória, promoveram a obrigatoriedade e a gratuidade do ensino primário, com foco na alfabetização, em detrimento da jornada escolar, então reduzida para cerca de três horas. Essas reformas instituíram a prática dos turnos intermediários[20], bastante usual na realidade educacional brasileira ainda hoje.

Contra essas bases reformistas se colocaram os representantes da Pedagogia Progressiva. Para eles, conforme explica Cavaliere, Ana (2010), a defesa de uma educação integral era uma demanda da democracia brasileira, proposta a ser assumida em médio e longo prazo, e, por isso, não poderia se restringir à questão instrucional. É o que se verifica nas eloquentes palavras de Anísio Teixeira, para quem "só existirá democracia no Brasil no dia em que se montar no país a máquina que prepara as democracias; essa máquina é a escola pública" (TEIXEIRA, 1935 *apud* PEREIRA, Kátia, 2012).

O *Manifesto da escola nova* corroborava essa posição, embora não deixasse de endossar, em certa medida, uma escola assistencial com uma visão estigmatizada das famílias pobres. Entretanto, nessa época, a proposta de interromper ciclos de vida fadados ao fracasso social era ousada. Com esse ideário, os renovadores do ensino propuseram um currículo de vanguarda, a serviço da igualdade de oportunidades sociais, para o qual

> [...] o Estado não pode tornar o ensino obrigatório, sem torná-lo gratuito. A obrigatoriedade que, por falta de escolas, ainda não passou do papel, nem em relação ao ensino primário, e se deve estender progressivamente até uma idade conciliável com o trabalho produtor, isto é, até aos 18 anos, é mais necessária ainda "na sociedade moderna em que o industrialismo e o desejo de exploração humana sacrificam e violentam a criança e o jovem", cuja educação é frequentemente impedida ou mutilada pela ignorância dos pais ou responsáveis e pelas contingências econômicas. (MANIFESTO..., 2006, p. 197).

A defesa desse projeto de educação nacional, tal como assumido publicamente no Manifesto, foi retomada em outros âmbitos do debate político durante esse período. Como quando das discussões em torno da Lei de Diretrizes e Bases da Educação Nacional (Lei 4.024/1961), iniciada em 1948, que recebeu forte oposição da rede privada de escolas católicas.

---

[20] O turno intermediário é aquele colocado entre os períodos matutino e vespertino. Estratégia para ampliar o atendimento dentro de uma mesma unidade escolar. A literatura consultada aponta para três turnos, consequentemente menos de quatro horas-aula por dia.

Vale lembrar que a tramitação da primeira LDBEN levou 12 anos (contando-se com sua interrupção durante a ditadura Vargas). Durante os períodos democráticos, intercalados por rupturas institucionais, Anísio Teixeira tomou frente em três experiências de educação integral: duas no Distrito Federal (do Rio de Janeiro e de Brasília) e uma na Bahia, entre 1931 e 1954.

Três anos após a aprovação da primeira LDBEN brasileira, novo período ditatorial fez com que as experiências de educação integral fossem interrompidas[21], ressurgindo o tema somente a partir da Constituição de 1988, quando da criação dos Centros Integrados de Educação Pública (Cieps) e dos Centros Integrados de Atendimento à Criança (Caics).

No entanto, apesar das interrupções, as reformas educacionais conduzidas entre 1930 e início da década de 1950 associaram a educação integral à ampliação das finalidades da escola pública. Por intermédio das incursões/repercussões do movimento renovador, foram realizadas várias iniciativas em favor da qualidade educacional, durante os períodos democráticos da República.

Foi o caso das reformas do ensino primário promovidas no Rio de Janeiro, em 1931, durante as gestões dos diretores de Instrução Pública do então Distrito Federal, Carneiro Leão (1922-1926), Fernando Azevedo (1927-1930) e Anísio Teixeira (1931-1935). Esses gestores propuseram a educação integral como instrumento de democratização da sociedade, pelo qual seria possível recuperar a escola primária, que, segundo eles, nascera de um modo inadequado e deteriorada desde a sua invenção.

Pereira, Kátia (2012) esmiúça tais investidas no campo educacional, reportando-se ao aparelhamento das escolas cariocas Barbara Otoni, Manuel Bonfim, México, Argentina e Estados Unidos. E prossegue fazendo referência à condução do Centro de Estudos Carneiro Ribeiro, quando Anísio Teixeira esteve à frente da Secretaria de Educação e Saúde da Bahia, entre 1947 e 1951.

Em que pese o detalhamento dessas experiências pedagógicas, limito-me a destacar algumas contribuições da Pedagogia Liberal para a educação integral: a) o sistema de "pelotões" implementado no Distrito Federal/RJ em 1931, pelo qual ocorria o rodízio dos alunos entre classes fundamentais e especiais a fim de oportunizar variadas vivências ao longo do dia — brinca-

---

[21] Este é um exemplo do significado da palavra retrocesso na educação. Nos momentos de totalitarismo e em tempos de políticas de austeridade os direitos sociais tendem a ser negligenciados.

deiras, exercícios físicos, estudo, oficinas, recreação — de modo a promover a mobilidade dos alunos na escola; b) harmonização entre arquitetura e pedagogia, segundo sistema que ficaria conhecido como Escola Classe e Escola Parque[22], que serviu de base para a condução das experiências do Distrito Federal (Brasília, 1952) e 20 anos depois inspirou a criação dos Cieps de Darcy Ribeiro (1980), bem como dos Caics no governo Fernando Collor (1990); c) a defesa da ampliação das oportunidades educativas, concebendo a escola como experiência socializadora vibrante e em articulação com outros espaços; d) o ano letivo de 180 dias em jornadas diárias ampliadas para seis horas em média; e) **a oferta de turmas na proporção de um professor habilitado para cada 20 alunos**[23]; f) o investimento estatal para aparelhar escolas e instalações auxiliares — biblioteca, cinema, áreas cobertas, áreas livres, jardins, hortas, ginásios —, ainda que sob o protestos na cena política, já que essas investidas chegaram a ser noticiadas como em descompasso com a realidade das demais escolas; g) **a organização das classes por idade e a eliminação da repetência por um ciclo continuado de 7 anos**[24]; h) a diversidade de atividades, oportunizada como reconstrução da vida social (artes, jogos, recreação, ginástica, música, canto, dança, teatro, leitura, estudo, pesquisa, grêmio, jornal, rádio, banco e loja).

Sob esses preceitos e práticas pedagógicas, as experiências de educação integral, nas investidas da Pedagogia Liberal Progressiva, uniram-se aos setores da sociedade brasileira interessados em alavancar o desenvolvimento econômico e o progresso social.

Os intervalos democráticos em que ocorreram tais tentativas de inovação do ensino desnudam a fragilidade de uma educação pública, por mais de uma vez afetada por períodos de restrição de direitos sociais e políticos. Nesses momentos, o entusiasmo reformista, herança dos educadores renovadores ao lado de outras expressões do engajamento social por direitos, retrocedeu.

---

[22] Pereira, Kátia (2012) anexa em sua tese os croquis dessas edificações escolares, projetadas inicialmente como espaços interdependentes, nos quais em um turno a criança frequentava a edificação em que ficava situava sua classe. No turno contrário, dirigia-se à Escola Parque, um centro de artes, cultura, oficinas e esporte. As experiências da década de 1980 incorporaram essa proposta, porém dentro de um único complexo, nomeado Centro Integrado de Educação Pública. Ambos os projetos assinados por Oscar Niemeyer.

[23] Grifo para destacar a dignidade das condições de trabalho e o reconhecimento da professora (e do professor) como intelectual da educação. É um indício da necessidade de se fortalecer a autonomia da escola com confiança na excelência desse profissional e em razão das condições objetivas de exercício da docência.

[24] Grifo para ressaltar que a educação integral se refere a percursos escolares não interrompidos pelo estigma da incapacidade de aprender. Refiro-me a processos de conhecimento firmados na compreensão de ciclos gnosiológicos, em reconhecimento do direito de aprender numa cultura da aprovação — observadas as condições dignas de promoção dos processos formativos.

Contudo, a proposta de educação integral manteve-se no imaginário educacional. Valores democráticos republicanos, como aqueles cultivados pelo desejo dos renovadores de modernizar o país, foram incorporados ao ideário da educação pública escolar.

Assim sendo, no Brasil a proposta de uma educação integral, compreendida como expressão do direito subjetivo dos cidadãos a uma formação equânime, hoje constitucionalmente reconhecido, surgiu desses primeiros embates em torno da própria configuração da escola pública, ou seja, desde a sua origem.

2.4 Forças sociais regressivas[25]

A Ação Integralista Brasileira (AIB) foi um movimento político-partidário emergente no Brasil na década de 1930, durante o governo provisório de Getúlio Vargas. Projetava a si mesma como alternativa ao modelo de desenvolvimento nacional e anunciava a educação do "homem integral" para o "Estado integral"[26].

Com essa retórica, disputou com os movimentos sociais de sua época, unindo-se a forças sociais conservadoras na República Nova e durante o Estado Novo.

A AIB esteve sintonizada com a ascensão de mentalidades totalitárias, concretizadas em autocracias[27], que nesse período histórico corresponderam ao avanço do fascismo e do nazismo na Europa.

O movimento foi impulsionado pelo ideal nacionalista, tal como ilustrado por Plínio Salgado (1936 *apud* BARBOSA, 2006, p. 73), seu representante mais conhecido:

> [...] o integralismo brasileiro está num plano muito superior a todas as correntes políticas europeias. Somos mais avançados do que o fascismo, no qual, diga-se de passagem, temos muito o que observar e aproveitar; deixamos atrás

---

[25] Em *Como curar um fanático*, Amo Oz refere-se às formas sutis e civilizadas de fanatismo da atualidade. Instiga o pensar sobre a necessidade de vigilância social, sustentada em um poder moderador capaz de "conter os fundamentalistas. Mas, para isso é preciso que seja instaurada uma esperança concreta de condições melhores e da resolução de problemas, para que os moderados saiam de seus refúgios e se imponham aos fanáticos. Só então a desesperança e o desespero podem recuar e o fanatismo ser contido" (2016, p. 27).

[26] Ana Maria Cavaliere (2010) menciona o desconforto de Anísio Teixeira em relação ao uso do termo "integral", em razão de sua não identificação com o projeto integralista.

[27] Estou considerando aqui as ditaduras de esquerda e de direita concretizadas na Europa, desde a primeira metade do século XX, e também na América do Sul, bem como aquela que seria imposta ao Brasil por Getúlio Vargas (1937-1945), marcada pelo nacionalismo e pelo populismo.

com uma distância de cinquenta anos o socialismo marxista, o sindicalismo revolucionário, como perdemos de vista, na curva de cem anos, a liberal-democracia, filha da filosofia materialista e mãe do comunismo.

Para rememorar a proposta educativa[28] dos integralistas brasileiros, consultei alguns trabalhos historiográficos (FAUSTO, 1998; CYTRYNOWICZ, 2001; VIANA, 2008; BARBOSA, 2006; COELHO, Lígia, 2005; SIMÕES, Renata, 2005), veiculados em arquivos digitais, disponibilizados em revistas, banco de teses e eventos do meio acadêmico.

Barbosa (2006) destaca a veiculação do jornal paulistano *A Razão* e a criação da Sociedade de Estudos Políticos (SEP), em 1932, como espaços originários do movimento, meios de expressão de intelectuais e lideranças contrárias ao socialismo e ao liberalismo.

Sob o lema "Deus, Pátria e Família", a SEP promoveu a assinatura, no Teatro Municipal de São Paulo, do *Manifesto de outubro de 1932*, ocasião em que a AIB foi lançada como Campanha Doutrinária. Nesse mesmo rito, foi fundado o primeiro núcleo integralista, tornando São Paulo[29] sede nacional do movimento. No ano seguinte, os 50 primeiros membros[30] da AIB iniciaram suas atividades, realizando desfiles e sob o emblema do sigma (Σ)[31].

No ano de 1934, as principais lideranças do movimento — Gustavo Barroso, Miguel Reale, Lourenço Junior e Herbert Dutra — conduziram caravanas pelo interior do país, realizando desfiles, conferências e debates sobre a ação integralista.

Dessa "peregrinação", assim nomeada pelos integrantes das caravanas, resultaram núcleos militantes em todo o país. Até que, durante o Congresso de Vitória/ES de 1934, o movimento aprovasse seu primeiro estatuto, elegendo Plínio Salgado o chefe nacional. Um ano depois, em Petrópolis/SP, o segundo Congresso Integralista tornou o movimento um partido político atuante em todo o território nacional.

Viana (2008) localiza o Congresso de Petrópolis como marco do movimento. Afirma que a disputa eleitoral de 1938 era estratégica na divulgação dos ideais nacionalistas. O ativismo correspondente a essa fase promoveu

---

[28] A proposta educativa aqui apresentada mais como ideologia do movimento, pois percebi que as práticas pedagógicas efetivadas estiveram a serviço da propaganda da AIB, e não a uma proposta pedagógica propriamente dita.

[29] Vale observar a cidade de São Paulo como palco político importante na disputa entre diferentes projetos societários, sob o impacto do processo de urbanização e industrialização do país.

[30] Viana (2008) menciona que em 1937 o movimento chegou a reunir mais de 500 mil militantes.

[31] Símbolo grego utilizado pelos primeiros cristãos para nomear Deus e para sinalizar a somatória, entendida pelo integralismo como forças sociais integradas na suprema espiritualidade alimentada pela união nacional.

ações como: a alfabetização de adultos, visando conquistar um eleitorado cativo; a valorização da educação cívica; a intensificação das atividades da Secretaria de Propaganda do movimento, na tarefa de zelar pela ortodoxia da doutrina; a arregimentação da juventude, mediante a efetivação das milícias plinianas; a conquista de cargos eletivos em prefeituras e câmaras municipais.

Cytrynowicz (2001) faz referência à pesquisa de Caldeira (1999)[32] para mostrar crescimento similar do movimento no Maranhão, onde era apoiado por padres, médicos, intelectuais, advogados e políticos locais. Reporta-se ao Estado Novo (1937-1945) para argumentar sobre a continuidade da ideologia política do movimento, mesmo na condição de partido político naquele momento formalmente banido.

Para Simões, Renata (2005), o ativismo conservador da AIB representou uma tentativa de crítica à modernização defendida por liberais da época. Partilhando de posicionamento político contrário aos padrões europeus de consumo e de comportamento, bem como visando restaurar os valores espirituais cristãos em face do perigo da filosofia materialista, católicos[33] e integralistas tomaram a educação como estratégica nas disputas políticas e ideológicas acontecidas entre 1921 e 1945.

A educação proposta pela ação católica considerava a família cristã o principal modelo para a formação moral do cidadão. A Igreja foi assumida como referência principal para a organização dos comportamentos e costumes sociais. A escola apenas completaria o que de fato competia à família religiosa, sendo a mulher a responsável pela sustentação desse pilar, no âmbito doméstico.

Para os integralistas, a escola deveria ser um prolongamento da família e a participação da mulher restituída ao lar predominar. Porém, ela deveria assumir tarefas sociais estratégicas, atuando na educação elementar das crianças.

Zelando com amor pela pátria, a ação integralista estaria a serviço da moral espiritualista. E, para lograr êxito nesse objetivo de fazer avançar a unidade nacional, o movimento propôs a militarização educativa da infância, da juventude e das mulheres[34].

---

[32] Ver: *Integralismo e política regional*: a ação integralista no Maranhão (1933-1937) (CALDEIRA, 1999).

[33] Viana (2008, p. 79) encontrou na revista *Anauê* dois artigos do padre integralista Leopoldo Aires, nos quais recomenda à juventude integralista observância "a valores morais absolutos, temperados pelo ardor dos corações". Helder Câmara também foi lembrado, em razão da crítica endereçada aos renovadores do ensino, na qual argumentou sobre "a impossibilidade de a escola reajustar a sociedade, sendo necessário um regime novo para que a escola exista e atue de forma eficaz".

[34] No organograma de funcionamento da AIB, é possível notar o papel estratégico e interdependente entre as Secretarias de Educação e Propaganda, bem como o ativismo das mulheres na condução das atividades da Secretaria Nacional de Arregimentação Feminina e dos Plinianos (SNAFP).

Nesse aspecto, o pensamento católico conservador divergiu das principais propostas integralistas. A ação educativa militarizada bem como o juramento incondicional ao chefe nacional da AIB, quando do ingresso nas fileiras do movimento, não eram bem recebidos.

Embora, na arena social mais ampla, o pensamento direitista encontrasse adversários comuns, havia diferença substancial entre católicos e integralistas, especificamente quanto à efetivação, nas práticas sociais, do princípio de espiritualidade cristã.

No campo da política de Estado, os católicos tendiam a valorizar sua participação autônoma na República. A ação católica dava força à Igreja como referência de poder espiritual e moral, não importando a forma de governo, e reconhecendo a legalidade do poder político instituído.

Entre os integralistas, a tendência autocrática tornava-se explícita na defesa de uma "democracia de fins"[35], a ser efetivada mediante uma hierarquia de governo corporativa e chefiada politicamente por uma liderança carismática.

Nas teses do Estado Integral, não fazia sentido o sufrágio universal nem a organização de partidos políticos, desde que a vida social fosse organizada por intermédio da ação política de uma elite cultural, imbuída da tarefa de garantir o desenvolvimento das capacidades individuais. Segundo Simões (2005), a justificativa para tal configuração política se sustentava na convicção da incapacidade do povo de se autogovernar, em contraste com o que sustentavam liberais e comunistas quanto à participação popular[36].

As forças conservadoras de então partilhavam do temor de que as revoluções comunistas contaminassem a sociedade com uma filosofia materialista, opositora do "primado do espírito". Entre os integralistas, a posição extrema a esse respeito era abertamente incorporada pela proposta de salvação nacional.

Barbosa (2006) faz notar na estrutura de funcionamento da AIB, rigidamente hierarquizada, corporativa e centralizada na figura do chefe, a projeção da "sociedade integral", organizada segundo a categoria de seus

---

[35] Expressão pliniana, resgatada por Coelho, Lígia (2005), com outras como: "economia orientada", "homem integral", "Estado corporativo", "harmonia das forças sociais" e "primado do espírito".

[36] Para os primeiros, o entusiasmo com a modernização do país tornava legítima uma democracia republicana e representativa, legitimada pelo voto. Entre os anarquistas, democracia refere-se às práticas comunais relacionadas à auto-organização popular: decisão horizontalizada, assembleias, enfim, o poder exercido diretamente. Entre os marxistas, a ideia de uma liderança revolucionária de vanguarda admitiu a transição ao comunismo pela ditadura do proletariado.

componentes. Caberia a um grupo seleto manter a corporação saudável e justa, segundo os valores integrais de ordem, disciplina, trabalho, sacrifício, honra e unidade[37].

Respondendo ao chamado nacionalista, a AIB apresentava-se como a resposta para elevar o nível cultural das massas. Para tanto, exaltava um movimento cultural grandioso, mitificado pela crença de que a raça brasileira se ergueria como síntese do "homem integral". Os integralistas seriam os primeiros brasileiros "despertos", responsáveis por essa condução, sufocando "o monstro que se transforma em povo"[38].

Entretanto, em que pese o uso do discurso salvacionista, marca da gramática integralista, Coelho, Lígia (2005) considera-o uma tendência partilhada não apenas entre conservadores[39]. Isso na medida em que, nesse período, diferentes recortes ideológicos tenderam a oferecer respostas ao atraso do povo brasileiro.

Na educação, essa tendência pode ser confirmada nas diferentes finalidades a ela creditadas, como: conscientizar as pessoas com vistas à revolução, favorecer o progresso científico e tecnológico do país, formar hábitos higiênicos e assim desviar os indivíduos de tendências anormais[40] ou, ainda, erradicar o mal do analfabetismo.

No campo artístico[41] e literário, figuras renomadas também assumiam posição nacionalista nesse período. Por exemplo, Olavo Bilac, então nomeado patrono do Exército Brasileiro; ele defendia a educação moral e cívica das crianças. Luís da Câmara Cascudo, estudioso das manifestações da cultura popular brasileira, era simpatizante do integralismo[42]. Monteiro

---

[37] Viana (2008) destaca da gramática integralista os tópicos de sua dissertação, fazendo uso de expressões literalmente divulgadas pela propaganda da AIB, tais como "Mamãe, hoje não quero ir ao cinema, quero fazer mortificação pela vitória do integralismo", em referência aos textos pedagógicos direcionados aos "soldadinhos do sigma".

[38] Expressão resgatada por Viana (2008).

[39] Embora seja muito próprio do salvacionismo fascista alardear a crise para então apresentar-se como a grande resposta restauradora. Desse modo, justifica o aniquilamento do que possa ameaçar a unidade social repactuada. Ele sempre elege alguém a quem possa culpar.

[40] Entre os integralistas, o médico Belisário Penne faz referência à visão higienista aplicada à educação integralista. Ele escreve sobre um modelo de instrução que seria prolongamento do lar. Além disso, ressalta a importância da escola para aquelas crianças que não encontram na família a base para a criação de bons hábitos. E coloca a educação a serviço da correção da herança congênita.

[41] O movimento modernista punha grande entusiasmo na definição de uma identidade nacional, fundada numa brasilidade autêntica. Tarsila do Amaral, Mário de Andrade e Guimarães Rosa exemplificam uma vanguarda influenciada pelo viés do nacionalismo, porém em diálogo com a produção artística mundial.

[42] Cytrynowicz (2001) faz notar que a adesão ao e a simpatia pelo nacionalismo integralista abrangeram não apenas religiosos ou fanáticos, mas variados atores sociais. Além disso, demonstra que tal ideologia dialogou e debateu com as mentalidades e forças sociais coexistentes nesse período.

Lobato é outro nacionalista expressivo da época, criador do Jeca Tatu, personagem da literatura que se tornaria símbolo da necessidade de superação do atraso social.

Vejo, entre essas diferentes posições ideológicas, o alcance do nacionalismo de viés salvacionista, compartilhado com um certo entusiasmo pela educação, pela juventude e pela cultura popular.

Para os integralistas, o movimento cultural defendido promoveria uma verdadeira "revolução do espírito". Viria como resultado de uma condução ilustrada, fundada não só nas ideias europeias de liberdade e de democracia, como acreditavam as elites nacionais, mas também na força cabocla, pela qual se firmaria o "herói sertanejo"[43].

A ação político-pedagógica correspondente a esse ideal salvacionista deveria orientar-se para uma moral capaz de regular as forças instintivas do indivíduo, em prol da elevação da espiritualidade da nação. A essa moral corresponderiam os princípios de disciplina e de autoridade.

Coelho, Lígia (2005) também ressalta a grandiloquência da propaganda integralista quando investiga a rede de escolas da AIB no Rio de Janeiro. Usa como fonte documental os jornais do eixo Rio-São Paulo, os quais noticiavam frequentemente o surgimento de "mais uma escola integralista", chegando a informar o leitor sobre a inauguração de 3 mil escolas em 1937. A pesquisadora coteja outras fontes documentais, como o registro fotográfico da AIB e os periódicos publicados à época. Encontra pistas sobre o regime de funcionamento e formas de organização da educação integral, porém não chega à comprovação dos números noticiados nem de como se deu a incorporação dessas escolas ao sistema de ensino regular então vigente.

Na mesma linha investigativa, Viana (2008) estuda a ação integralista em Santa Catarina, com especial atenção ao aliciamento da "juventude pliniana"[44]. Observa que o integralismo não se ocupou de elaborar uma Pedagogia própria. Apropriou-se de modelos e práticas consideradas adaptáveis à sua doutrina e optou por um sistema eclético, propulsor de sua ideologia.

No entanto, a educação era a propaganda do integralismo, e, com esse uso ideológico, o movimento participou do debate político-pedagógico da época da seguinte forma: a) simpático às concepções cívicas e higienistas,

---

[43] Expressão inédita do encontro harmonioso entre raças. Na definição pliniana, uma figura de boa índole, inteligente, arguta, bondosa e de profunda espiritualidade.
[44] No sentido de pertencer ao grande chefe, de forma correlata à juventude nazista, chamada Hitlerjugend.

adaptou propostas de ensino ativo, como o escotismo[45]; b) fez uso de produções didáticas na forma de historietas e anedotas publicadas em suas revistas e seus jornais[46]; c) divulgou posicionamentos pedagógicos personalistas de seus membros e simpatizantes; d) conduziu escolas e campanhas de alfabetização de adultos; e) desenvolveu performances ancoradas em uma mística diretamente relacionada ao nazifascismo[47].

Estou de acordo com Cytrynowicz (2001) quanto à identificação da ação integralista com um projeto de uniformidade social. Sua simbologia e seus ritos denotam uma linguagem plasmada, isto é, correspondente a modelos explicativos estáticos e pouco suscetíveis a acomodações ou acordos sociais.

Assim como o nazismo e o fascismo europeus, constitui-se em reação a tudo o que não se encaixava no sistema de crenças propagandeado. Em face do caos alardeado, apresentou-se como única resposta restauradora possível. Justamente por intermédio de uma retórica de difícil racionalização, porém de fácil absorção emocional, o movimento reuniu muitos adeptos e serviu de motivação para o combate aos alvos sociais então identificados como ameaçadores. Suas bases ideológicas perpassam as campanhas de ódio do século XX, por meio das quais a experiência de indiferenciação subjetiva absoluta (o holocausto) encontrou espaço, produzindo e intensificando a barbárie.

Conforme sinalizou Fausto (1998), a complexidade do fenômeno nazista torna-o um tema sempre retomado pela pesquisa histórica, nem de longe exaurido. Continuam pertinentes indagações clássicas como aquelas relativas aos porquês socioeconômicos e aos níveis subjetivos de adesão social. As explicações tendem a mostrá-lo como um fenômeno singular, produto de uma história e de uma conjuntura específica. Há também outras análises, voltadas para suas origens remotas, como o fez Norbert Elias, na obra *The Germans* (1996), relembrada pelo autor.

---

[45] Até 1936, a AIB utilizou-se do *Guia de escoteiro britânico Baden-Powell*. A partir de então, afirmou já não estar "subordinada ao império britânico" (VIANA, 2008). O Departamento de Juventude adaptou desse guia sua própria divisão de tropas plinianas, que se constituíram em infantis (5 a 8 anos), vanguardeiros (9 aos 12) e pioneiros (13 a 18).

[46] A revista *Anauê* publicou uma série de contos didáticos integralistas. Viana (2008) destaca a tática de "dourar a pílula", isto é, atrair a atenção dos pequenos com jogos e histórias. Entre as publicações, a série "Sinhá" explica a escravidão como um sistema de convívio harmonioso entre fazendeiros e escravos. Há também os contos anticomunistas, nos quais a figura de Plínio Salgado surge como a de um salvacionista. E as histórias de heroísmo infantil e de modelos de sacrifício e lealdade aos princípios integralistas.

[47] Além do sigma: o uniforme inspirado no escotismo; o hino "Avante"; "Anauê" para cumprimentar (em tupi-guarani, "Anauê" significa "você é meu parente"); patentes de honra para a juventude pliniana; rituais de batismo e de casamento; formas de cantar o Hino da Bandeira do sigma ao pôr do sol. Trata-se de componentes de uma simbologia fascista.

Reportando-me às conjecturas do presente, pergunto-me se fenômenos como a AIB poderiam ressurgir em outras configurações sociais, culturais e políticas. É uma questão relevante para a educação, visto que o extermínio não deixa de representar, tragicamente, uma herança da modernidade[48].

A ideologia do outro visto como ameaça continua fortemente presente na sociedade atual. Em diferentes países, escolas, cinemas, praças e cidades, refugiados de guerra, judeus, católicos, palestinos, poloneses, sírios, negros, crianças, mulheres, homossexuais e transexuais são alvos de extremistas, terroristas e nacionalistas.

Mas também pacatos cidadãos disparam, concreta e simbolicamente, contra estas ameaças que nascem da estigmatização.

Ao seu tempo, Walter Benjamin (1892-1940) escreveu sobre a atuação dessas forças regressivas. Utilizando-se do aforisma "kaiserpanorama"[49], rememorou a Berlim dos anos de 1900.

No escrito intitulado "Viagem pela inflação alemã", anunciou um roteiro de 14 teses para o desvelamento da insensibilidade social. Na IX parada dessa viagem, ele faz a seguinte denúncia:

> Os indivíduos encurralados nos limites deste país perderam a noção dos contornos da pessoa humana. Qualquer homem livre é para eles uma aparição extravagante. Imaginem-se as cadeias de montanhas dos Alpes, não contra o fundo do céu, mas recortadas nas pregas de um pano escuro. Essas formas imponentes se destacariam de um modo muito vago. Uma cortina pesada como essa desceu sobre o céu da Alemanha, e impede-nos de distinguir o perfil até dos maiores homens. (BENJAMIN, 2013, p. 21).

Ontem e hoje, são variadas as situações de expressão do ódio irracional e ilegítimo, heranças de priscas épocas, mas também de um século inteiro de conflitos. Conforme disse Galeano em entrevista audiovisual, concedida um ano antes de sua morte,

---

[48] A ideologia da Escola Sem Partido circulou como projeto de lei em vários espaços do Legislativo e desde 2016 adentrou o Congresso Nacional. Apresentada à sociedade como instrumento de contenção da prática de doutrinação na sala de aula. O legislador propõe a punição aos professores delatados por alunos, famílias ou agentes públicos. Outro fenômeno é a militarização de escolas públicas sob o slogan da disciplina e da ordem para alavancar sua qualidade. Exemplos da atuação de forças regressivas no atual contexto brasileiro.

[49] Ciclorama que serve para projetar imagens de paisagens sobrepostas a um fundo, no qual se encontra o espectador, método precursor do cinema.

> O século XX, que nasceu anunciando a paz e justiça, morreu banhado em sangue e deixou um mundo muito mais injusto do que o que tinha encontrado. O século XXI, que também nasceu anunciando paz e justiça, está seguindo os passos do século anterior. (GALEANO, 2016, s/p).

Seja em razão de hábitos ancestrais, seja por ser alimentada pelos conflitos mundiais do presente, a barbárie não pertence somente ao passado. Diariamente se manifesta como destruição. Propaga-se na forma de violência explícita ou velada. Ressurge e aprimora-se em requintes da crueldade. Por isso, continua sendo imprescindível perseguir formas dignas de um viver sem medo, utopia que se impõe como ética de uma educação integral.

Diante desse alerta, finalizo essa incursão histórica sobre os embates sociais implicados na definição da educação integral. Para além da cronologia ou da erudição, a consciência histórica das lutas e resistências pelas quais a escola passou (e passa) esclarece as origens de conflitos inerentes aos processos pedagógicos atuais. Ao rememorar essas origens, esmiúça-se a compreensão sobre o duplo movimento de permanência e mudança expresso no cotidiano escolar. Com essa compreensão, de modo algum a educação integral representa a outra face da escola regular. Ela é a escola regular redesenhada e produzida na sua ambivalência e em relação com as contradições da sociedade em cada tempo e lugar.

PARTE II

CAMINHOS DA PESQUISA

> *Devo admitir logo de início:*
> *só é possível descrever*
> *uma pequena parte do que se vê.*
> (Walter Benjamin)

Na descrição do percurso metodológico da pesquisa relatada neste livro, recorro a Walter Benjamin (2015), com vista à criança, colocada em relação ao seu trabalho de aluno. Para isso, faço uso de uma das suas narrativas radiofônicas, "Visita a fábrica de latão"[50].

O ouvinte é chamado a visitar uma fábrica alemã, transformada, a partir de 1920, em uma empresa gigantesca, com cerca de 2 mil trabalhadores. A descrição enseja posicionamento reflexivo sobre a pertinência da observação circunstanciada para pesquisas em escola, e bem por isso é provocativa a quem deseja saber o que se passa dentro da instituição escolar, tecendo seu estudo com base em sua cultura própria e ao encontro dos sujeitos. Repare:

> Ainda não nasceu o escritor ou o poeta capaz de descrever, de forma que o leitor possa imaginar do que se trata, um cilindro laminador ou uma tesoura rolante [...]. Talvez um engenheiro pudesse. Mas ainda assim ele faria um desenho. E o observador? Penso aqui em um de vocês, por exemplo, que chegasse à fábrica de latão Hirsch-Kupfer em Eberswalde e ficasse diante de uma dessas máquinas que têm nomes quase impronunciáveis. O que veria ali? [...] nada. Elas não são feitas para serem vistas, a não ser por alguém que, conhecendo perfeitamente seu mecanismo, seu desempenho e finalidade, saiba exatamente o que se passa no exterior. Só podemos compreender exatamente o que se passa no exterior se conhecemos o interior; isso vale tanto para máquinas quanto para os seres vivos. (BENJAMIN, 2015, p. 107).

Penso ser este um conselho com desdobramento epistemológico e aplicável ao estudo em escola, pertinente ao desenvolvimento metodológico da pesquisa participante, sobretudo à de influência etnográfica, definida na aproximação com o cotidiano e pelo gradativo distanciamento da análise em relação ao papel indutor do PME na promoção da educação em tempo integral.

---

[50] Recomendo a leitura *A hora das crianças: narrativas radiofônicas*. As narrativas foram conduzidas entre 1927 e 1932, versando sobre uma variedade de temas cotidianos e históricos. O autor dialoga com a criança, interlocutora de todo e qualquer assunto que faça parte da sociedade da qual participa. A infância aqui não está separada da cultura compartilhada. O rádio é o meio utilizado nessa comunicação, uma tecnologia presente três anos antes no contexto alemão da época.

No encalço da narrativa radiofônica, concebo a escola tal como a realidade da fábrica de latão, tensionada conforme a reflexão gerada pela experiência de visitá-la. Os significados capturados nessa visita remontam à sociedade industrial, encantada com suas grandes obras e marcada pela dimensão técnica dos processos sociais então em transformação. Tais características amplificadas na imagética de um novo mundo, percebido de um modo quase mágico em face da grandiloquência e da prosperidade alcançada em tão pouco tempo.

Na descrição da fábrica, os feitos históricos, interligados àquela realidade, são quase subterfúgios para a busca de outros vestígios — os conflitos, as insalubridades e os delírios próprios dessa dominância cultural, típica de uma sociedade tecnologicamente avançada e altamente interdependente.

Por entre as brechas do ordenamento capitalista, a noção de experiência, surgida como narrativa pela qual é possível saber o que se passa no interior da estrutura, isso sem falar "uma palavra sobre os trabalhadores, sobre sua formação, sobre os complicados cálculos que definem seus salários", ou ainda sobre elementos exteriores, como "as tarefas da direção da empresa, que precisa não só organizar o processo de produção, mas também manter um olho atento no mercado mundial" (BENJAMIN, 2015, p. 110).

Considero a narrativa da fábrica elucidativa de um percurso metodológico por meio do qual a escola foi concebida como experiência social singular. Debrucei-me sobre a experiência de mais tempo, descrita com base nos componentes materiais e simbólicos apreendidos das dinâmicas culturais de uma escola de ensino fundamental (anos iniciais) localizada no município de Piraquara, Paraná. Assim como Benjamin (2015), busquei explicação tendo em consideração o movimento sócio-histórico expresso em uma particularidade.

Você, que lê os caminhos desta pesquisa, está convidado a pensar sobre as miudezas de um contexto, sobre os vestígios expressos naquilo que escapa e sobre as contradições emergentes em práticas sociais compartilhadas.

Buscando aqueles que experimentam a escola de perto, adentraremos juntos em seus mecanismos, seu desempenho e sua finalidade. Por fim, adiante no livro, vamos nos deparar com a criança, participante da construção da experiência escolar. Em suas narrativas, encontraremos, entre outros ecos, a curiosidade pelo mundo herdado e no qual querem deixar marcas.

3

CONFIGURAÇÃO DO CAMPO EMPÍRICO

No início da pesquisa, a educação integral foi localizada como proposta de aplicação pedagógica, relacionada a uma política educacional mais ampla, com destaque para a busca da qualidade do ensino fundamental. Por intermédio do PME, o município de Piraquara havia se tornado estreante na experiência de reorganizar tempos e espaços educativos.

Partindo das recomendações pedagógicas dos documentos prescritos às escolas, quis compreender como se dava a configuração local da proposta de educação integral. A expectativa era identificar os processos de significação engendrados nas relações entre os envolvidos com o processo pedagógico e, especialmente, saber se ocorreriam mudanças nos processos formativos.

Traçando um comparativo entre as escolas, o estudo pretendia, naquele momento, analisar características da organização do trabalho pedagógico em realidades municipais distintas e contrastadas, Piraquara e São José dos Pinhais, ambas no Paraná.

Minha hipótese era a de que, comparando escolas de municípios com maior e menor capacidade socioeconômica para promover a manutenção e o desenvolvimento da educação em suas respectivas redes, poderia identificar tendências e retóricas no discurso pedagógico especializado.

Supunha que escolas menores seriam mais propícias a integrar o PME em suas respectivas propostas formativas e, também, em suas localidades. Isso porque uma ampliação de tempos e espaços educativos para todos os alunos poderia favorecer o repensar de todo o trabalho, particularmente as práticas compartilhadas, o planejamento coletivo e o reordenamento curricular. Com esse recorte, selecionei duas escolas com menos de cem alunos, ambas identificadas como do campo.

A partir daí, iniciei a observação. Levantei informações sobre a atuação dos governos municipais, as contrapartidas locais, bem como sobre os percalços pedagógicos ocorridos durante a aplicação dos recursos federais disponibilizados. Percebi que a forma como o programa fora apresentado e apropriado — facilitador ou limitador da reconfiguração do processo pedagógico — repercutia de um modo peculiar em cada contexto. Por isso, seria preciso aprofundar o conhecimento sobre a dinâmica de trabalho em cada escola.

Desde a fase exploratória, identifiquei situações de retração do PME, fosse por razões partidário-ideológicas[51], fosse por desconhecimento ou ainda por desconsideração do conteúdo do programa[52]. Além disso, durante a pesquisa, ocorreu o recrudescimento da política nacional, sinalizado pelo atraso no envio de recursos federais[53].

Verifiquei que a execução do processo pedagógico, em cada realidade, sofria com as interrupções e oscilações no suporte dado aos e pelos municípios às escolas que haviam realizado a adesão pelo MEC.

Em São José dos Pinhais (2014), a Semed sinalizou o encerramento de suas ações, pois diminuiu, intencionalmente, as contrapartidas firmadas desde as primeiras adesões, de modo a desmobilizar a comunidade da escola em que se dava a pesquisa — na ocasião, cerceando o interesse (respaldado pelas famílias) de ser reconhecida pelo Conselho Municipal de Educação como a primeira de tempo integral do município[54].

Em Piraquara, o PME foi mantido entre 2010 e 2015, porém com interrupções e pouca sincronia entre o planejamento, o calendário escolar convencional e a execução pedagógica e financeira dos macrocampos selecionados pela escola pesquisada. As atividades não foram, conforme diz a normativa federal, diárias. Nem sequer ocorreram durante todo o ano letivo. A escola optou por atrelar o tempo da execução pedagógica ao recebimento dos recursos, procedendo à primeira oferta no segundo semestre de 2014 e retomando os trabalhos a partir do segundo bimestre de 2015.

---

[51] Em São José dos Pinhais, a gestão municipal desde as primeiras adesões colocou ressalvas quanto à estruturação de contrapartidas. Em 2014, quando da solicitação de autorização para a entrada em campo, a diretora do Departamento de Ensino Fundamental da Semed declarou não considerar o PME estratégico para as políticas municipais, pois o programa de governo do prefeito então eleito apresentava outras prioridades.

[52] Na escola de Piraquara, apenas uma das professoras declarou ter conhecimento dos documentos relativos à proposta pedagógica prescrita no PME. A equipe diretivo-pedagógica da escola recebeu orientação da Semed quanto a uso dos recursos, formas de cadastramento e adequada prestação de contas, prevista nos Manuais Operacionais. Além disso, formalizou planos para o desenvolvimento das atividades complementares, selecionadas durante a adesão, sem, no entanto, reportar-se aos Cadernos Pedagógicos publicados pelo MEC.

[53] Durante o ano de 2015, o PME sofria declínio decorrente do impacto do ajuste fiscal sobre os programas sociais. Em 2016, a Semed de Piraquara informou ter solicitado nova adesão ao PME, porém o MEC anunciou que adotaria novo formato para seleção de escolas consideradas prioritárias, deixando o município no aguardo de orientações vindas do governo de Michel Temer.

[54] Atualmente me dedico à reconstituição desse processo com base em entrevistas como parte de outra pesquisa em andamento. Penso ser necessário aprofundar o debate sobre por que fracassam determinadas iniciativas de educação concebidas inicialmente como inovadoras.

Também não seguiu as recomendações de ocupar espaços da localidade. Decidiu manter o programa nos limites espaciais da edificação escolar. Sob o argumento de destinar os recursos para algumas benfeitorias e para o ressarcimento dos monitores, e sem contar com maiores contrapartidas municipais, acomodou o PME às sistemáticas existentes, conduzindo a oferta como Projeto de Contraturno.

Nesse formato, concentrou as atividades em dois dias da semana; seguiu os horários já padronizados para o funcionamento dos turnos regulares; disponibilizou aos monitores as salas de aula não ocupadas por outras tarefas da escola; e incluiu os macrocampos selecionados quando da adesão ao PME ao cronograma de outras frentes de trabalho, especificamente o reforço do ensino regular, com destaque para a alfabetização.

Dada a avaliação das circunstâncias mais favoráveis ao estudo da educação integral produzida segundo a dinâmica das escolas e com os conflitos de cada contexto, decidi redefinir o percurso da pesquisa. Passei a me concentrar em uma única escola.

Escolhi aquela situada no município de Piraquara, pois havia conseguido até aquele momento mais oportunidades de interação com adultos e crianças e tinha participado de eventos da escola — o Conselho de Classe e o Conselho Participativo. Além disso, tive acesso a registros audiovisuais na prefeitura municipal, bem como a outros documentos, franqueados à consulta pela escola.

3.1 Do território ao lugar de pertencimento

Piraquara fica a leste da capital paranaense e tem papel ambiental estratégico no desenvolvimento econômico da Região Metropolitana de Curitiba (RMC), pois abriga áreas de mananciais necessárias ao abastecimento hídrico de toda a região. O município pertence ao segundo anel metropolitano e dista 22 km da capital do estado do Paraná.

Desde a origem indígena do nome ("toca do peixe"), Piraquara remete-se às águas. Noventa por cento do seu território recebe a incidência da Lei Federal 9.885/2000, pela qual foram criadas Áreas de Proteção Ambiental (APAs) e Unidades Territoriais de Planejamento (UTPs) em toda a RMC.

Mas, mesmo sob a regulamentação dos referidos mecanismos de proteção ambiental, há impactos negativos, com prejuízo ao meio ambiente e à qualidade de vida da população, especialmente nas áreas limítrofes entre Pinhais e São José dos Pinhais.

Na história passada e recente, as desigualdades urbanas estão diretamente ligadas às relações de interdependência entre Curitiba e região metropolitana; por exemplo, os efeitos negativos exponenciais da ocupação humana em áreas não regularizadas (dentro de APAs), como ocorre na região do Guarituba na divisa com Pinhais, localidade marcada por movimentos migratórios e pela degradação ambiental.

A escola da Capoeira (relativo a "mato", "capim") está circunscrita a uma área de mananciais. A localidade é distante das áreas de urbanização mais intensa e das ocupações irregulares incidentes no município. Não está circunscrita ao perímetro urbano mapeado pela prefeitura. Dista cerca de 10 km da sede municipal (centro de Piraquara).

Para um primeiro contato com a realidade da educação municipal, consultei: a) informes estatísticos[55], disponibilizados por órgãos públicos e agências/fundações: IBGE; Instituto Paranaense de Desenvolvimento Econômico e Social (Ipardes); Coordenação da Região Metropolitana de Curitiba (Comec); Inep; b) indicadores socioeconômicos: Gini[56], Renda Média per Capita[57] e Índice de Desenvolvimento Humano Municipal (IDHM)[58].

Com esses parâmetros, analisei dados entre 2010 e 2016, o que me permitiu caracterizar uma cidade (área territorial de 225,223 km^2) em crescimento urbano (106.132 hab., e densidade demográfica de 47,23 hab./km^2), que reunia pouco mais da metade da população nas áreas consideradas rurais (grau de urbanização de 49,07). O padrão de vida médio das famílias correspondia a cerca de um salário mínimo (R$ 556,48), com desvio mediano da proporcionalidade per capita (Gini de 0,40307) concentrada nos domicílios.

---

[55] Consultei:
Problemas habitacionais dos assentamentos precários urbanos na RMC: relatório I (IPARDES, 2010); *Mapa das áreas de proteção ambiental da RMC e expansão da mancha urbanizada de Curitiba* (PARANÁ. COMEC, 2004); *Mapa das quatro regionais que demarcam o crescimento urbano da cidade de Piraquara* (PIRAQUARA. SECRETARIA DE MEIO AMBIENTE E URBANISMO, 201?); *Atlas do desenvolvimento humano no Brasil*. (ONU. Pnud. Ipea; Fundação João Pinheiro, 201?).

[56] O indicador Gini mede o grau de concentração da distribuição de renda domiciliar per capita de uma determinada população em um determinado espaço geográfico. Quando o índice tem valor igual a 1, existe perfeita desigualdade, isto é, a renda domiciliar per capita é totalmente proveniente de um único indivíduo. Quando ele tem valor igual a 0, tem-se perfeita igualdade, isto é, a renda é distribuída na mesma proporção para todos os domicílios. Quanto mais perto da unidade, maior a desigualdade na distribuição da renda domiciliar.

[57] A renda média da população, no ano considerado, é calculada com base na soma dos rendimentos mensais dos habitantes do domicílio, em reais, dividida pelo número de seus moradores. O salário mínimo é o valor referência, e em 2010 correspondia a R$ 510.

[58] A interpretação para o IDHM leva em consideração sua variação, segundo as seguintes faixas de desenvolvimento: 0,000 a 0,499 (muito baixo); 0,500 a 0,599 (baixo); 0,600 a 0,699 (médio); 0,700 a 0,799 (alto); e 0,800 ou mais (muito alto).

As características socioeconômicas remetiam a pobreza, conforme o IDHM. Este era considerado alto (IDHM Geral de 0,700), por conta da longevidade da população (IDHM Longevidade de 0,869). Porém, a escolarização foi parametrizada como muito baixa (IDHM Educação de 0,574); e a renda familiar, baixa (IDHM Renda de 0,689).

Quanto aos indicadores educacionais, rastreei o desempenho escolar, nos anos iniciais do ensino fundamental. Para isso, consultei a taxa de escolaridade da população com 25 anos ou mais. Verifiquei alta taxa de aprovação (92,1%), porém com significativa distorção entre idade e série/ano (10,5%). Havia mais pessoas com ensino fundamental incompleto e não alfabetizadas (6,3%) do que com ensino superior (4,7%). Quase a metade da população jovem, adulta ou idosa não chegou a concluir o ensino fundamental (47,7%), mas era classificada como alfabetizada. Cerca de 20% (mais exato, 21,6%) da população chegava ao fim da educação básica, percentual próximo ao daqueles que concluem o ensino fundamental, mas não continuam seus estudos (19,6%).

Do diagnóstico do Plano Municipal de Educação (2015-2025), instituído pela Lei Municipal n.º 1.491/2015, verifiquei outros informes datados e categorizados. Na avaliação do plano, o ensino fundamental (anos iniciais) vinha apresentando melhores resultados desde 2002 (Ideb 4,8), embora em 2013 o município não tenha alcançado o projetado (Ideb 5).

Na escola da Capoeira, o número de matrículas em 2015 era de 87 alunos, num universo municipal de 8.230. Mesmo sem projeção de Ideb para 2013, alcançou o projetado para o município (5). A taxa de reprovação em 2014 (3,7%) era menor que a do município (9,3% ou 768 alunos, o menor índice desde 2002). No município, o Ciclo da Alfabetização concentrava o maior número de reprovados; na escola da Capoeira, concentrava-se no terceiro ano (21,4% ou 4 alunos); e, na média das escolas, no segundo ano (18,97% ou 356 alunos). A defasagem entre idade e série/ano era de 11,49% (ou 10 alunos) na escola da Capoeira, abaixo dos 18,11% (ou 1.491 alunos) na média municipal em 2015.

Quanto aos aspectos culturais da região da Capoeira, estes puderam ser inicialmente "visitados" (BENJAMIN, 2015), com base no acervo audiovisual disponibilizado por profissionais da prefeitura e das escolas[59].

---

[59] Consultei: a) Projeto Memória, da Secretaria de Cultura; b) acervo de particulares, divulgados em site, Face e YouTube, "piraquaraontemhojeesempre", bem como arquivos pessoais, contendo fotografias, entrevistas com antigas professoras, programas de rádio e TV sobre Piraquara; c) *Atlas geográfico de Piraquara* (PIRAQUARA, 2003), produzido por um grupo de 11 professoras, assessoradas por profissional da área do conhecimento curricular de Geografia; d) *DVD Conhecendo Piraquara* (2007); e) *Roteiro turístico de Piraquara* (PIRAQUARA, 2008), produzido pela prefeitura em parceria com o Conselho Municipal de Meio Ambiente, Agricultura e Turismo (Comatur).

Consultando essas fontes, pude acessar pequenas histórias relacionadas ao sentimento de pertencer a um lugar que se ajudou a construir e, por esse caminho, descrever algo desta realidade educacional, desta vez me movendo às pistas do que ocorre no cotidiano, e por dentro da escola.

Tive a oportunidade de conhecer histórias do município e de interagir com as demais escolas da rede pública de ensino fundamental. Fiz isso consultando as citadas fontes documentais e por intermédio de curso de extensão por mim ministrado para profissionais de 19 escolas envolvidas com a educação integral. Em fase avançada da pesquisa, esse conhecimento se ampliou pela participação e autoria das crianças da escola da Capoeira, por meio de fotografias e entrevistas por elas concedidas. Destaco o conteúdo de duas fontes:

a. O registro audiovisual do Projeto Conhecendo Piraquara, produzido pela prefeitura no ano de 2007 e que contou com a participação de professores, alunos de ontem e hoje, antigos e novos moradores do município.

b. O Seminário de Educação Integral, realizado em novembro de 2015, organizado pelas escolas como encerramento do curso de extensão.

Detalho essas duas porque corresponderam aos primeiros achados da pesquisa, relativos à compreensão da educação culturalmente integrada, provenientes da ação didática concreta das escolas de Piraquara, sem idealizações prescritivas. Além disso, refiro-me a estes como achados, porquanto relacionados à natureza da investigação, em muito orientada como etnografia, portanto relativa à busca metódica das sutilezas daquilo que transcorre despercebido, e que vai se desvelando pouco a pouco, em compasso com o fluir do cotidiano, nas práticas sociais.

3.2 Conhecendo Piraquara[60]

Considerei o Projeto Conhecendo Piraquara como uma iniciativa em educação integral anterior ao PME, relativo à abrangência cultural da escola, ainda que não tenha se configurado segundo práticas de ampliação do tempo nas escolas participantes à época.

---

[60] Transcrevi as falas de professoras, moradores antigos e das novas gerações. Mantive a referência aos nomes reais, observando o uso autorizado das imagens em movimento. (BAIERSDORF, Márcia. Diário de Campo. 2014-2015. Não publicado)

O projeto teve implicações no currículo de cinco escolas envolvidas, impactando as áreas do conhecimento de História e Geografia. Interessa notar que a experiência formativa mobilizou repertório cultural próprio, relativo à relação dessas escolas com suas respectivas comunidades.

É um audiovisual de simples confecção, cuja proposta de intervenção didática encorajou narrativas despertas amiúde, pois "muitas vezes as histórias de uma cidade e de um lugar precisam de mãos cuidadosas para serem tecidas, costuradas ponto a ponto, até conseguirem ser bordadas na história do nosso planeta" (BRAGA, Tânia; SCHMIDT, Maria Auxiliadora, 2012, s/p)[61].

Embora esse audiovisual não seja rigorosamente um documentário, com as necessárias referências às datas históricas, lugares e idades dos entrevistados, o contato com essa produção didática me permitiu adentrar aos aspectos culturais da relevância social das escolas na cena municipal. Assim, pude identificar peculiaridades da região da Capoeira, também chamada pelas pessoas do lugar como região dos Mananciais e da Colônia Santa Maria.

A narrativa a seguir corresponde ao primeiro encontro da pesquisadora com o lugar por intermédio das gentes que o fazem. Ciente da recomendação benjaminiana para a visita à fábrica de latão, a de ser possível mostrar apenas uma pequena parte do que se vê.

Por isso, a você que vai ler, espero que possa sentir, como eu senti, o universo das coisas contidas numa particularidade, aqui expressas nas falas e memórias das pessoas a seguir apresentadas. Vale também a recomendação de Saramago (1995, s/p) na epígrafe do livro *Ensaio sobre a cegueira*: "Se podes olhar, vê. Se podes ver repara".

3.2.1 Piraquara de "antestempo" e de agora

A região mais antiga da cidade é a da escola da Capoeira. O agricultor Batista rememorou a chegada dos imigrantes na região, que ficaria conhecida como Nova Tirol, na ocasião pertencente à Freguesia de São José dos Pinhais. É a Colônia Santa Maria, fundada em agosto de 1878. Ele descende dessa diáspora.

> *O meu pai era um filho de imigrante italiano. De Luis Stoco e Domingas Segal. Minha vó era da região de Trento. Naquele tempo, aquela região era dominada pelo Império Austro-Húngaro.*

---

[61] Em menção ao processo formativo de professores, do qual resultou o livro *Recriando histórias de São José dos Pinhais*. Curitiba: Núcleo de Pesquisas em Publicações Didáticas da UFPR, 2012.

> *E eles vieram com passaporte de austríacos. Não eram italianos. Meu pai comprou esse sítio e viemos aqui pra estudar na escola da Colônia.*[62]

Entre 1880 e 1885, as obras da estrada de ferro Paranaguá-Curitiba promoveram a fixação de outros grupamentos. Eram pessoas que vinham para trabalhar na construção da estrada e grupos de portugueses e sírio-libaneses instalados em pequenos comércios, fixos e itinerantes, em torno da estação ferroviária. Desmembrada de São José dos Pinhais em 1890, a Colônia Santa Maria recebeu o nome de Vila Deodoro, até que em 1929 passou a denominar-se Piraquara.

O mesmo Batista rememorou essa história, quando se referiu à construção da estação ferroviária que havia sido deslocada para a região da sede municipal.

> *Quando teve a construção da estrada de ferro, os colonos começaram cada um a formar um carro de boi. Muitos foram daqui pra Piraquara e para São José. Foi decaindo a Colônia. Porque a estrada de ferro era pra ter passado aqui e migraram pra Piraquara porque brigaram por dinheiro. Daí furaram o túnel de Roça Nova. Muitos colonos foram debandando e formando chácara em redor de Piraquara. E cresceu ali um pequeno comércio. Mas Piraquara ficou uma cidade fechada porque os políticos não queriam abrir a estrada do encanamento. E os colonos não podiam vender lenha para Curitiba. Porque a estrada de ferro aí do pé da Serra precisava de muita lenha pra puxar a carga de Paranaguá para Curitiba. Depois entrou a gasolina e a estrada não precisava de tanta lenha. Foi indo até que abriram a estrada do encanamento. E Piraquara começou a crescer.*

A região da sede foi considerada "Piraquara", destacada do lugar onde os grupamentos se formaram — São Cristóvão, Vila Fuck, Vila Macedo, São Roque, Guarituba Redondo, Colônia Santa Maria.

Tal distinção apareceu também no relato de Johann Schröeder. Ao refletir sobre o ontem e o hoje no Guarituba, ele rememorou a própria juventude, referindo-se à região da Colônia Santa Maria como situada "atrás da Piraquara".

> *De 1955 pra 1960 tinha muita bicicleta. E de bicicleta nós viajávamos. Fazíamos piquenique. A gente ia até o aeroporto. Ia pra trás de Piraquara, nessa região dali [está se referindo à Colônia Santa Maria]. O espaço era curto, sabe? Então fazíamos tudo de bicicleta, tanto os rapazes como as moças.*

---

[62] Os trechos citados em itálicos nesta sessão correspondem as informações verbais transcritas da fonte audiovisual em discussão.

Johann Schröder contou que as primeiras migrações para o Guarituba ocorreram quando o governo estadual loteou chácaras, com vistas ao abastecimento de leite da capital, entre 1940 e 1950.

> *Nos anos 40 o Guarituba era uma fazenda. Uma herança do Umberto Scarpa, que se casou com uma das filhas do Guilherme Weiss. Na época era criação de gado e se buscava lenha para a olaria que ficava em Pinhais. Naquela época Pinhais e Piraquara era tudo junto. Mais tarde, através de uma colonizadora, fizeram aqui a Colônia do Guarituba. No centro do Guarituba Redondo, era a praça. Os quatro pedaços dessa praça foram instituídos para órgãos públicos e o resto foi cortado em chácaras. Mais tarde essas chácaras eram loteadas e vendidas. No começo dos anos 1960, eram mais ou menos 160 famílias produtoras de leite.*

A região concentrou chacareiros de origem alemã, como Elizabeth Von Sheidt:

> *Cheguei aqui em 23 de setembro de 1949. Sou filha de alemães instalados em Santa Catarina. Migraram por lá e depois vieram para o Paraná, porque meu pai gostava muito de leiteria e lá não tinha isso.*

Hoje o Guarituba concentra a maior parte da população urbana do município. Em 2010, abrigava 44 mil habitantes (IPARDES, 2010), número correspondente à metade da população de Piraquara. Tratou-se de um processo de crescimento desordenado, pelo qual ocorreu a difusão de assentamentos ambientalmente frágeis e fora de padrões urbanísticos.

A densidade populacional no município teve sua primeira expansão entre 1960 e 1980, quando chegaram outros grupamentos, vindos do campo e atraídos por oportunidades de emprego na capital. A partir da década de 1990, esse crescimento intensificou-se. Schröder explicou, ao seu modo, as diferentes características entre as ocupações de ontem e de hoje:

> *Antigamente, era comum às [em referência aos países de origem dos moradores] ficarem numa Colônia e permanecer ali. Hoje não é assim. É um jardim de flores de vários tipos e cores. Temos de toda a gente aqui no Guarituba. Bem florido!*

A professora Marilene morava havia 45 anos no Guarituba. Ela também se referiu ao crescimento da região, ressaltando a rapidez com que as mudanças ocorreram.

> *O Guarituba, que antes era uma fazenda, hoje são vilas, bairros — Vila Nova, Jardim Holandês, Monte Líbano, Vila Dirce, Jardim dos Estados I e II, Guarituba Pequeno, que a gente chama de Guaritubinha. Essa área da escola é conhecida como Jardim Âncora.*

A partir da década de 1980, cresceram também os arredores da região da sede municipal, como os bairros Vila Fuck e São Cristóvão. Nair, em 2007, estava aposentada havia seis anos como diarista. Ela explicou como foi difícil ocupar os arredores da sede municipal:

> *Sair do meio da cidade, do centro de São Paulo pra vir morar num matão foi um sufoco! Não tinha casa e ficamos debaixo de uma lona.*

Ela chegou ao bairro na década de 1980, época em que os efeitos da especulação imobiliária começavam a atingir o município. Assim como Magdalena Fuck, da família cujo sobrenome deu origem ao bairro:

> *Moro aqui há 30 anos, desde abril de 1977. O tio tinha comprado esse sítio e quando nós casamos ele queria que viéssemos pra cá. Mas, como as estradas eram ruins e os filhos tinham que estudar, viemos depois, quando foi asfaltada a rua. Era tudo mato e hoje nem sapo se vê mais [risos].*

Nos anos de 1990, intensificou-se o crescimento da cidade, marcado pela exclusão social, com base no movimento de integração entre Curitiba e a região metropolitana.

O Ipardes (2010), em parceria com o Observatório das Metrópoles (2005), caracteriza Piraquara como município de alta integração com a capital, situação sinalizada por questões socioeconômicas — crescimento populacional, moradia, mobilidade urbana, renda mensal, deslocamentos para o trabalho, operações bancárias e atividades produtivas. A relação com a metrópole, associada ao crescimento da malha viária, é considerada o núcleo propulsor de processos de urbanização interligados.

As ocupações metropolitanas de Curitiba começaram a se formar ao longo dos eixos rodoviários que cortam a capital — de leste a oeste, pela BR 277; e no sentido norte-sul, via BR-116, avançando na direção dos municípios de Pinhais e de Piraquara.

Bolsões de pobreza surgiram ao longo dos referidos eixos, como o Jardim Guarituba em Piraquara. Nessa circunstância, o pedreiro Chicão rememorou sua chegada ao Paraná, em sua avaliação, bem-sucedida:

> *Eu vim da Bahia com a intenção de conseguir bens pra mim e para os meus filhos. Vim com a cara e com a coragem. Cheguei no dia 22 de novembro de 1994. Numa terça-feira, eu me lembro. Na quinta-feira comecei a trabalhar e, graças a Deus, estou trabalhando até hoje. Era uma área invadida e por isso eles vendiam bem baratinho. "Trezentão" em 1994. Fiz um barraquinho torto. Eu não sabia fazer, um canto foi pra dentro e o outro pra fora [riso]. Umas pessoas chamam aqui Santa Lúcia, outras de [grifo para sinalizar diferenças entre o nós e os outros[63], entre quem já estava instalado e quem chegou depois]. Sei que o certo é Guarituba. Não posso dizer que foi um sonho ou que tinha que acontecer, porque é um banhado. Se tivesse recurso pra comprar um terreno num espaço melhor, não compraria aqui. O Guarituba está bem servido de gente que veio do Nordeste. Eu tenho um amor por aqui. Em todo o lugar que eu passo, o povo me conhece. Então a gente sente aquele carinho pela vida.*

3.2.2 Marcos históricos

Ao se referirem às mudanças decorrentes dos processos de urbanização, as pessoas das diferentes localidades relembraram conquistas de cada época. Mencionaram a igreja, a escola, os lugares ou as situações tidas como marcos da história municipal e que se confundiram com suas próprias narrativas de vida. Celi, professora e moradora da Capoeira, mencionou a igrejinha de Ramos:

> *O padre vinha uma vez por ano rezar missa. Sempre no dia de Nossa Senhora do Rocio, 15 de novembro.*

A professora Marilene, da região do Guarituba, referiu-se às histórias da rodovia que liga Piraquara ao setor leste de Curitiba:

> *Aquela caixa d'água é histórica. Quando a água do rio estava ali, subia pelos canos e ia até lá em cima para abastecer Curitiba. Hoje está desativada, mas já foi suficiente. Por isso a estrada de Piraquara se chamava Estrada do Encanamento.*

A escola foi por diversas vezes reconhecida por sua importância, desde as narrativas dos mais antigos. Como na descrição de Johann Schröder sobre o início do Guarituba Redondo:

---

[63] Ver. *Os estabelecidos e os outsiders*: sociologia das relações de poder a partir de uma pequena comunidade (ELIAS, 2000).

> *Conforme iniciou aqui a colonização, foi preciso instituir uma escola para as crianças não ficarem sem estudo. E isso aconteceu no começo dos anos 1950.*

As próprias pessoas e seus lugares de origem foram consideradas marcos da conquista local. Como demonstrou Ronildo, herdeiro das primeiras famílias assentadas no Guarituba:

> *Eu penso que, sem os catarinenses, Piraquara não podia continuar [risos].*

Narrando suas trajetórias e a dificuldade de desbravar áreas ainda ermas, as histórias pessoais foram lembradas com humor, sustentadas pelo sentimento de pertença e de luta por melhores condições de vida. Zé Coelho, da Associação de Moradores da Vila Macedo, riu da própria dificuldade em achar seu terreno:

> *Em 1977 comprei um terreno aqui na Vila Macedo. Nem rua aqui tinha. Aqui não tinha nada. Andava no meio desse capim barba-de-bode. Tinha bastante. E pra gente achar os terrenos? Então eu marquei uma casa torta fora do esquadro. Eu marquei que o meu terreno ficava perto da casa torta fora do esquadro. Pra saber onde era, porque não tinha rua [risos].*

Por fim, as novas gerações também se fizeram ouvir, como o menino Diego, com aproximadamente 12 anos de idade:

> *Para os outros pode ser uma favela, mas pra nós é onde a gente nasce e onde se pode zelar pelo nosso Guarituba.*

3.2.3 Histórias do trabalho

As recordações do trabalho e vinculadas ao crescimento da cidade estiveram relacionadas às mudanças nos costumes, bem como às mobilizações para o acesso aos bens sociais quando da fixação no município.

Em roda de conversa tocada e cantada, os moradores da região da Capoeira rememoraram histórias de lavouras, cavalos, bailes e brincadeiras de infância. Um dos mais idosos entrevistados era conhecido por Picusso (sobrenome).

> *O senhor sabe que antestempo a gente levantava cedo e ia buscar os animais. Não era nada mecanizado. Era tudo à custa de braço da gente e força de cavalo e arado. E parece que a natureza dava pra resistir. Agora parece que a fraqueza tá tomando conta da gente [risos]... E o Sol eu estou achando mais quente... Agora se é porque a força é pouca, daí não sei! [risos].*

Margarida também falou dessa época:

> Eu arei até com boi. Meu irmão ia com o arado na frente e eu com uma junta atrás. Arei bastante. Carpia e aterrava. Agora não tem mais.

Batista explicou como era trabalhar na lavoura:

> Aquele tempo era permitido roça queimada. Roçava a capoeira, queimava e plantava. Cada colono tinha um pouco de capoeira, de plantas e de mato. E um pouco de campo pra ter umas vaquinhas. Fazia os queijos e vendia manteiga. Tinha galinha e vendia ovos. Matava porco e vendia banha. A banha tinha valor aquele tempo porque não tinha óleo como hoje. Plantava milho, feijão, batata doce, aipim. E todo colono tinha um parreiral para fazer vinho.

Na roda de conversa, três senhores de meia-idade conduziam a moda de viola que estava sendo gravada no pátio da escola. Um deles descreveu as habilidades e o ofício de adestrar cavalos, dominados por seu avô:

> O cavalo vinha passando e ele [o avô] já jogava o laço com o nó e o cavalo ficava preso. Quando ia pôr o cabresto, ia encolhendo [o laço] assoviando, passando a mão no pescoço do cavalo. Fazia o cavalo se ajoelhar. Punha o cabresto. Tinha um jeito especial para quebrantar.

Margarida recordou as festas ocorridas depois dos mutirões ("puxiron") para construção de casas, preparo da lavoura e abate de animais:

> Eles iam tudo trabalhar e aquele que era o dono do serviço dava a comida. Iam em bastante, dez ou doze de cada vez. E depois no fim fazia um baile. Era o pagamento. Depois foi entrando as máquinas pra trabalhar e aí foi acabando. Agora quase ninguém mais trabalha com ferramentas e enxada.

As narrativas dos moradores das áreas que foram se tornando urbanizadas mesclaram relatos do campo com os do trabalho na capital. Nas rodas de conversa, surgiam histórias da carroça, do trem e do ônibus. Transportes suburbanos, cada qual dominante em suas respectivas épocas.

Os mais velhos, como Elizabeth Von Sheidt, rememoraram as rotinas da produção de leite e o posterior envio por carroça para Curitiba:

> O leite era vendido em garrafas. Levado com carrinho puxado por cavalo para o centro de Curitiba. Todos os dias, às três e trinta da madrugada, eles saíam. Começávamos a ordenhar às duas da madrugada.

Johann Schröeder lembrou-se das dificuldades com o transporte e da repercussão gerada quando da greve dos leiteiros:

> *Foi muito difícil o começo porque não tínhamos energia elétrica. As estradas eram muito precárias. Na divisa com Pinhais onde passa o rio Iraí, dava enchente [...]. Quando a estrada era alagada, tinha que ir pelo lado de São José dos Pinhais para levar o nosso leite para Curitiba. Pelos anos de 1940, os leiteiros estavam reunidos em frente ao Palácio do Governo com nossas carroças, perto da Praça Bento Munhoz da Rocha. Nós ameaçávamos não oferecer o leite devido ao alto custo da ração.*

As gerações que vieram depois, entre 1980 e 1994, relataram o uso do trem para Curitiba, como contou Magdalena Fuck:

> *Tinha gente que pegava o trem na Roça Nova. Ele fazia uma parada aqui. O pessoal pegava de manhã para ir para o serviço. Não sei o porquê acabaram com o trem, estava tão bom naquela época.*

Numa das rodas de conversa Nair contou sobre seu ofício de diarista, dizendo que ela própria fez uso do trem:

> *Eu pegava esse trem. Trabalhei no Jardim Social, no Alto da XV, em vários prédios. Faz uns seis anos que parei de trabalhar de diarista em Curitiba.*

O professor Cícero, ouvindo esse relato, perguntou:

> *A senhora lembra, lá por 1978, de uns meninos que vendiam pacotes de doces no trem? [Ela acena que sim]. Um deles era eu. Estudava de manhã no João Batista Vera [escola localizada no bairro Jardim Primavera] e à tarde ia vender no trem [ela diz que comprou muitas vezes].*

Os relatos sobre o uso do ônibus não fugiram da mesma dificuldade no deslocamento para o trabalho, como mostrou Irene, da Vila Macedo:

> *O ônibus só ia até a entrada do São Roque. Porque era só barro. Antigamente tinha uma estação de trem. As pessoas pegavam o trem às quatro da manhã para ir para Curitiba trabalhar.*

Outras histórias do trabalho estiveram associadas aos valores de ajuda mútua e convívios, solidariedade e responsabilidade ensinadas de uma geração para outra, conforme mostrou a menina Andressa, do Jardim Primavera, quando explicou sua rotina entre a escola e a casa:

> *Acordo, troco de roupa, tomo café, escovo os dentes e aí limpo a casa. Arrumo o meu irmão, o Danielzinho. Levo ele pra creche. Venho para o colégio. Depois [da escola] janto, assisto televis*ão e vou *dormir.*

É também o que ocorre com a pequena Sabrina, de 6 anos, a quem os pais ensinaram *que a vida vem pelo dinheiro*:

> *Eu gosto de estudar e de escrever texto. É bem cedinho que eu vou porque o pai trabalha. Agora ele se despediu do emprego de caminhoneiro. Eu prefiro que ele fique em casa, mas, se ele não trabalhar,* não vai poder pagar as contas. Eu não *posso ficar triste porque eles [a mãe e o pai] trabalham porque* têm que trabalhar. *Porque a vida vem pelo dinheiro. Porque tudo tem que pagar.*

Tibúrcio, morador aposentado da Vila Macedo, lembrou o tempo em que foi vigia no Educandário São Francisco.

> *Eu sou cearense e em 1977 cheguei aqui. Trabalhei na cidade como servente de pedreiro, vigia. Depois passei a trabalhar no educandário como segurança por 24 anos. Aposentei e hoje estou por aqui. O serviço lá era cuidar e organizar pra eles [os adolescentes infratores] entrarem na sala de aula. E a noite ficava no alojamento cuidando deles lá.*

Destinada à adolescência infratora paranaense, essa instituição foi criada na década de 1950, e, conforme detalha Colombo (2006), a escolha por Piraquara deveu-se à sua localização, ao mesmo tempo erma e de fácil acesso para a capital.

Vale aqui uma observação sobre a lógica de isolamento social que recai sobre o município, ilustrada por instituições emblemáticas, instaladas em diferentes épocas. A de mais longa data é o Leprosário do São Roque, criado por política higienista dos anos de 1920 (CASTRO, Elisabeth, 2005).

Na década de 1970, durante o período ditatorial, ocorreu o ordenamento administrativo da população carcerária em escala nacional, de onde surgiu a Colônia Penal Agrícola (MAIA, Denise, 2003), que está localizada próximo à Vila Militar e ao São Roque. Já o Hospital Psiquiátrico San Julian, na região central de Piraquara, iniciou seu funcionamento em 1975 (WADI, Yonissa; OLINTO, Beatriz; CASAGRANDE, Attiliana, 2015), seguindo sistema de parceria entre o governo estadual e a filantropia.

A respeito das instituições citadas, destinadas à punição e à ressocialização, as narrativas dos moradores foram ao encontro de vestígios de histórias remotas associadas a esses locais. Por exemplo, o relato de Valdomiro sobre o tempo em que esteve em regime de privação da liberdade:

> *Me criei no trabalho da lavoura. Quando completei dez anos [de idade], trabalhava na rua engraxando sapato e vendendo picolé. Aí fui crescendo, precisando de roupa, calçado, vendo os colegas tendo. Tinha o desejo, mas não tinha condição. Fui convidado a fazer umas coisas erradas, como roubar para ter essas coisas. Fui preso no norte do Paraná, na cidade de Campo Mourão, e transferido pra cá. Minha esposa e família vieram pra ficarem mais perto de mim.*

Aliás, sob essa circunstância, o município assistiu à chegada provisória de muitas famílias que, assim como o casal Valdomiro e Márcia, acabaram por se estabelecer na região da Vila Macedo:

> *Em 2002 quando ele saiu decidimos ficar por aqui. O lugar que eu mais gostei de morar até hoje.*

Referindo-se ao tempo em que cumpria sua pena, Valdomiro explicou como se tornou vendedor de cocadas:

> *As cocadas foram vendidas em duas horas [ele se refere ao teste da receita produzida no próprio presídio e oferecida aos detentos e funcionários]. Fomos crescendo, pegando os vizinhos pra ajudar, alguns estavam desempregados. Nunca vencemos fazer [o negócio prosperou].*

E Márcia leu um trecho de uma de suas cartas para Valdomiro:

> *Sei que nascemos um para o outro. Tudo que faço é pensando em você. Você não sai da minha cabeça. Quando no meio da noite perco o sono, penso em você. Sonho com o dia que está muito próximo. Só então poderei colocar para fora tudo o que está trancado aqui dentro de mim. Aguardando esse momento tão esperado e sonhado por nós dois.*

A independência financeira foi igualmente valorizada no relato de um produtor rural que investiu conhecimento científico e tecnologia a favor do uso da terra. Por meio da agricultura orgânica, ressaltou a capacidade pessoal de reinventar a própria história de vida:

> *Nasci e me criei aqui nesse lugar. Antigamente essa região era de uma olaria. Com o tempo, essa área foi considerada de preservação permanente. Já existiam as cavas onde antigamente era extraído o barro. Minha formação sempre foi aqui na terra mesmo. Na medida em que fui recuperando a área, aterrando, fui criando espaço para produzir de um modo racional. A agricultura orgânica é esse cuidado com o meio ambiente, com a saúde de quem produz e de quem consome.*

As histórias do trabalho ligado à terra ressurgiram em narrativas sobre o uso das plantas e da invenção de crenças e de rezas. A benzedeira Cila, que morava havia 40 anos na Vila São Cristóvão, veio de São Paulo e era conhecida por seu conhecimento de remédios caseiros. Explicou como aprendeu a benzer:

> *Eu aprendi com o meu pai e com minha mãe. A reza é a mesma da igreja, só que, conforme a doença da pessoa, você tem que mandar lá para o Mar Vermelho. Tudo o que eu benzo vai para lá porque ninguém vai lá [risos]. Benzo mau-olhado e susto de criança. Pra falar a verdade, eu benzo de tudo. Quebrante é uma criança que chora, dorme pouco e já acorda assustada. Tenho arruda pra benzer crianças e espada de São Jorge para olho-grande. Benzo até fotografia [em seguida começa o benzimento da ecografia de um bebê para que a mãe tenha um bom parto].*

Narrativas como as de Cila ensejam a reflexão sobre os esquecimentos promovidos sempre que uma história é narrada. Sobre quanto certos saberes e práticas populares expressam movimentos subalternos de resistência ética e estética e, por isso, surgem à margem do convencional — expressos na medicina popular, nos cantos, rezas, danças. Às vezes se mostram silenciosamente, como no caso do despacho em frente ao cemitério da Colônia Santa Maria, nem sempre visto como boa coisa...

3.2.4 Lazer ontem e hoje

Nair contou como foi quando chegou ao bairro São Cristóvão:

> *Tudo aqui nós plantávamos. Abóbora, arroz, tudo. Éramos posseiros. Não tinha água e nem luz, e, pra não ficar à toa, fomos plantar. Tudo na enxada. Cortávamos lenha no machado pra no outro dia entregar. Como fazia a roça,* não tinha *muito tempo pra se divertir não.*

Embora os moradores tenham se reportado fortemente ao trabalho, mencionando poucas oportunidades de diversão, o lazer e o trabalho estiveram misturados em suas narrativas, como no exemplo dos "puxirões" ou dos passeios de bicicleta. Outro exemplo são as histórias das refeições, entre tantas outras rotinas que marcam o transcorrer da vida cotidiana e os momentos de convivência.

Catarina, mãe de aluno, havia estudado na mesma escola da Capoeira, e contou dos costumes das famílias de origem italiana instaladas na região:

> *Polenta [riso] tem que mexer uma hora. Joga numa tábua. Depois põe um barbante e corta. É a tradição. Com ele se corta retinho.*

Roseli, ex-aluna e funcionária da escola do Guarituba Redondo, rememorou costumes de sua família de origem alemã quando do manejo diário no roçado e com os bichos:

> *A refeição era cinco por dia. A primeira bem cedo, outra lá pelas nove horas, era chamada Frühstück. Aí o almoço, café da tarde e janta, lá pelas seis e meia. Hoje a gente mantém como costume fazer oração antes da refeição.*

Tibúrcio, instalado desde 1977 na Vila Macedo, contou sobre suas caçadas:

> *Não tinha nada. A gente caçava tatu, lagarto [risos]. Com licença dos ambientalistas, né?*

E, a respeito do prazer em partilhar as refeições, Cida, representante da Associação de Moradores do Guarituba, valorizou a importância das cozinheiras das escolas. Ela se reportou com sensibilidade às rotinas de trabalho das famílias:

> *A cozinheira tem que ter jogo de cintura porque é muito aluno. A demanda é muito grande. A criança vem pra escola e a maioria quer arroz e feijão mesmo. Comer uma comida sustentável porque a mãe e o pai saem pra trabalhar cedo. A mãe é diarista e o pai trabalha de pedreiro. Sai cedinho e as crianças precisam comer. Eu faço reunião com os meninos e com as mães. Elas dizem: "Graças a Deus nós temos merenda na escola".*

Não apenas as dificuldades foram objeto da memória coletiva. Bem-estar e trabalho estiveram atrelados. Nos relatos, a qualidade de vida parece afetada pela precariedade e pelas distâncias, mas ao mesmo tempo afirmada nas histórias de acolhimento.

Zé Coelho contou como foi criado o campo de futebol da Vila Macedo:

> *Não tinha área de lazer. Aí reunimos um pessoal e fomos lá próximo ao "banhadão". Fizemos valeta. Uma drenagem meio doida. Roçamos, queimamos e fizemos o campo. No dia da inauguração, o pessoal atolava até o joelho.*

Anos depois, o jovem Samuel contou como o mesmo campo era administrado:

> *Depois das dezessete e trinta, na terça e na quinta, a piazada fica livre pra jogar. Sexta é o futebol feminino, porque as meninas têm que ter o espaço delas também.*

E as crianças reconheceram o esforço da comunidade:

> *Aqui antes era um terreno baldio e agora é um campo que a gente zela, porque é o único lugar que a gente pode brincar livre e espontaneamente sem precisar pagar.*

A professora Carla, da Vila Fuck, ressaltou as melhorias nas condições de vida, decorrentes da urbanização:

> *Melhorou o acesso à água, luz, telefone, ônibus. Tudo era muito difícil. Mas pelo menos a gente conhecia as pessoas. Éramos mais chegados. Tinha um contato maior e brincava muito na rua [...]. Quando meu pai comprou a televisão, foi, assim, um espetáculo. Juntou uma roda como essa. Os vizinhos vinham para assistir e conversar.*

São histórias saudosas de um tempo em que o encontro entre vizinhos era comum; a infância, valorizada; e o dia a dia, difícil, transformado em fonte de divertimento. Lítio, participante da roda de conversa da escola da Capoeira, disse:

> *Não vou dizer pra vocês que tive uma bela infância, porque não tive. Foi uma infância sofrida. Tinha que trabalhar junto com a mãe na lavoura pra ajudar no sustento da casa. Claro que, no meio disso aí, tinha as coisas que tudo quanto é guri faz. Por exemplo, quando chegava de noite, ia roubar pombo e no outro dia fazer churrasco no meio do mato. Levava sal e despenava. Pra nós aquilo era uma aventura.*

Rosilene, do Guarituba Redondo, mencionou suas brincadeiras de infância:

> *A gente brincava sempre com a mãe e o pai juntos, rolava na grama. Quando tinha festa de igreja, os adultos e as crianças faziam roda, lenço atrás, bom barqueiro.*

E foi Batista quem explicou como eram os bailes e os encontros do seu tempo de juventude, na Colônia Santa Maria:

> *De manhã, as mulheres velhas iam rezar o terço, ali na Colônia. Depois do almoço, iam as moças. E aí era um ponto de reunião pra arrumar namorado. As moças, os jovens de Piraquara, Roça Nova, vinha tudo aqui de domingo passar o dia. Por causa do trem, enchia de gente a igreja no domingo. E Piraquara era só a chegada do trem. Depois todo mundo tinha que ir pra casa. Aquelas que não iam ao baile porque os pais não deixavam arrastavam o terço [riso]. Era bonito, divertido. E tinha um conjunto do Ribeiro de Barros que tocava nas festas, nos matinês daqui. Tinha um conjunto bom, flauta, clarineta, violão, cavaquinho, pandeiro, violino. Era uma maravilha o conjunto.*

Assim, entre as narrativas das novas gerações e as histórias dos que vieram antes, velhas e antigas aventuras foram geradoras do reconhecimento pelo lugar onde as pessoas moram, vivem, convivem e se divertem. Como disse um menino que passeava na rua enquanto os professores faziam o reconhecimento do bairro Vila Macedo:

> *Andamos de bicicleta e nadamos no rio. Vamos lá no 'tancão' para se divertir [referindo-se às cavas d'água e à Barragem do Iraí].*

O professor Cícero, que conduzia o passeio pelo bairro Vila Macedo, explicou:

> *Aqui é a Vila Militar. Ainda não tem colégio, então os alunos vão todos para a nossa escola. Ali é a Barragem do Iraí, e essa área toda depois da Vila Militar é a Colônia Penal Agrícola. Nós temos um problema com essa barragem porque na época do verão os alunos costumam vir aqui pra nadar. A gente tenta fazer na escola um trabalho de conscientização, mas...*

Já o menino Welligton, do Guarituba, contou sobre o seu receio de ir à rua brincar, oferecendo com isso pista sobre as diferentes infâncias vividas num mesmo local e tempo:

> *Eu tenho medo de brincar na rua porque pode vir um carro e me atropelar.*

3.2.5 Histórias das águas

A presença das nascentes e dos rios é a principal característica de Piraquara. Por isso, as águas fazem parte das histórias e das dificuldades enfrentadas, ontem e hoje, pelos moradores dos bairros inventariados pelo Projeto Conhecendo Piraquara:

> *Esse rio é o Campinaíva. Ele nasce naquela região onde estão os pinheiros, na altura da casa do senhor Picussa. E as mulheres lavavam roupa aqui porque não existia água encanada. Elas vinham descendo dessas duas regiões e se encontravam aqui para lavar suas roupas. Hoje o pessoal acabou canalizando e infelizmente a gente não consegue ver mais o rio como ele era. (Explicação da professora Telma, da escola da Capoeira dos Dinos).*

Olhando para o rio que corre próximo dos trilhos do trem, no caminho de Roça Nova, a professora Carla lembrou sua infância:

> *Esse aqui é o Rio dos Macacos. A gente lavava roupa e tomava banho. Era banho mesmo! Eu lembro que uma vez quase me afoguei. Minha irmã me socorreu porque a água era corrente e*

> *o rio fundo. Era limpo, tão limpo que a gente lavava roupa. A criançada continua tomando banho aqui, mesmo a gente fazendo campanha pra que eles não façam isso.*

Sobre a Vila Macedo de antigamente, Perpétua disse que na sua juventude havia uma mina d'água procurada pelos moradores:

> *Sabe aquelas minas que vertem água? Lavava roupa ali porque não tinha poço.*

Para o Zé Coelho, a água era também sinônimo de qualidade de vida e saúde:

> *Na época a gente pagava somente luz porque a água era do poço. Mas foi ficando poluída porque foi aumentando as famílias [...]. As fossas eram muito perto. Aqui é muito raso e logo se acha a água. Nós fundamos a Associação e o principal objetivo era lutar pela água. Pensávamos naquele momento no saneamento básico.*

O mesmo rio que interliga memórias e lugares também testemunha rupturas de uma vida, dolorosos esquecimentos. Margarida contou sobre a construção da Barragem Piraquara II, na região dos Mananciais da Serra:

> *Foi triste. Triste que eu quase não podia parar aqui. Quase de acabar com a gente. Também eu morei 55 anos lá. E o meu marido nasceu e criou-se e morreu ali. E depois lá nós tínhamos tudo. Tinha os arvoredos. Bastante criação. Agora estou mais acostumada.*

Catarina completou a narrativa de Margarida, sua mãe:

> *Fomos indenizados pela Sanepar e tivemos que mudar para cá. Porque eles estão fazendo a Barragem ["r" fraco] Piraquara II. Tiveram que indenizar todo o pessoal que morava lá. Não foi tão ruim, porque desde o começo eu falei que quero um lugar perto. Então arrumamos esse lugar aqui. Que é que eu faço? Mexo com as vacas, leite. Planto de tudo, milho, feijão.*

Hoje as obras da barragem estão concluídas, consequentemente a paisagem foi modificada. A estrada cortando a barragem corresponde ao dia a dia das rotas escolares das crianças da escola da Capoeira.

As imagens a seguir destacadas são da represa Cayaguava. Na primeira, dá para ver o mirante do Centro de Educação Ambiental (CEAM), da Companhia de Saneamento do Paraná (Sanepar), visitado duas vezes pelo PME da escola da Capoeira, em 2014 e 2015. A segunda mostra a estrada que liga a Colônia Santa Maria à Barragem, o encontro das duas rotas percorridas pelo transporte escolar. Na terceira, a Colônia Santa Maria e a Barragem do alto.

VISTA AÉREA DA BARRAGEM E DO MIRANTE CEAM

Fonte: Sérgio Pinheiro (2016)

ESTRADA PERCORRIDA PELO TRANSPORTE ESCOLAR

Fonte: Sérgio Pinheiro (2016)

COLÔNIA SANTA MARIA VISTA DO ALTO

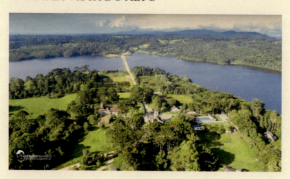

Fonte: Sérgio Pinheiro (2016)

3.2.6 Histórias da educação

Lembrada enquanto uma conquista, porque relativa ao reconhecimento do direito à educação das populações periféricas, a escola surge nos relatos como um misto de positividade e dificuldades enfrentadas pelos alunos e família, bem como no processo de tornar-se professora.

> *A primeira escola foi um salão doado pelo Felisbino Dinos. Ele tinha um salão de baile onde foi instalada a primeira sala de aula. Era na estrada que liga a Capoeira dos Dinos à Roça Nova [...]. Antes as aulas aconteciam de casa em casa. Era multiseriada e a professora morava na escola. (Professora Telma, da escola da Capoeira).*

Batista contou sobre como era estudar nessa região, lá pelos anos de 1930:

> *A nossa professora era Clementina Cruz. As meninas varriam a sala; e os meninos, o pátio. Estava sempre limpinho. Começava uma hora e terminava às cinco. A família estava na roça e a gente saía para levar o almoço e depois voltava correndo para a escola. Andava dois quilômetros, mais ou menos.*

Maria Gonçalves, servente aposentada e aluna da EJA em 2007, contou sobre as rotinas das crianças da Vila Macedo no passado recente:

> *As crianças sofriam muito para estudar no Jardim Primavera. Coitadinhas, saíam de manhã cedo, com geada. Graças a Deus, conseguiram.*

Os relatos enfatizaram as condições precárias dos espaços escolares, cedidos, doados ou em salas de madeira. São situações que despertam a solidariedade e o sentimento de que a escola é parte da história de lutas de uma comunidade. Narrativas relembradas em razão do reconhecimento de direitos sociais.

Porém, há também pontos de tensão na relação entre a escola e as famílias, sinalizados por moradores e professoras. Mesmo tida como uma conquista, a instituição escola não deixa de ser um elemento cultural estranho a ser assimilado pelas famílias.

Roseli exemplificou esse estranhamento quando mencionou barreiras culturais enfrentadas quando do seu ingresso na escola elementar:

> *Quando eu comecei a estudar, eu só falava alemão em casa. O primeiro ano eu repeti porque não se falava alemão na escola e eu não tinha aquela comunicação. Só não conseguimos passar pros filhos. Acho que ia ajudar muito, se a gente tivesse continuado a falar alemão em casa.*

Outros processos relembrados estiveram relacionados ao exercício e ao aprendizado da profissão de professora. Por exemplo, o relato da Wanda, da Vila Fuck:

> *Moro aqui no bairro há 27 anos. Hoje em dia eu gosto de ser professora, mas no início foi imposto pra mim. Meu pai disse que eu tinha que ser professora e aí fiz o magistério. Acabei pegando gosto. Os pais respeitavam a gente no jeito de falar, no gesto. Naquele tempo se ganhava maçã do aluno. Nessa lembrança se via o gesto de respeito. Hoje em dia as crianças andam muito rebeldes, estão pela rua. O tempo em que estão acolhidos é na escola. Saindo da escola, eles ficam sem um direcionamento. Você vê que antigamente, quando a gente dava aula, eles nem se mexiam do lugar. Hoje estão mais vivos e cheios de informações. Às vezes a gente fica pensando se são eles que estão muito rebeldes ou se é o professor que não tá conseguindo acompanhar eles.*

São desafios do passado e do presente, alguns relativos ao magistério como ofício permitido às mulheres. Dilemas e contradições relatados sobre a percepção de que educar as novas gerações havia se tornado uma tarefa complexa, porque a sociedade também mudou. Irene, da região da Capoeira, assim como Wanda, relembrou um tempo em que o professor era menos vigiado, mais reconhecido, mais *"dono da situação"*:

> *Depois foi instalada a segunda escola aqui, que é quando eu vim trabalhar. Naquele tempo não tinha merenda. As crianças traziam o pão de casa, o lanche. Eu limpava a sala e os alunos ajudavam. Tudo feito por mim e as crianças. Fiz o concurso da prefeitura e passei. Trabalhava com terceira e quarta série. Nessa escola aqui, tinha só duas professoras. Eu trabalhava com terceira e quarta e a Isabel com primeira e segunda. A educação naquele tempo era mais fácil porque o professor trabalhava sozinho. Tinha orientador e uma reunião mensal em Piraquara. O professor era dono da situação. As crianças estudavam e os pais participavam. Vinham saber se o filho estava indo bem. E agora? Acho que está ficando muita responsabilidade para o professor. Os pais têm que participar mais e ajudar o professor, porque* não tá fácil.

A insatisfação demonstrada para com a realidade atual da docência alude à relação ambivalente entre a escola e as famílias. A participação dentro da hierarquia pedagógica tende a pensar nos alunos e nas famílias como destinatários do ensino, como participantes, desde que segundo a sistemática de trabalho da escola.

As jovens alunas Carla e Daniele, da Vila Macedo, mostraram compreender perfeitamente tais ordenamentos, nem sempre verbalizados. Elas explicaram o funcionamento de suas respectivas escolas, apontando para a participação permitida e reforçando modos amistosos de interação dos alunos com as autoridades pedagógicas:

> *Gosto dessa escola porque tudo tem o seu devido lugar. Hora do recreio. Hora da entrada. Hora da saída. Vou sentir muita saudade da professora quando eu for para o colégio de baixo. (Carla, com 11 anos, refere-se ao momento em que ingressará no sexto ano da escola estadual).*

> *Eu sou representante da turma no Conselho de Classe e eu gosto muito disso. Pra mim é uma honra participar das reuniões. Vou lá falar o que minhas colegas dizem, que o arroz tá duro [risos] e que já tá melhorando. (Daniela, com 12 anos).*

Entre as dificuldades recorrentes, a distância para prosseguir no estudo ginasial surge nas narrativas, o que é considerado um grande impedimento para a escolarização. Por isso, a chegada de ex-alunas com diploma de professora e concursada foi ressaltada como uma conquista, em compasso com o desenvolvimento da educação no município:

> *Estudei aqui desde os sete anos. E, como não tinha ginásio, fui para Pinhais. Fiz magistério. Em 1990 assumi o concurso e comecei a trabalhar aqui em 1994, quando começou a expandir o número de alunos. (Dione, professora no Guarituba e ex-aluna da mesma escola em que lecionava).*

As novas gerações de alunos também se reportaram à escola como direito conquistado, porém reforçaram menos as dificuldades e mais a convivência e o tratamento dispensado aos alunos.

Os mais jovens elegeram a escola como um lugar de integração. Foi assim que a jovem Alice se referiu à quantidade de matérias em sua nova escola e se lembrou com carinho do tratamento dispensado aos alunos pelas professoras do ensino fundamental:

> *Quando estudei aqui, os professores me trataram muito bem os quatro anos. Agora a diferença é grande, porque toda hora muda o professor e eu estava acostumada só com uma professora e agora eu tenho cinco.*

A escola, reconhecida como um espaço cultural onde se convive e se aprende, também se torna o local de experiências extracurriculares. Algumas iniciativas de educação em tempo integral foram relatadas, segundo o formato turno e contraturno.

Como exemplifica o *Hapikidô*[64] realizado em escolas dos bairros Vila Fuck e Guarituba. Para o educador Jackson, a atividade estava a serviço do aprimoramento dos processos de ensino, considerados prioritários. O corpo em movimento pensado de modo a potencializar a cognição e o bom desempenho escolar.

> *A gente foca bastante a disciplina nos treinos, o mental e a educação deles. Aprendem a respeitar os pais e a comer direitinho, estudar e tirar boas notas.*

O Programa de Erradicação do Trabalho Infantil (Peti) foi outra experiência de ampliação do tempo escolar, relatada como resposta pedagógica para as demandas dos locais de maior crescimento populacional com seus efeitos de exclusão. O jovem Diogo explicou sua preferência pela atividade da Capoeira, ofertada no Jardim Holandês, na região do Guarituba:

> *A capoeira é inventada pra gente ter alegria. No tempo antigo, os negros usavam para bater no caçador porque eles prendiam. Mas hoje a capoeira pra nós é um divertimento.*

Desse modo, a percepção da escola como conquistada por entre estranhamentos e conflitos esteve presente nos diferentes espaços e tempos formativos evocados. Tal confronto de posições e deslocamentos dentro e fora da escola, pela ação de diferentes sujeitos, corrobora a perspectiva buscada na pesquisa, aquela que apreende a escola como uma experiência social viva.

3.3 O Seminário Municipal de Educação Integral[65]

O Seminário de Educação Integral, ocorrido em novembro de 2015, ofereceu outros vestígios do sentido da ampliação dos tempos e espaços escolares. Isso segundo as práticas pedagógicas do município e conforme aquelas atividades desenvolvidas no contraturno escolar, as mesmas registradas pelo Projeto Conhecendo Piraquara (2007).

No dia marcado para o evento, as 19 escolas que haviam iniciado no PME em 2010 relataram suas experiências e expuseram questionamentos a respeito da educação em tempo integral como era conduzida no município.

---

[64] Arte marcial de origem coreana. Consiste no domínio corporal voltado à defesa pessoal — técnicas de socos, chutes, rolamentos, esquivas, torções, alongamento e respiração, além do manejo de artefatos como bastões.

[65] Os trechos em itálico nesta sessão constam das anotações da pesquisadora enquanto audiovisuais iam sendo projetados pelas escolas (BAIERSDORF, Márcia. Diário de Campo, 210-2015. Não publicado).

O seminário foi preparado por professoras, coordenadoras pedagógicas e diretoras que haviam se reunido, anteriormente, em quatro equipes. O trabalho desses grupos correspondeu ao período destinado ao planejamento do encontro e contou com o auxílio das profissionais da Semed. Foi concretizado com o objetivo de finalizar um ciclo de trabalho, nos moldes de um encontro festivo entre escolas.

Cada uma das quatro equipes teve à sua disposição um tempo de aproximadamente 30 minutos para discorrer sobre as práticas incentivadas, quando da adesão ao PME. Após as exposições orais, ocorreram apresentações artísticas dos alunos, num tempo de apreciação igual ao dos relatos de experiência.

Desde os relatos até o momento das intervenções artísticas, prevaleceu uma avaliação otimista da experiência das escolas, diferentemente dos encontros que antecederam o evento, correspondentes ao curso de extensão ministrado por mim e que deu origem à ideia do seminário.

Nesses encontros, as dificuldades e contradições do processo pedagógico eram debatidas pelos cursistas. Entre os mais citados entraves, aparecia a dificuldade de mobilidade para a realização de atividades extramuros, ao lado da precariedade dos espaços e das instalações conquistadas ou disponíveis nas escolas.

Mesmo assim, os cursistas enfatizaram seu compromisso com o PME, relatado em histórias que versavam sobre a busca de alternativas e superações. Por exemplo, o cultivo da horta escolar e das floreiras, lembrado por mais de uma escola.

As práticas de plantio foram realizadas nos mais variados espaços, grandes e pequenos, horizontais ou verticais, dentro de pneus, em garrafas suspensas e nos muros. Demonstrando essa versatilidade, as escolas disseram aproveitar da melhor forma possível os tempos e espaços físicos disponíveis.

As equipes utilizaram-se desse exemplo para ressaltar o apreço pela escola. As colheitas eram levadas para casa ou servidas na merenda, e, com o cultivo das plantas, a motivação dos alunos para cuidar e embelezar suas escolas foi o grande resultado, endossado por depoimentos das crianças, das famílias e dos profissionais envolvidos nessas práticas.

Uma das coordenadoras pedagógicas relatou que, para levar os alunos sistematicamente ao campo de futebol, localizado nas imediações da escola, mas a uma distância considerável dela, em dias de chuva por diversas vezes usou seu próprio Fusca para transportar as crianças. Utilizou-se dessa memória para justificar, em face das condições objetivas para a realização das práticas pedagógicas, a decisão, posteriormente tomada, de concentrar novamente as atividades nas dependências escolares.

Entretanto, os percalços não foram a tônica dos relatos levados ao seminário. O foco das narrativas esteve na valorização dos resultados socioafetivos, mediante os esforços dispensados à promoção das experiências de mais tempo. As conquistas foram priorizadas e mostradas como incremento ao que já fora feito e como motivadoras da aprendizagem.

Porém, não foram apresentadas em ruptura com as práticas convencionais. Ao contrário, as padronizações não foram objeto de autocrítica por parte das equipes. As experiências de mais tempo eram apresentadas em harmonia com o ensino regular, destacadas enquanto acréscimos curriculares e ao encontro do bom desempenho dos alunos.

Nesses termos, o argumento presente era o de que, quando se tem um maior tempo de dedicação para as questões da escola, há mais possibilidade de diversificar as aulas, com o uso de temas, experimentos e atividades que talvez passassem despercebidos ou não pudessem ser desenvolvidos conforme o desejado durante o turno regular.

Nos audiovisuais selecionados para o público, tal posicionamento foi reforçado. As questões de cuidado, educação e assistência social foram evocadas nas suas positividades: *No meu ponto de vista foi bom [...]. É um tempo que as crianças ficam na escola ao invés de estar na rua ou sozinhas* (Mãe de aluno); *Achei muito legal, bem educativo, aprendi muitas coisas [...]. Gostava mais do projeto de desenho e pintura* (Aluno do PME); *Meus netos adoravam o Projeto e eu ficava mais tranquila por eles estarem na escola o período todo. Isso ajudou muito no desenvolvimento deles* (Avó de aluno).

Seguindo nessa linha expositiva, as escolas não chegaram a pautar propostas para a composição de políticas locais destinadas ao fortalecimento das práticas pedagógicas com uso de tempos e espaços educativos ampliados.

Também não fizeram referência às possíveis tensões surgidas nas relações pedagógicas, ou quanto aos possíveis contrastes entre as atividades dos Projetos de Contraturno e as formas já incorporadas do ensino.

As experiências foram apresentadas segundo um mosaico de práticas escolares e vivências. A educação integral seguia a mesma dinâmica da escola, num recorte caleidoscópico pelo qual as escolas quiseram demonstrar o valor do trabalho educativo e como eram habilidosas em ensinar.

Em suas exposições, as equipes registraram: a) as crianças em atividade na escola, em aulas-passeios, ou cultivando a horta; b) vídeos de poucos minutos com depoimentos de alunos e familiares falando sobre a importância da experiência conduzida; c) trechos de poesias e paródias; d) danças coreografadas, canto coral e banda fanfarra.

Diante desse repertório, foi possível observar e supor, algumas das miudezas do trabalho de um coletivo, semeadas e exibidas conforme a seleção cultural de cada escola.

Primeiramente, pude fazer inferências quanto ao local escolhido para as apresentações: a Câmara de Vereadores. Ao ocuparem essa arena, as escolas objetivaram o intercâmbio cultural entre as práticas escolares, pois o local permitia reunir um grupo maior de pessoas. Mas, de outra mirada, complementar, o seminário almejava visibilidade política para as experiências de mais tempo promovidas.

Piraquara acabara de discutir e aprovar seu Plano Decenal de Educação, pelo qual a educação integral esteve representada em metas e estratégias da política municipal para os próximos anos. Como resultado dessa movimentação, a Lei Municipal n.º 1.491, de 22 de junho de 2015, havia repercutido a redação do Plano Nacional de Educação (2014-2024) quanto à oferta da educação em tempo integral no país (em no mínimo 50% das escolas públicas, de forma a atender, pelo menos, 25% dos alunos da educação básica).

Considerando essa movimentação da cena política municipal, o tema da educação integral, retomado no seminário, não deixou de visar a figuras públicas não envolvidas diretamente na execução do trabalho escolar, mas, por hipótese, atreladas ao poder decisório que atuava sobre as escolas. Até porque o PME estava em vias de ser encerrado, em face do recrudescimento da política nacional, desde 2014.

Contudo, o evento não registrou a presença de lideranças e autoridades eleitas, e, com essa ausência, o seminário seguiu, reportando-se ao diálogo entre professores, familiares e alunos. Diante de interlocutores presentes ou ausentes, o valor da educação integral foi evocado, segundo a defesa de que a escola é de interesse social e sabe acolher.

A participação dos alunos gerou encantamento entre os participantes, tornando-se estratégica quanto à valorização do trabalho pedagógico, porquanto expressou os afetos muito próprios e compartilhados por aqueles que vivenciam e constroem cotidianamente a experiência educacional no município.

Diante da questão sobre se esse mosaico de práticas e intervenções artísticas sinalizou mudanças no ensino convencional, sustento uma leitura atenta à ambivalência dos processos escolares apreendidos. Para mim, a produção escolar apresentada respondeu com sim e não.

Isso porque se traduziu em uma mescla cultural; aliás, como também ocorre com outros processos escolares. A depender do jeito como se olha, cada prática construída e compartilhada contém traços de dominâncias e de transformações do ensino convencional.

Por exemplo, as apresentações musicais. Uma delas remontou aos tempos da brilhantina, no compasso coreografado da canção "Summer nights" (*Grease*, 1978). As meninas vestiam saias rodadas e usavam rabo de cavalo, ao passo que os meninos usavam calça jeans e gel no cabelo. Em outra intervenção, as crianças compuseram um coral. Estavam vestidas com túnicas azuis (meninos) e vermelhas (meninas). Alinhadas no palco central, cantaram letras conhecidas do público infantil: "Livre estou", tema do filme "Frozen: Uma Aventura Congelante" (2013); "De zero a dez", do seriado infantil "Carrossel" (2012); "Meteoro da paixão", de Luan Santana (2009). Músicas então divulgadas em programas de TV e de rádio. Enquanto ocorriam as apresentações, a plateia batia palmas, cantava junto e fotografava.

Uma crítica vigorosa a essas intervenções poderia, facilmente, sobressaltar a fragilidade das seleções efetivadas. Inúmeros questionamentos à forma como cada escola expôs seu trabalho poderiam ser levantados. Desde a escolha do repertório, remetido à indústria cultural (ADORNO, 2002), até os estereótipos de gênero expressos nos figurinos. Mas, por outro lado, o que mais fez sentido durante as performances foi o envolvimento afetivo entre as crianças e os adultos, que se divertiam com o espetáculo e usufruíam de um espaço público da cidade. Os cantantes seguiam os gestos das professoras-maestros, demonstrando empenho em dominar a arte de cantar e dançar, com maior facilidade pelo fato de as músicas escolhidas serem de fácil assimilação.

No caso da dança, imaginei quais processos pedagógicos anteriores estariam implicados na cena. E não apenas nesta, mas também nas demais apresentações. Supunha que a canção coreografada havia se realizado mediante episódios de conflitos e de consensos, entre adultos e crianças, ocorridos durante os ensaios. Quantos acordos e desacomodações teriam ocorrido na prática pedagógica, desde o uso dos espaços, da interação social promovida, até o uso dos equipamentos, a confecção do figurino, a interferência e repercussão em outras frentes do trabalho escolar...?

As paródias dos alunos da Capoeira para as canções "Menino da porteira", de Sérgio Reis (1996), e "Brincadeira de criança", do grupo Molejo (1997), também exemplificam fragilidades e acomodações do processo pedagógico.

Os trechos cantados pelas crianças eram a voz das professoras registrados nas paródias: *Alfabetizar as crianças, como é bom, como é bom [...];estudar Português e Matemática que a professora dá e também aquela matéria de desenhar; quando o recreio acabava pra sala, eu ia entrando / Pegava o meu caderno e a lição ia copiando [...]. Obrigada, professora, por tudo o que está me ensinando*. Esses trechos haviam sido construídos durante as oficinas de canto coral do PME.

Quem conheceu um pouco mais das características daquela escola e da localidade sabe quanto aquele coletivo zelava pelo foco nas atividades padronizadas, nas regras de convivência e do bom comportamento. Para quem conviveu com a cultura daquela escola é possível reconhecer o porquê da ênfase nas matérias, na cópia e na gratidão à professora. Também, as modas de viola elencadas repercutiam um repertório caipira circulante na Capoeira, ao lado das canções midiáticas.

Segundo essa leitura, os recortes selecionados pelas escolas ofereceram pistas sobre os movimentos pedagógicos reais, contrapostos às cenas idealizadas e expressas nas apresentações ou mesmo prescritas nos documentos oficiais. No seminário, revelaram-se como qualidades educacionais, evocados como formas escolares equalizadas, num momento de harmonia entre os atores sociais envolvidos com o evento.

Vale reforçar também que a forma como cada escola se apresentou ao público pôs em evidência prioridades da docência. Com essa estratégia, aquele coletivo reafirmou os padrões considerados próprios do bom ensino em cada contexto. Não deixou de evocar o aluno, até mesmo tornando-o elemento central nas intervenções artísticas.

Entretanto, as apresentações não tiveram foco na contestação ou na irreverência daqueles para os quais se destinou o processo pedagógico. Não foram evidenciados os embates ocorridos durante a realização anterior das práticas pedagógicas. Tampouco ressoaram ali as discordâncias e tensões que possivelmente estiveram presentes na configuração das práticas apresentadas (durante os ensaios, por exemplo).

Por força circunstancial e dos objetivos assumidos pelo evento, as experiências permaneceram harmonizadas, no rito de uma festa do processo pedagógico, recriando momento oportuno para finalizar ou provocar etapas de trabalho.

Fortalecendo seu coletivo dentro de certas prerrogativas e compartilhando dificuldades e superações, as escolas quiseram se afirmar, preferencialmente, como experiência social positiva e relevante. Aliás, essa é uma forma clássica (estratégica) pela qual a escola se apresenta à sociedade, como experiência cultural emblemática. Por isso, são comuns na cultura escolar momentos destinados a apresentações, recreação e confraternização.

Em minha apreciação do seminário, as apresentações guardaram esse traço. Representaram a força e a fragilidade dos processos escolares cotidianamente produzidos e socializados. A seu modo e com as características de cada contexto, as equipes envolvidas com o evento lançaram-se à experiência, arriscando tímida aproximação com um movimento de avaliação coletiva do trabalho realizado. Nos termos provocados por Larrosa (2002, p. 25),

> [...] é incapaz de experiência aquele que se põe, ou se opõe, ou se impõe, ou se propõe, mas não se "ex-põe". É incapaz de experiência aquele a quem nada lhe passa, a quem nada lhe acontece, a quem nada lhe sucede, a quem nada o toca, nada lhe chega, nada o afeta, nada o ameaça, a quem nada ocorre.

As equipes forçaram uma parada no calendário letivo para promover o seminário justamente no fim de ano, época em que o ritmo do trabalho pedagógico se intensifica. Atitude que interpreto como disposição de romper com alguns dos excessos tão próprios do meio escolar, pois, na maioria das vezes, é custoso conseguir um gesto de interrupção.

Na festividade do encontro, docentes e discentes tiveram a oportunidade de conhecer aspectos de outras realidades educacionais. Perceberam-se como socialmente atuantes, obviamente segundo gradientes de ciência de que o local não deixava de ser também uma arena política, visto que a visibilidade da educação em tempo integral não deixava de ser, também, um objetivo do encontro. No rito da festa, a própria educação integral pode ser, nesses termos, reconhecida como experiência de frágil profundidade e tipicamente escolar.

3.4 Por um passo a mais

Penso no Seminário de Educação Integral e no Projeto Conhecendo Piraquara, em como essas narrativas, em certa medida, divergiram das padronizações do ensino e até que ponto o inconformismo da escola, em face da imposição de um ensino voltado a resultados mensuráveis, encontrou espaço nessas práticas.

A compreensão da fragilidade e da força das práticas semeadas, ao lado das histórias do passado da cidade, instiga à reflexão sobre sutis transformações na escola, acolhendo nisso a necessidade de tempos e espaços para que a experiência formativa seja compreendida na sua singularidade e sem julgamentos avassaladores.

Entendi ter encontrado, no mosaico de práticas e de histórias, vestígios de uma realidade educacional e de aprendizagens sociais construídas por caminhos não mensuráveis. O contraste entre a potência didática do audiovisual produzido pelo município com o panorama de práticas relativas ao PME, a meu ver, sinalizou a necessidade de aquele coletivo avançar na linha de crítica da forma escolar dominante, porém não a ponto de desmerecer a escola, pois, como argumentado, trata-se de conquista relativa à luta social pelo direito de acesso ao conhecimento, atrelada às outras frentes de mobilização social por direitos.

Conhecer uma proposta de intervenção didática afeita à relação escola-localidade e anterior ao PME foi uma importante descoberta. Ao lado disso, observar o movimento das escolas municipais, para expor práticas consideradas representativas de um ensino diversificado, favoreceu a compreensão da Piraquara das práticas culturais.

De um ponto de vista didático, estas foram tomadas como narrativas do cotidiano, apreciadas como mostras da educação, em sua dominância e suas transformações. E, principalmente, permitiram à pesquisa adentrar a escola sem desconsiderar o duplo movimento de permanências e mudanças, indagando sobre a experiência social acontecida na/com/contra a instituição.

4

O ESTUDO EM ESCOLA

A pesquisa recorreu à escola não como o cenário da investigação, mas como a fonte da construção das hipóteses e categorias explicativas requeridas pelo seu objeto de estudo, a educação integral, produzida no cotidiano escolar e contrastada com os referentes culturais levantados pelos alunos.

A essa definição correspondeu uma metodologia atenta ao cotidiano (HELLER, Agnes, 1987; EZPELETA, Justa, 1989; DUBET, 1994; ROCKWELL, Elsie, 1997; MARTUCCELLI; DUBET, 1998) e à característica sociocultural da localidade (FREIRE, 1987; KRAMER, Sonia, 1998; BENJAMIN, 2002, 2013; LARROSA, 2015). Para desenvolvê-la, o estudo apoiou-se, desde o início, na observação participante, entendida como adequada à apreensão de movimentos de proximidade e de distanciamento entre a escola, os alunos e o lugar.

Sob a influência de uma perspectiva antropológica (FREIRE, 1987; LARAIA, 2004; MAFRA, 2010; GARCIA, Tania, 2011), o percurso teórico-metodológico foi iniciado como uma pesquisa em escola, para a qual existe diferença entre teorizar sobre e observar com a escola ou ainda buscar explicações segundo as lógicas, os acordos e as disputas próprias dessa experiência social.

Como se estivesse a escavar camadas temporais e pelas brechas de ordenamentos sociais impostos, aparentemente homogêneos, a investigação encontrou no cotidiano indícios/vestígios[66] (GINZBURG, 1990; BENJAMIN, 2002) a serem aprofundados, quando da reconstrução dos eventos observados.

Adentrando as dinâmicas escolares, a observação voltou-se para condições impostas pela forma pedagógica dominante e, simultaneamente, para os movimentos de resistência ocorridos nas práticas escolares com-

---

[66] No sentido de o trabalho investigativo voltar-se ao descarte, ou ao detalhe. No trabalho de rastrear uma particularidade e, por meio dela, a relação com a totalidade. A apreensão do real dar-se-ia conforme fragmentos, encontrados como pistas, vestígios de algo que se sucedeu. O olhar investigativo aqui não pode ser classificatório nem predeterminado pois o que se quer é apreender algo de algo em movimento. Capturar as sutilezas por meio de eventos, banalidades, imagens paradas que antes do "click" se moviam, mas, ao se congelarem, permitem olhar do presente um passado "quase aqui", algo do tempo que não se perde, mas não se pode reter, apenas se vive.

partilhadas. Com essa ênfase, as experiências formativas ocorridas foram problematizadas. Os achados decorrentes dessa busca estiveram relacionados, sobretudo, à atuação dos alunos em face das práticas pedagógicas e sistemáticas impostas pela escola. O trabalho de campo dedicou-se a registrar eventos que permitissem a reconstrução das características culturais do contexto observado e, para tanto, considerou as recorrências, mas também aquilo que escaparia àquelas padronizações típicas dos processos escolares.

Assim se abriu à observação a dimensão da escola como uma experiência complexa, um espaço de vida, uma construção social em aberto (MARTUCCELLI; DUBET, 1998; DUBET, 1994). As iniciativas de mais tempo foram analisadas em relação com as sistemáticas escolares vigentes. Em ruptura com a banalização do cotidiano (HELLER, Agnes, 1987), a construção do referencial teórico-metodológico priorizou os sujeitos (TOURAINE, 1982; LAHIRE, 2002), ao mesmo tempo que se afastou das teorias estruturalistas, especialmente no que se refere à explicação do cotidiano como limitado ao caótico, ao assistemático, ao mero senso comum, ao ideológico ou ao simplório.

Não caberia estudar a escola restrita ao seu caráter institucional ou presumir sua função ideológica de reproduzir o status quo. Inspirada na abordagem etnográfica da educação (ROCKWELL, Elsie, 1997; EZPELETA, Justa, 1989; FINO, 2003), a investigação fez uso da inserção prolongada em campo (entre 2014 e 2016), acompanhada de um minucioso registro diário dos processos escolares observados. O objetivo era buscar, nas miudezas da vida escolar, os detalhes compreendidos como fragmentos/vestígios históricos de uma totalidade — as antiguidades que revelam escolhas e esquecimentos, tais como o torso da estátua do aforisma benjaminiano:

> Só quem fosse capaz de contemplar o seu próprio passado como fruto de contrariedades e da necessidade estaria em condições de, em cada momento presente, tirar dele o máximo partido. Pois aquilo que vivemos um dia é, na melhor das hipóteses, comparável àquela bela estátua a que o transporte quebrou todos os membros, e agora mais não tem para oferecer do que o precioso bloco a partir do qual terá de ser esculpida a forma do futuro. (BENJAMIN, 2013, p. 38).

Algumas pesquisas relacionadas ao cotidiano foram consultadas (GINZBURG, 1987; ELIAS, 2000; GARCIA, Regina, 2003; ALVES, Nilda; OLIVEIRA, Inez, 2004; ROMANELLI, 2009), com o objetivo de fortalecer o trabalho de campo e calibrar o olhar da pesquisadora para as particularidades da escola da Capoeira, em Piraquara.

Com apoio nessa literatura, a reconstrução dos processos observados deu-se como movimento teórico-metodológico de aproximação sucessiva ao objeto investigado, até mesmo admitindo que este fosse redefinido em face de eventos próprios da escola, imprevisíveis. Desse modo, consegui problematizar o valor formativo da experiência de educação integral.

Em meu entendimento, a atenção às particularidades e às inconstâncias dos processos reais de ensino favoreceu a crítica à escola, sem, contudo, arriscar generalizações precipitadas ou explicações do tipo causa e efeito. Assim, a explicação obtida não limitou o cotidiano a suas recorrências e repetições, pois considerou as interferências dos indivíduos.

As categorias conceituais foram consolidadas em acordo com esse movimento de aproximação-afastamento-estranhamento da escola a fim de desnaturalizar situações aparentemente dadas, banais, familiares ao contexto investigado. Cotidiano, cultura e experiência foram destacados do campo como conceitos articuladores, tornando-se categorias fundamentais para a reconstrução daquela realidade educacional.

Contudo, a investigação não deixou de considerar os determinantes — históricos, sociais, econômicos e culturais — que atuam dentro e fora da escola. A teorização sobre o funcionamento dos estabelecimentos de ensino foi, em muitos momentos, necessária para a leitura da desigualdade macroestrutural repercutida no campo empírico.

Com essa desenvoltura, a análise recorreu às contribuições da literatura especializada sobre a escola, remetendo a investigação ao campo epistemológico da Ciência Social. Tal conceitualização referendou a crítica ao controle externo do trabalho docente. Conforme mostra Apple (1989), uma imposição cultural efetivada por meio de reformas curriculares apoiadas em políticas de modelagem prescritas às escolas.

No decorrer do trabalho empírico, a investigação cada vez mais foi ao encontro da participação dos alunos. Para isso, utilizou-se de variadas técnicas conjugadas (uso de imagens paradas e em movimento, de entrevista e de questionário). Para isso, consultei manuais de pesquisa em Ciências Sociais (OLIVEIRA, Sandra, 1998; LAVILLE; DIONNE, 1999; GASKELL, 2002; GAMBOA, 2007; RODRIGUES, 2007; ALVES, Alda, 1992), e, com esse aporte, ajustei o itinerário investigativo, visando instrumentalizar a produção de dados. Decidi fazer uso de estratégias colaborativas, no intuito de tornar a criança interlocutora e participativa na pesquisa.

Em *A miséria do mundo*, Bourdieu (1998) refere-se à constante busca de aprimoramento do pesquisador que se lança à empiria. Em suas reflexões sobre a construção metodológica, esclarece aspectos da interação entre o pesquisador e aqueles a quem dirige suas perguntas. Arguindo em favor de uma escuta sensível e sinceramente interessada nas respostas, desafiou-me a adotar tal postura investigativa, afeita à diminuição da distância hierárquica entre a pesquisadora e os alunos da escola.

O rigor metodológico e a precisão conceitual com a qual esse sociólogo desenvolveu sua teoria foram tomados como recomendações valiosas. Sobretudo sua coerência teórica, sustentada em uma posição avessa às ortodoxias e para a qual a explicação científica deve se dar em caráter relacional e prático. Bourdieu (1988) incentivou-me a acessar o objeto da pesquisa admitindo níveis crescentes de compreensão, galgados mediante o esforço metódico de colocar-me em pensamento no lugar dos pesquisados.

Creio ter conseguido dar alguns passos nesse sentido. Por exemplo, quando o procedimento era observar o cotidiano escolar, alternando os momentos de interação e de colaboração das crianças na pesquisa. Desde o início, a participação dos alunos foi valorizada como relevante à significação dos processos investigados, pois me interessava saber se, e em que medida, a educação integral seria configurada como uma experiência formativa substantiva, segundo a ação social dos envolvidos com a escola.

A explicação obtida articulou três frentes descritivas, o aluno, a escola e o lugar, no intuito de esclarecer como se dava a participação dos indivíduos nas experiências de mais tempo. Diante desses significantes, a noção de experiência, emergente do contexto investigado tornou-se articuladora da análise alcançada.

4.1 Sociologia da experiência

Para esclarecer a noção de experiência, fui à abordagem sociológica proposta por Dubet (1994), para quem há três lógicas da ação social interferindo na produção dos processos escolares: integração, eficácia e subjetivação.

A primeira refere-se à função social clássica dos estabelecimentos de ensino, ou seja, adaptar o indivíduo aos ordenamentos vigentes, seja no âmbito institucional, seja no movimento social mais amplo. A lógica da integração requer processos culturais orientados à unidade da ação e, com esse propósito, diz respeito à internalização de regras/valores/programas. A socialização é assimilada como senso comum, compartilhada entre indivíduos perfeitamente integrados à vida social.

Ocorre que, contra tal normalização praticada na escola, desde sempre os alunos se rebelaram. Segundo Dubet (1994), isto se dá simplesmente porque a ação individual ou coletiva não se reduz, inexoravelmente, a uma unidade de fins. O ator social nem sempre está coadunado com os ordenamentos ou valores pactuados e compartilhados, seja no interior de uma instituição/sistema, seja nas ações coletivas de grupos, típicas dos movimentos sociais e dos tensionamentos clássicos da sociedade moderna.

A segunda lógica socializadora refere-se aos processos de controle e vigilância externa do trabalho escolar, sob o argumento do excelente desempenho do processo pedagógico. A eficácia surge como parâmetro da qualidade educacional e corresponde ao caráter competitivo da sociedade meritocrática, para a qual sucesso e fracasso remetem à capacidade da escola de promover ou não ajustamentos sociais atrelados à racionalidade técnica, aplicável em vários âmbitos da vida social. Por esta lógica, a escola atua como agência reguladora de um livre mercado de diplomas e de certificações.

Já a lógica da subjetivação retoma a integração como processo formativo, por meio do qual os indivíduos e os grupos constroem suas percepções e leituras de mundo, assimilando os significantes que circulam na sociedade e que são acessados mediante as práticas culturais compartilhadas.

Por meio das lógicas da ação social, pode se pensar na escolarização como produção de subjetividades. Mediados pelos processos educativos, formais e não formais, pessoas ou grupos compartilham do sentimento de pertencer a um mundo cultural e de se reconhecer ou não em harmonia com ele, supostamente descortinado nas relações sociais experimentadas. Os processos de subjetivação referem-se, nesse aspecto, à internalização de explicações que circulam na sociedade, particularmente sobre o sucesso ou fracasso individual. Daí emergem gradientes de valorização da escola, na maioria das vezes reforçados por convicções pessoais, estigmatizações e rebeldias.

Subjetivando os processos culturais dos quais participam, os indivíduos assumem para si o mérito ou o demérito de sua escolarização. Desse modo, os ordenamentos sociais vigentes perpetuam-se, porém em sutil equilíbrio, pois frequentemente os acordos firmados se desfazem.

Para a Sociologia da Experiência, tais lógicas da ação social se interpelam e se contradizem. As regras e os ordenamentos pedagógicos compartilhados articulam-se com base nelas, e, nessas acomodações, os indivíduos utilizam-se das sistemáticas sociais vigentes, até mesmo, para contradizer a escola. Por essa interpretação, o tensionamento social expõe a dificuldade de o ensino se manter equilibrado como um sistema regulador único e coerente. Nessa difícil tarefa, a escola atua como mediadora de conflitos, necessitando a todo instante repactuar suas finalidades.

Como não há exclusiva unidade nas lógicas da ação social, mas uma pluralidade de sistemas, de princípios culturais e de explicações sociais, disponíveis em cada contexto relacional, a experiência escolar passa a ser concebida em razão de distintas combinações dos elementos simbólicos e materiais, objetivados nas relações sociais mais amplas.

Por isso, os indivíduos não cumprem passivamente os programas a eles apresentados. Constroem sua própria unidade de sentidos, deslocando-se entre os vários elementos reguladores da vida social: a linguagem, os costumes, os papéis sociais incorporados, o uso de objetos valorados, as posições ocupadas nos jogos de poder e nas circunstâncias de trabalho, os referentes culturais de cada um e de um grupo, as barreiras simbólicas e materiais.

Por essa explicação, a consolidação de uma proposta pedagógica, da mais conservadora à mais progressista, será sempre, no jogo social, ajustada de acordo com as interferências, os redirecionamentos e as resistências dos atores na sua relação com as estruturas materiais e simbólicas. Nesse sentido, os indivíduos personificam, em suas condutas, a pluralidade de princípios e sistemas ativos na sociedade.

Daí que os aspectos subjetivos imbricados na socialização sejam explicáveis mais como experiência do que como papéis representáveis ou funções sociais incorporadas num ofício ou num hábito. Dentro de uma instituição/sistema, por caminhos encontrados e desencontrados, os atores sociais seguem trabalhando e, em cada contexto relacional, agem segundo múltiplas orientações. Nessa perspectiva, o trabalho dos atores sociais realiza-se como deslocamentos, ocorridos por entre distintas lógicas da ação social.

Na escola, o ofício de aluno desenvolve-se na relação com os acordos e tensionamentos firmados nas relações pedagógicas e em permanente construção. No que diz respeito ao campo empírico desta pesquisa, enquanto a escola se empenhava em conduzir de uma dada forma sua proposta de ensino e, de um modo direcionado, oferecia mais tempo de cuidados educacionais para alguns de seus alunos, eles, por sua vez, acreditavam nas ou desacreditavam de tais ofertas, modificando os rumos planejados pelo processo pedagógico — até mesmo fazendo uso do discurso e das práticas propagandeadas pela escola para contrariá-la. Quando se referiam, com ironia, a como ser um bom aluno, repetiam as regras da boa convivência expostas em cartazes nas paredes, nos quais o papel de aluno aparecia em destaque. Mas, logo depois, agiam, intencionalmente, de forma contrária ao acordado/prescrito.

Seguindo nessa linha de interpretação, a posição assumida na investigação foi fazer observações sem formular juízos de valor quanto a essas atuações dos alunos na/com/contra a escola (DUBET, 2013). Desse esforço, resultaram os eventos, episódios e descrições levados à análise, por meio dos quais pude identificar características da participação dos alunos na escola. Posteriormente, para validar as interpretações obtidas, recorri aos próprios. Nesse procedimento, seguindo a recomendação metodológica de busca da verossimilhança em pesquisas que recorrem à empiria:

> [...] nenhuma sociologia escapa verdadeiramente a uma exigência de significação: nenhuma pode ignorar as significações que são visadas pelos atores e os efeitos que as suas conclusões produzem entre eles [...]. Esta questão está no centro de uma sociologia da experiência logo que se admita que os atores desenvolvem uma atividade autônoma e, em parte, crítica. (DUBET, 1994, p. 230).

A busca da verossimilhança levou-me a dialogar com os alunos a respeito dos eventos observados no cotidiano da escola. Isso fez com que eles fossem convidados a colaborar com a produção de dados, bem como fossem diretamente inquiridos sobre como interpretavam as iniciativas de educação em tempo integral que estavam ocorrendo na escola. À medida que as interlocuções ocorriam, a investigação cada vez mais envolveu esses atores sociais, ora observando-os, ora interagindo com eles.

4.2 Cotidiano e experiência

Admitindo a interferência dos atores sociais na construção do processo pedagógico, e ciente dos conflitos e acordos da escola investigada, passei a relativizar a centralidade do PME. Isso no que diz respeito ao uso das prescrições e ao modo de incorporação de seu conteúdo-forma às dinâmicas educacionais em curso, sobretudo, ao posicionamento dos alunos diante das decisões e dos encaminhamentos pedagógicos da escola.

A descrição das situações cotidianas nas quais ocorriam conflitos e acordos concebia os alunos como atores sociais culturalmente expressivos e plurais. Dentro dessa abordagem, a experiência de mais tempo repercutiu no campo do vivido, conforme sinalizava o jogo entre as regularidades e as tentativas de inovação apreendidas das dinâmicas da escola em questão.

A definição dos objetivos da pesquisa seguiu esse encaminhamento a fim de descortinar vestígios das diferenças e características culturais da escola, atendo-me às contestações e aos movimentos de acomodação ocorridos no cotidiano.

Diante dessa conjuntura, percebia o PME como um elemento estranho à escola, mas ao mesmo tempo como uma proposta modificada e ajustada ao contexto, colocando em evidência os dilemas e as conquistas daquele grupo. Professoras e alunos apropriaram-se à sua maneira da educação integral sugerida, configurando-a como uma experiência coletivamente construída, adaptada às características da cultura da escola.

Nesse percurso, as expectativas quanto ao alcance do PME foram cedendo espaço para a valorização da subjetividade dos processos em curso, capturados enquanto banalidades produzidas na/com/contra a escola:

> Já faz muito tempo que esquecemos o ritual segundo o qual foi construída a casa da nossa vida. Mas no momento em que vai ser tomada de assalto e já rebentam as bombas inimigas, quantas velharias ressequidas e bizarras estas não põem a descoberto nos alicerces! Quantas coisas não foram sepultadas e sacrificadas sob fórmulas mágicas, que coleção de curiosidades mais horripilante não descobrimos lá em baixo, onde as mais fundas galerias são reservadas ao que há de mais banal na vida cotidiana! (BENJAMIN, 2013, p. 11).

Passei a explicar a escola não exclusivamente como uma instituição de controle fechada, isto é, enquanto estrutura de ensino regulado. Se fosse assim estudada, os resultados acabariam reféns de modelos explicativos prévios, tornando a interpretação dos dados limitada quanto às diferentes possibilidades geradas pela entrada em campo e pela participação dos alunos nas iniciativas de mais tempo de escola. A conceitualização resultante seria réplica de teorias externas à escola; e a prática pedagógica, simples execução de políticas educacionais prescritas.

Ao contrário disso, na discussão do campo conceitual, almejava encontrar diferenças no cotidiano (ALVES, Nilda; OLIVEIRA, Inez, 2004). Pretendia problematizar a escola de um modo relacional e, para isso, buscava identificar confluências dos referentes culturais dos alunos sobre o processo pedagógico em curso.

O cotidiano, nesses termos, foi considerado como atravessado por questões políticas, sociais e históricas, impressas nas práticas pedagógicas convencionais. Mas, ao mesmo tempo, um lugar de encontros interpessoais, conflitos, tramas paralelas, redes de ação, diferenças e recorrências. Admitia que dele emergem certas banalidades, rituais, circunstâncias inesperadas ou aleatórias ou corriqueiras, algumas muito próprias de cada escola e outras provenientes de domínios conceituais ou práticas culturais estranhas à realidade escolar. No cotidiano, a política educacional prescrita acontece por caminhos imprevisíveis.

Em Heller, Agnes (1987, p. 40), identifiquei a vertente filosófica que me ajudou a ancorar epistemologicamente essa leitura do cotidiano. Tomando por base a crítica marxista da vida cotidiana burguesa, a autora depura sentidos positivos e negativos sobre o que é vivenciado pelos indivíduos em sociedade. Sua crítica elucida a noção de construção social da realidade, na qual a explicação sobre a produção material e simbólica da existência pode oscilar, a depender da vertente filosófica acionada na interpretação do real e do método de análise empregado. Nesses termos, a autora faz importante distinção entre a interpretação crítico-transformadora da realidade e a leitura passiva do mundo; nesse último caso, revela-se uma visão apenas conformadora da vida, apreendida como destino:

> La crítica positiva acepta la estructura reificada del «mundo» del hombre, pero no como un destino. Busca y encuentra los fundamentos de esta situación en la estructura social en su totalidad, la niega y proyecta de un modo revolucionario un mundo nuevo, humanizado. La crítica negativa considera el mundo reificado como una consecuencia necesaria e inevitable de la objetivación y rechaza toda actividad y toda comunicación. Esta crítica no opone al mundo reificado otra cosa que la incógnita de la unicidad no comunicante, la particularidad pasiva, que se plantea solamente a sí misma. El sentimiento fundamental de la primera crítica es la rebelión, el de la segunda es la desesperación. La primera está representada en su forma más radical por Marx, la segunda por Kierkegaard.

Em referência à dialogia freireana, depurei o sentido político e epistemológico dessa concepção dialética sobre o cotidiano, transportada para a educação transformadora. No livro *Pedagogia do oprimido*, Freire (1987) defende uma escola em comunicação com a vida cotidiana dos alunos, ensinando não pelo conteúdo em si, mas tendo em vista politizar o processo pedagógico conforme a experiência cultural de um grupo e de uma realidade.

Vale aqui detalhar, também, a diferença entre vivência e experiência, nos termos de uma distinção radical, para a qual a esperança crítica é o dínamo de uma mudança social plausível. A crítica negativa do cotidiano levantada por Heller, Agnes (1987) refere-se à experiência definida como repetição ou vivência, para a qual faltaria a referência a um campo antropológico e histórico maior, como corroborou a perspectiva freireana.

Desse modo, a leitura crítico-transformadora da realidade permite ampliar a noção de experiência, desvelada como um saber feito e refletido, que contém acúmulos geracionais e históricos. Nesse sentido, a experiência evidencia nexos, promove rupturas, contextualiza e conceitualiza o que foi vivido, segundo níveis crescentes de tomadas de consciência e de decisão individual e coletiva. A esperança crítica revela-se, assim, como imperativo existencial e histórico (FREIRE, 1992), porquanto refere-se a uma realidade em transformação. A experiência, nessa leitura, embora restrita a uma particularidade, apresenta um caráter plural abrangente.

Benjamin (2002, 2013) desenvolve esse ponto. Acrescenta à experiência o valor da narrativa. O narrador é quem produz memória, faz interagir passado, presente e futuro. Imbuída de história, a experiência é aquela que deixa rastros. E, embora esse autor a tenha renegado em seus primeiros escritos, quando em 1913 a definiu como a máscara do adulto "inexpressiva, impenetrável, sempre a mesma [...] O que podemos objetar-lhe? Nós que ainda não experimentamos nada?" (BENJAMIN, 2002, p. 21), mais adiante, em 1929, reviu sua definição e em uma nota escrita esclareceu a questão:

> Num de meus primeiros ensaios mobilizei todas as forças rebeldes da juventude contra a palavra 'experiência'. E eis que agora essa palavra tornou-se um elemento de sustentação em muitas de minhas coisas. Apesar disso, permaneci fiel a mim mesmo. Pois o meu ataque cindiu a palavra sem a aniquilar. O ataque penetrou até o âmago da coisa. (BENJAMIN, 1929[67] apud BENJAMIN, 2002, p. 21).

---

[67] Em nota de rodapé (BENJAMIN, 2002, p. 21).

Tomando por base a diferença entre experiência e vivência, fui aos processos culturais implicados na triangulação entre a escola, os alunos e o lugar. Para isso, contei com a colaboração das crianças e, por meio de imagens da região da Capoeira, destaquei referentes culturais expressivos do cotidiano na localidade, os quais poderiam se fazer presentes na construção do conhecimento escolar.

Freire (1987) chama esse tipo de referente de palavras/temas geradores do conhecimento. São conteúdos selecionados da práxis social e que se apresentam como currículo emergente de um contexto cultural. Para a pesquisa, essa perspectiva tornou-se decisiva, porque expressa uma educação integral porquanto integrada aos processos culturais de um grupo e em relação com a totalidade.

Nesse ponto, retomo o método dialético. Referendo a marca antropológica da experiência, particularmente no que se refere ao levantamento do universo cultural dos alunos. Na dialogia freirena, a educação como ação libertadora encontra seu sentido na experiência social. Os temas geradores, reconhecidos como "inéditos viáveis", são a reinvenção criativa do mundo. Ensejam uma intervenção didática comprometida com a superação das "situações-limite" de uma realidade em vias de ser transformada:

> Desta maneira, as dimensões significativas que, por sua vez, estão constituídas de partes em interação, ao serem analisadas, devem ser percebidas pelos indivíduos como dimensões da totalidade. Deste modo, a análise crítica de uma dimensão significativo-existencial possibilita aos indivíduos uma nova postura, também crítica em face das "situações limite". A captação e a compreensão da realidade se refazem, ganhando um nível que até então não tinham. (FREIRE, 1987, p. 96).

A explicação freireana da noção de experiência toma, assim, a educação como prática cultural, ao mesmo tempo política e gnosiológica. Os conteúdos ministrados, se ancorados (CANDAU, Vera Maria; LEITE, Mirian, 2007) nas características culturais de uma realidade, tendem a ser convertidos em concretos-pensados, correspondentes simbólicos, potencialmente transformadores da sociedade injusta.

Aberta à prática cultural libertadora, a escola, em interlocução com os atores sociais e com os movimentos culturais de contestação das injustiças amplia a formação individual e coletiva de seus alunos, segundo ciclos de conhecimento em expansão e tendo como mote um aprender que antecede um ensinar e que se torna novo aprendizado, e assim sucessivamente. Por essa ótica, na dialogia freirena, a dimensão formativa integral faz-se viva, inerente à experiência social transformada. Respaldada na apreensão da realidade em movimento, admite a força das mediações culturais e o valor dos processos educativos.

Os referentes culturais trazidos à análise pelas fotografias das crianças da Capoeira foram acolhidos nesses termos. Poderiam se configurar, à moda do PME, em mapas, mandalas ou patrimoniamentos, direcionados ao repensar a relação da escola com a localidade, pois "a investigação do tema gerador, que se encontra contido no 'universo temático mínimo' (os temas geradores em interação), se realiza por meio de uma metodologia conscientizadora" (FREIRE, 1987, p. 97).

O processo pedagógico, assim compreendido, refere-se a uma educação culturalmente integrada. O valor formativo da experiência escolar, segundo esse entendimento, especifica-se em crescentes níveis de autonomia intelectual e de interferência na realidade. Por conseguinte, na prática pedagógica transformada, as mediações culturais diversificam-se e as interações sociais reequilibram-se em relações de poder horizontalizadas.

> Este movimento de ida e volta, do abstrato ao concreto, que se dá na análise de uma situação codificada, se bem feita a decodificação, conduz à superação da abstração com a percepção crítica do concreto, já agora não mais realidade espessa e pouco vislumbrada. (FREIRE, 1987, p. 97).

Desse modo, em sintonia com a dialogia freireana, a pesquisa ancorou sua defesa da educação integral. Para isso, aproximou a experiência escolar dos contextos existenciais e visões de mundo dos alunos, contrastando aquela a estes.

4.3 Outra educação

Assim reflexionada, a educação integral surgiu como expressão potencial de um ensino transformado em sua forma e em seu conteúdo.

A solicitação de que as crianças fotografassem o próprio cotidiano correspondeu a essa mirada, atenta às conexões entre a escola e a localidade de um ponto de vista delas. Mesmo que as fotos calassem sobre suas experiências, a investigação continuaria apostando na possibilidade de mapear, por meio delas, conexões outras, na tentativa de romper o silêncio entre a escola e os temas geradores, à espera de serem descobertos. Freire (1987, p. 98) convida a pensar sobre o tema do silêncio, contraposto às situações de opressão:

> Ainda quando um grupo de indivíduos não chegue a expressar concretamente uma temática geradora, o que pode parecer inexistência de temas sugere, pelo contrário, a existência de um tema dramático: o tema do silêncio. Sugere uma estrutura constituinte do mutismo ante a força esmagadora de "situações limite", em face das quais o óbvio é a adaptação.

Observando-os, escutando-os e fazendo perguntas aos alunos, pretendi melhor entender semelhanças e diferenças entre eles. Importava contrastar seus referentes culturais à forma como se relacionavam com a escola. Nesse sentido, ponderava sobre as características do lugar em relação com a escola, e, em revista à tradição pedagógica conservadora, o objetivo de encontrar a palavra do aluno mobilizava-me.

Desenvolvendo um pouco mais a indagação propiciada pelo tema do silêncio, pus-me a refletir sobre como uma narrativa ausente enseja uma interpretação radical sobre o calar. Larrosa (2015, p. 48) acrescenta aqui instigante mirada complementar, fundamental, porque contradiz a lógica da eficácia pedagógica, imposta ao ensino:

> Essa forma de anulação do silêncio é também um efeito de poder. O poder não funciona apenas intimidando e fazendo calar. A presença do poder não se mostra apenas no silêncio submetido que ele produz. O poder está também nesse burburinho que não nos deixa respirar. E, muitas vezes, até mesmo na maioria das vezes, o poder está em todas essas incitações que nos fazem falar. Mas que nos exigem falar como está ordenado, segundo certos critérios de legitimidade.

Nesse aspecto, a crítica ao automatismo da ação, apontada pelo autor, retoma a noção freireana de experiência, nesse caso reportada aos atores sociais desacostumados a silenciar. Larrosa (2015) sugere o movimento de parada intencional ao ritmo exacerbado da burocracia escolar, pois, para ele, cada vez mais o sujeito moderno está absorto em tarefas cotidianas.

Nas escolas, muitas dessas tarefas são assumidas, infelizmente, com demasiado zelo, e de um modo subordinado. Por isso, concordo com o autor sobre ser necessário dar tempo e espaço para que a experiência escolar aconteça. Sobretudo a experiência educativa almejada como integral, para a qual se faz necessário assunção da lentidão e do silêncio.

> A experiência, a possibilidade de que algo nos aconteça ou nos toque, requer um gesto de interrupção, um gesto que é quase impossível nos tempos que correm: requer parar para pensar, parar para olhar, parar para escutar, pensar mais devagar, olhar mais devagar, e escutar mais devagar; parar para sentir, sentir mais devagar, demorar-se nos detalhes, suspender a opinião, suspender o juízo, suspender a vontade, suspender o automatismo da ação, cultivar a atenção e a delicadeza, abrir os olhos e os ouvidos, falar sobre o que nos acontece, aprender a lentidão, escutar os outros, cultivar o encontro, calar muito, ter paciência e dar-se tempo e espaço. (LARROSA, 2002, p. 24).

Por esse prisma, a noção de experiência acolhe a passividade como componente de processos formativos contrários à inflexibilidade das burocracias e seus ritos de urgência. O gesto de silenciar, nesse aspecto, contém a ruptura com o autoritarismo da educação bancária, apontada por Freire (1987).

Dentro dessa tomada de consciência, a noção de experiência aponta outra configuração do processo educativo. Requer tempos e espaços de lentidão para que seja possível a formação integral. Trata-se de mudança necessária e difícil, pois contrapõe-se às lógicas da eficácia (APPLE, 1989; DUBET, 1994), enraizadas como forma dominante de controlar e ditar o ritmo do trabalho escolar. Daí porque tal defesa da educação integral suscite a discussão sobre outros parâmetros de reconhecimento da qualidade da escola básica. A busca de percursos formativos menos instrucionais expressa a preocupação quanto aos limites de uma escola empenhada em fazer tantas coisas, até o ponto de arriscar-se demasiadamente a ser uma experiência social empobrecida.

4.4 Abordagem participante

A respeito do debate epistemológico e das questões técnicas implicadas no desenvolvimento da abordagem participante, destaco algumas características desse tipo de pesquisa. Para isso, recorro à explicação de Ezpeleta, Justa (1989), segundo três perguntas elementares levantadas por ela: Quem participa? Como participa? De que participa?

"Quem participa" remete a um interlocutor, um sujeito inserido em processos sociais, "uma pessoa com a qual interajo; que me ensina coisas; descobre-me seus mundos e outras visões dos meus e, além disso, enriquece-me" (EZPELETA, Justa, 1989, p. 90). Durante a investigação, dei esse primeiro passo em direção aos alunos inseridos nos processos escolares. Identifiquei neles a condição de sujeitos sociais em construção. Para tanto, como a autora, refleti sobre o fato de a definição do sujeito participante da pesquisa não deixar de ser uma invenção conceitual. Isso na medida em que quem participa remonta a uma categoria analítica não esgotada, pois o sujeito[68] — alunos, professores, famílias, entre outros — está no centro das discussões propiciadas pela Teoria Social contemporânea.

Desse debate, apreendo não um sujeito em si ou uma participação como se fora deslocada da realidade. Pondero sobre o fato de os processos sociais de que participam os alunos não serem predefinidos ou controlados pela presença do pesquisador em campo, ou mesmo pelos objetivos da pesquisa.

> Nesses processos, são constituídos os sujeitos que por sua vez os protagonizam. São sujeitos construídos em e por relações sociais específicas, por tradições e histórias variadas que amiúde carregam normatividades diferentes. Mesmo conhecendo as regras do jogo institucional, esses sujeitos são capazes de distanciar-se delas, manejá-las de fora, compartilhá-las, readaptá-las, resistir-lhes ou simplesmente criar outras novas. (EZPELETA, Justa, 1989, p. 92).

Essa característica da imprevisibilidade dos processos, atrelada ao teor variável da participação, não implica perda de objetividade, pois, para responder metodologicamente ao "como esse sujeito participa da pesquisa", há que se priorizar a base epistemológica da investigação — questão fulcral nas decisões relativas à produção de dados e presente na condução das técnicas desenvolvidas. Com essa ressalva, definir "o como se dá a participação dos pesquisados" passa a ser uma pergunta remetida aos objetivos e às categorias analíticas, bem como aos processos sociais apreendidos da observação/interação ocorrida no campo empírico.

Ressalto com isso que, por meio da abordagem participante, também essa pesquisa se debruçou sobre os processos sociais, os quais,

> [...] por algum motivo, chamam a atenção do pesquisador e são anteriores à sua preocupação e à sua presença; ou processos que, também por algum motivo, o pesquisador quer provocar. (EZPELETA, Justa, 1989, p. 90).

---

[68] Nesta pesquisa, o sujeito é o ator social ao qual me reporto por intermédio do trabalho do aluno e da diversidade cultural do ser criança.

Nesse aspecto, vale reforçar a liberdade e a desenvoltura incentivadas no trabalho de campo, referendadas na recomendação de que, na interação pesquisador/pesquisados, importa, sobretudo, priorizar a coerência do construto teórico, que resulta de um processo de aproximação e diferenciação do contexto, visando alcançar bases analíticas seguras, em explicações capazes de superar o senso comum.

Vale também reforçar que a colaboração dos pesquisados na produção de dados não está colocada como se fora a chave indiscutível da teorização. Trata-se de uma possibilidade a ser ponderada em relação às questões epistemológicas advindas do ou remetidas ao campo empírico. No caso deste estudo, os dados obtidos com a colaboração dos alunos assim se configuraram como elementos conceituais coesivos. Refiro-me a categorias desenvolvidas na interação com o campo, as quais direcionaram todo o processo de imersão na realidade investigada. Disso resultou o detalhamento da participação dos alunos na escola, como também o apontamento de referentes culturais do lugar.

Movida por essa compreensão sobre pesquisa participativa, durante o trabalho de campo me comuniquei cada vez mais com as crianças e, inevitavelmente me deparei com as questões por elas colocadas, ao realizarem o trabalho de aluno e em contato com a diversidade do ser criança.

Por entre as frestas da forma escolar dominante e conforme a colaboração das crianças na pesquisa, questões metodológicas imbricadas em decisões éticas vieram à tona. Questões relacionadas à participação infantil, reconhecida a condição de vida e de autoria dos participantes.

Kramer, Sonia (2002, p. 42), experiente na abordagem participante com crianças, refere-se aos desafios do campo. Em artigo intitulado "Autoria e autorização: questões éticas na pesquisa com crianças", a pesquisadora diz:

> Quando trabalhamos com um referencial teórico que concebe a infância como categoria social e entende as crianças como cidadãos, sujeitos da história, pessoas que produzem cultura, a ideia central é a de que as crianças são autoras, mas sabemos que precisam de cuidado e atenção. Elas gostam de aparecer, de ser reconhecidas, mas é correto expô-las? Queremos que a pesquisa dê retorno para a intervenção, porém isso pode ter consequências e colocar as crianças em risco. Outras vezes, elas já estão em risco e não denunciar as instituições ou os profissionais pelo sofrimento imposto

às crianças nos torna cúmplices! Nesse sentido, as respostas ou decisões do pesquisador podem não ser tão fáceis como pareceria à primeira vista.

Passei a ponderar, com muito rigor e seriedade, os eventos inesperados provenientes de um campo investigado, justamente aqueles que talvez permitissem maior riqueza cultural à observação e que ofereceriam níveis de interação pesquisador/pesquisados substanciais à construção almejada. Com essa preocupação, o trabalho de campo seguiu uma série de procedimentos relativos aos cuidados éticos do estudo, particularmente no que diz respeito a autorização de uso das imagens, livre adesão das crianças e mediante ciência de seus responsáveis, e preservação do anonimato.

4.5 Composição metodológica

Decorrente dos desafios da abordagem participante, o aporte teórico-metodológico manejado tratou de elucidar, como prioridade na produção de dados, a relação entre os pesquisados e os processos educacionais. A pesquisa utilizou-se do diário de campo como instrumento de registro dos eventos escolares levantados. Com ele, a observação adentrou a dinâmica cultural da escola.

O diário foi complementado com outros instrumentos: registro fotográfico das crianças, entrevistas e relatos orais concedidos por alunos, acompanhamento das rotas do transporte escolar, questionário de avaliação das iniciativas de mais tempo de escola preenchido por alunos.

Essa sistemática se deu em relação com os objetivos da pesquisa, e em sintonia com a pergunta: como as crianças participam da construção da experiência de mais tempo da escola em que estudam?

Pondo em questão a necessidade de o aluno falar por si mesmo, a investigação promoveu a interlocução e a aproximação com uma criança inserida em processos culturais produzidos nas relações sociais. Os referentes do lugar se tornariam parte das dinâmicas pedagógicas observadas e se constituíram em parâmetro para a compreensão do trabalho de aluno no contexto investigado, conferindo certo ineditismo à problematização da experiência de educação integral, conforme os arranjos pedagógicos da própria escola.

O trabalho de campo desenvolveu-se durante quatro semestres letivos, até o fim de 2015. O itinerário da pesquisa deu-se segundo quatro fases: 1ª) entrada em campo; 2ª) exploratória; 3ª) produção de dados; 4ª) detalhamento da experiência de mais tempo.

Na condução desse itinerário, os objetivos investigativos foram ajustados às dinâmicas escolares apreendidas, segundo cinco estratégias metodológicas: 1ª) observação da dinâmica de trabalho em cada uma das turmas; 2ª) registro fotográfico produzido de forma colaborativa pelos alunos; 3ª) acompanhamento das rotas do transporte escolar; 4ª) observação da experiência de mais tempo de escola; 5ª) atribuição de notas numéricas pelos alunos para a experiência de mais tempo.

Cruzando os objetivos específicos da pesquisa com essas cinco estratégias metodológicas, no suceder das fases da pesquisa, consegui uma produção de dados diversificada e consistente.

Assim, reuni um conjunto de seis eventos, episódios e descrições disponibilizados à reconstrução da realidade educacional investigada. Foram eles: 1. conselhos de escola; 2. episódios das salas de aula; 3. entrevista com alunos do quinto e do primeiro ano; 4. potenciais temas geradores do conhecimento escolar; 5. relatos de diferenças e semelhanças entre os alunos; 6. o ônibus como componente do processo educativo.

O conteúdo dessa seleção de eventos foi analisado segundo a triangulação entre os dados que emergem da escola, das participações dos alunos e dos referentes culturais do lugar na ótica das crianças, e assim compuseram a reconstrução da realidade educacional da Capoeira.

A seguir especifico o desenrolar dessa base de dados conforme as fases da pesquisa.

4.5.1 Fases da entrada na escola e da exploração do campo

Minha primeira aproximação foi com o corpo docente e com os monitores recrutados para o PME. Receptiva, a direção e a equipe pedagógica oportunizaram-me participar de situações de planejamento coletivo, entre os quais o Conselho de Classe com as professoras e o Conselho Participativo com os alunos.

Com base nesses dois eventos, identifiquei aspectos relacionados à prática do planejamento docente. Na ocasião, foi possível registrar questões verbalizadas pelos alunos, tornadas as primeiras bases de dados empíricos.

De um lado, o Conselho de Classe havia apontado para a necessidade de as docentes reverem a forma como se dava o registro e condução das aulas, numa orientação de ruptura com uma tradição burocrática de formulação dos planos de aula. De outro, as falas dos alunos expressavam o desejo de mais tempo e espaços dedicados ao movimento corporal.

Valendo-me desses indícios, inicialmente apostei na possibilidade de convidar as docentes como colaboradoras da pesquisa. Solicitei oportunidade de interlocução com a equipe escolar e os monitores da primeira fase do PME. O coletivo docente concordou em participar da produção de dados.

Na ocasião, debatemos sobre a possibilidade de conexões entre os conteúdos curriculares, as metodologias das áreas do conhecimento ministradas e os interesses manifestos pelos alunos. Para isso, seriam utilizados como instrumentos o planejamento, a observação, o registro e a avaliação. Quanto ao PME, a ideia era investigá-lo na interlocução com o trabalho escolar em andamento, tornando a proposta pedagógica da escola fonte de conhecimento e de sistematização para o trabalho que seria iniciado após o recesso escolar de 2014.

Para subsidiar essa estratégia, solicitei que as docentes registrassem suas práticas. Mostrei a elas outras produções didático-metodológicas a título de ilustrar algumas possibilidades: quadros de planejamento; cadernos didáticos; livros de literatura infantojuvenil; proposta metodológica do município para as áreas do conhecimento curricularizado; os cadernos pedagógicos do PME; relatos de professoras de outras realidades. Não se tratava, porém, de modelos, pois cada professora colaboradora foi convidada a organizar o registro de sua prática em estilo livre.

A ideia era acompanhar o movimento de organização do trabalho pedagógico da escola como um todo e, ao mesmo tempo, conhecer os alunos. As docentes e monitoras do PME seriam observadas em suas atuações nas salas de aula e seriam entrevistadas nos momentos de planejamento individual ou coletivo propiciados pela escola. A produção escolar seria compilada e catalogada, e, nessa sistemática, os alunos seriam reconhecidos por meio de suas produções escolares, além de observados nas situações cotidianas, especialmente aquelas planejadas e praticadas nas dinâmicas da escola, incluindo-se aí as atividades do PME.

Diretora e pedagoga ponderaram que essa participação na pesquisa poderia ajudar na integração do PME à proposta pedagógica da escola. Sendo assim, ficou combinado que o trabalho seria iniciado após o retorno do recesso de julho de 2014. Mas, na primeira reunião de retorno às aulas, uma série de exigências para o cumprimento de normativas solicitadas pela mantenedora, somadas ao acúmulo de demandas relacionadas ao uso do laboratório de informática (na ocasião em razão da aquisição de material didático informatizado, destinado ao desenvolvimento das aulas de Ciências), fez com que o anteriormente acordado caísse em desuso.

Foi preciso então novamente reorientar a produção de dados. Como a prioridade era alcançar o aluno participante da experiência escolar, repensei o itinerário da pesquisa, reportando-me diretamente aos alunos.

Decorrente dessa reorientação, adequei minha posição de pesquisadora na escola, optando por um tempo maior de observação das rotinas escolares, inicialmente sem interagir com os sujeitos. O intuito era encontrar formas de imersão no contexto sem chamar atenção dos alunos e das profissionais. A observação da primeira etapa do PME deu-se nessas circunstâncias.

Considerei essa mudança de posição da escola um dado de campo, uma vez que, após o retorno do semestre, as dinâmicas sinalizavam outras frentes do trabalho pedagógico, acomodadas a ritmos, circunstâncias e ordenamentos inerentes à cultura da escola, bem como aos prazos burocráticos demandados pela mantenedora. A mudança de rumos, em relação ao compromisso de colaboração anteriormente assumido, era em si um indício dos efeitos da lógica de controle do trabalho na escola, incluindo-se aí os conflitos, os anseios e os encaminhamentos metodológicos decorrentes. Somado a isso, talvez o receio das docentes de expor suas práticas pedagógicas.

Nesse momento, ficaram nítidos os efeitos de tal posicionamento no modo como o PME era recebido pelo coletivo escolar. Foi acomodado segundo os ordenamentos já conhecidos da escola. A preparação dos monitores, que inicialmente almejou a integração com o coletivo docente e como parte do movimento de ressignificação do planejamento burocratizado, foi aos poucos secundarizada perante os ritmos e as prioridades dos processos educativos em curso. Na condição de Projeto de Contraturno, o PME confirmou, nessa escola, sua não centralidade enquanto indutor de mudanças paradigmáticas no ensino convencional.

Considerei sensato não insistir com as docentes quanto à proposta de pesquisa colaborativa. Na retomada, exercitei a escrita paciente do diário de campo, em atendimento à seguinte recomendação: "Quem quiser lançar-se a escrever uma obra de fôlego, instale-se comodamente e conceda a si próprio ao fim de cada dia de trabalho tudo aquilo que não prejudique a sua continuação" (BENJAMIN, 2013, p. 27).

A técnica de escrita diária favoreceu a recondução das observações. Tais observações seriam adensadas no ano seguinte, quando receberiam o reforço de outras estratégias colaborativas sugeridas às crianças. A produção de dados passou a priorizar os alunos, mas, secundariamente, a equipe pedagógico-diretiva, professoras e monitoras do PME, as quais disponibilizaram documentos escolares e permitiram minha entrada nas salas de aula. Desse modo, tive acesso às fichas individuais dos alunos, aos planos de aula, aos relatos docentes, às fotografias e aos audiovisuais da escola.

Durante os dois anos letivos em que ocorreu a observação do trabalho escolar, a pesquisa aproximou-se dos seguintes atores: cerca de 100 alunos; 12 profissionais da escola (diretora, pedagoga, servente, cozinheira, professoras e secretário); nove monitores recrutados pelo PME (professora aposentada, capoeirista, ex-aluna, mãe de aluno, coralista e professora indicada por uma docente, moradora da região, sobrinha e nora da diretora); dois profissionais da assistência social do município, as quais desenvolveram Projeto de Contraturno após o término do PME. Neste conjunto, as crianças tornaram-se as principais colaboradoras e o foco da observação.

4.5.2 Fase da produção de dados

Tornada a principal fonte de dados da pesquisa, a participação dos alunos mostrou-se fulcral na recondução do percurso teórico-metodológico. Interessava, cada vez mais, que eles se manifestassem sobre a experiência de educação integral da escola em que estudavam. Essa orientação foi confirmada e desenvolvida durante todo o ano letivo de 2015, quando obtive êxito em identificar uma gama de eventos posteriormente levados à análise.

Compreendidos como sujeitos de autoria, nos termos de Benjamin (2013, p. 16), a participação dos alunos esteve aberta a crianças socialmente ativas e de um modo próprio.

> As crianças gostam muito particularmente de procurar aqueles lugares de trabalho onde visivelmente se manipulam as coisas. Sentem-se irresistivelmente atraídas pelos desperdícios que ficam do trabalho da construção, da jardinagem ou das tarefas domésticas, da costura ou na marcenaria. Nesses desperdícios reconhecem o rosto que o mundo das coisas volta exatamente para elas, precisamente e apenas para elas.

Os referentes culturais do lugar trouxeram a compreensão dos alunos como sujeitos plurais. Contrastando tais referentes à participação deles no cotidiano escolar, pude dimensionar suas práticas culturais, além de entender o que valorizavam e rejeitavam na escola e como se relacionavam com ela.

Reconhecidos como crianças, os alunos foram receptivos e problematizaram abertamente a experiência educativa de mais tempo. Também se dispuseram a mostrar a riqueza cultural do lugar onde viviam, fazendo uso de fotografias e relatos orais. Os conteúdos disponibilizados constituíram-se em parâmetros para que a pesquisa relativizasse o alcance da escola na vida deles, ao mesmo tempo que as imagens e os depoimentos deram conta de mostrar o valor afetivo da escola segundo o que elas mesmas diziam e apesar dos percalços e conflitos.

Nessa fase do trabalho de campo, o itinerário da pesquisa passou a considerar fortemente o ponto de vista infantil, à maneira de Dubet (1997), para saber o que é ser um aluno que participa de uma experiência de mais tempo na escola.

Com essa motivação, investi em estratégias de diálogo e observação das crianças. Dialogamos sobre a experiência de educação em tempo integral. Direcionei aos alunos o convite à colaboração na produção de dados da pesquisa. Além disso, passei a acompanhar eventos e publicações[69] relacionados à pesquisa participante com crianças.

Quando do início do trabalho de registro fotográfico, considerei necessária uma série de procedimentos documentais, em observância a questões éticas relacionadas à participação das crianças na produção de dados. Esmiuçados os aspectos éticos[70], prossegui no trabalho de campo e sistematizei os achados da pesquisa.

Dei início à observação das dinâmicas do trabalho, com o acompanhamento de cada turma durante uma semana. O grupo era observado nos momentos de interação ocorridos durante aula, lanche, recreio e outras circunstâncias do processo pedagógico, tais como reagrupamentos etários e atividades extraclasse e extramuros. O diário de campo registrou esse acompanhamento pondo atenção em aspectos circunstanciais, variáveis de acordo com as características de cada classe e conforme os acontecimentos da semana de observação.

Dentre os aspectos observados, destaco: o dentro e o fora da sala de aula; o ritmo de trabalho de cada turma; as atividades escolares realizadas; a disposição espacial e a mobilidade durante a condução das aulas; o convívio entre os alunos e os enfrentamentos durante a condução do processo pedagógico; as brincadeiras e práticas corporais nos recreios.

---

[69] Ver: *Corpo infância*: exercícios tensos de ser criança. Por outras pedagogias dos corpos (ARROYO, 2012).

[70] Não havia naquele momento Comitê de Ética voltado à especificidade de pesquisas na área de Humanas, apenas Saúde. Diante disso, optei pela não submissão formal, porém verifiquei e adaptei os formulários disponibilizados e fui à busca de outros, dada a especificidade do meu estudo. Foi o caso da carta de autorização para uso de imagens, inexistente à época, via Comitê da Saúde.

Com esse procedimento, apreendi episódios e circunstâncias que elucidaram as dinâmicas de trabalho da escola. Na composição do diário de campo, em algumas ocasiões, utilizei-me do recurso de fotografar para registrar a sequência do dia e, posteriormente, retomar a escrita em outro local que não a escola. Isso nas circunstâncias em que escrever enquanto observava me tirava a atenção ou mesmo despertava o interesse das crianças em saber o que eu estava anotando. Para amenizar essa situação, optei também, algumas vezes, por gravar minha própria fala, longe dos alunos, para depois descrever o dia em meu caderno.

Na última semana, antes do recesso semestral de 2015, utilizei essas mesmas técnicas audiovisuais para registrar frentes simultâneas do trabalho escolar, uma vez que já havia estado em cada sala de aula pormenorizadamente e, naquele momento, visava a um olhar planador sobre as dinâmicas da escola. Na ocasião, gravei alunos explicando os principais acontecimentos em suas respectivas turmas, enquanto ia circulando pela escola e anotando as atividades em andamento nos diferentes espaços pedagógicos. Nessa mesma semana, realizei o acompanhamento das rotas do transporte escolar e da chegada e saída dos alunos nos turnos matutino e vespertino.

Antes disso, o registro fotográfico dos alunos dava-se após a observação de cada turma. As crianças usavam uma máquina fotográfica disponibilizada por mim. A livre adesão foi registrada mediante carta de autorização enviada aos responsáveis, assinada também por elas. Combinamos um número máximo de até 20 registros por criança.

Por meio das fotografias, criei um momento de entrevista individual, conduzida como uma conversa que consistia em elas falarem sobre as imagens. Reuni um acervo de 872 fotografias. Cada imagem foi legendada; e as falas, transcritas em pequenos relatos orais sobre o cotidiano na localidade. Desse modo, pude classificar as fotografias, e, com esse procedimento, foram fichados 79 relatos. O acervo serviu como fonte de reconhecimento das relações entre a escola, os alunos e o lugar.

A questão da publicação das fotografias foi retomada em novo termo de autorização, com o consentimento dos responsáveis e se de interesse do próprio aluno. As fotografias inseridas neste livro estão entre as autorizadas.

Quando da interpretação dos registros audiovisuais, considerei recomendações metodológicas feitas às pesquisas com o uso de imagens paradas e em movimento (OLIVEIRA, Sandra, 1998; GASKEL, 2002; RODRIGUES,

2007; PENN, Gemma, 2012). Classifiquei as imagens segundo assuntos recorrentes e selecionei algumas representativas das características culturais relatadas, bem como semelhanças e diferenças entre as crianças.

Selecionadas como peças de comunicação, as imagens foram consideradas uma produção cultural das crianças, fonte para o mapeamento de potenciais temas geradores do conhecimento escolar, relacionados à compreensão de uma educação culturalmente integrada.

4.5.3 Fase do detalhamento das iniciativas de mais tempo

A quarta fase da pesquisa correspondeu à sistematização dos dados e das informações relacionadas às seguintes experiências de mais tempo da escola: almoço, ônibus, reforço escolar, Projeto Alfabetização, atividades do PME e o Projeto Indisciplina.

Quanto ao almoço, este era oferecido para os alunos participantes dos Projetos de Contraturno e também para algumas crianças em espera, tendo em vista amenizar o tempo dentro do ônibus. Como o transporte passava duas vezes em frente à escola, os alunos da manhã podiam optar por almoçar enquanto aguardavam a chegada dos alunos do turno vespertino. Por isso, considerei o almoço e o ônibus como componentes da experiência de mais tempo dos alunos.

Na busca dos nexos entre a dinâmica da escola e a experiência de mais tempo, comecei a registrar conflitos surgidos no contraturno. Com isso, priorizei: descrever as características da participação dos alunos na/com/contra a escola; acompanhar o movimento dos grupos seguindo as rotas do transporte; promover momento de avaliação formal de cada uma das iniciativas de mais tempo.

Neste momento, dei início ao acompanhamento das rotas do transporte escolar. Durante cinco dias letivos, percorri com as crianças as duas rotas ofertadas: Mananciais da Serra e Santa Maria. Isso me permitiu conhecer os movimentos de chegada, partida e transição entre os turnos, além de vivenciar o tempo de espera na escola e durante os translados.

As rotas foram consideradas componentes da experiência de mais tempo, pois, até que o dia letivo começasse ou terminasse, um conjunto de outras práticas extraescolares já havia se tornado mais um episódio do cotidiano escolar.

A direção da escola havia relatado o cansaço de alguns alunos e, além disso, afirmado que o tempo do ônibus dificultava adequações de horário, requeridas quando do planejamento e execução do PME. Mas, a partir do momento em que percorri as rotas, os informes ganharam novas conotações. Passei a indagar sobre as questões relativas à mobilidade espacial e o acesso aos equipamentos públicos como facilitadores ou limitadores de uma proposta de educação integral. Questionei se uma mobilidade limitada não contribuiria para práticas educativas de confinamento, uma vez que não haveria suporte para diversificar o ensino para além da escola e da localidade. Nesse sentido, concordei com o argumento da escola de que o atendimento em tempo integral, condicionado ao horário fixo do transporte ofertado pela mantenedora, sujeitava os alunos a turnos exaustivos, principalmente os menores.

Nesse contexto, a mobilidade surgiu como questão importante na pesquisa, pois a escola encontrava dificuldade para planejar atividades extramuros ou mesmo adaptar a demanda dela aos horários de chegada e saída, visto que o ônibus servia quase que exclusivamente para o trajeto casas-escola e no período estipulado pela prefeitura. O acompanhamento das rotas confirmou essas suspeitas. Somente em casos esporádicos o ônibus era utilizado para passeios mais distantes. Por outro lado, poucas vezes a escola fez uso do artifício de levar os alunos para atividades locais a pé mesmo.

No dia a dia dentro do ônibus, confirmei o cansaço como um limitador evidente, especialmente para aqueles alunos que chegavam mais cedo e eram os últimos deixados em casa. Mas havia também animação, durante os trajetos e nas situações de chegada e partida da escola. Percebi que o ônibus se convertia em componente educativo considerável. Era um espaço de encontros, brincadeiras, comentários sobre o que havia acontecido na escola, cantoria, além de servir como meio para situá-los geograficamente em relação à escola e ao lugar onde viviam. Nesse aspecto, constituiu-me em tempo e espaço do processo educativo, permeando a escola, os alunos e a localidade.

Durante a rota do transporte, assuntos sobre fatos ocorridos (eventualmente mal resolvidos) na escola ou na vizinhança eram retomados. Os alunos, embora permanecessem em seus lugares, conversavam descontraidamente entre si e com os adultos. Alguns preferiam observar os colegas ou olhar a paisagem pela janela. Acenavam para os que iam descendo e contavam histórias do dia anterior ou do que pretendiam fazer no tempo em que estariam em casa. À medida em que iam descendo e subindo, o burburinho aumentava ou diminuía. Pela manhã a sonolência prevalecia, e ao fim do dia o esgotamento era maior. O vivido entre a casa e a escola tornava-se familiar e muito próprio daquele grupo, daquela escola e daquele lugar.

No que se refere à estratégia de observar as iniciativas de mais tempo da escola, consultei as listas de convocação para as atividades no contraturno para saber quem eram os alunos participantes de cada iniciativa, se as ofertas eram para as mesmas crianças ou se havia grupamentos distintos.

As ofertas priorizadas pela escola eram o Projeto de Alfabetização e o Reforço. Ocorriam duas vezes na semana, e os alunos convocados nem sempre eram os mesmos, de modo que às vezes o acompanhamento era direcionado à alfabetização e outras vezes não. No Reforço, a mediação pedagógica priorizou a Língua Portuguesa, ofertada para os alunos do Ciclo da Alfabetização. Para as turmas de quarto e quinto ano, a Matemática foi incentivada. A convocação era feita após o Conselho de Classe, quando o coletivo docente identificava quais alunos deveriam ser atendidos, referindo-se a eles como "casos relevantes".

O PME foi a iniciativa de mais tempo, da qual participaram 90 alunos, entre 2015 e 2016, turmas de 45 em cada ano. Destes, 15 estiveram presentes nas duas etapas realizadas e 3 mudaram de escola. O número de participação foi significativo, considerando que o total de matrículas por ano na escola era de 80.

Embora o programa tenha alcançado alunos considerados em dificuldade de aprendizagem ou identificados como em situação de risco social, a adesão deu-se por livre consentimento deles e mediante a ciência de suas respectivas famílias. Desse modo, foram preenchidas as vagas, projetadas em razão da ociosidade dos espaços escolares e com a colaboração dos monitores recrutados.

Quanto ao projeto denominado Indisciplina, sua oferta deu-se em 2016, após o término do PME. Foi conduzido para um grupo de dez alunos, uma vez na semana e por aproximadamente três meses. As mediadoras eram assistentes sociais do município e, diferentemente da escola, referiram-se ao mesmo projeto como Convivência. Nas reuniões do Conselho de Classe, a escola definiu os critérios utilizados na seleção dos participantes: a) de ordem comportamental; b) defasagem na aprendizagem; c) vulnerabilidade social (conforme rastreado pela Rede de Proteção da Infância atuante no município). A aceitação dos alunos a esse encaminhamento se deu com crescente receptividade, mas não sem conflitos.

Por fim, os alunos deram notas para as ofertas frequentadas e expuseram seus pontos de vista sobre a necessidade ou não de passar mais tempo na escola. Eles disseram se haviam gostado de participar e o que mudariam.

Além disso, a observação já havia me permitido recolher falas espontâneas que surgiram enquanto o processo pedagógico era conduzido. A noção de experiência, a qual havia se tornado categoria analítica imprescindível à leitura dos dados levantados, acenava para os tempos necessários para que o processo pedagógico se mostrasse de uma melhor maneira.

Para esse momento avaliativo da experiência de mais tempo de escola, disponibilizei uma mandala em dez círculos, fatiada de acordo com as iniciativas de mais tempo frequentadas entre 2014 e 2015. Numa escala de 0 a 10, os alunos coloriam suas mandalas, de modo que cada uma das iniciativas de mais tempo pôde ser convertida em uma nota numérica. Para finalizar, apliquei um questionário de quatro perguntas sobre educação integral, e as respostas foram anotadas, depois tipificadas e analisadas.

Assim, cheguei à etapa de finalização do trabalho de campo, reunindo uma produção consistente, especialmente quanto à descrição de conflitos e acomodações do processo pedagógico.

PARTE III

RECONSTRUÇÃO DA REALIDADE EDUCACIONAL DA CAPOEIRA

Atenção aos degraus![71]
(Walter Benjamin)

O trabalho apresentado nesta última parte do livro resultou do tecer a explicação da pesquisa segundo movimento de reconstrução da realidade educacional investigada, pondo em discussão dimensões do integral nos processos escolares capturados.

Em torno da pergunta "Como as crianças participaram da experiência de mais tempo?", estabeleci minha linha de interpretação, tramada na triangulação: a escola, os alunos, o lugar. Priorizei os ajustamentos sobre as iniciativas de mais tempo em relação às sistemáticas pedagógicas preexistentes, tendo em vista os conflitos e os consensos produzidos no cotidiano da escola.

Da construção dos processos formativos levados à reflexão, participaram professores, alunos, pedagoga, funcionários, assistentes sociais, familiares, voluntários e monitores do PME. Contudo a ação cultural dos alunos foi o mote.

Os capítulos subsequentes dão conta dessa descrição (de uma pequena parte do que eu vi), para a qual a experiência de mais tempo não esteve alheia às dinâmicas culturais daquela escola, pois foi produzida com as características do contexto e segundo a participação plural dos atores sociais implicados. Crianças e adultos fizeram uso das lógicas sociais disponíveis e circulantes entre escola e localidade, pelo que foram identificados os arranjos e os acordos próprios do contexto.

Selecionei eventos, episódios e falas significativas. Estes se tornaram elementos conceituais coesivos, descritores da educação na região da escola da Capoeira, segundo a mencionada triangulação.

Começo com o capítulo da escola, no intuito de explicitá-la em sua dominância e suas transformações. Para isso, reuni os seguintes eventos: Conselhos Escolar e Participativo; Episódios das Salas de Aula; As Duas Etapas do PME; e o Acompanhamento Pedagógico do Aluno Raimundo[72]. A prioridade foi mostrar as regularidades escolares por meio das quais o trabalho discente se desenvolveu.

---

[71] Diz o autor, "o trabalho numa prosa de boa qualidade tem três níveis: um musical, o da sua composição, um arquitetônico, o da sua construção, e por fim um têxtil, o da sua tecelagem" (BENJAMIN, 2013, p. 24).

[72] Os nomes inseridos desde aqui são todos fictícios.

Em seguida, trago o detalhamento da ação discente. Para isso elenquei: duas entrevistas espontaneamente consentidas; episódios do "O Projeto é Indisciplina ou Convivência?"[73], realizado após o término do PME; e as mandalas de avaliação das iniciativas de mais tempo, acompanhadas do registro das falas dos respondentes.

Com esses dados, vou às dominâncias escolares em novos episódios cotidianos, capturados em atos de resistência ou como atitudes de preconceito, aberto e velado, manifesto entre os atores sociais. O trabalho discente reportado à cultura da escola foi assim problematizado tendo em conta os deslocamentos de alunos por entre as lógicas conformadoras dos ordenamentos pedagógicos instituídos.

Encerro com a descrição do lugar, com base nos referentes culturais apontados pelas próprias crianças convidadas a falar sobre o dia a dia na Capoeira por meio de suas fotografias. Mesmo pouco influentes nas regularidades escolares constatadas, os referentes levantados foram considerados achados da pesquisa, potenciais temas geradores, disponíveis a uma educação culturalmente integrada e em ruptura com a dominância das práticas de urgência, incidentes sobre a relação dos alunos para com sua escola.

---

[73] A ambivalência registrada no título do projeto será mais adiante explicada.

5

A ESCOLA[74]

Este capítulo descreve a escola da Capoeira, concentrando-se nas regularidades do ensino, com/contra as quais se expressaram conformações e enfrentamentos de diferentes atores sociais. Particularmente os alunos em face da lógica da eficácia pedagógica.

Os conflitos observados gravitaram em torno das tentativas da escola de conciliar, sem sucesso, a urgência exigida pelas sistemáticas de controle do trabalho pedagógico, com a expectativa de uma experiência formativa abrangente, culturalmente diversificada. Observando de perto as inconstâncias entre as finalidades educativas, anunciadas nos projetos conduzidos, e os conflitos capturados dos processos escolares conduzidos, localizei ações destoantes em relação aos ordenamentos instituídos.

Adentrando as dinâmicas das salas de aula, aprofundei a crítica ao artificialismo das práticas educativas e à rigidez do ensino convencional. Para isso, tomei por base episódios do cotidiano por meio dos quais os alunos foram apreendendo as normas escolares e, fazendo uso dessa compreensão, passaram a atuar e a interferir nos processos educacionais no sentido de confrontá-los.

Desde as minhas primeiras observações, a burocracia de controle surgiu como peça indutora de confrontos. Dispositivo ao mesmo tempo assimilado e renegado nas interações sociais quando da execução do processo pedagógico.

Um exemplo foi o empenho da equipe pedagógico-administrativa por melhorar resultados da aprendizagem escolar dos alunos do quinto ano, no encerramento do semestre letivo de 2015, quando foram aplicados testes simulados de Língua Portuguesa e Matemática no intuito de prepará-los para o exame oficial Prova Brasil, do governo federal, previsto para

---

[74] Neste capítulo as expressões em itálico constam nas anotações da pesquisadora: informações verbais, falas significativas de situações observadas, transcrição de atividades escolares em cartazes e quadro de giz. Os sujeitos não estarão sempre nomeados porque a intenção é evidenciar as dinâmicas interpessoais, os ritmos do cotidiano a imprimir algo próprio de um coletivo, mais do que a posição individual (BAIERSDORF, Márcia, Diário de Campo. 2014-2015).

o semestre seguinte. A orientação foi reafirmada durante o Conselho de Classe; na ocasião, os resultados obtidos com avaliações externas foram explanados e debatidos, tendo em vista repactuar com o coletivo docente as metas para a melhoria do desempenho dos alunos.

Diante dos sistemas avaliativos da e na escola, os prazos formalmente previstos no calendário letivo ditavam ritmos para a condução dos processos escolares, e, decorrente dessa regularidade, no cotidiano havia todo um ritual de supervisão do trabalho docente, intensificado a cada fechamento de ciclo (bimestral).

O acompanhamento das docentes era marcado pela permanente tensão entre o prescrito pela mantenedora e pela equipe pedagógico-diretiva da escola e a experiência formativa real, nas classes. As reuniões intituladas Pré-Conselho de Classe concentraram essa tensão, particularmente nos momentos em que as docentes produziam seus relatórios de encerramento do segundo bimestre.

Nesses períodos, a pedagoga intensificava a supervisão dos cadernos dos alunos, reunia-se individualmente com cada docente e verificava a leitura dos alfabetizandos. A diretora, por sua vez, usou esse tempo para aplicar os referidos simulados e, também, para realizar o Conselho Participativo em cada turma.

No caso do Conselho Participativo, este era afirmado como componente da gestão democrática das escolas municipais de Piraquara[75], desse modo identificado como resultante de processos de formulação curricular anteriores, repercutidos nas escolas brasileiras após a redemocratização do país. Usando desse discurso, a finalidade da escola refere-se ao reconhecimento dos direitos sociais, incluindo o acesso ao conhecimento escolar. Em menção à proposta pedagógico-curricular municipal, sua realização baseava-se na defesa de uma educação para a transformação social e para emancipação dos cidadãos. Porém, na prática funcionou mais como uma assembleia consultiva, conduzida por adultos, não chegando a se converter em proposta de progressiva organização política do coletivo discente.

Não foi possível, por meio do Conselho Participativo, apreender a interferência direta dos alunos nas tomadas de decisões colegiadas, ou mesmo tomá-lo como uma prática recorrente de incentivo ao desenvolvimento da

---

[75] Na rede municipal, a orientação pedagógica para as áreas do conhecimento fundamentava-se na Pedagogia Histórico-Crítica (SAVIANI, 1991), corrente pedagógica difundida no Brasil desde o período de redemocratização, a partir da Constituição federal de 1988.

autonomia intelectual e da mobilização política dos estudantes. Na regra, as reuniões ocorriam nos entremeios do calendário escolar, servindo para preencher o tempo destinado ao fechamento dos ciclos avaliativos.

Nesses intervalos, as classes vivenciavam a transição entre os bimestres com menos urgência, pois não havia matéria nova a ser vencida. Para os alunos, isso repercutia em oportunidades de participar de experiências tidas como diferenciadas, quando comparadas ao comumente realizado. Nessa dinâmica, além do Conselho Participativo, foram concedidas outras atividades, estas descontraídas — jogos recreativos, festas escolares, passeios e experimentos em sala de aula. Nessas oportunidades, as docentes arriscaram a abertura das classes para práticas menos corriqueiras, e, assim, por entre as brechas das dominâncias e regularidades escolares, surgiam algumas interferências no ensino convencional, estas apreciadas pelos alunos.

No transcorrer dos dias, o balanço do trabalho docente, intensificado nos momentos de fechamento dos ciclos de aprendizagem formal, parecia arrefecer, e nessa distensão o trabalho escolar prosseguia. Contudo, o poder supervisor permanecia, e a recepção docente e discente às práticas escolares, nos ritos de calendário, abrangia atos de passividade, mas também contestações e rebeldias.

Com apoio em Dubet (1994, p. 137), entendo ser esse movimento próprio dos processos de socialização. Para o sociólogo, os atores sociais deslocam-se por entre uma pluralidade de sistemas sociais (entre eles a escola), mas não de um modo sempre previsível ou mesmo num único sentido:

> [...] do ponto de vista dos atores, não existe ponto central e, nas discussões banais, as disputas não se esgotam. Alternadamente, os atores adotam todos os pontos de vista, estão tanto mais empenhados nesta circulação quanto a ideia clássica de sociedade se extingue [...] «eles são tudo ao mesmo tempo» e as normas de justiça e de permuta que eles estabelecem entre si aparecem [...] como «arranjos», como produtos das experiências sociais.

De acordo com essa abordagem sociológica, a escola, enquanto instituição, encontrará dificuldade em impor seus dispositivos disciplinares; por exemplo, quando a forma escolar se depara com os comportamentos considerados inadequados, pois muitas vezes os alunos agiam de um modo discordante com o desempenho solicitado nas classes.

Suas participações não correspondiam aos papéis sociais idealizados e prescritos na Proposta Pedagógico-Curricular da escola ou nos Projetos de Contraturno oferecidos. Frequentemente, nos processos de trabalho conduzidos, as insubordinações exacerbavam-se, pela ação dos chamados "casos de indisciplina". Mas também havia tensão em alunos com outros perfis, os "defasados" em suas aprendizagens, os "silenciosos", os "distraídos" ou "irrequietos". Mesmo entre os considerados bons alunos, "interessados", "questionadores" ou "solícitos", havia dissenso em relação à participação esperada na construção da experiência escolar.

Desse modo, o papel de aluno, evocado pela escola, não coincidia com a experiência educativa real, uma vez que nas práticas cotidianas o trabalho dos alunos repercutia posições de inconformidade com os dispositivos difundidos pela escola (que seguia a tradição da escola de massa, historicamente acostumada às sentenças fechadas e modeladas[76]).

Tendo em consideração que os padrões da escola da Capoeira tendiam a reforçar respostas esperadas, típicas do ensino convencional, era previsível que a não percepção da heterogeneidade cultural dos alunos, por parte das sistemáticas de ensino produzidas, tivesse como resultado condutas consideradas distantes de uma perfeita socialização. Particularmente porque, na cultura da escola, a passividade era evocada pelos adultos como balizadora de bons resultados de aprendizagem.

Mesmo aqueles que se aproximavam do perfil de "quieto", "concentrado", "atuante" (desde que respeitadas as situações permitidas pela escola), bem como aqueles alunos reconhecidos pelo bom desempenho nas avaliações, aproximavam-se parcialmente do discurso pedagógico prescrito e aplicado aos atores sociais, docentes e discentes[77].

No discurso da escola, a prática educativa deveria pautar a construção de hábitos de estudar[78] necessários à postura crítica e criativa diante da sociedade, mas, no momento em que as práticas avaliativas eram discutidas, a atuação e produção dos alunos se tornava uma questão comportamental.

---

[76] Refiro-me à sociogênese das formas escolares (VINCENT; LAHIRE; THIN, 2001), a qual levanta traços e origens da educação regular, desde o fim do século XVII, atrelada ao desenvolvimento das cidades. De um modo inédito, a escola passou a ser uma experiência destinada a todas as crianças, incluindo aquelas para as quais a tarefa disciplinar deveria prevalecer sobre os conteúdos ministrados, dado se tratar de uma questão de ordem pública. Logo, os saberes elementares — ler, escrever e contar — eram ministrados como "lições de civilidade".

[77] Consultei a proposta curricular do município, o projeto político-pedagógico da escola e os textos de descrição dos objetivos e encaminhamentos dos Projetos de Contraturno, os quais incluíam a descrição das atividades do PME selecionadas.

[78] Nesse aspecto, identifico traços advindos dos primórdios da escola pública: relação pedagógica definida pela submissão do mestre e seus alunos a um conjunto de regras impessoais, num espaço fechado, silenciado, totalmente ordenado para a realização de deveres, e num tempo regulado, pouco suscetível à aceitação de movimentos imprevistos. Tal empreendimento remonta à escola urbana, propagada segundo modelo de ensino massivo, especializado em conter manifestações espontâneas dos alunos, futuros cidadãos.

Tampouco os ritmos de aprendizagem ou mesmo as interações sociais nas classes e nos recreios se davam como perfeita adequação dos alunos às normas e às hierarquias escolares impostas.

No idealizado como correspondente aos papéis sociais esperados, as classes deveriam ser questionadoras, dever-se-ia saber trabalhar coletiva e individualmente. Os alunos deveriam ser solidários e autores na construção da própria aprendizagem. Entretanto, quando observadas as características dessa participação, os arranjos firmados constituíam-se em mesclas, produzidas de atuações individuais ou coletivas diversas. Ajustamentos, em certa medida, correspondentes aos futuros lugares (simbólicos) ocupados pelos diferentes tipos de alunos/cidadãos na sociedade desigual.

> Así, el sistema escolar no puede ser solamente definido por sus gradaciones, sus jerarquías de éxitos y fracasos; es también el marco y el organizador de las experiencias de los alumnos, "fabrica" diversos tipos de actores y de sujetos que serán llamados a ocupar diversas posiciones sociales. La escuela no es solamente "inigualitaria", produce también diferencias subjetivas considerables, asegura a unos y debilita a otros. Unos se forman en la escuela, otros a pesar o en contra de ella. (MARTUCCELLI; DUBET, 1998, p. 21).

Na escola da Capoeira, as atuações dos alunos abarcaram essa pluralidade de mundos sociais e de desiguais possibilidades de corresponder às expectativas de aprendizagem sobre eles projetadas. Disso decorreram suas diferentes maneiras de atuar, de usufruir ou de contestar as práticas e ofertas oportunizadas. Nem mesmo as lógicas de eficácia lograram serem replicadas hierarquicamente de um modo fixo, como se fossem invariavelmente compatíveis com a posição de autoridade dos indivíduos atuantes na escola, embora as distinções estivessem presentes.

No transcorrer do trabalho pedagógico, as regularidades propostas ou impostas como regras da boa convivência e do necessário desenvolvimento do ensino eram, a todo o momento, reajustadas, na tentativa de alcançar todos os envolvidos na construção da experiência escolar.

Analisando alguns episódios conflituosos, adentrei o movimento de construção/desconstrução desses ajustamentos. Assim procedendo, identifiquei arranjos escolares provisórios, acomodação tênue entre os diferentes atores sociais e destes com o modo como as lógicas do ensino eram incorporadas ou contestadas.

5.1 Conselhos de Classe

Nessas reuniões, o poder de supervisão exercido pela equipe diretivo-pedagógica da escola gerou desconforto entre as professoras, observado na forma como elas se manifestaram quando chamadas a apresentar seus relatórios avaliativos. Para uma delas, vinda da educação infantil e iniciante no ensino fundamental, a sistemática de sentar-se diante da diretora e da pedagoga para falar da aprendizagem de cada um dos seus alunos, oferecendo à consulta o próprio planejamento, os cadernos de Língua Portuguesa e Matemática, entre outros registros do trabalho de sala de aula, foi uma experiência que gerou insegurança pessoal. Exposta em seu modo de ensinar, as dúvidas foram manifestas por meio de nervosismo e de justificativas repetidas diante do poder supervisor.

Suas dificuldades referiam-se a relevantes questões da docência, as quais anotei como se fossem perguntas: "Como e o que observar em relação aos meus alunos?"; "O que priorizar na hora de avaliar?"; "As produções deram pistas sobre progressos e dificuldades nas aprendizagens?"; "Como posso auxiliá-los e em quais situações de aprendizagem?". Vi nas indagações, apreendidas no desconforto dessa professora, que suas inseguranças pessoais sobretudo se referiram aos desafios históricos da docência, relacionados ao domínio e à aprendizagem do ofício de mestre. Bem por isso, convidavam a levar à cena cotidiana o debate acerca do reconhecimento social da profissão, em alusão à formação permanente e às lutas do magistério.

Se convertidas em perguntas como aquelas anotadas por mim ou outras, a dificuldade da docente iria ao encontro do que fora proposto naquele momento pela própria escola: oportunizar o aprofundamento teórico e o estudo coletivo sobre o registro desburocratizado dos planos de aula, uma vez que, no decorrer do ano, estava previsto processo de estudo e revisão do projeto político-pedagógico.

Diante da lógica supervisora, talvez com o tempo ela agisse como outra professora mais experiente e que, na mesma circunstância, assumiu postura diferente. Provocativa, ironizou o sentido de se fazer planejamento. Ela mesma formulou a pergunta *Para que planejar?*, dirigindo-se diretamente à pedagoga e à diretora.

Do mesmo modo, numa concepção de avaliação formativa, poder-se-ia acrescentar à provocação da professora outras perguntas, por exemplo, "Uma ferramenta intelectual da docência ou um instrumento para vigiar o trabalho do professor?", e assim seguir com ela num processo de problematização das práticas escolares em curso.

Porém não foi o que ocorreu nas mediações durante o Conselho. Os relatórios avaliativos requeridos não foram concluídos pela maioria dos professores em tempo hábil, e os "casos em atraso" tiveram que ser retomados após o recesso semestral. No retorno, aquela professora em dificuldade havia deixado a regência da sua turma, após ter sido convidada a lecionar aulas especiais de Ciências e Educação Física para todas as classes. Assim, a possibilidade de recusa a um planejamento limitado ao ato de preencher planilhas e relatórios foi questão vencida sem ser aprofundada, e não por negligência deste ou daquele profissional, mas em razão do transcorrer dos trabalhos, segundo ritos de calendário sobrepostos.

Em minha interpretação, o episódio é típico da lógica da eficácia que atua sobre o trabalho escolar, lamentavelmente fortalecida por políticas educacionais, particularmente à avaliação externa, pela qual a lógica classificatória se impõe às escolas. Por meio desse controle externo, o trabalho pedagógico vai sendo modelado, gradeado em tempos e espaços de execução e repasse de conteúdos verificáveis.

Conformadas ao controle externo, as relações pedagógicas tendem a reforçar sistemas hierarquizados. No caso da escola da Capoeira, havia grande preocupação em corresponder às metas previstas na mensuração de resultados de aprendizagem, a ponto de algumas disciplinas se tornaram prioritárias. Por essa imposição, compreendi por que a professora em dificuldade, no retorno ao semestre, deixou de ser regente para assumir outras matérias. Ou seja, para que não fossem prejudicados, em função de sua pouca experiência, os conteúdos tidos como prioritários, Língua Portuguesa e Matemática.

Pontuo esse episódio para elucidar os dispositivos de controle do trabalho pedagógico, conformadores de uma lógica da ação considerada adequada, tornando-se um sistema de trabalho, tácita e expressamente incorporados nas tradições pedagógicas daquele grupo. Nesse ponto, volto à Apple (1989, p. 162), para quem a escola se define como local de trabalho marcado pela racionalização técnica do conhecimento, o que é típico dos embates, contradições e demandas da sociedade capitalista em seus sucessivos ordenamentos temporais.

> Se esse controle técnico é eficaz, isto é, se os professores realmente respondem sob formas que implicam a aceitação da separação entre planejamento e execução, então podemos esperar resultados que vão além dessa mera separação. Podemos esperar ao nível da prática de sala de aula que se

> tornará mais difícil para os professores obter em conjunto o controle sobre decisões curriculares, por causa de seu isolamento crescente.

Na Capoeira, professoras e alunos vivenciaram tal isolamento pedagógico em suas respectivas classes. Porém, certos eventos se contrapuseram ao poder supervisor, demonstrando que os efeitos dessa dominância não foram completamente replicáveis. Os conflitos em torno das lógicas supervisoras expuseram finalidades educativas disputadas. Não raras vezes, a experiência escolar foi considerada insuficiente, tanto pela docência como pela discência.

Notei que, quando o questionamento à eficácia pedagógica parecia apaziguado em um dado episódio, ressurgia por outros caminhos. Por exemplo, os dilemas advindos das referidas reuniões do Pré-Conselho de Classe ocorridas em 2014. Um ano após o desconforto vivido pela referida professora e o desfecho de ser retirada da regência de uma única turma, a contestação às lógicas supervisoras ressurgiu na fala dos alunos do quinto ano. Ela havia até mesmo mudado de escola, mas as tensões então manifestas ressurgiram em outra circunstância, provocada pelos alunos, astutos em perceber fragilidades, incoerências e limitações do processo pedagógico. Durante aula de Ciências, quando interrogados sobre o que seria fotossíntese, responderam que somente haviam estudado os planetas, ao que um deles completou, em tom de deboche: *Não aprendemos porque a professora vivia no mundo da lua.*

Na banalidade do comentário, chamou atenção o fato de que, passado um tempo, alunos não diretamente envolvidos no conflito se utilizaram dele para tumultuar outro processo pedagógico. Por meio da análise dessa interferência, reflito sobre os arranjos configuradores da cultura da escola. Pondero sobre uma memória das práticas escolares compartilhadas, contestadas e aceitas nesse grupo. Trata-se de uma seleção e um acervo retomados em episódios recentes ou remotos, pois dizem respeito ao modo como essa escola se acostumou a mediar e conduzir seu ensino. Na escola da Capoeira, assim como em outras, há tradições perpetuadas e contestadas, ressurgidas no trabalho dos atores sociais. São memórias e esquecimentos compartilhados, que se tornam marcas culturais de um grupo.

A maior parte das professoras morava na região e, desde o início da carreira, trabalhava naquela escola. Quanto aos antigos alunos, muitos se tornaram irmãos, pais, mães, tios e até avós das atuais gerações lá matriculadas. Observada essa característica cultural, havia vestígios de um vínculo personalista entre a localidade e a escola, retomado em circunstâncias do cotidiano, atreladas aos modos esperados e aceitos.

Com essa pista, contextualizei nuances das regularidades escolares produzidas, particularmente o traço de conservadorismo diante do modo de lidar com situações cotidianas, além das atitudes de aceitação e rejeição de outras intervenções (não tão conhecidas do grupo), fosse por meio de pessoas, fosse mediante programas ou concepções sobre o ensino. Podia ser que esse traço da relação da escola naquela comunidade se refletisse na organização do trabalho pedagógico, como quando professoras novas ingressavam na escola ou da chegada de famílias instaladas há menos tempo nas chácaras da região.

Diante desse traço cultural da Capoeira, volto a reflexão sobre o acervo de memórias partilhadas segundo um saber ensinar daquele grupo, e que, no contexto da escola, incluiu a posição de autoridade ocupada pelos diferentes profissionais. Por meio desse repertório cultural, registrei acúmulos de sucessos e fracassos do ensino, em episódios remotos ou mais atuais.

Note que tal acervo de memórias foi construído segundo ajustes anteriores entre a escola e as pessoas do lugar, como aquelas histórias mais antigas capturadas pelo audiovisual Conhecendo Piraquara, em que meninos e meninas varriam as salas e voltavam após o almoço depois de levar a comida para quem estava na lavoura. São processos formativos, reportados à cultura da escola e consolidados mediante retomadas e esquecimentos. Revelam-se ao observador em gradientes de consciência sobre as experiências-legado do grupo, os quais se mantiveram como marcas do ensino ministrado na Capoeira.

> Muitas vezes um selo há muito tempo fora de circulação, colado num sobrescrito já amarrotado, diz mais a quem se põe a examinar maços de velhas cartas do que dezenas de páginas lidas [...]. As cartas que ficaram muito tempo à espera de serem abertas adquirem algo de brutal; são criaturas deserdadas que forjam em silêncio pérfidos planos de vingança para os seus longos dias de sofrimento. (BENJAMIN, 2013, p. 53).

O mencionado deboche do aluno veio como uma dessas reminiscências que conflagram brutalidades. Assim como no aforisma citado, o gesto revirou um dos guardados escolares, ressurgido num lance fragmentado do cotidiano. Assim compreendido, o alcance da indagação despretensiosa do aluno desnudou a experiência docente, fragilmente confrontada com o autoritarismo das lógicas supervisoras, conduzidas, compartilhadas e aparentemente aceitas.

Além disso, a atitude revelou o coletivo discente como ativo, interferindo em decisões e propostas escolares, apesar das lógicas hierárquicas da escola. Capturando as regularidades produzidas nas relações pedagógicas e utilizando-se das lógicas circulantes na sociedade, o gesto de ironia evidenciou uma das leituras de alunos sobre os sistemas da escola. Mostrou uma percepção sagaz das situações escolares, mesmo aquelas aparentemente alheias à discência. Nesse sentido, o comentário irônico não deixou de ser também uma provocação à autoridade adulta, acintosamente sinalizando que a recepção discente não repousava na aceitação passiva das normas.

Não apenas nesse episódio as condutas e os dizeres dos alunos expressaram visões e interações conflituosas da/com a escola. Críticos ao perceber e jogar com as dominâncias e as contradições apreendidas do contexto, encontraram nestas uma das maneiras de o trabalho discente tomar parte na construção da experiência escolar.

5.2 Conselhos Participativos

O Conselho Participativo de 2014 já havia sinalizado o interesse da maioria dos alunos pela abertura da sala de aula, particularmente manifesto na valorização das atividades corporais. Eles falaram da importância dos momentos de convívio nos recreios, no lanche e nas interações com os adultos.

Os do primeiro ano apontaram condutas docentes desaprovadas, como *chamar a atenção pegando pelo braço*. Verbalizaram gostar do tratamento dispensado pela maioria das professoras. Afirmaram apreciar aulas ao sol, gostar de quando o secretário jogava futebol com os meninos e da participação das professoras batendo corda durante os recreios.

As turmas disseram do que gostavam e do que não gostavam nos lanches, que apreciavam fazer as refeições no pátio coberto e que achavam divertido pular corda, usar a mesa de pebolim, as bolas e os bambolês. O parque ao lado da secretaria era bastante frequentado. As brincadeiras compartilhadas eram correr, bater palmas, jogar futebol, esconder-se e andar em duplas pela escola. Nesses intervalos, as professoras em hora-atividade deslocavam seu horário de lanche e, a pedido da coordenação pedagógica, circulavam e atuavam como cuidadoras no recreio. As relações entre adultos e crianças tornavam-se próximas, por isso eram bem acolhidas, conforme expressavam os alunos.

Numa das reuniões do Conselho Participativo com o segundo ano, um menino insistia em falar. Ergueu o braço para exercer, em tom bem-humorado, seu poder de avaliação: *Sabe, a minha professora, todo mundo pensa que ela é boazinha, mas sabia que no ano passado ela me deixou sem o recreio?*. Os demais participantes partiram em defesa da professora, dizendo quanto ela era disponível e preocupada em fazê-los aprender.

Esse episódio me provocou a indagar se a prática da assembleia não estaria sendo entendida como um momento de delação ou uma espécie de hora da vingança. A diretora era quem conduzia o diálogo, personificando a figura de autoridade maior da hierarquia escolar. Daí os gestos em defesa da professora, para que esta não fosse penalizada. Mas de onde vinha essa compreensão sobre a avaliação?

Tomando à reflexão a fala do citado aluno, vou às lógicas sociais de reconhecimento pessoal e de representação e, assim, ensaio uma explicação para a pergunta. Nesse esforço, resgato a prática do Conselho Participativo como integrante da proposta de gestão democrática das escolas municipais. A assembleia, como proposta de representação direta e a democracia representativa nos diferentes espaços de poder constituídos na sociedade, a influenciar o modo como as participações colegiadas se deram. Situo, assim, dois sistemas sociais sobre os quais se deu a participação política dos alunos nesse episódio do cotidiano escolar. Acrescento a lógica meritocrática e seletiva que permeia simbolicamente as práticas sociais de avaliação e que na escola também estiveram presentes, a ditar ritos e encaminhamentos.

Penso que, com esses dispositivos ao alcance, os alunos ensaiaram suas atuações. Diante dos usos sociais e da circularidade dessas lógicas representativas e meritocráticas na sociedade, o Conselho Participativo investiu-se no âmbito escolar. Era esperado que a participação discente tendesse a replicar práticas de avaliação utilizadas por suas professoras e compartilhadas como peças do jogo democrático. Ao lado disso, ponho em questão a forma de participar e o conteúdo evocado nas demandas infantis.

Reporto-me aos temas e conteúdos sugeridos: alimentação; práticas corporais; brincadeiras e brinquedos, além da importância dada à afetividade nas interações sociais. São demandas substanciais das turmas, porém manifestas à margem das prioridades da escola, ainda que a reivindicação fosse pertinente, pois referia-se à recusa a uma experiência educativa considerada enfadonha.

A participação dos alunos verbalizava o desejo de uma escola aberta à convivência e à ludicidade. Contudo, as intervenções didáticas priorizadas iam noutra direção. Na regra, as decisões pedagógicas apoiavam-se em relações de poder verticalizadas, por meio das quais os ordenamentos pedagógicos prescritos tendiam a se sobrepor às professoras e ainda mais aos discentes. Nessa linha, as hierarquias eram replicadas, indo da supervisão sobre as docentes e destas sobre cada classe. No âmbito das classes, notei que, decorrente dessa dominância, entre o teor das tarefas escolares realizadas e o objetivo pedagógico anunciado, havia inconstância. Numa ponta, as tentativas de aprimoramento teórico-metodológico por parte das professoras comprometidas com o planejamento em ação e o retorno a forma dominante a cada percalço.

Por diversas vezes, elas estiveram em busca de um ensino diversificado. Promoveram práticas como: cartazes nas paredes; espaços da leitura e do brincar nas salas de aula e pátio; reestruturação de textos; desafios lógico-matemáticos; mudança na disposição das carteiras; leitura ao ar livre; soltar pipa[79] no campinho próximo; produzir reportagem para reivindicar obras no estacionamento em frente à escola.

Exemplos de iniciativas em favor do ensinar de forma contextualizada. Reveladoras da prática educativa na sua ambivalência, pois estiveram relacionadas a gradientes de contestação e superação das padronizações do ensino.

Nesse aspecto, apesar das relações hierarquizadas e do artificialismo das práticas convencionais, gestos de interrupção das formas de controle mais fechada ocorreram e foram reconhecidos como significativos pelos alunos. Escapando às recorrências e às dominâncias observadas, tais interrupções se traduziram em práticas de acolhimento, revelando a singularidade de uma escola que impõe sua forma, mas também se expõe e tenta se adequar às demandas do seu público. Por isso não deixou de ser uma escola capaz de experiência, no sentido arguido por Larrosa (2002).

O próprio Conselho Participativo pode ser interpretado, com base nessa ambivalência, como uma dessas tentativas de inovar a sala de aula, pois objetivou acolher interesses e necessidades dos alunos. A prática de

---

[79] O mesmo que raia, papagaio, pandorga. Logomarca utilizada na identificação da escola de tempo integral do Tocantins.

almoçar na escola é outro exemplo. A escola acolheu a sugestão das famílias, na tentativa de amenizar o tempo em que algumas crianças da manhã ficariam dentro do ônibus ao retornar para casa.

Mas o que a escola não fez, sistematicamente, foi acolher e incentivar a construção das pautas dos alunos para além de um momento consultivo, o que poderia contribuir ao aprimoramento político da ação discente, pois estariam envolvidos na tomada de decisões coletivas. Ao contrário, durante reunião do Conselho de Classe, a equipe de profissionais deliberou sem nem sequer mencionar o Conselho Participativo, a prática do lanchar em sala de aula, sob o argumento de evitar confusões entre as classes, isso apesar das sugestões levantadas em assembleia.

Nesse tópico, exemplifico sugestões dos alunos sendo ignoradas, consideradas secundárias em relação às prioridades do ensino convencional. Destaco que demandas não surgem sempre de um modo explícito, por vezes dependem da escuta sensível, da observação e de maior horizontalidade nas relações pedagógicas. Sustento que, diante da dificuldade de escutar, podem ocorrer reações conflituosas insurgentes contra à escola, e em confronto com as sistemáticas de formato disciplinar punitivo.

Ao invés de conter rebeldias, tais imposições podem gerar níveis crescentes de enfrentamentos e de descontentamento. Por exemplo, os efeitos da decisão de promover o lanche nas salas, à revelia da solicitação das turmas por mais momentos de convívio e de expressão corporal. O resultado poderia ser desde pratos virados sobre as mesas por distração e agitação e outros não antevistos. Por quais caminhos essa demanda desconsiderada ressurgiria?

5.3 Episódios das salas de aulas

Minha hipótese era a de, quando a escola deixara em aberto demandas legítimas dos alunos, tratadas como menos relevantes, certas discordâncias e até mesmo segregações ganharam espaço entre os atores sociais, ressurgidas em variadas situações conflituosas nas classes. Nessas situações, para além dos papéis sociais prescritos e assimilados, há um trabalho de aluno sendo gradativamente apreendido.

Desse ponto de vista, cada turma pode ser compreendida como versão e arranjo particular dos processos pedagógicos produzidos no conjunto das regularidades escolares. Isso segundo os ritmos próprios da cultura da escola, tornados familiares a cada classe e, posteriormente, reconfigurados em novos agrupamentos, quando da realização das iniciativas de mais tempo.

5.3.1 Alfabetizandos do primeiro e do segundo ano

Os alunos do primeiro ano eram irrequietos e dispersos. A professora, alguém que falava por eles, uma mediadora que assumia para si a responsabilidade de ensinar e conduzir em boa forma o trabalho discente. Era ela quem explicava a rotina pedagógica almejada, preparando-os bem e de forma lúdica para a continuidade da alfabetização, pois *pelo menos ninguém até agora reclamou sobre como meus alunos chegam ao segundo ano.*

Ela perguntava para a turma: *O que a gente estudou hoje, em Língua Portuguesa, hein?* Alguns alunos respondiam: *O que aconteceu foi que a gente aprendeu as formas geométricas, chegamos à escola* [tenta se lembrar], *daí* [fica reticente], *esqueci.* Uma colega tentou ajudar: *A gente guardou a mochila* [fica pensando], *a professora começou a escrever* [reticente], *depois a gente tentou ler.* [A professora reassumiu a palavra *Chegamos à sala e vimos quem veio e quem faltou, colocamos as fotinhos na árvore da família — papai, mamãe, vovó e vovô — e agora estamos na atividade do Gato de Botas* Continuou: *Depois do recreio vamos estudar Matemática, construiremos formas geométricas tridimensionais usando caixas e outras peças de montar.*

Essa forma escolar de mediar, centrada no adulto, que é quem toma ou dá a palavra, exemplifica relações pedagógicas hierarquizadas. Dominância perpetuada por artifícios didáticos prescritivos. Penso se, sob o pretexto de oferecer um mundo à parte para as crianças, o modelo de socialização escolar não estaria sendo demasiado distante da condição concreta da infância em comunidade.

Quanto a isso, concordo com Benjamin (2002, p. 103), para quem a própria invenção da infância chega a ser aventada como um desses artifícios da sociedade industrial, invenção na qual a Pedagogia Moderna, sob a influência iluminista, fixou raízes, trancafiando a criança no papel de aluno e de futuro cidadão.

> Meditar com pedantismo sobre a produção de objetos – material ilustrado, brinquedos ou livros – que devem servir às crianças é insensato. Desde o Iluminismo isto é uma das mais rançosas especulações dos pedagogos. A sua fixação pela psicologia impede-os de perceber que a Terra está repleta dos mais incomparáveis objetos da atenção e da ação das crianças.

Na escola da Capoeira, identifiquei tipificações didáticas, repetidas ao longo dos anos. Na dinâmica de cada classe, as crianças captavam como ser um bom aluno, isto é, aprendiam o modo esperado de agir e de pensar na escola. Desde a primeira classe de alfabetização, era uma aprendizagem que já transparecia entre os menores, mas não sem estranhamento. Em suas dispersões, mostravam como achavam estranho pensar que uma sala de aula ludicamente ambientada convidasse a um brincar totalmente regulado, segundo a permissão dada pelo adulto para agitar ou aquietar o corpo.

Ainda de acordo com Benjamin (2015, p. 68), é lamentável que a escola moderna tenha se camuflado de ludicidade, sem de fato acolher a perspectiva da criança, como se fosse possível ensinar de um modo apartado dos interesses e formas de interagir em sociedade. Criticando os artifícios docentes, o autor antevê a difusão da forma escolar em outros meios, como a indústria dos brinquedos. Também nessa produção denuncia os limites da comunicação entre a escola e a criança, a pretexto de instruir. Desvela um artifício didático comparável ao lobo em pele de cordeiro:

> Temos uma pilha pequena, uma lâmpada e dois pininhos [...]. Se vocês encaixam o pino, por exemplo, na pergunta "Qual o rio que passa por Roma?" [...] Se a resposta estiver certa a lâmpada acende. É claro que se trata de um brinquedo nada inocente, no qual o professor espertamente se transformou em uma lâmpada. E ainda há outros brinquedos onde a escola se infiltrou e está camuflada.

Oximoro da ação docente? A meu ver, artifício e ambivalência de uma sala de aula que convida ao brincar, em reconhecimento de um ensino pautado na ludicidade, porém continuamente é interditada sob o pretexto de intensificar o formalismo da ação educativa, em alusão às atividades da folha de papel ou ao uso do caderno de linhas.

Saliento que o dilema não provém da incapacidade docente, mas decorre de atuação típica da escola de massa. É próprio da sociedade escriturária e relacionado à mercantilização didática.

Larrosa (2015, p. 7) também se contrapõe a essa dominância. Em incursões literárias, ensaia as provocações de uma Pedagogia Profana, de oposição e de reinvenção das tradições do ensino. Contrariamente à experiência formativa esvaziada de sentido, isto é, saturada de informações, o autor chama atenção para o desperdício de tempo nos processos socializadores:

> [...] para além ou para aquém de saberes disciplinados, de métodos disciplináveis, de recomendações úteis ou de respostas seguras; para além até mesmo de idéias apropriadas ou apropriáveis, talvez seja a hora de tentar trabalhar no campo pedagógico pensando e escrevendo de uma forma que se pretende indisciplinada, insegura e imprópria. O discurso pedagógico dominante, dividido entre a arrogância dos cientistas e a boa consciência dos moralistas, está nos parecendo impronunciável.

A provocação dos referidos autores leva a pensar se a Pedagogia convencional, no afã de socializar a infância, não teria colocado a criança à margem, reduzida à condição de mercado promissor. Acrescento que o enraizamento cultural e sócio-histórico da infância é ignorado, especialmente quando os cenários sociais de exclusão deslocam os artifícios comuns de comercialização para impronunciáveis práticas de exploração infantil. Conforme alerta Galeano (1999), não compreendida como parte de uma tradição comunitária e planetária, a vivência do tempo de criança parece se tornar, nos tempos de hoje, cada vez mais contraditória, não raro cruel.

No campo da educação formal, a socialização da infância vem marcada por excessivo artificialismo e remetida a experiências sociais esvaziadas de sentido humanitário. Na escola da Capoeira, a professora da primeira classe de alfabetização mencionou esse dilema, quando discorreu sobre a complexidade de priorizar a construção de caminhos metodológicos para a experiência lúdica. Em uma reunião entre pares[80], interpretou com entusiasmo uma citação sobre a importância do corpo para a criança. Receptiva, mostrou suas pastas de atividades repletas de registros fotográficos. Associou o referido trecho em estudo (PAULA, Elaine de; FILHO, 2012, p. 185) à necessidade de a escola rever sua forma de alfabetizar:

> É fato que as crianças falam tudo com o corpo [...] Suas dores são dores no corpo; suas frustrações são frustrações no corpo, assim como suas alegrias tomam o corpo todo para "falar" [...] enfrentamos dificuldades em dialogar com as crianças a partir da nossa expressão quase que inteiramente contida na expressão verbal. Dificuldades não apenas por cerceá-las em sua multiplicidade de expressões, mas muito mais porque tais expressões se tornaram um tanto estranhas para nós adultos.

---

[80] Reunião realizada durante a fase exploratória da pesquisa na qual a proposta colaborativa foi apresentada às docentes. Na ocasião, essa professora verbalizou suas ideias e práticas de sala de aula. Comentou citação selecionada para estudo e mostrou agrado pelo poema de Gianni Rodari intitulado "O homem da orelha verde" (TONUCCI, 1997).

Acrescento a expressão verbal da criança quando se submete ao modo padronizado de ensinar, por conseguinte, à forma escriturária da sociedade, generalizada segundo práticas pouco suscetíveis à escuta do outro, dado ser o ensino convencional pautado em poucas perguntas e respostas condicionadas.

Tal como pontua Larrosa (2002, p. 24), é permitida a expressão verbal, desde que respeitadas certas prerrogativas da autoridade adulta, e sempre em busca de um vir a ser. Nisso repousa o ritmo da escola desencontrado da experiência, pois

> [...] cada vez estamos mais tempo na escola [...] mas cada vez temos menos tempo. Esse sujeito da formação permanente e acelerada, da constante atualização, da reciclagem sem fim, é um sujeito que usa o tempo como um valor ou como uma mercadoria, um sujeito que não pode perder tempo, que tem sempre de aproveitar o tempo, que não pode protelar qualquer coisa, que tem de seguir o passo veloz do que se passa, que não pode ficar para trás [...] E na escola o currículo se organiza em pacotes cada vez mais numerosos e cada vez mais curtos. Com isso, também em educação estamos sempre acelerados e nada nos acontece.

No caso da escola da Capoeira, as regularidades observadas nas turmas de primeiro ano reforçavam tal perspectiva instrumental do ensino sobre o ser criança. De onde se compreende a dificuldade da professora em adaptar sua classe ao requerido pelo poder supervisor, especificamente quanto ao seu papel de alfabetizadora: *Agora não é hora de brincar, fique quietinho.*

A escola talvez tenha se artificializado a ponto de sucumbir aos ditames da informação. Acelerada, continua a pautar suas escolhas no incentivo à meritocracia e à competição, pois, ao fim do processo de alfabetização, todos *devem se sair bem na tomada de leitura que a pedagoga vai fazer*[81].

Vale reforçar que a busca por eficácia pedagógica não é prerrogativa apenas dessa escola, uma vez que se refere a expectativas sociais atuais e remotas, que recaíram sobre o ensino e confluíram sobre a condição de aluno. A Pedagogia Moderna repousa nisso, no ensinar as regras da vida segundo tábuas de aprendizagem, por meio das quais certas tradições tendem a ser retomadas a cada geração escolarizada. Há uma forma de escolarizar típica (FORQUIN, 1993), perpetuada por intermédio da transmissão cultural, da qual a escola de massa é herdeira. Corroborando algumas dessas formas herdadas, no cotidiano escolar antigos padrões são reeditados.

---

[81] Retomo que no segundo ano se concentrava a maior taxa de retenção nessa escola.

Seguindo essas linhas de continuidade, prosperam as políticas públicas voltadas à comprovação da eficácia do ensino. Em sintonia com antigos modelos de instrução, um ensino centrado na codificação das funções escolares clássicas perpetua-se — aprender a ler, a contar e a escrever.

Em suas respectivas turmas, as docentes retomavam linhas históricas da Pedagogia e mesclavam concepções do ensino. Por exemplo, o uso de atividades sequenciadas, oferecidas em folhas avulsas, diariamente preenchidas e coladas nos cadernos.

Experientes nessas sistemáticas de registro, os alunos do segundo ano tornaram-se menos reticentes, se comparados aos menores. Assim, em frases curtas, como convém a um ensino regular, Emília contou-me como foi seu dia na escola:

> *Cheguei e fui brincar. Bateu o sinal para ir pra sala. A gente* [82] *e fizemos uma atividade. Era uma atividade de pintar as letras "C" e "S". A "C" de amarelo e o "S" de azul. A professora disse que era pra ler. Bateu o sinal. Eu lanchei e brinquei no parquinho. Escrevemos um texto e você chegou bem na hora. Só que a professora já tinha apagado o quadro.*

Para *escrever o dia*, a rotina consistia em contar quais colegas estavam presentes, mesmo que fossem poucos os momentos em que trabalhariam juntos ou em equipes. Na maioria das vezes, ocupariam lugares demarcados pela própria carteira escolar, individual, preferencialmente em determinada fila. Depois, deveriam preencher várias folhas de atividades, por meio das quais o dia na escola era dividido em antes e depois do recreio. Deveriam fazer as atividades com a esperteza de observar as pistas deixadas nos cartazes espalhados pelas paredes. Em um dia bem trabalhado, era possível preencher umas quatro ou cinco folhas. E, se não desse tempo para isso, os deveres ficavam para ser feitos em casa.

Numa dessas tardes de muitas atividades em folha, ao fim do período um dos alunos perguntou: *Falta muito para o recreio de ir embora?*

Na correção dos deveres[83], era preciso esperar que a professora viesse até a carteira individual ou que chamasse pelo nome. Era permitido sair do lugar para apontar o lápis ou pegar materiais de escrita, disponibilizados

---

[82] A expressão "a gente escreveu o dia", capturada pela criança, parece bastante apropriada para ilustrar o êxito da escola moderna em relação à forma escriturária da sociedade.

[83] O uso das expressões "dever", "atividade" e "trabalho escolar" parece apropriado para mostrar a convergência de diferentes concepções pedagógicas a configurar o trabalho da sala de aula. A mediação de cada professora revelava a confluência entre concepções de ensino-aprendizagem diferentes entre si, desta e de outras épocas.

junto ao quadro de giz, mas não era permitido buscar outra tarefa, como ler um livro ou um gibi, no caso de terminar antes o dever. Ao banheiro, podia-se ir, mas, na dúvida, a recomendação era esperar sentado. Terminado o tempo de fazer a atividade, a professora iniciava a explicação junto ao coletivo discente. Para tanto, utilizava-se de recurso visual e da manipulação de materiais pedagógicos a fim de tornar mais concreto o raciocínio lógico-matemático. Nessa hora, não se podia ir ao banheiro.

Em situações em que isso era permitido, o trabalho de aluno consistia em opinar; por exemplo, quando solicitados pela professora a contar os truques que gostariam de fazer, se tivessem poderes mágicos[84] — *uma sala bem bonita e reformada; o ônibus ali fora para eu poder ir embora; um mundo mais seguro; eu queria que ninguém se machucasse; fazer uma borboleta de brinquedo; crescer logo; ter um cavalo que voa.*

Mas, se não colaborassem, especialmente durante a reescrita, perderiam minutos preciosos do recreio. Se não obedecessem, não adiantaria reclamar ou argumentar, *mas o recreio só tem dez minutinhos*. Restaria apenas lamentar, *agora não vai dar tempo de brincar*, mesmo se nesse dia o lanche tivesse sido feito na sala, sem muito tempo para alongar o corpo ou mudar de ambiente. A alternativa era brincar sem ser notado, como no jogo do sério, ou arriscando bater palmas e coisas assim, mas, se fossem flagrados fazendo isso, seriam os últimos a ser liberados.

5.3.2 Classe de transição

No terceiro ano de escola, o aprendizado do trabalho de aluno intensificou-se. E isso se notava até mesmo pela circunstância de ser a mesma professora a dar aulas à tarde para o segundo ano e pela manhã para o terceiro. Era preciso fechar bem o ciclo da alfabetização. Para isso, solicitava-se muita leitura, reescrita e interpretação de texto. Além disso, era necessário observar a paragrafação e a função de cada gênero textual selecionado. Muitas atividades em folha eram feitas a fim de treinar o contar e o separar as sílabas. Sempre que possível, a professora pediu o auxílio das corregentes, especialmente na tarefa de reescrever individualmente os textos das crianças.

Na Matemática, foi incentivado o domínio da tabuada e a perfeita compreensão do valor posicional dos algarismos, pois até o fim do semestre teriam que chegar ao milhar.

---

[84] Respostas dos alunos à pergunta da professora, após a leitura do livro *Truques*, de Eva Furnari.

Nessa etapa da escolarização, ser aluno implicou um trabalho de extrema concentração e versatilidade. Aquelas exigências e reprimendas experimentadas pelo segundo ano foram intensificadas. Nesse momento, os alunos tinham facilidade de antecipar comportamentos esperados pela escola. Jogavam com as lógicas escolares utilizadas pelas professoras. Sabiam como funcionava a escola em suas entrelinhas e incoerências e nem sempre foram pacíficos em suas atuações, pois frequentemente se envolviam em conflitos entre pares e com os adultos. Percebiam que o trabalho das professoras era, em grande medida, interdependente, especialmente quanto aos tempos programados — aulas regulares, etapas avaliativas e matérias especiais.

A professora regente era exclusiva da turma e ensinava Língua Portuguesa, Matemática, História e Geografia. Duas outras ministravam, uma vez na semana, Ciências e Educação Física, Artes e Letramento Literário. Havia uma professora com laudo médico, disponível para o Reforço Escolar. Por vezes, o revezamento de aulas foi recebido como um tempo de levar mais a sério e outro, de descontração. Nem sempre docentes e discentes concordaram a esse respeito. Houve consenso docente relativo às condutas esperadas, mas também havia diferenças entre as mediadoras, em estilos e concepções de trabalho.

Os alunos compreendiam isso, utilizando-se dessa percepção para desafiar, em atitudes, cada professora, verificando em quais situações viriam reprimendas. Nesses enfrentamentos, as semelhanças e diferenças conformadoras dos ritmos escolares e do estilo de cada docente eram rapidamente assimiladas e, por vezes, contestadas.

O trabalho de alunos foi sendo, assim, aprimorado segundo gradientes de importância depositada sobre o processo pedagógico. Isso aparecia no modo como agiam: dosando o tempo de realização de cada tarefa, perguntando, bagunçando, conversando paralelamente, fazendo provocações uns aos outros, movimentando-se do lugar, disputando materiais, e até mesmo brigando eles interferiram a todo instante nas propostas educativas, em suas respectivas classes.

As chamadas "aulas especiais" oportunizaram algumas variações nos costumes de cada turma, a exemplo do uso do pátio aberto, embora momentos descontraídos também tenham sido conduzidos pela professora regente. Um deles foi fazer em sala um experimento culinário cujo desfecho era escrever a receita. Foram momentos chamados "especiais", justamente porque escaparam ao corriqueiro. Foram mais frequentes nas circunstâncias em que o conteúdo era considerado adiantado ou já concluído, já avaliado, nas etapas de conclusão do bimestre ou em eventos comemorativos.

Mas isso também não foi uma regra, pois alguns encaminhamentos docentes, como as práticas de leitura, estiveram bastante relacionados à metodologia das áreas de ensino ministradas, conforme prescrevia a proposta curricular municipal, e também no exposto pela docente responsável pelo Projeto Letramento Literário, conforme a orientação da prefeitura.

De qualquer modo, as aulas especiais ou os momentos especiais das aulas convencionais eram apreendidos como algo que fugia ao padrão. Essas iniciativas expuseram aspectos do funcionamento interno de cada classe. Despertavam interesses dos alunos, envolvendo-os. Integraram professoras e outros profissionais da escola na realização dessas atividades, especialmente aquelas realizadas no espaço externo. Entretanto, tais práticas foram exceções ao convencional, momentos apreciados e solicitados pelos alunos.

Um deles ocorreu nos últimos 10 minutos da aula de Educação Física, antes da chegada do transporte escolar, quando a turma do terceiro ano seguiu para a quadra de concreto. Os alunos mostraram-se descontraídos e interessados nas instruções sobre jogar vôlei. Não conseguiram jogar juntos por falta de habilidade, que só conquistariam com mais treinos e mais tempo, entretanto disseram que, ao contrário do futebol do recreio, dominado por alguns meninos que têm o direito de jogar sempre, *do vôlei todos puderam participar*.

Outra aula especial de Educação Física foi caminhar até uma chácara próxima para soltar pipas, atividade dominada por alguns e nem tanto por outros. Essa circunstância gerou envolvimento da maioria e uma briga entre dois meninos.

Nas experiências fora da classe, os conflitos expunham-se. Em espaços abertos, o receio dos docentes de perder o controle era maior. As professoras conduziram os trabalhos com o mesmo empenho[85], mas talvez com menos sisudez[86]...

5.3.3 Classe do quarto ano

O trabalho dos alunos do quarto ano deu-se em continuação às dominâncias dos anos anteriores. Prevaleceu a forma escriturária já internalizada nas experiências escolares que se haviam tornado familiares. A professora seguiu o método de tomar a lição, mas nem sempre ofereceu tempo para

---

[85] Exceto duas monitoras do PME que, em aula-passeio, conversavam entre si enquanto outros agentes conduziam os trabalhos.
[86] É Paulo Freire quem argumenta a favor da possibilidade de ser sério sem ser sisudo.

o exercício de pergunta e resposta. Dedicou menos tempo aos temas que despertavam a curiosidade das crianças, manifesta em perguntas sobre como as coisas funcionavam. Por exemplo, a curiosidade de um aluno a respeito do efeito da sombra projetada na parede quando passou em frente ao retroprojetor, durante aula de Ciências.

Na regra, os dispositivos disciplinares foram reforçados em exercícios de memorização e cópia, diariamente repetidos. Sistema efetivado com sucesso, na medida em que o trabalho escolar dos anos anteriores dava pistas de tornar os alunos habilidosos em transcrever e responder no caderno. Tinham aprendido a oferecer a resposta requerida pela forma escolar padronizada.

Nessa sistemática, respondiam a perguntas típicas[87]: *Qual a diferença entre o tempo de vida do cavalo e o do elefante?*; *Sabendo que um século corresponde a cem anos, quantos séculos pode viver uma tartaruga?* A resposta podia ser transcrita do quadro, e a lição, realizada como cópia, pois referia-se menos à pergunta e mais ao mecanismo matemático que reforça a habilidade de cálculo, a qual estava sendo treinada. Os alunos aprendiam, assim, a raciocinar sobre sentenças artificiais, distanciadas de um sentido concreto que indicasse a finalidade da pergunta. As coisas não pareciam fazer muito sentido para aqueles que estavam interessados, de fato, na vida dos cavalos ou dos elefantes.

O desenvolvimento do pensar com autonomia, resultante do exercício de uma dúvida metódica, de uma metodologia de ensino afeita ao perguntar, em ruptura com a aparente neutralidade dos processos de conhecimento, não combinava com tais artifícios, comuns em um ensino padronizado. Nessa circunstância, os alunos aprendiam a recorrer às entrelinhas da sala de aula. Passavam a regular o próprio jeito de atuar a fim de responder apenas ao solicitado, rapidamente e sem grandes esforços. Isso talvez lhes ensinasse mais do que a atividade em si (a pergunta copiada ou o treinar o cálculo para dar a resposta). E talvez repercutisse logo em seguida nos gestos de indisciplina e displicência para com o hábito de estudar e para com os colegas de sala.

Por conta de um desses gestos, Marco Aurélio foi proibido de mostrar seu talento para tocar violão, porque, conforme explicou a docente, ela ficara sabendo que *ele foi inconveniente quando se referiu desrespeitosamente sobre a situação familiar de um colega de classe* durante uma das aulas do contraturno.

---

[87] Digo "típico" no sentido de que a pergunta expressa um artifício didático: segue o modelo pergunta e resposta esperada, reforçador da memorização e da cópia, ignorada a problematização da realidade social.

As lacunas deixadas pelos artifícios utilizados e tipificados causavam estranheza e resistência. De um modo reticente, repercutiram nos processos de subjetivação em curso. Nesse aspecto, não apenas a literatura especializada corroborava a necessária crítica pedagógica ao ensino formalista, mas também (e sobretudo) a forma como se dava a recepção dos alunos.

Cientes da fragilidade e da insuficiência desses procedimentos, os alunos fizeram diferentes usos das sistemáticas da classe. Alguns deles competiam entre si, valorizando a própria capacidade de atender prontamente ao solicitado. Outros preferiam se ocupar com desorganizadas rebeldias ou silenciosas contestações. Por exemplo, utilizar-se de sarcasmo (como no caso do Marco Aurélio, reprimido pela professora quando quis tocar seu violão, ou como no do Igor, que ficava desenhando quietinho) ou ainda, simplesmente, copiar a resposta do colega ao lado, como faziam várias crianças.

Nas rotinas da classe, competiam uns contra os outros. Era preciso ficar atento às dicas deixadas para descobrir antes de todo mundo se *a conta a ser feita é a de mais ou a de menos*. E, caso *fossem pegos*, iriam *ganhar um monte de tarefas para casa*[88]. Nessa altura, os alunos estavam organizados em grupos de afinidade. Percebiam que, de acordo com cada situação, havia uma forma de agir esperada pela escola.

Nas atuações, utilizavam-se dos espaços participativos normalizados pela lógica disciplinar, como o Conselho Participativo, o qual não se tornou um espaço incentivador da organização crítica do coletivo discente. Sem esse empoderamento, as manifestações individuais ou coletivas tenderam a se tornar pouco integradas. Algumas delas foram posteriormente nomeadas pela escola como "casos de indisciplina", ainda que desde a assembleia tenham expressado aberta e cordialmente suas solicitações, não deixando de utilizar dos acordos escolares e dos espaços permitidos pela autoridade adulta para expressar seus pontos de vista.

Em outras circunstâncias, casuais, para fazer valer seus interesses, utilizaram-se da lógica da burla: *Na hora do recreio fomos escondidas à Biblioteca comer balas*. Ou ainda da bajulação: *Professora, me chama*, disse o Aluísio, que era considerado bagunceiro, mas queria ser escolhido como ajudante e anotar quem estava saindo do seu lugar.

---

[88] Tarefas de casa como sentenças, punições para quem não entendeu os sinais. Recado dado pelas lógicas sociais circulantes: quanto mais se sabe, mais se corre risco de retaliações e menos se compartilha o conhecimento?

Nas regularidades compartilhadas, era a professora quem definia o tempo de esperar na carteira pela correção das tarefas no quadro de giz. Era ela quem dizia quem seria chamado para a sua mesa a fim de tirar dúvidas individuais. Essa dinâmica gerou pretextos para circular na sala, o que resultava em uma mesa rodeada de alunos.

Enquanto esperavam, mostravam uns aos outros seus cadernos, desenhos e materiais escolares. Emprestavam dos outros ou lhes negavam lápis de colorir. Conversavam com quem estava próximo ou brincavam de dar barrigada no fundo da sala. Dirigiam-se à professora para provar que sabiam fazer a lição ou que estavam adiantados em copiar do quadro. Sob o pretexto de não terem entendido determinada palavra, demoravam-se um pouco mais na cópia ou aceleravam para disputar quem acertou e quem terminou primeiro a tarefa. Como ficar esperando produzia irritação e agitação, para amenizar tais insatisfações, os "adiantados", enquanto esperavam os "atrasados", recebiam jogos de passatempo, disponibilizados em folhas avulsas.

Alguns alunos eram designados a anotar quem estava conversando. Desse modo, aprendiam a praticar a delação entre pares, embora nem todos os "bagunceiros" tenham ido para a lista, pois havia protecionismo. Delatar podia, mas nada de ajudar quem não estava conseguindo fazer a lição. *Quem tá ajudando aí?*, perguntou a professora. *Eu não estou ajudando ninguém, só estou mostrando minha agenda*, respondeu o Leonardo. *Tá ajudando sim, que eu estou vendo*, disse Igor, que não deixava ninguém ver o seu desenho para não ser plagiado. Enquanto isso, Eliana recusava-se a emprestar seu lápis colorido para a colega, e outras duas alunas insinuavam que o desenhista soltou um pum, deixando-o bravo.

Interessa questionar, nesse episódio anedótico, o ensinamento velado de que o outro é aquele que pode me prejudicar. Os requeridos laços de amizade seriam, assim, incentivados? A convivência nas relações interpessoais dessa classe passaria por esse sistema de méritos e deméritos?

Num outro dia, depois do recreio, outros vestígios desse mesmo problema surgiram em novos gestos individuais e ao encontro da naturalização de lógicas sociais de competição e de exclusão. A coordenadora pedagógica, desafiada por sabotagens contra o patrimônio escolar, reforçou uma conduta punitiva. Ela interrompeu a aula para conversar sobre reclamações de fatos ocorridos durante a aula de Educação Física. *Vamos precisar retomar o Regimento Escolar, que é onde ficamos sabendo de nossos direitos, deveres, sanções e proibições*. Nisso um menino perguntou o que era sanção, ao que outro respondeu: É punição.

Terminada a reprimenda coletiva, dois alunos perguntaram para a professora se iam ter aula lá fora. Diante da negativa, imediatamente, numa tentativa de escapar de perder minutos do recreio, perguntaram: *Posso beber água?*

5.3.4 Classe do quinto ano

Quando os alunos chegaram ao quinto ano, as lógicas de subjetivação haviam sido compreendidas. Havia total entendimento sobre como se dava o trabalho de aluno nessa escola. Nessa etapa da escolarização, as normas instituídas passaram a ser contestadas com os vigores da juventude, a indicar a transição de comportamento na escola e da própria condição de criança. Rebeldia passou a ser uma marca, presente no modo de vestir. Como no caso do Robson, que era repetente e gostava de usar camisetas de bandas de rock, e do Alex, que usava bonés. Enquanto isso, na mesma turma, outros alunos continuaram levando carrinhos de ferro escondidos na mala.

Também ocorreram gestos acintosos, como usar um rolo de papel para simular um cigarro, soprar pedaços de borracha nos amigos usando o tubo da caneta esferográfica ou ainda circular displicentemente pela sala.

Os meninos do quinto ano dominavam a quadra de futebol por serem mais velhos, e decidiam quem jogava ou não. Havia crescentes provocações entre meninos e meninas. Elas os beliscavam e corriam para o banheiro, enquanto eles puxavam o cabelo delas e as espiavam pela janela. Nessas transições, lógicas de segregação intensificavam-se em gestos de preconceito, expressos por meio de práticas excludentes e de competição entre pares.

Ao lado dessa característica da participação discente, havia uma expressão corporal nova, tal como destaca Sarmento (2011) como processos biopsicossociais do desenvolvimento humano, que recaem sobre a condição de aluno.

Nessa travessia (LARROSA, 2015), o trabalho do professor tornava-se especialmente complexo, tanto em relação ao ajustamento entre as novas e velhas atitudes dos alunos quanto em razão das expectativas do processo pedagógico. Isso levando em conta que, no último ano do ensino fundamental (anos iniciais), a lógica de controle e eficácia pedagógica aumentou significativamente.

Diferentes expectativas reclamavam ser acomodadas na classe. Isso ocorria em razão de um conjunto de variáveis e características confluentes nas relações entre os alunos e deles com a escola.

A adesão ao controle disciplinar era, no entanto, bastante combatida pelos alunos. Na classe, algumas dessas demandas foram contrastadas com a necessidade, identificada pela professora, de ensinar auto-organização à turma. Mas eles não estavam acostumados a isso. Para o grupo, era mais fácil adaptar os sistemas escolares apreendidos aos gestos de passividade ou de rebeldia, em vez de orientar a própria ação a uma finalidade comum, pactuada entre pares ou mediada pelo adulto. Uma minoria optou por desafiar abertamente as regras de convívio, enquanto a maioria seguiu cordata. No arranjo da classe, trabalhar em grupo, escrever o que se pensava sobre um assunto foi participação difícil, especialmente porque se exigia, entre outros aspectos, fortalecer a unidade de um grupo em favor de uma coletividade e em respeito às diferenças.

Tornar a sala de aula capaz de incentivar o pensamento crítico e a criatividade, segundo a contextualização dos conteúdos, era uma demanda reconhecida pela professora, ao encontro das características dessa faixa etária, porém segundo uma lógica integradora de difícil realização. Justamente por isso, provocar mudanças nos processos de subjetivação em curso passou a ser uma questão por diversas vezes retomada, pela professora e pela escola.

Suas tentativas eram desafiadas por alunos repetentes, iniciados nos conflitos da adolescência e também estigmatizados pelo fracasso individual, assumido por eles próprios como incapacidade, tal como sugerido na análise de Dubet (1994, p. 18) sobre rebeldias juvenis:

> [...] os atores têm poucas probabilidades de conciliarem os seus interesses intelectuais a seus interesses sociais, sobretudo quando o insucesso não tem outra «causa» perceptível que não seja a sua própria «incapacidade». Por isso observamos explosões escolares sem movimento estudantil [...] nem todas as dimensões da experiência dos alunos se agregam num projeto global e em volta de um «conflito fulcral», temas cuja lembrança se apaga com o declínio da idéia clássica de sociedade.

A proposta de integrá-los, defendida pelo incentivo à autonomia e à auto-organização, foi praticada com insistência pela professora. Porém, não foi bem recebida pelos alunos, mais acostumados a lidar (ironizando-a já havia algum tempo) com a tutela exercida pelas autoridades escolares adultas.

Para a professora, novata naquela escola, era um exercício difícil, pois exigia dela adequação aos padrões escolares vigentes e, ao mesmo tempo, tentativas de inovação. Isso tudo sem deixar de respeitar os próprios limites profissionais, insistentemente postos à prova pela classe. Não podia fugir muito dos sistemas pedagógicos vigentes para não deixar de ser reconhecida como integrante do coletivo docente. Ao mesmo tempo, era preciso se lançar ao risco de reinventar, em variados aspectos, a própria docência.

Por isso a ênfase da professora em revisar processos, orientar a organização dos cadernos, mudar a disposição das carteiras, de modo a facilitar o trabalho em equipes ou ao menos promover o contato visual entre todos. Entretanto, optou pelo retorno à disposição das carteiras escolares em filas quando achou necessário retomar o controle, segundo ela *devido a certos contratempos por conta de rebeldias individuais*.

Empenhada no exercício do seu ofício, a professora buscou textos que permitissem debater temas atuais com os alunos. Buscou relações entre os conteúdos ministrados e a localidade. Realizou entrevistas e almejou produzir reportagem sobre a reivindicação de um estacionamento em frente à escola. Sabendo que era preciso agir de modo sistemático para conquistar o respeito dos alunos, ela arriscou desenvolver seu ensino com base em características da classe. Para tanto, dirigiu-se ao coletivo discente utilizando-se de variadas abordagens:

«Amigáveis»: encaminhar para fora uma aluna que ficou "mocinha" sem que os meninos a percebessem saindo da sala.

«Conselheiras»: quando lembrou, depois de uma briga em que os meninos haviam puxado o cabelo de meninas bisbilhoteiras, que *existe uma lei da ação e da reação a ser considerada quando a questão é tratar bem um ao outro*.

«Sérias»: conversou sobre organizar uma campanha do agasalho para redimir uma fofoca entre as meninas, que incluía um plano de envenenamento.

«Pelo olhar»: simplesmente parando de falar quando interrompida pelo sarcasmo de alguns alunos durante uma explicação.

«Sagaz»: usando de resposta rápida diante de atitudes provocativas; *eu sou uma flor, mas posso mostrar meus espinhos*.

«Emocionais»: dizendo estar muito decepcionada com as grosserias e os danos materiais causados por um grupo de meninos.

«Supervisionadas»: quando da aplicação e posterior correção de avaliações externas com a diretora.

«Corporativas»: quando em resposta às autoridades pedagógicas da escola, insatisfeitas com os casos de indisciplina, propôs que os alunos atuassem como inspetores, uniformizados com jalecos para *cuidar do recreio*.

Mas, mesmo com o empenho em diversificar sua abordagem pedagógica, nem tudo foi recebido sem resistência ou ocorreu como o planejado. Gestos de provocação, rebeldia e de exclusão foram recorrentes, a exemplo das brigas entre um grupo de meninas que combinava deixar essa ou aquela aluna sozinha no recreio. Ou ainda persistentes palavras de agressão vindas dos meninos em relação a elas, tais como trombar nelas por gosto e dizer: *Fiz a menina rolar.*

Tais gestos apareceram particularmente entre os meninos, na forma acintosa como tratavam uns aos outros, *cuspa e saia nadando*. Gestos de desafio à autoridade adulta, como jogar papel, empurrar, não deixar o outro falar, simular que está fumando. Tumultos cotidianamente exercitados, na classe, nos recreios, no PME e durante o Projeto Indisciplina/Convivência — este último justificado pela escola em razão dessas mesmas atitudes discentes.

Contudo, o empenho da professora em diversificar, dentro do próprio domínio didático, a experiência em sala de aula foi reconhecido pela turma, que se referiu a ela como *legal, divertida, deixa ler gibis e gosta de matemática*. Mesmo entre os mais rebeldes, a escola não deixou de ser evocada como uma experiência positiva, sobretudo associada a achar *extraordinário conhecer os amigos que eu tenho hoje aqui.*

5.4 O acompanhamento do aluno Raimundo

Raimundo era identificado pelos pares como *aquele que chegou à escola atrasado e ainda não sabe ler*. Recebeu o apelido de *bugre*, devido ao cabelo parecer de índio e a ter a pele morena[89]. O menino não havia sido matriculado na escola desde que se mudara do interior do Paraná. O pai alegou que o problema era a distância da sua casa à escola, pois o transporte escolar não alcançava a chácara em que estava morando com a família. Após a interferência da Assistência Social, que com a escola acionou a Rede Municipal de Proteção a Crianças e Adolescentes, o menino foi incluído no serviço de transporte.

Na escola, passou por um trabalho de *correção da sua defasagem*. Recebeu o auxílio individualizado de uma professora auxiliar de classe. Além disso, participou de todas as iniciativas de acompanhamento pedagógico em contraturno: o Reforço, o PME e o Projeto Indisciplina/Convivência. Desde que chegou, foi considerado um *caso relevante*.

---

[89] Na região há uma escola indígena dentro de aldeia guarani. Os alunos faziam referência a isso desabonando duplamente o menino e o referido grupamento humano.

Em uma conversa informal entre docentes, a professora que o acompanhava comentou ter percebido que ele começava a demonstrar maior conhecimento das letras e a interagir de um modo menos arredio e agressivo. Animada, ela concluiu: *no começo este* aí era leitão deitado [queria o leitinho sem fazer força], *agora está indo muito bem nas atividades de recuperação e começa a resolver tarefas sem precisar auxílio.*

Na relação com os pares e com os adultos, o menino mostrava-se agressivo. No ônibus, aparentava estar calado, mas provocava outras crianças, tomando o cuidado de não ser notado. Exatamente por isso, certa vez se envolveu em uma briga durante uma aula-passeio, quando acabou levando um soco no rosto.

Por diversas vezes, outros alunos fizeram questão de menosprezá-lo, mas no decorrer do ano letivo o menino conseguiu firmar alguns laços de amizade, embora continuasse alvo de práticas de segregação.

Registro um episódio em que nem os colegas nem a monitora do PME quiseram lhe dar a mão, durante uma brincadeira de roda, realizada ao fim de uma aula-passeio. Nesse mesmo dia, ele tinha sido o único a não entregar o bilhete de autorização para sair da escola, assinado pelo pai. Mas não foi deixado de lado porque o secretário se empenhou em telefonar para o responsável, até conseguir o seu consentimento.

As duas situações aludem à ambivalência das práticas escolares, por vezes pouco vigilantes quanto às situações de discriminação. Por intermédio das recusas e omissões cotidianas, experiências formativas desagregadoras acabam sendo promovidas, pondo a educação em descompasso com a valorização da dignidade nas relações sociais, a qual quer promover.

A atitude do secretário ofereceu contraponto, porquanto exemplifica o movimento de desconstrução das lógicas de exclusão, circulantes nessa escola, mas também em outros espaços socializadores. O gesto representa o empenho em resgatar a convivência, priorizando os alunos em dificuldade ou aqueles envolvidos em episódios conflituosos. Por outro lado, no gesto dos alunos e da monitora de se recusar a lhe dar a mão, indago sobre quanto a escola conseguiu discutir, acolher e contrariar lógicas sociais discriminatórias. Por deixar de fazê-lo, poderia ter corroborado gestos de intolerância praticados entre os alunos?

5.5 As duas etapas do PME

O programa foi acomodado à edificação escolar, que contava com: Laboratório de Informática; Pátio Externo; Cozinha; Depósito; Sala dos Professores; Biblioteca; Secretaria; Pátio Coberto; Salas de Aula; Horta Escolar; Parque; Quadra de Concreto.

A primeira etapa ocorreu entre agosto e novembro de 2014; e a segunda, entre abril e julho de 2015. O atendimento acompanhou o sistema turno e contraturno, sendo ofertado na própria escola.

Com a justificativa de que os programas e projetos chegam sob o discurso de promover a melhoria dos índices de aprendizagem, a escola declarou considerar impossível uma recusa a sua implantação. E uma vez aceitos, disse que as dificuldades operacionais e de adequação dos recursos, enviados com atraso e de forma insuficiente, ficavam por conta da equipe. Justificou assim o porquê da oferta não ser conforme os padrões prescritos, sendo o PME adaptado à sua necessidade.

Pelas manhãs, a única sala de aula vaga foi disponibilizada para um grupo de 15 interessados do primeiro e do segundo ano. E no período da tarde, duas salas ociosas foram destinadas a dois grupos de 15 alunos do terceiro, do quarto e do quinto ano.

Na segunda etapa do programa, uma quantidade maior de alunos do ciclo da alfabetização foi incluída, em razão da adesão do município ao Pacto Nacional pela Alfabetização na Idade Certa. Mas a disposição das salas permaneceu.

Em 2014, 26 alunos eram do primeiro, do segundo e do terceiro ano; e 22 do quarto e do quinto ano. Em 2015, houve inversão: 29 eram do ciclo da alfabetização, e 15 do quarto e do quinto ano. Em cada etapa, o PME reuniu a metade dos alunos atendidos no ensino regular: 45, num universo de 80 matrículas por ano.

As segundas e as quartas-feiras foram reservadas às atividades do PME; e as terças e quartas, destinaram-se ao Reforço Escolar preexistente ao programa. Desse modo, a escola procedeu à adequação das atividades selecionadas junto ao MEC.

A equipe pedagógico-diretiva registrou plano escrito, contendo cronograma e encaminhamentos metodológicos, nos mesmos termos das orientações realizadas nas demais frentes de trabalho da escola. As «atividades/macrocampos» escolhidas e registradas foram:

«Canteiros Sustentáveis»: a equipe pedagógico-diretiva pretendia reativar a horta, objetivo conquistado na segunda etapa, quando a monitora responsável conseguiu multiplicar mudas de hortaliças, além de viabilizar uma composteira com minhocário e, assim, adubar satisfatoriamente a terra.

«Etnojogos»: vinculado ao macrocampo Cultura e Arte, teve por objetivo resgatar os jogos regionais, bem como rememorar as brincadeiras de infância tradicionais e conhecidas das crianças e de seus familiares.

«Capoeira (jogo)»: incentivada por mestre reconhecido por seu trabalho em outras escolas e desenvolvida conforme conhecimentos históricos, estímulo ao movimento e música, além de pautada na negociação de regras de respeito mútuo entre os capoeiristas.

«Acompanhamento Pedagógico»: na primeira etapa, com a aquisição de materiais didáticos de Ciências, e em 2015 com a compra do "Kit" de Matemática.

«Brinquedoteca»: em substituição ao Etnojogos, manteve o objetivo e o encaminhamento. A mudança deu-se em razão do interesse pela aquisição de brinquedos com os recursos advindos da renovação da adesão.

«Canto Coral»: em substituição da Capoeira, segundo a diretora, devido à reprovação da conduta do professor por parte de algumas crianças e respectivas famílias. «Almoço»: até então era ofertado para poucos alunos; passou a ser conduzido com o auxílio voluntário das funcionárias da limpeza e da cozinha, bem como das monitoras e estagiária contratada em 2015 pela prefeitura.

5.5.1 Sobre as atividades selecionadas

A mudança de atividades/macrocampos de um ano para o outro foi justificada pelo argumento de que o coletivo docente assim deliberou. Mas os alunos não foram oficialmente consultados sobre suas preferências.

No caso da substituição da atividade Capoeira pelo Canto Coral, a direção explanou sobre dificuldades observadas na relação entre o mestre e as crianças. Em uma reunião de acompanhamento pedagógico, o capoeirista estava motivado em contar como desenvolvia o jogo, mas a pedagoga disse que ele não gostara da solicitação para preencher formulário com plano de aulas, a ser arquivado para o registro do projeto.

Sobre isso, considerei que as dificuldades apontadas eram similares àquelas enfrentadas pelos demais monitores, e por isso supus que o mal-estar observado pela diretora e pelos familiares estivesse atrelado ao estranhamento do capoeirista diante do modo como o sistema da escola se dava[90], bem como a como se dava o uso do espaço externo das salas de aula.

Em 2014, a monitora responsável pela condução das brincadeiras também enfrentava dificuldades em sua tentativa de ocupar os espaços externos dentro da escola. Por diversas vezes se mostrou desconfortável, por estar exposta quanto ao seu domínio da turma, pois na edificação escolar os blocos pedagógico-administrativos eram próximos uns dos outros, de modo que qualquer movimento externo era facilmente notado. No ano seguinte ela decidiu não continuar.

Na segunda etapa, tal desconforto reapareceu no trabalho das novas monitoras, especialmente quando a proposta era utilizar os pátios externos ou realizar aulas-passeio. Em vários episódios, observei essa dificuldade. Por exemplo, num episódio registrado em 2015, quando uma aluna da turma do PME matutino, após ter sido incentivada a desenhar, como os demais alunos, suas brincadeiras favoritas, perguntou se dava *pra ir lá fora brincar de verdade*. Foi informada pela monitora de que isso não era permitido, porque talvez outras turmas o fizessem, já que estava havendo aula de Educação Física, o que não aconteceu. A proposta foi, então, continuar na sala "brincando".

Na sequência dessa atividade, o nível de agitação cresceu e algumas crianças se dispersaram. Uma delas rastejou para baixo de uma escrivaninha. *Encontrei coisas escritas por outras crianças, bem aqui debaixo*, disse, e, diante do tumulto, a monitora informou que *acabou a brincadeira*.

Trouxe o episódio para destacar dificuldades similares nas duas etapas do PME, e não muito diferentes das situações observadas nas classes regulares. Contudo, notei que, em relação à primeira etapa, diminuiriam as tentativas de uso dos espaços externos, com exceção do Projeto Canteiros Sustentáveis.

Em 2015, ocorreu interrupção na condução do Canto Coral. A primeira monitora recrutada disse-se insegura na condução dos trabalhos. Argumentou ter dificuldade com as crianças pequenas, pois era acostumada com alunos do ensino médio. Os menores eram muito irrequietos e não compreendiam o que lhes era solicitado. Acabou desistindo, sendo substituída pela monitora que no ano anterior havia conduzido a horta.

---

[90] A prática de afastar situações consideradas inadequadas já havia sido observada no episódio da professora que se mostrou insegura durante o Pré-Conselho de Classe. No caso da aula de Capoeira, não tive a oportunidade de verificar se isso também ocorreu.

A escola explicou ter tido dificuldade em encontrar voluntários para o trabalho musical. Contou ser aquela monitora desistente indicada por uma das regentes da escola, pelo fato de ser conhecida e de cantar bem na igreja. Aliás, nas duas etapas do PME, o convite aos monitores deu-se com base na rede de confiança dos profissionais da escola. A explicação para essa orientação personalista foi garantir a entrada de voluntários idôneos e que cultivassem vínculos com as crianças e com o lugar. A escola argumentou ser essa uma estratégia favorável ao melhor acompanhamento dos trabalhos, pois considerava que o senso de responsabilidade prevaleceria entre conhecidos.

Tal justificativa ia ao encontro das características do coletivo docente, pois havia professoras atuantes desde o início da carreira nessa realidade e, além delas, funcionárias residentes na região.

A direção disse que a não continuidade do trabalho dos monitores de um ano para o outro se deu por opção deles mesmos, a exemplo da mãe de um aluno, que atuava na primeira etapa do PME. Motivada por sua participação como monitora, decidiu iniciar-se no magistério, consequentemente lhe sobrou menos tempo para o trabalho voluntário no ano seguinte.

No caso das monitoras responsáveis em 2015 pela Brinquedoteca e pelo Acompanhamento Pedagógico, o fato de serem da família da diretora fez com que fossem constantemente supervisionadas pela própria. As jovens chegavam à escola pré-orientadas quanto às atividades que deveriam aplicar às crianças. Essa foi aparentemente uma estratégia da direção para se manter ativa no acompanhamento pedagógico. Porém, em decorrência dessa intervenção, houve um menor contato destas monitoras com a pedagoga, que passou a acompanhar mais de perto as outras duas, responsáveis pelos "Canteiros Sustentáveis" e "Canto Coral". Contudo, ocorreram episódios de displicência no acompanhamento das crianças, bem como baixa empatia durante a condução de atividades.

Nesse sentido, o PME correspondeu aos mesmos conflitos e acomodações do turno regular, porém com menos profissionalismo e maior agitação dos alunos. Não encontrei diferenças substanciais entre os episódios observados nas classes ou durante o PME, fosse em relação às dominâncias, fosse quanto às tentativas de diversificação do ensino. Mas observei crescer a insatisfação de alunos em relação às práticas escolares. Alguns deles não chegaram a frequentar o programa até o fim (adiante retomarei esse ponto).

5.5.2 Episódios do PME

As monitoras conversavam enquanto as crianças desenhavam. A menina Erica foi mostrar como estava ficando sua pintura, mas, como não foi ouvida, retornou ao seu lugar. Em seguida a turma foi para o pátio. A atividade era o jogo de caçador. Chegando lá as crianças se dispersaram. Uma das monitoras retirou-se, deixando a outra sozinha. Nesse tempo, aconteceu uma briga entre os meninos. Depois de subirem numa gangorra, um deles machucou-se. Por conta disso, retornaram para a sala. A monitora desaprovou o ocorrido, dizendo-lhes que, por não terem cumprido o combinado, "jogar caçador", teriam que voltar para a sala. Diante disso, um aluno comentou com ironia: É! *Só pode brincar do que a professora mandar.*

De um modo geral, a baixa variação das práticas escolares produzia processos de subjetivação marcados pela passividade de poucos, agitação de muitos e rebeldia de alguns alunos. A experiência do PME mostrava-se empobrecida quanto à diversidade das atividades e mediações realizadas. As monitoras adotaram como sistema fazer registro em folhas, individuais ou coletivas, ao lado de intervenções pelas quais objetivavam manter as crianças ocupadas e corporalmente aquietadas. Somente depois do registro em folhas avulsas elas arriscavam ir para fora da classe.

O planejamento das atividades, desde a primeira etapa, seguiu o mesmo sistema do turno regular, correspondente às lógicas supervisoras de preenchimento de planos e cumprimento de cronogramas. Subordinado aos ordenamentos do ensino regular, o PME, desde o retorno do recesso semestral de 2014, havia sido iniciado como se fora um "parêntese" da sala de aula convencional. Ainda assim, não deixou de ser recebido como um componente exterior, a despertar estranheza e curiosidade. Nas crianças despertou, inicialmente, interesse pela novidade; e, em relação ao processo pedagógico, tendeu a ser neutralizado pelas ações prioritárias da escola.

Havia preocupação evidente em evitar repercussões consideradas inapropriadas, identificadas como indesejada "desorganização" ou "bagunça", caso houvesse risco de a escola desviar-se da instrução. Observei dois episódios relacionados a esse temor: "o uso das carteiras escolares" e "interações com o ensino regular".

5.5.3 O uso das carteiras escolares

Na primeira etapa do PME, as monitoras utilizaram-se com certa frequência da prática de sentar-se no chão, arredando as carteiras e preparando a sala antes de iniciar a aula. Por diversas vezes, o mobiliário foi organizado em diferentes disposições — mesões; apenas as cadeiras; duplas; círculo; de costas para o quadro.

Mas, na segunda etapa, esse tipo de iniciativa diminuiu, já que as monitoras se preocupavam em deixar a sala da forma como havia sido deixada pelas regentes do turno contrário. Tornou-se praxe manter as carteiras numa mesma disposição.

5.5.4 Interações com o ensino regular

Além da restrição ao uso dos espaços escolares, notei poucos momentos de acompanhamento pedagógico dos monitores. O distanciamento entre o PME e o ensino regular prevaleceu, sob vários aspectos.

Tal distanciamento era vivenciado sem alardes, seguindo os cronogramas de atividades e os prazos do calendário. O PME foi assumido como um projeto com tempo de realização pré-estipulado, que seria encerrado logo após o uso dos recursos materiais adquiridos com a adesão. Ao lado disso, as situações e demandas do contraturno davam-se, prioritariamente, conforme os acordos firmados com o coletivo docente do ensino regular.

Mas, uma vez iniciadas, não ocorreram momentos de interação ou planejamento compartilhado entre docentes e monitoras. Sabia-se pouco sobre o conteúdo prescrito no programa federal. Tampouco as monitoras se envolveram nas frentes de discussão da proposta educativa da escola. E nem mesmo a coordenação sabia em detalhes o que estava sendo conduzido no contraturno, pois estava sistematicamente empenhada na supervisão do turno regular.

Nessa dinâmica, não havia comunicação planejada entre as duas frentes de trabalho, turno e contraturno. A execução do programa acrescentava pouco em termos de inovação das práticas educativas, sendo sua condução induzida pelas lógicas de supervisão em andamento. E, mesmo sem comunicação direta entre docentes e monitoras, na dinâmica do contraturno repetiam-se os isolamentos observados entre as classes, os quais eram replicados nos moldes do ensino regular.

No contraturno, atitudes discentes praticadas na classe regular eram transpostas para os novos grupamentos, por vezes potencializadas em episódios discriminatórios ou agressividade entre pares. Na condução do PME, os conflitos produzidos revelavam intervenções didáticas pouco abertas à valorização das interações sociais ou às autorias dos alunos em suas atividades escolares. Uma mãe observou essa incoerência quando, durante reunião pedagógica com familiares, perguntou *o que era feito no Projeto, pois* não *se levava nada para casa*.

Alan, tido como excelente aluno, participante das duas etapas do PME, também notou essa falta. Durante uma sequência de atividades reclamou: *por que tenho que escrever a resposta, se ninguém vai ler e essa folha vai parar no lixo?*

De fato, as monitoras, especialmente na segunda etapa do PME, em 2015, fizeram amplo uso de atividades em folhas impressas, sem que as produções fossem arquivadas, expostas ou enviadas às famílias.

Mesmo assim, embora menos frequentes, práticas diversas foram ensaiadas, em sintonia com a possibilidade acenada pela escola de o ensino utilizar-se da experiência de mais tempo para estabelecer vínculos com os referentes culturais da localidade. Entretanto, tal ambição foi reduzida a esporádicas situações de acompanhamento pedagógico, atividades especiais e aulas-passeio. Como quando a pedagoga acompanhou a monitora responsável pelo Projeto Canteiros Sustentável no preparo de sucos naturais. A atividade foi supervisionada, porque foi realizada no pátio interno, ao lado da cozinha. A pedagoga auxiliava a monitora no controle de comportamentos que poderiam gerar tumulto, ao mesmo tempo que fazia o registro fotográfico do experimento.

Desse modo, seguindo as lógicas escolares em curso, no plano das intervenções didáticas do PME e das classes, convergiram para práticas em comum, tanto em relação às padronizações quanto às tentativas de diversificação.

Entre as dominâncias, registrei: a preferência pelo espaço fechado; o aumento do trabalho de supervisão quando do uso dos espaços abertos; os registros em folhas, preferencialmente individuais; movimentação em filas; confecção de cartazes, textos coletivos sobre regras da boa convivência em classe; a organização das carteiras escolares, preferencialmente em filas; o assistir a filmes na biblioteca enquanto se espera o início dos trabalhos; a explicação com apoio em materiais concretos; pintar desenhos prontos e responder a passatempos; ficar sem recreio como castigo por mau comportamento; exercícios de repetição; elogiar os alunos durante realização das tarefas.

Entre as tentativas de diversificar ou motivar o trabalho nos grupos, registrei: iniciativas de mudar a disposição espacial das carteiras; realização de experimentos dentro e fora da classe; aulas-passeio; levantamento de brincadeiras tradicionais ou preferidas pelos alunos; tematizar a história de origem de brincadeiras conhecidas, como "gato e rato"[91]; artesanato, em duplas e em pequenos grupos; momentos de livre brincar; brincadeiras orientadas e jogos; confecção de materiais concretos para uso didático, "bingo dos números, dominó das operações matemáticas e *tangram*"; produção de "paródias da escola"[92] e de apresentações artísticas em eventos festivos; permitir grupamentos por interesse e amizade; eventos inusitados que despertaram a curiosidade de todos como o barulho do trator derrubando eucaliptos para abrir estacionamento em frente da escola, adultos e crianças costumavam acompanhar os trabalhos..

Nesses termos, seguiram os projetos do PME, nos dois dias da semana a ele concedidos e até que findados os recursos federais.

5.5.5 Banalidades do cotidiano

Para concluir a demonstração das sistemáticas do contraturno, listo algumas características das participações das crianças em episódios e falas, aqui reunidos como "banalidades do cotidiano". Com elas, demonstro como a experiência de mais tempo era evocada nas contestações dos alunos ao PME.

«Inconformidade»: *mais uma hora na minha sala de aula*, disse o Douglas, desanimado. «Bajulação»: Luís tentou distrair a monitora para que a atividade durasse mais tempo e não se desse início a outra; com esse propósito fez várias perguntas. *Profe... De que música você gosta? É eletrônica? Essa aula aqui é de brinquedoteca*, né?

«Coleguismo»: *o Nelson saiu porque achou chato*, foi a resposta do Claudio para o Daniel, que havia percebido a falta do colega.

«Insatisfação»: *não sei o que tem haver essa história de notas musicais com essa letra de ostentar para o mundo alegrar, não gosto, acho muito rápida, não consigo ler e cantar ao mesmo tempo*, protestou Renan.

---

[91] No material preparado pela monitora com auxílio da direção, as crianças receberam um texto relatando a origem da brincadeira na Inglaterra, relacionada à luta do movimento feminista em torno do sufrágio universal, com consequente repressão policial. Quando presas, as mulheres faziam greve de fome até serem libertas no dia destinado ao perdão oficial, instituído para assim evitar a produção de mártires. Na sequência eram novamente presas.

[92] As paródias foram aquelas apresentadas no Seminário Municipal de Educação integral.

«Curiosidade»: *sabia, as minhocas fazem furos na terra? Elas têm boca?*

«Cúmplices»: *monitora, eu sei onde fica a composteira, perto do parquinho, né?*

«Animadas»: *a brincadeira é sair da sala e depois retornar para receber pistas dos amigos para adivinhar qual é a música*, explicou Aline.

«Choro»: *professora dá atenção a ela porque* tá chorando, tadinha, errou a *folha".*

«Brigas»: três meninos empurram-se, um se machuca e os outros dois são levados até a diretoria. Quando retornam, andam pela classe se fazendo de malvados.

«Fuga»: enquanto todo mundo fazia a lição na folha, dois meninos brincavam com um jogo de cartinhas.

«Agitação»: o coral estava sendo posicionado por ordem de tamanho. A canção era conhecida da TV infantil e as crianças aproveitavam-na para se tocar, aproximar os corpos, passar as mãos nos cabelos umas das outras, empurrar, falar todas ao mesmo tempo.

«Rivalidade»: na Biblioteca, as meninas discutiam. Aline disse *cada um tem direito a uma cadeira durinha e outra fofinha*. Eliana ameaçou: *a Claudia mandou dizer que, se não der a cadeira, vai chamar a diretora*. Diante de nova recusa, a própria Cláudia foi tirar satisfação: *minha filha, eu falo para a diretora mesmo que você seja prima dela*. Olhando para uma amiga da rival, completou: *e você não vai fazer nada porque não* é *pau-mandado!*

«Competição»: durante o ensaio da canção que seria apresentada numa reunião festiva, a monitora organizou um júri. Os meninos dariam notas para a cantoria das meninas, e vice-versa. Iniciada a brincadeira, ambos os lados usavam as notas, de 0 a 10, para favorecer ou prejudicar uns aos outros, conforme suas preferenciais pessoais.

«Autonomia»: Alex explicou como foi sua aula-passeio conduzida pela monitora do Projeto Canteiros Sustentáveis: *[...] a gente chegou e tava cheio de uva japonesa no chão. Pegamos, lavamos e comemos. Fomos ver a horta da Andreia. A professora perguntou o que era cada planta, e nós respondemos algumas, e outras ela explicou. Ela também explicou sobre as ervas medicinais. Tinha tudo isso na horta da Andreia e até plantação de milho. Tinha muita mimoseira. A gente descascou, comeu e jogou as cascas na horta para servirem de adubo. Depois de comer mexerica, fomos ver os bodes e as galinhas. Voltamos a pé. No caminho comemos uva japonesa de novo. Em fila caminhamos até a escola. Daí acabou.*

5.5.6 Constatações do PME

Com o registro das "banalidades", estava a observar os fatos corriqueiros sem minimizar nem supervalorizar os acontecimentos. Meu interesse era acompanhar os ritmos, as tentativas e os erros, os êxitos e as dificuldades das práticas educativas.

Nesse sentido, a permanência prolongada na escola favoreceu o registro de uma gama de eventos, alguns dos quais escapavam às regularidades, oferecendo gradientes miúdos de inovação e aceitando a simplicidade dos processos educacionais intentados.

Tomando por base as padronizações do ensino, via que a condução do PME endossava práticas pedagógicas restritivas, pois, ao invés de ser convertido em um tempo e espaço propício ao debate e problematização das questões formativas, tendeu a ser um reforçador das dominâncias da forma escolar convencional. Com o agravante de, em algumas circunstâncias, ocorrerem mediações displicentes e descompromissadas por parte dos adultos, até mesmo reforçadoras de estigmas e preconceitos.

Não por acaso, certos conflitos ocorridos no período regular ressurgiram em lances fragmentários e informais — na hora do café, no recreio, no encontro casual entre professoras em hora de atividade, nas brigas entre as crianças ou no ônibus. Como também em momentos formais, atrelados à condução do trabalho pedagógico.

Coadunadas com as aulas regulares, as iniciativas de mais tempo não foram preferencialmente configuradas como experiências transformadoras do ensino convencional. Deram-se nos limites da escola e prioritariamente nas classes. Foram ao encontro de episódios com conflitos crescentes, por meio dos quais alguns alunos entraram em confronto aberto com as normas impostas.

Desse modo, o PME expôs fragilidades da escola. Via de regra, as práticas conduzidas foram ao encontro da cultura da escola, estabelecendo pequena margem de mudança. Diante dos episódios analisados, compreendo por que o projeto que sucedeu o PME, na visão da escola, acentuou o controle disciplinar de um grupo de alunos, sendo justificado pelo coletivo docente como estratégia de correção de comportamento socialmente inadequado à aprendizagem.

6

OS ALUNOS[93]

Na escola, verifiquei o peso das estruturas sociais vigentes, atuantes enquanto lógicas conformadoras dos processos formativos vivenciados e, não raras vezes, geradoras de insubordinações. Nesse aspecto, vale destacar o controle externo do trabalho pedagógico (APPLE, 1989), repercutindo nos processos educativos observados.

Diante disso, o ensino ministrado correspondeu, em parte, a um sistema regulado por expectativas de aprendizagem mensuráveis, replicadas por incentivo das políticas de avaliação externa e seus efeitos sobre a organização do trabalho pedagógico; e, sob essa determinação, os alunos do ensino fundamental haviam definido atitudes desafiadoras da escola, conforme demonstrado nos episódios selecionados para a descrição das classes e do sistema do contraturno.

Mas, por outro lado, quando expressaram apreço pela convivência com os outros, fizeram uso de lógicas sociais integradoras, relativas ao sentimento de pertencer a um grupo. Por várias vezes se mostraram dispostos à experiência educativa.

> *Mais Educação foi assim. O banco era de três lugares. Tava eu e a Priscila do quarto ano, e a Alice sentou em um dos lugares. A gente começou a conversar e ficamos amigas. O Mais Educação era pra gente aprender mais. Eu entrei porque estavam todas as minhas amigas e também pela curiosidade. O pai achou bom pra eu não ficar só na rua com a minha prima, e a mãe deixou eu decidir.* (Ana, quarto ano).

Quando se tornaram rebeldes, prevaleceram atuações aleatórias, isto é, não estiveram prioritariamente voltados a um trabalho discente orientado para finalidades comuns ou para a organização de pautas coletivas.

---

[93] Neste capítulo os trechos em itálico se referem as anotações da pesquisadora, contendo inserção de expressões verbais, transcrição de trechos de entrevistas concedidas, de depoimentos gravados sobre o dia a dia na escola e transcrições de registros escritos utilizados nas atividades da escola. Os alunos e suas respectivas série, estão nomeadas para demarcar individualidades posicionadas. (BAIERSDORF, Márcia. Diário de Campo. 2014-2015. Não publicado).

> *Do trabalho das assistentes eu gostei; do Mais Educação não. Não quis continuar. Tenho vontade de ficar em casa com minha irmã, mas a mãe disse que era para eu ir porque não tinha como me cuidar. O tio está ajudando na construção da casa e eu queria estar lá. Aqui as meninas me tiraram do sério e eu fui chorar no banheiro. Gritei porque não queria ficar. (Ângela, quinto ano).*

Os confrontos ocorriam de modo oportunista, conforme as circunstâncias e acontecimentos diários. Nessas condições, em grupos reuniam forças para minar, velada ou acintosamente, as autoridades adultas da escola.

> *Tava todo mundo fazendo bagunça. Aí a professora* [de Ciências e Educação Física] *falou que a coisa mais importante na escola é estudar. Bateu o sinal e eles* [os meninos bagunceiros] *quiseram desobedecer. "Tipo assim" forçando para sair da sala. Chegou nossa professora* [regente] *e falou que eles não podiam ir porque tinham ficado sem recreio.* (Célia, quinto ano).

Registrei movimentações coletivamente organizadas e direcionadas às autoridades escolares, como quando um grupo de meninas decidiu falar com a diretora para formalizar uma reclamação quanto ao PME:

> *A gente esta indo dizer que não estamos achando justo ficar aqui na sala enquanto os outros puderam ir lá fora plantar suas mudinhas, e queremos que a monitora nos trate igual a todos.* (Bianca, quinto ano).

Algumas práticas diárias eram atravessadas por temas menos frequentes na escola, geralmente incentivadas nas aulas especiais, articulados aos interesses e desempenhos da infância e adolescência.

> *Agora estamos copiando um texto da aula de Literatura. A gente vai fazer um desenho e inventar um final para essa história, que é sobre uma capivara que está procurando uma professora-onça. Acho que vamos ler nossos finais uns para os outros.* (Katia, quinto ano).

A adesão dos alunos aos projetos de contraturno e propostas do ensino regular não se dava como o esperado, e as tentativas de explorar os interesses manifestos pelos alunos, acabavam por se deparar com os limites espaciais e com o sistema de supervisão aplicado às docentes e às monitoras do PME. A preocupação permanente era não perder o controle sobre as turmas.

Entre os alunos mais velhos, quando da realização do Projeto Indisciplina/Convivência, as insatisfações exacerbaram-se. Registrei gestos de agressividade, de recusa à escola e de discriminação entre pares. Essas desorganizadas participações, em minha interpretação, estiveram conformadas às lógicas sociais de exclusão, de competição e de controle, tornadas presentes no cotidiano escolar, as quais estiveram relacionadas aos incômodos gerados nas relações interpessoais entre pares e com os adultos.

Daniel mostrou como se posicionava nesses confrontos. Valendo-se de suas interações sociais para desafiar as normas aceitas pela maioria, explicou como compreendia suas amizades.

> Amizade serve pra gente não ficar em confusão um com o outro. É quando fazemos confusão juntos, do tipo abrir torneiras. Outro dia quebramos um treco da horta e aterrorizamos as meninas. Só paramos quando nos ameaçam dizendo que vão chamar o Conselho Tutelar. (Daniel, quinto ano).

Na mesma proporção dos tumultos, cresceu a reprimenda da escola àqueles alunos tratados como *casos de indisciplina*. Eram grupos minoritários, mas suas atitudes amplificavam-se no cotidiano das classes. Contra essas participações, vigoraram proibições generalizadas, bem como ações pedagógicas concentradas no mau comportamento individual. Certas estratégias, como assinar o livro de ocorrência, chamar os pais para conversar, oferecer mais tempo de escola tendo em vista disciplinar e melhorar a aprendizagem, eram direcionadas a esses alunos. Diante desse encaminhamento, o estigma do bagunceiro, reconhecido como incapaz de aprender porque indisciplinado, ganhou espaço.

Alguns casos individuais reforçavam essa associação, pois havia trajetórias de insucesso marcadas por recorrente dificuldade em realizar o que lhes era solicitado, entre alunos assumidamente rebeldes e repetentes. Apesar disso, nem todos se enquadravam na descrição.

A escola associava os perfis de alunos mal comportados e defasados na aprendizagem aos casos de vulnerabilidade social ou à dificuldade de pais e mães na educação dos filhos, casos tratados, exclusivamente, como produzidos por modelos familiares de socialização nomeados como *desestruturados*. Por meio dessa compreensão, definiu critérios institucionais para a última oferta das iniciativas de mais tempo.

Porém, nem todos os alunos vulneráveis eram indisciplinados. Nem todos os que eram considerados rebeldes se enquadravam exclusivamente no perfil de carência e desestruturação familiar ou risco social. Nem todos se expressavam por meio do confronto. Como a menina Vitória, extremamente quieta, repetente por dois anos e que era uma das últimas a ser deixada em casa; exaurida após ser atendida individualmente pelo Reforço Escolar e pelo atendimento psicopedagógico oferecido pela prefeitura, ela dormia profundamente no ônibus ao regressar para casa.

Tampouco as famílias correspondiam majoritariamente a um perfil negligente ou despreparado. Isso foi possível notar quando conversei individualmente com os alunos, ocasião em que eles fizeram relatos orais com base em seus registros fotográficos. Aliás, a fala dos "bagunceiros" foi modesta em comparação com a de alguns alunos tidos como "quietos", os quais haviam relatado pormenorizadamente suas atividades extraescolares, suas responsabilidades no âmbito familiar e suas participações no turno e contraturno escolar.

Aos olhos da escola, nas intervenções didáticas buscadas, a ausência e a negligência da família surgiam como justificativas para o comportamento dos alunos, como se as razões dos confrontos produzidos estivessem movidas, exclusivamente, por causas exteriores ao ensino.

Conformados a essa prerrogativa, os próprios alunos e família demonstraram aceitação ao estigma de desajustados. *Eu acho que fui escolhido porque aterrorizei as pessoas da escola* (Roberto, quinto ano); e, sem maiores questionamentos, foram autorizados, pela família, a participar das propostas de contraturno.

Mas nem por isso a escola deixou de ser contestada, em situações como: receber mães contrariadas com episódios ocorridos nas classes de contraturno; comentários e perguntas dos responsáveis durante reuniões coletivas; e o desligamento dos alunos dos projetos[94]. Os casos de indisciplina, embora minoritários[95], repercutiam no conjunto da escola, pois os envolvidos assumiam abertamente atitudes desagregadoras, a despeito da rigidez dos processos e por meio de suas emergentes rebeldias.

6.1 Participações dos alunos e suas visões de escola

As participações dos alunos não estiveram isoladas dos embates históricos relativos às finalidades educacionais socialmente disputadas. Tampouco puderam ser compreendidas como se exclusivamente produzidas por conjunturas exteriores à escola. Examinando o que eles criticavam, encontrei rastros de uma experiência escolar desejada e que se manifes-

---

[94] As reuniões individuais com os familiares não estiveram abertas à pesquisadora.
[95] Ao longo do trabalho de campo, registrei 10 alunos reiteradamente envolvidos em situações de confronto, num universo de cerca de 80 matriculados.

tava com atitudes contrárias ao ensino ministrado. Por meio da tensão nas relações interpessoais, outra educação era reivindicada, ainda que as participações tenham tido baixa conscientização a respeito da amplitude societária de tais demandas e expectativas. Os gestos de afronta mantiveram-se num nível de crítica superficial ao ensino, mas, mesmo assim, expuseram os obstáculos da escolarização, gerados no automatismo das regularidades do ensino.

Refletindo sobre a rebeldia dos alunos, retomo a noção de experiência (FREIRE, 1987; DUBET, 1994; LARROSA, 2002; BENJAMIN, 2013), não no sentido utilitário da palavra, mas como fonte de significação da educação integral. No diálogo com os autores mencionados, encontrei elementos reveladores da diversidade cultural dos alunos da Capoeira, e da versatilidade de suas interações na/com/contra escola.

Uma vez mais, instigada pelos aforismos benjaminianos, sustento uma compreensão da experiência enquanto narrativa e memória. Daí a opção pelas inserções de algumas das falas das crianças, as quais considerei significativas da visão de escola e leitura de mundo das crianças. Reunidas aqui no livro como descrições de episódios protagonizados pelos alunos.

Sobre isso, Kramer, Sonia (1998) retoma a perspectiva histórica encontrada em Benjamin (2013), repousada na preocupação de não deixar morrer o narrador — no caso, a criança (que exerce o trabalho de aluno) —, pois, para ele, onde a arte de dar conselhos se esgota, a barbárie avança sobre a experiência, tornada incomunicável. Especialmente quando se trata da vida dos mais frágeis.

Benjamin (2013) traz essa compreensão ao desenvolver sua crítica à profusão do pensamento único, deflagrador de indescritíveis atos de violência. Ele se refere aos processos desumanizantes, cristalizados em monumentos e nas narrativas oficiais, edificados sobre os silenciamentos promovidos na história oficial. Decorre dessa compreensão a busca incessante pela experiência, compreendida como narrativa da memória (vestígio, fragmento) a ser resgatado e colecionado.

Reportada à educação, a crítica do autor denuncia a forma escolar instrumental como vazia de sentido, porque apartada de seu conteúdo substancial, em razão da experiência cultural. Trata-se de um artificialismo sobre o qual a Pedagogia em muito se afirmou, edificando-se como intervenção didática de sentido único. De um modo uniforme, sistematicamente ignorou a criança, ocultada no papel de aluno, futuro pacato cidadão. Dentro dessa compreensão, a experiência estaria motivada por uma curiosidade histórica, tanto pelo que foi esquecido como por aquilo que permaneceu do passado e que reaparece nas práticas cotidianas contemporâneas.

Assim, o convite é por uma narrativa capaz de ouvir um silêncio gritante, dedicada a saber como certas permanências se transmutaram em novas histórias (re)contadas pelos atores sociais. Nesses termos, há a possibilidade de o cotidiano se revelar num lugar de convergências, suscetível aos movimentos de abertura pedagógica, por meio dos quais se potencializa a criação intencional de processos de rememoração de um passado fragmentário, retomado amiúde e por debaixo de escombros.

Em matéria de ensino, a meu ver, a noção benjaminiana da experiência extrapola a simples vivência, além de desfazer (ou ao menos relativizar) a imposição de processos formativos de sentido único. A experiência educativa é aquela que pode ser retomada, dobrada sobre si mesma ou colocada em relação a outras narrativas e memórias no presente e com o passado.

Compreendida por Freire (1997) como curiosidade epistemológica, essa seria a característica da experiência educativa transformadora, criticamente debruçada sobre os detalhes, por vezes esquecidos. Os sujeitos da prática social, por meio dela, seriam instigados a objetivar o ensino como uma prática social amplificada, forçando a construção de processos formativos substanciais da produção de sentidos sobre a realidade para modificá-la.

À luz de Larrosa (2002), avanço nessa direção. Com ele me concentro na lentidão como fundamento da noção de experiência. Encontro em sua argumentação o princípio educativo oposto às práticas de urgência, que impedem a experiência reflexiva. Distanciada da busca incessante por eficiência, a experiência formativa é aquela que transcende a superficialidade das participações e das uniformidades do ensino convencional. Assim sendo, recusa as práticas educativas aceleradas, nas quais não há espaço para o questionamento ou para a expressão de autorias.

Contrariando a lógica da urgência, a lentidão dos processos educativos recorre à necessária serenidade na construção dos processos socializadores. A experiência em Larrosa (2002, 2015) está em busca de uma educação transformadora da subjetividade individual e coletiva. Nesse sentido, prioriza o dar tempo e espaço para que a mediação pedagógica alcance profundidade.

Como já mencionado, trata-se de um gesto de interrupção que admite um ator social em repouso, estado que lhe favorece se deixar atravessar por uma gama de sentimentos, acontecimentos e conhecimentos. Na experiência como travessia, o aprendiz alcança dimensões amplificadas de sua própria formação e, nessa subjetivação, não pode simplesmente trocar um percurso por outro ou com outro. As aprendizagens conquistadas e os conhecimentos compartilhados num grupo referem-se à particularidade das relações humanas, dentro de um contexto relacional repercutido na formação de subjetividades.

Educar segundo tal perspectiva requer a abertura ao saber de experiência feito, objetivado nas interações sociais e mediado pela cultura:

> [...] é um saber que não pode separar-se do indivíduo concreto em quem encarna. Não está como o conhecimento científico, fora de nós, mas somente tem sentido no modo como configura uma personalidade, um caráter, uma sensibilidade, ou em definitivo uma forma humana singular de estar no mundo que é por sua vez uma ética (um modo de conduzir-se) e uma estética (um estilo) [...] ninguém pode aprender da experiência de outro, a menos que essa experiência seja de algum modo revivida e tornada própria. (LARROSA, 2002, p. 27).

Por essa orientação, a educação torna-se integral quando vai ao encontro da pluralidade de mundos culturais. Sob a singularidade de cada experiência social, edifica e promove processos de conhecimento e de subjetivação. Isso de um modo relacional e tendo a alteridade como mote.

> Essa é uma bela imagem para um professor: alguém que conduz alguém para si mesmo. É também uma bela imagem para alguém que aprende: não alguém que se converte num sectário, mas alguém que, ao ler com o coração aberto, volta-se para si mesmo, encontra sua própria forma, sua maneira própria. (LARROSA, 2015, p. 51).

Daí que, na construção das jornadas pedagógicas, os processos e as mediações culturais desencadeados necessitem pautar temas e conteúdos aquém da instrução:

> [...] não seria possível à educação problematizadora, que rompe com os temas verticais característicos da educação bancária, realizar-se como prática da liberdade sem superar a contradição entre o educador e os educandos. Como também não lhe seria possível fazê-lo fora do diálogo. (FREIRE, 1987, p. 68).

A educação dialógica, nesse sentido, é um ato de liberdade e ousadia, para o qual se faz necessário acionar o saber de experiência feito, individual ou de um grupo, para torná-lo refletido, isto é, objeto de insistentes retomadas. Interessadas na pergunta, essas outras Pedagogias tomam para si o detalhamento da ação cultural como estratégia de superação da educação bancária, capacitando o pensar criticamente, segundo crescentes níveis de compreensão da realidade.

> Quanto mais se problematizam os educandos, como seres no mundo e com o mundo, tanto mais se sentirão desafiados. Tão mais desafiados, quanto mais obrigados a responder ao desafio. Desafiados, compreendem o desafio na própria ação de captá-lo. Mas, precisamente porque captam o desafio como um problema em suas conexões com outros, num plano de totalidade e não como algo petrificado, a compreensão resultante tende a tornar-se crescentemente crítica, por isto, cada vez mais desalienada. (FREIRE, 1987, p. 70).

Nessa compreensão, a noção de experiência completa-se, quando se refere a uma particularidade histórica e cultural. Emerge da vida cotidiana e das situações-limite dessa temporalidade. Nela os imperativos da educação integral associam-se e com ela disputam espaço nas arenas sociais, nas quais circulam informações e conhecimentos.

6.1.1 Eu não gosto de nada na escola

Algumas visões de escola recolhidas da fala dos alunos remontam a um lugar educativo, sob vários aspectos, abaixo das expectativas de uma educação transformada.

Reuni à reflexão versões de alunos pouco esperançosos em suas relações com a escola. Suas falas comunicam aquilo de que sentiam falta por estarem mais tempo nela. Acolhendo suas queixas, a pesquisa iniciou-se no registro de referentes culturais apontados pelos alunos e, por meio do diálogo, conseguiu as primeiras aproximações com o lugar.

Para Joel, aluno do quinto ano, com 12 anos de idade, estar mais tempo na escola é uma experiência odiável. Em entrevista espontaneamente concedida, registrei suas falas: *Não gosto da escola, aí eu tiro uma pira!* [sobre o hábito de falar palavrões]. *Odeio a escola!*

O menino referiu-se à experiência escolar como vazia de um sentido educativo pulsante, prevalecendo o senso de insatisfação pessoal. E, mesmo relacionando o tempo de escola como necessário para a sua realização pessoal no futuro, essa experiência foi por ele entendida como insuficiente:

> *O que está acontecendo é que eu não gosto de nada na escola. É isso! Eu só gosto porque a escola vai me dar [...] realizar [...] como eu posso dizer? [...] Me dar um futuro melhor! Um trabalho bom.*

Deslocado em relação às expectativas de aprendizagem nele depositadas, teve dificuldade em identificar, no tempo presente, benefícios de estar na escola. Esquivando-se do ensino instrucional, recorreu ao grupo de amizades, às atividades lúdicas e aos momentos de expressão corporal.

> *– Então, o benefício da escola estaria lá na frente? E agora, você acha chato? Mas como é isso? Insuportavelmente chato?*
> *– Não [...]. Nem tanto [...]. Porque eu tenho meus amigos [cita os nomes].*
> *– Então pra você valem muito as amizades que você tem aqui na escola?*
> *– Aham.*
> *– E tem outras coisas valiosas, alguma atividade de que você goste?*
> *– Só o pebolim.*

Quando solicitado a listar as coisas de que não gostava, recuou. Em suas ponderações, tentou corresponder ao relativo prestígio socialmente atribuído à escola. Pareceu querer me dizer a resposta esperada por mim.

> *– Faz uma lista das coisas de que você não gosta.*
> *– Ah! Eu gosto de matemática [...] um pouquinho. Por conta da professora.*
> *– Humm. Então tem coisas de que você gosta?*
> *– Aham.*
> *– Antes você disse que não gostava de nada, então do que você não gosta?*
> *– Brigas.*
> *– E você é brigão?*
> *– Um pouco, meu pai diz que entro na onda dos outros.*

A cada explicação retornava o descontentamento em relação à escola. A experiência educativa, pouco atrativa e monótona, ressurgia, deflagrando processos de subjetivação considerados injustos.

> *– E porque você diz que a escola é chata?*
> *– Porque enjoa vir todos os dias.*
> *– E quando você fica de férias, dá vontade de voltar?*
> *– Bem pouco [...]. Mais de encontrar as pessoas, né?*

Para ele, o percurso da própria escolarização, ou a vontade de progredir no sistema educacional, em certa medida correspondia com o que a sociedade e a escola diziam esperar de "alunos como ele". De outro lado era sentida como incompatível com a vivência do tempo da infância. A falta de interesse pelas coisas da escola surgia tensionada como incongruências, por entre expectativas pessoais, familiares e sociais.

> – Se você tivesse que fazer uma explicação da escola para outra pessoa, o que diria?
> – Diria que é legal vir. Que você conhece bastante gente. Faz amizades. Você aprende. E que eu gosto de vir pra escola quando não tenho nada pra fazer em casa.
> – Você tá querendo dizer que tem sempre alguma coisa que deixa de fazer porque tem que vir para a escola?
> – É.
> – Por isso que é chato, então? Mas você quer estudar até quando?
> – Até terminar. Como meus irmãos. Até o terceiro ano [ensino médio].

O relato expôs o artificialismo do ensino convencional, vivenciado como vazio de sentidos, experimentado como um hiato entre a infância e o futuro. Nesse dilema, o aluno expressava a dimensão do conflito, revelado entre adaptar-se à escola e, ao mesmo tempo, afirmar-se em lealdade aos pares. Dilema retomado perante a família, diante do qual a escola se oferece como sistema social regulador do presente em razão de um vir a ser.

> – Então você vai estudar mais sete anos?
> – É [...].
> – E você acha muito tempo?
> – Não [...]. Não é muiiiito [...] Mas é muito!
> – Como você pensa o seu futuro?
> – Eu quero trabalhar de caminhoneiro [...].
> – Se continuar estudando como seus irmãos, pode até entender de mecânica e assim ser um bom caminhoneiro?
> – Sim. Meu pai trabalhou em oficina de refrigeração.

Demarca-se assim a instrução como um corte na infância, visto não haver acolhida de seus temas, dos conteúdos ministrados e das práticas compartilhadas. O depoimento do aluno Joel expressa essa falta.

> – Que mais você deixa de fazer para vir para a escola?
> – Andar de magrela [bicicleta]. Às vezes eu tô inventando [...]. Brinco de caminhão. Faço o volante, os aceleradores com pedaços de pau. Tenho um montão de amigos [cita os nomes].

Alunos como Joel acabam assumindo para si a postura de desajustados, como se a confirmar o modo como a escola os trata e os vê. Implicitamente estão a gritar que não encontram sentido nas práticas vivenciadas.

Suas visões de escola e expectativas de futuro levam-no a tomar posição oscilante perante os amigos e em relação aos dispositivos disciplinares oferecidos na escola. Porém, do mesmo jeito que os alunos tidos como ordeiros, sua demanda era por oportunidade de convivência, movimento corporal e amizades. Ocorre que ele decidiu se relacionar desordeiramente com a escola, afirmando-se desse modo perante os pares. Em grupo, contesta as relações escolares, tidas como detestáveis.

> – Quando acontece uma conversa séria sobre vocês entupirem o banheiro, riscarem o livro da professora, coisa e tal, por que isso tá acontecendo?
> – Eu sei quem foi, mas não vou contar.
> – Outro dia você e os meninos deixaram a torneira vazando por gosto [...]. Escutei de um deles que era para destruir a escola.
> – É, mas só quando eu sair.
> – Será que daqui a sete anos você ia gostar de ver essa escola aqui onde ela está? Ou você ia querer que ela não existisse mais?
> – Não sei.

Individualmente, tenta corresponder à expectativa dos adultos. Em alguns aspectos, incorpora como sua a fala de seus professores e família. De outra parte, age como o tipo de aluno "desajustado", como diz a escola, ou vai "na onda dos outros", como diz o pai. Reticente, refere-se a um futuro demasiado distante e, nesses termos, forja e conforma o seu trabalho de aluno.

6.1.2 Queria brincar com meu cavalo

No cotidiano escolar, havia referentes culturais externos, confluindo para as regularidades do ensino, implicados nas lógicas de subjetivação incentivadas. A ação social mostrava-se rica em detalhes sobre como e em que condições a experiência cultural das crianças acontecia. Em cada banalidade apreendida, disputas societárias apareciam, personalizadas nos posicionamentos individuais e nas distintas ou concomitantes práticas escolares implicadas.

Conforme as circunstâncias e as características sócio-históricas em jogo, a ação individual dos alunos repercutia nos processos pedagógicos e definia-se em relação à experiência social mais ampla. O trabalho solicitado aos alunos era predominantemente cadenciado pela produção individual, restrita ao uso da folha ou do caderno, à cópia do quadro de giz, ao silenciar.

Era um trabalho compassado por lógicas escolares reforçadoras das regras prescritas para um bom comportamento e para o melhor desempenho nas avaliações. Ocorre que tais sistemáticas escolares fracassavam, à medida que iam sendo tensionadas, mesmo entre os alunos mais novos. Como quando mostravam suas produções em folha uns para os outros ou usavam os tempos ociosos para conversar sobre variados assuntos. Insistiam em pedir permissão para transitar pela sala de aula e pela escola. Com essas atitudes, interferiam nos ordenamentos pedagógicos instituídos.

Essas formas de atuação eram contrastadas aos ritmos escolares, pois davam-se enquanto a maioria tentava responder às tarefas solicitadas. Nem sempre agiam em concordância com os seus pares, o que muitas vezes gerava embates abertos ou velados. Alguns deles eram levados às autoridades escolares, a exemplo do que sucedia após as brigas ocorridas durante os recreios, nas classes ou no ônibus.

Contudo, as contestações observadas nem sempre se davam mediante confrontos abertos com a escola. Também ocorreram por meio de atitudes como ficar emburrado, chorar ou simplesmente recusar-se a fazer o trabalho solicitado.

Entre os menores, capturei descontentamentos individuais e coletivos manifestos nesse sentido, expressos como distrações e na percepção de que estar na escola mais tempo podia ser uma grande injustiça.

Em uma roda de conversa com as crianças menores, na primeira etapa do PME, a monitora ensaiava aproximação com o contexto cultural local. Ela perguntou do que as crianças brincaram no fim de semana e fez o levantamento das brincadeiras da infância de pais, mães e avós.

Entre as atividades listadas: videogame, andar de bicicleta, cavalgar, brincar com os cachorros, ir a um churrasco, pescar e ajudar a limpar o peixe, reunir amigos para fazer de conta que é um barzinho ou escolinha, casa de boneca, pega-pega e apostar corrida. As famílias também escreveram sobre suas brincadeiras de criança: fazer vaquinhas com barro, caçar passarinho, brincar de bola, bets, andar de perna de pau, esconde-esconde, peteca, subir em árvore, bolica, polícia e ladrão, rolimã, balançar no cipó, fazer boneca de pano, amarelinha, bola de meia e soltar pipa. Todas essas brincadeiras eram conhecidas dos mais jovens.

Mas, quando a monitora tentou ensinar uma brincadeira nova para o grupo — *uva, maçã ou salada mista?* —, não conseguiu concluí-la da forma esperada, pois as crianças se dispersavam com facilidade. Entre os participantes dessa brincadeira, o João disse-se, contrariado, porque *não queria estar falando sobre essas coisas*. Queria estar com o pai mexendo nos cavalos. O menino estava isolado, emburrado e não queria brincar. Durante o lanche, falou sobre como se sentia. Três meninas aproximaram-se para consolá-lo, dizendo que também gostavam dos cavalos e de suas cores, *gateado, que é preto com branco, lobuna, que é marrom*. Sonolento, ele reclamou *eu não queria estar aqui*. Contrariado, continuou a sua explicação.

> – *A que horas você brinca com seu cavalo?*
> – *Eu só tenho uns tempos quando o meu pai está em casa. Aí eu brinco de puxar corda, passear.*
> – *E você já andou em cima dele?*
> – *Já, uma vez.*
> – *E ele tem nome?*
> – *Sim. Desde que eu ganhei, pensei rápido. Olhei e vi uma coisa na cabeça. Chamei de Lua.*
> – *Então é uma fêmea?*
> – *É uma menina.*
> – *E você dá alimento a ela?*
> – *Dou cenoura, comida misturada e dou água.*
> – *Hoje de manhã você falou o tempo inteiro da Lua. Está com saudade dela?*
> – *Eu tô.*
> – *E quando você vai poder brincar com ela? Amanhã?*
> – *Só quando o meu pai está em casa, e amanhã ele não vai estar. Só hoje que ele tá.*
> – *É por isso que você está chateado?*
> – *Sim [com a cabeça].*
> – *Mas a aula não foi legal?*
> – *Foi [fica reticente].*
> – *O que você mais gostou?*
> – *[Negativa com a cabeça].*
> – *Você não gostou de nada?*
> – *Não.*

Mais uma vez em suas insatisfações, falas espontâneas ou distrações, alguns alunos mostraram quanto consideram injusto um tempo escolar que os priva das situações de convivência, de liberdade e do movimento corporal. Por mais de uma vez, mostraram-se descontentes com as padronizações escolares.

Por meio de suas falas, de seus gestos e atitudes, denunciaram as incoerências percebidas nas sistemáticas da escola, a exemplo dos combinados e das atividades na folha, que serviam muitas vezes para preencher um tempo destinado a esperar, sem que fosse explicitada a finalidade educativa das tarefas realizadas.

Conforme transcorriam as sistemáticas educacionais, o trabalho dos alunos objetivava-se no confronto com o contraditório. Tomados pela ironia, pela indiferença ou passividade, referiram-se às incoerências e às dificuldades próprias da cultura da escola. Nessa dinâmica, a ação dos profissionais da escola e dos alunos, entre si e uns com/contra os outros, variou entre a regra e a burla, entre a afirmação e a negação do propósito pedagógico. E, nesse sentido, os processos de subjetivação captados nas entrevistas relacionadas ao estar mais tempo na escola externaram, preferencialmente, visões negativas da escola.

6.2 O projeto é indisciplina ou convivência?

Ao fim do período de realização do PME, a escola convidou aqueles alunos considerados como casos de indisciplina e identificados como em situação de vulnerabilidade social para um novo Projeto de Contraturno. Dez alunos foram chamados a participar, com a autorização formal da família. A reunião foi conduzida no fim do primeiro semestre letivo, mediada pela equipe de profissionais da escola e da assistência social do município. Foi realizada num sábado. Estavam presentes os responsáveis, a diretora da escola, duas professoras e a pedagoga, além de duas profissionais do Centro de Referência de Assistência Social (Cras).

Naquele momento, as famílias foram informadas de que se tratava de um trabalho em parceria, configurado segundo a política nacional intitulada Serviço de Convivência e Fortalecimento do Vínculo Familiar e Comunitário.

O trabalho seria realizado uma vez na semana, no formato de oficinas, conduzidas por uma psicóloga e uma assistente social, ambas do Cras, podendo ocorrer participações de outros profissionais das Secretarias de Saúde e Esporte e Lazer, porquanto tratava-se de uma "ação intersetorial no território".

O projeto ocorreria na escola durante três meses, abrangendo dança, artes, esporte e dinâmicas de grupo. Também haveria acompanhamento pedagógico da escola, conduzido por uma estagiária remanescente do PME e que havia sido contratada pelo município. As famílias receberiam acompanhamento paralelo em casa, segundo outras frentes de trabalho previstas pela Assistência Social.

6.2.1 Alunos convidados

Raimundo era do terceiro ano e já havia passado por um conjunto de encaminhamentos para recuperação de sua "defasagem de aprendizagem", entre elas o PME e o Reforço. Quando foi iniciado no projeto, estava mais adaptado. Havia construído um lugar de aceitação entre os meninos considerados bagunceiros, embora continuasse sendo objeto de atitudes discriminatórias.

Leandro, Marco Aurélio e Igor eram do quarto ano. Os dois primeiros, considerados bagunceiros, haviam desistido do PME em 2015. O terceiro recebia acompanhamento pedagógico no Reforço. Os três participaram das duas fases do Programa.

Os demais eram do quinto ano, quatro meninos e duas meninas. Leonel era o único estreante nas ofertas de contraturno. Flávio, Robson, Joel, Ângela e Carolina haviam participado do Programa Mais Educação, mas apenas Carolina não havia desistido. Ela recebia também acompanhamento pedagógico, via Reforço Escolar.

6.2.2 Conversa com os familiares

A reunião iniciou com a fala de uma das assistentes, direcionada aos pais. O foco da exposição foram questões sobre a vulnerabilidade social e a frequência. As falas intercalavam-se entre as autoridades da escola e da assistência. Enquanto isso, os familiares permaneciam escutando.

A diretora ressaltou a baixa participação nos eventos, e a pedagoga reforçou perceber a necessidade de as crianças assumirem responsabilidade no estudo, pois muitas vezes *estar fisicamente na escola não indica compromisso com a própria aprendizagem*.

Uma das professoras falou de sua necessidade de receber ajuda da família para saber *como deixar as crianças mais interessadas e comprometidas*. Num tom maternal, referiu-se à escola como uma segunda casa, dizendo considerar seus alunos *verdadeiros filhos*. Nessa linha argumentativa, a equipe escolar fez o convite à participação das famílias. Em seguida, abriu a conversa para que os responsáveis também colocassem suas expectativas sobre a participação de suas crianças em um novo projeto. Mas eles se mantiveram na posição de ouvintes. A equipe da escola continuou a falar sobre o novo projeto, focado no acompanhamento disciplinar e em preparar as crianças para o estudo, por meio do auxílio às tarefas de casa e do incentivo ao hábito de estudar.

As assistentes tomaram a palavra para explicar como se daria o trabalho. Disseram ser esse um serviço pelo qual pretendiam criar espaços de convivência entre crianças, escola e famílias. Paralelamente, o acompanhamento dar-se-ia também nas casas, por meio do auxílio a cada família e com o cuidado de não expor as pessoas.

Concluída a explanação institucional, foi feita uma dinâmica de grupo sobre as expectativas dos presentes em relação ao projeto e serviço apresentados. Os familiares foram os primeiros a falar. Decidiram se autorizavam ou não a participação de suas crianças, como se comprometiam e quais eram suas demandas. Na dinâmica, cada pessoa fazia uma bolinha de papel adesivo para representar sua expectativa. As bolinhas iam sendo grudadas umas nas outras para simbolizar a construção coletiva, com base nas expectativas compartilhadas. As mediadoras salientaram que o êxito do trabalho aconteceria, se ele fosse feito de forma partilhada, pois não seria justo depositar as expectativas em uma única pessoa ou projeto. Todos seriam, assim, responsáveis pela experiência.

As falas das famílias foram sucintas, todas aceitaram participar do projeto. Um pai afirmou considerar importante receber ajuda porque, como bem sabia a diretora, para ele era uma tarefa difícil cuidar sozinho de sua criança, que naquele momento, segundo ele, já estava bem melhor.

No intervalo do café, uma mãe disse que o filho estava lhe dando bastante trabalho, ao contrário dos irmãos mais velhos. Disse que em 2015 o menino pediu para sair do PME, porque não gostou do tratamento dispensado por uma das monitoras. E também que ela, a mãe, não via com bons olhos a influência de outros meninos.

Quanto às expectativas manifestas, observei divergências entre o que a escola esperou do projeto, o que a assistência ofereceu e o que os sucintos relatos dos familiares apontaram. Para a escola, a questão era avaliativa e disciplinar, enquanto para a assistência se tratava de estreitar laços de pertença. As famílias deram o consentimento, porém a colocação da mãe, durante o intervalo, sugeriu que a aceitação estava condicionada ao modo como as famílias acompanhariam as dificuldades da escola em relação aos filhos, e vice-versa.

À parte isso, havia também as expectativas dos alunos. No início, o grupo mostrou-se resistente, mas ao fim elogiou a experiência. A não participação das famílias no acompanhamento escolar dos alunos, da qual a escola reclamou, não condizia totalmente com a forma como os responsáveis agiam. Por mais de uma vez, vi-os em situação de acompanhamento dos filhos, ao portão ou entrando na escola para conversar. Além disso, os alunos chamados a participar não eram, conforme requeria a Assistência Social, pertencentes ao Programa Bolsa Família. Isso porque a escola procedeu a um critério de escolha compatível com as situações pedagógicas consideradas prioridades, nem sempre coincidentes com a vulnerabilidade social das famílias, conforme pautado pelos programas oficiais.

Nesse arranjo, ocorreu a parceria da escola com a assistência social. A expectativa da equipe pedagógica era a de receber auxílio e orientação quanto a como lidar com as famílias das crianças que a desafiam no dia a dia, de modo que os casos comportamentais foram priorizados.

Durante a condução do projeto, a abordagem da escola não mudou. As profissionais da Assistência Social, assim como as crianças, estiveram entre as lógicas da disciplina e da convivência.

Vale lembrar que as turmas, desde o ano anterior, havia expressado a demanda por convivência e movimento corporal, ao passo que, para a escola, a expectativa era instrucional e comportamental. Talvez, por essas divergentes orientações, os gestos de indisciplina estivessem em pauta naquela reunião.

6.2.3 Sabotagem

Os alunos aguardavam na biblioteca a chegada de uma das profissionais da assistência social. A diretora estava com o grupo e iniciava uma conversa informal. Teve dificuldade em conduzi-la. Propôs um jogo, mas os meninos, intencionalmente, impediam seu encaminhamento. Reclamavam com displicência, *que chata* (Robson, quinto ano). Faziam interrupções na fala da diretora e usavam o que ela mesma dizia para desabonar a tarefa. Afirmavam saber que estavam apenas *matando o tempo* (Joel, quinto ano).

Quando a pedagoga entrou na biblioteca, a diretora retirou-se. Ela também tentou encaminhar uma atividade de espera, mas foi igualmente impedida, segundo a mesma sistemática de boicote. Em resposta, ela mudou o tom de voz, passando a falar baixo, numa tentativa de conseguir ser escutada, mas a estratégia não surtiu efeito. Convictos, os meninos continuaram a impedir o início da atividade, que consistia em usar uma folha em branco para, de um lado, desenhar, e do outro escrever o que foi significativo no encontro passado com as profissionais do Cras. A pedagoga tentou não transparecer irritação, mas os alunos percebiam seu desconforto e zombavam da sua dificuldade. Ela, então, começou a mudá-los de lugar. A cada troca de cadeira, eles arrastavam os pés para fazer barulho. As meninas, muito quietas, demonstraram não gostar quando alguns deles se sentavam do lado delas.

Finalizada a troca de lugares, a pedagoga saiu da sala dizendo que ia buscar materiais de apoio, e, até que chegasse a mediadora da oficina do dia, a espera durou cerca de 30 minutos. Nesse tempo, os alunos mantiveram-se mobilizados no boicote. Registrei: continuar falando entre si enquanto o adulto tentava conduzir a explicação; falas intencionalmente direcionadas à fuga da atividade a ser realizada; risadas; respostas sarcásticas que se utilizavam das regras de convivência expostas nas paredes; inverteram o ditado, *temos duas bocas pra falar e uma orelha pra escutar* (Joel, quinto ano); *tem que respeitar as pessoas que mandam* (Robson, quinto ano); em tom de ironia, diziam *ser gentil é obedecer* (Igor, quarto ano); disputavam uma mesma cadeira; chamavam o Raimundo de *viado* (Marco Aurélio, quarto ano); chutavam por debaixo da mesa; chamaram a coordenadora de *burra* (Raimundo, terceiro ano).

Quando a mediadora do Cras chegou, o grupo estava disperso. Os alunos faziam brincadeiras entre si, deslocando-se até a porta para ver se havia algum adulto por perto. A pedagoga reapareceu e explicou que a atividade em aberto seria finalizada no recreio do outro dia.

Iniciada a oficina, a sabotagem continuou. Agitados, os meninos faziam provocações, entre si e com a mediadora. As duas meninas permaneceram em silêncio trocando olhares. Escapavam delas gestos de olhos virando-se ou suspiros de desaprovação. A mediadora foi recebida com deboche. *E aí? Tudo em paz?* (Joel, quinto ano) Ela respondeu sim e perguntou se estavam fazendo a atividade, ao que Robson disse *sim, mas queria estar fazendo outra coisa*.

Ela iniciou o trabalho mudando a disposição dos alunos. Pediu para que se sentassem de tal modo que todos se vissem. Passaram então a compor um círculo. A cada colocação, utilizava a expressão "por gentileza", gesto combinado que estava sendo discutido desde a semana anterior. Na roda, ela contou sobre ter ficado triste porque uma colega com quem havia trabalhado durante muitos anos se despediu do emprego. Disse que o seu fim de semana fora ótimo porque passeara bastante. Na sequência, pediu para os alunos continuarem a conversa, contando como havia sido o fim de semana de cada um. Imediatamente foi contestada por Marco Aurélio:

> – *Pra que isso agora?*
> – *Agora somos um grupo. Precisamos nos conhecer.*

Os primeiros falaram pouco, pois sabiam que seriam interrompidos. *Desembucha, piá!*, disse o Flávio enquanto se deitava sobre a cadeira e se arrastava pelo chão. A reação da mediadora consistiu em intervenções do tipo *é difícil pra você, Marco Aurélio, escutar?; você pode perguntar se pode sair do lugar? Assim, pra* não atrapalhar os amigos. Tu acha que consegue? [referindo-se ao Flavio] Essa forma de comunicação surtiu algum efeito, provocando certa respeitabilidade por parte do grupo. Quando chegou a vez da Ângela falar, a menina disse que sua semana fora muito ruim porque seu primo se enforcara ao ficar sabendo que a namorada tinha outra pessoa. Começou a chorar. As reações iniciais foram de zombaria. *Putz! A menina começou a chorar!* (Robson, quinto ano) Mas, enquanto a maioria debochava, Joel quis saber do acontecido. Flávio disse, em meio a risadas, *caralho*.

A mediadora perguntou a todos:

> – *É difícil pra vocês respeitarem a dor de um amigo? Alguém quer dizer alguma coisa pra Ângela?*
> – *Dizem que a pessoa que se mata vai para o inferno.* (Flávio, quinto ano).
> – *Alguma coisa positiva que possa ajudar a confortar?*

Começaram a aparecer frases como *eu desejo felicidade pra ela* (Marco Aurélio, quarto ano). Nisso, dois meninos ensaiaram uma discussão:

> – *O Igor também fica me enforcando na hora do recreio* [risos]. (Flávio, quinto ano)
> – *Por que falar bobagem, piá, dá vontade de pegar sua cabeça e bater com ela na parede.* (Leonel, quinto ano)

Carolina mostrou-se incomodada diante das repetidas atitudes de boicote dos meninos. Levantou-se e disse:

> – *Eu sinto muito.*

A mediadora também se levantou e foi até as meninas, abraçando-as e dizendo entender o que a Ângela estava sentindo:

> – *Eu também já perdi alguém que gostava, e, mesmo sabendo que todos iremos morrer um dia, é sempre difícil esse momento de dor.*

O grupo silenciou. Retomada a roda, Raimundo era o próximo a falar. Contou que ficara andando de bicicleta. Robson o contestou:

– Não é isso que você devia contar, mas sim se gostou da lição da escola.

Quando chegou a vez do Joel, o último da roda, ele contou de forma pormenorizada a morte do seu irmão mais velho no ano anterior. A reação da mãe ao saber o que ele fazia no dia... O depoimento interrompeu a dispersão e o sarcasmo dos outros meninos. O menino ficou emocionado, recebendo um abraço da mediadora:

– Sinto muito e te compreendo.

Todos foram convidados ao abraço, que se tornou coletivo. E, com esse gesto, a primeira etapa da oficina foi encerrada.

6.3.4 Gentileza

Na semana seguinte, a dupla feita de psicóloga e assistente social convidou os alunos a conhecerem o Cras. Eles foram informados de que seria *uma oportunidade para o grupo praticar a gentileza*.

Antes de saírem, o Flávio escolheu qual seria o combinado tema da oficina da próxima semana: *não mentir*.

Desde o trajeto no ônibus, eles se mostraram entusiasmados. Ao fim do dia, o Leandro escreveu em sua autoavaliação: *Hoje me senti emocionado*. No caminho, as duas meninas conversavam entre si. Ao passar pela prefeitura, Carolina contou: *naquela lanchonete meu pai sempre me levava para tomar sorvete, uma delícia*. Ângela apontou para um rapaz na rua: *parece o Anderson, um amigo da minha irmã com quem ela ficou*. Já os meninos continuaram se provocando, mexendo nas alavancas dos bancos. E pela janela mexiam com as pessoas da rua.

Chegando ao local, foram apresentados às pessoas que ali estavam trabalhando. Foram informados de que algumas estavam sendo atendidas, por isso seria preciso respeitar aquele espaço de convivência e de trabalho.

Em resposta, Marco Aurélio fez um comentário negativo sobre uma senhora:

– Você viu aquela velha burra?
– Tente de novo: "viu aquela senhora sentada?"

As mediadoras mostraram a sala onde aconteciam oficinas com adolescentes e também idosos; a parte dos fundos onde havia um campinho de futebol e o espaço das aulas de artes marciais e dança urbana.

As meninas sentaram-se no gramado, e os meninos corriam e procuravam algo para transformar em bola. Somente o Raimundo estava parado, dizendo ter dor de cabeça. Depois, retornaram para a sala de trabalho das mediadoras para ver vídeos de outros alunos dançando.

Em relação aos vídeos, Marco Aurélio e Robson comentavam: *este é preto; aquela é muito magra; o nariz dele é esquisito.* Uma das mediadoras interferiu: *acho que não vou fazer filmes de vocês porque só ficam apontando o dedo. Tu gostaria, Marco, se fosse você?*

A última atividade do dia foi um registro de autoavaliação escrita. Completar frases: *Quando eu crescer... Adoro... Meus amigos... Prefiro... Não gosto quando... Me acham... Me sinto feliz quando... Eu tenho... Me irrita... Fico surpreso quando... Tenho curiosidade... Me emociono... Já fiz... Sou grato por... Acredito em... Meu maior sonho é...*

Todos se interessaram em registrar. Raimundo recebeu auxílio na escrita e foi incentivado a expressar, em palavras, como se sentia:

– Não gosto quando dizem que não sou bom e gosto de ser bom.

No início se mostraram resistentes com a atividade, mas, quando começaram a preencher suas frases, quiseram compartilhar os registros. Recebiam auxílio e mostravam-se curiosos para espiar o que o colega anotava. Gostaram de escrever algo que pudesse despertar o olhar de outras pessoas, e do fato de as mediadoras se interessarem por saber coisas deles. Finalizado o registro, as educadoras recolheram as fichas, e eles retornaram para a escola.

6.3.5 Educação e alteridade

Os dois episódios anteriormente descritos referem-se a um duplo processo de construção de laços de confiança, entre adultos (educadoras) e crianças (alunos e alunas), e às tentativas pedagógicas de desconstrução de hostilidades. Para isso, foram elencados temas e conteúdos abstraídos das demandas identificadas no grupo.

As circunstâncias desse trabalho provocaram-me a refletir sobre a necessidade de educar contra as segregações, especialmente o episódio da roda de conversa na Biblioteca.

Primeiro o silêncio e as sabotagens dos meninos, sistemática e coletivamente organizados segundo a lógica da burla. Pretendiam impedir, com suas falas e expressões corporais, que a atividade escolar acontecesse. Mas, quando foram chamados a narrar suas experiências, perderam a voz, porque não queriam ser, individualmente, objeto de manipulação e de boicote. Experiência que não pode ser compartilhada? Que não se transforma em produção e autoria? Dificuldade de acolher a experiência de dor de outra pessoa?

Em resposta, destaco a mediação respeitosa e paciente das duas educadoras, que desde o início do trabalho indicaram claramente o objetivo da tarefa solicitada, auxiliando-os na compreensão sobre como a convivência e o trabalho pode nos formar gente melhor. Confiança construída na comunicação, sustentada basicamente na forma de tratamento do adulto, mesmo diante de incoerências e das atitudes desordeiras e hostis.

Com relação ao trabalho escolar, indago se os gestos de discriminação teriam sido tomados como objeto de reflexão, nas interlocuções com os alunos. A escola percebeu esse tipo de mediação como também relacionada ao conteúdo de suas intervenções? Ou considerou isso algo supérfluo, diante das demandas da instrução? Até que ponto os gestos e falas denunciavam uma experiência escolar esvaziada e que se dirigia aos alunos de um modo impessoal e uniforme? Quais participações eram suscitadas diante das lógicas do controle disciplinar e da supervisão? Será mesmo que *gentileza é questão de obedecer*? Diante das burlas e das crueldades infantis, qual o recado que as indisciplinas dos meninos deram para essa escola, que se empenhou em alcançá-los, porém de um modo padronizado e controlador?

Não tenho respostas conclusivas, mas vale mencionar que, no decorrer do projeto, as sabotagens foram, gradativamente, deslegitimadas pelos próprios alunos. E que a crescente receptividade se deu de um modo muito simples, pautada pela forma de tratamento oferecida pelas mediadoras. Essa forma de interlocução desencadeou certo grau de diversificação da experiência escolar; ainda que as formas escolares dominantes estivessem regendo atividades conduzidas, pois não eram objeto de contestações às regularidades da escola por parte das profissionais externas ao contexto escolar.

Pode-se pensar que as dificuldades escolares que repercutiram no tempo do projeto não se deram, exclusivamente, por conta das famílias ausentes ou desestruturadas, mas, prioritariamente, por intermédio de práticas pedagógicas insuficientes. Com Benjamin (2013), a experiência escolar esvaziada de memórias e de autorias não deixava rastros. Esvaziava-se em atividades soltas e esperas vãs. Os alunos que se tornaram o grupo selecionado do Projeto Indisciplina/Convivência haviam passado pelas padronizações escolares, algumas delas replicadas no PME. Estavam fazendo uso das sistemáticas da escola para destruí-la.

Nesses confrontos, havia contingências desse tempo histórico, marcado por segregações e opressão, determinações sobre o processo pedagógico e sobre as crianças e suas respectivas famílias. Entretanto, no âmbito da escola e diante do controle disciplinar, as tensões acentuaram-se, no mesmo compasso em que as demandas requeridas pelos alunos eram ignoradas.

Por isso, suas rebeldias e indiferenças podem ser lidas, em parte, como reações produzidas nas relações pedagógicas. As sabotagens, compreendidas como desagregadas indagações; e as investidas disciplinares, como insuficientes.

Particularmente quanto ao fato de o tempo ampliado ter replicado as regularidades do ensino e, por isso, não acolhido a linguagem corporal, o movimento e a ludicidade foram expectativas mais de uma vez manifestas pelos alunos como componentes de uma experiência escolar modificada.

Diante das interdições escolares, ganharam espaço respostas difusas e preconceituosas. Os episódios de indisciplina tornaram-se, nesse viés, expressões da participação de algumas crianças na construção da experiência de mais tempo, em muito impregnada de sectarismos, segundo lógicas circulantes na escola e em outros sistemas sociais dos quais participavam os alunos e a família.

6.3 O que os alunos acharam da experiência de mais tempo?

Na etapa final do trabalho de campo, criei um momento de avaliação. Propus a quantificação da experiência de mais tempo da escola em que estudavam, expressas em notas numéricas. Em seguida, registrei suas explicações (pareceres avaliativos). Admitida a participação plural e tendo em vista seus referentes culturais, o objetivo era verificar se havia verossimilhança entre suas opiniões e os temas de aprofundamento da prática pedagógica levados à reflexão pela pesquisa.

Buscava, nas notas e explicações dos alunos, elementos para pensar a escola por outros caminhos. Fiz isso concentrando-me em alguns de seus descontentamentos e insucessos, mas também nas expectativas manifestas.

Já estava suficientemente nítido que os Projetos de Contraturno haviam se tornado arena de confrontos, segundo a lógica escolar centrada na norma, na autoridade e na eficácia. Do ponto de vista da escola, havia o receio de que a abertura das práticas existentes segundo outros formatos pudesse tornar o trabalho escolar desorganizado, menos sério e sistemático.

Nesse limite, o tempo escolar ampliado foi adaptado aos padrões que já estavam sendo questionados pelos alunos, não sendo, por isso, bem recebido. Do ponto de vista de alguns alunos, eles deixavam de participar de outras experiências socializadoras mais significativas, obrigados que estavam a estar na escola.

Corrobora essas constatações, o número de desligamentos ocorridos durante a condução do PME. Em 2015, registrei 22 desistências, o dobro da primeira etapa, e a metade das 45 vagas disponibilizadas em cada etapa-ano.

As famílias autorizavam a participação dos alunos, por livre adesão, e as crianças se mostraram curiosas de participar. Porém, iniciado o trabalho, as insatisfações surgiam, o que explica as movimentações em torno das desistências e de novas inscrições.

Entre 2014 e 2015, acessei 125 pastas individuais, utilizadas para a composição das turmas nas respectivas séries/anos. O número de matriculados no ensino regular foi de aproximadamente 80, em cada ano.

No contraturno, foram atendidos 86 alunos, 43 por ano, a maior parte por intermédio do PME. Do Reforço participaram 14 alunos; destes, 5 não eram do PME. Dos dez alunos do Projeto Indisciplina/Convivência, apenas um era estreante no contraturno, seis haviam desistido do PME.

Da avaliação formal da experiência de mais tempo de escola, participaram 22 alunos. Os respondentes atribuíram notas numéricas para as atividades de contraturno, após o que verbalizaram individualmente, mediante enquete, o que pensavam sobre essas iniciativas. Perguntei se era necessário mais tempo de escola; por que achavam que tinham sido convidados; como participaram e se haviam desistido.

6.3.1 Precisa mais tempo de escola para todos os alunos?

Cinco respondentes disseram não, contra doze que achavam que sim. Compilei e tipifiquei as respostas desses dois grupos. Em ambos verifiquei ressalvas quanto às circunstâncias e por meio de quais práticas os alunos deviam ou não passar mais tempo na escola.

Entre os que disseram "não", prevaleceu a recusa a um tempo escolar replicado. Anotei respostas do tipo: *do jeito que está já é o bastante; as crianças já passam o dia trabalhando na escola, seria cansativo ter um texto de manhã para copiar e outro de tarde; aí ia demorar muito para ir para casa.*

Para os que opinaram "sim", as justificativas oscilaram entre a aceitação da forma escolar padrão (o que correspondeu a respostas tidas como adequadas aos olhos dos adultos) e o desejo de diversificação da experiência: *assim os alunos vão ter mais tempo de aprender mais e melhor; com mais tempo de aula podemos fazer mais coisas; vamos ter mais tempo para nós mesmos, e um com o outro; não dá tempo da professora passar todo o conteúdo; quando os alunos não estão aprendendo bem; porque é preciso estudar mais para ter um bom futuro.*

6.3.2 Por que fui convidado?

As respostas demonstraram expectativas distintas, contrastadas a como achavam que eram vistos, como também com base nas vivências de aluno. Mostraram ter noção dos critérios e sistemas da escola e, além disso, admitiram a curiosidade por novas oportunidades educacionais: *porque eu era bagunceiro e as mulheres do Cras vieram me ensinar a parar com isso e eu acho que conseguiram um pouco; achei que era para brincar; porque em casa não tinha o que fazer; eu pedi porque achei que ia ter um monte de atividades legais; vi que ia ter Capoeira e eu gosto de lutar; para ficar mais esperto; foi para ajudar no meu aprendizado; porque a escola convidou quem queria vir e eu quis.*

O Projeto Indisciplina/Convivência foi a iniciativa de contraturno mais bem avaliada, com o Reforço. A oferta ocorreu no último trimestre letivo de 2015, em face de um processo de desgaste advindo de enfrentamentos anteriores dos alunos com a escola, ocorridos tanto no turno regular como no PME. Nessa circunstância, considerei contundente a avaliação positiva do projeto, mesmo em tão pouco tempo.

Merece realce a forma como se deu a mediação das profissionais do Cras, diante dos episódios de burla e de deboche. A chave para a conquista da receptividade, a meu ver, esteve na atenção e no modo como esses alunos foram tratados, valendo-se da escuta sensível, convertida nas situações planejadas para as oficinas.

As participações rebeldes foram acolhidas e questionadas. As intervenções didáticas tomaram por sistemática contrariar gestos de agressão e de discriminação sem, no entanto, recorrer à punição. Para isso, a mediação fez uso de dinâmicas de grupo direcionadas à convivência, às amizades e ao corpo em movimento, tal como desejavam os alunos.

6.3.3 O meu jeito de participar

Primeiramente, os respondentes reportaram-se ao papel oficial de alunos e em seguida explicaram por que permaneceram ou não até o fim do PME.

Da explicação, apreendi dois contrastes: a) as diferenças entre como diziam compreender o bom/mau aluno e a atuação destes nas situações reais do ensino; e b) a decisão de permanecer nela ou não, tendo em vista o tempo que se perdia por estar na escola, isto é, a tensão entre o trabalho de aluno e o ser criança.

Quando se referiram ao jeito de participar, disseram-se contrários ao papel disciplinador da escola, justificando suas rebeldias: *eu não parava quieto porque queria ir embora; quando não tem nada de bom acontecendo, a gente faz bagunça; no começo eu xingava e ficava brava, mas depois melhorou.*

De outro lado, ofereceram respostas esperadas quanto às atitudes de um bom aluno: *eu prestei atenção e conversava na hora certa; uma boa aluna faz tudo o que a professora manda; ficando quietinha; deixando a professora explicar; sendo brincalhão e amigo.*

Quanto ao PME, consideraram uma experiência escolar mediana: *era um pouco legal; fui gostando aos poucos; fui espertando para a vida e logo vi que era para o meu bem; eu quis desistir, mas o pai não deixou; era muito legal e divertido.*

Entre os que não permaneceram até o fim, as respostas foram fáticas: *eu enjoei e ficava com dor de cabeça; eu não posso ficar na escola até tarde porque tenho que ajudar a cuidar do meu irmãozinho; todos os meus amigos saíram, aí ficou chato.*

6.3.4 Notas numéricas

Para cada atividade de mais tempo ofertada, os respondentes atribuíram notas numéricas.

Notas acima de 70 para: o Reforço Escolar (em 2014, 86; em 2015, 100); o Jogo Capoeira (em 2014, 77); o Projeto Indisciplina/Convivência (em 2015, 81).

As demais ofertas foram consideradas insuficientes e obtiveram nota inferior a 50. O ônibus obteve a menor nota (em 2014, 49; em 2015, 42), seguido do Acompanhamento Pedagógico do PME (em 2014, 48; em 2015, 45).

O Reforço Escolar da escola, cuja característica era fazer uma mediação particularizada e em pequenos grupos, não foi considerado repetitivo, ao contrário do Acompanhamento Pedagógico do PME, conduzido por voluntários e em grupos de 15 alunos.

Quanto à prática corporal do Jogo Capoeira, embora tenha sido bem avaliada, havia sido substituída pelo Canto Coral (47), de aceitação inferior. A escola explicou que essa mudança se deu devido a incidentes entre os alunos e o mestre, o que tornou sua continuidade desaconselhável. Contudo, os alunos mostraram em suas avaliações que discordavam dessa decisão.

A atividade que ocupou o lugar da Capoeira na preferência dos alunos foi o Projeto Indisciplina/Convivência (81).

6.4 Primeiras notas para uma educação integral

Interpreto a rebeldia dos alunos com base na crítica ao esvaziamento político e epistemológico da experiência escolar. Sem que as relações de poder-saber fossem democratizadas, a prática pedagógica esteve pouco suscetível a mudanças ou variações. Penso em quão distante a experiência de mais tempo esteve da educação integral historicamente colocada e em que medida as questões políticas relativas à finalidade do sistema público, disputadas nas lutas sociais em favor do ensino de qualidade, puderam ou não ser retomadas na política cultural da escola pesquisada.

Em minha interpretação, os sistemas educativos estiveram, prioritariamente, conformados à face conservadora da sociedade e, por intermédio de relações pedagógicas, foram justificados em razão da eficácia de um ensino prioritariamente instrucional. Prevaleceram as lógicas de controle disciplinar e de supervisão dos processos, que recaíram sobre os envolvidos na execução do trabalho educativo.

Consultando opiniões manifestas por alunos, percebia que estar mais tempo na escola era, em várias circunstâncias, um fato recebido como um fardo. Nos episódios de maior agressividade individual ou coletiva, os conflitos expuseram intervenções didáticas pouco vigilantes quanto às lógicas sociais discriminatórias.

Diante dessas tensões, cada divergência forçava a escola a um exercício de ajustamento, do qual surgiram os arranjos estabelecidos, traduzidos como propostas, projetos e regularidades do ensino ministrado.

As relações pedagógicas configuravam, desse modo, o ensino mediante embates e consensos. As participações dos alunos contrapostas às regularidades escolares, para além dos ajustamentos promovidos, acenavam para o movimento de crítica e de autocrítica sobre o teor do trabalho educativo.

Apreendidas no contexto e levadas à reflexão na pesquisa, as rebeldias foram interpretadas como fragmentários problemas do processo educativo, na maioria das vezes alimentadas por aleatórias participações rebeldes dos alunos. Contudo, também foram compreendidas como uma oportunidade de desvelar dimensões do ensino integral segundo as questões do cotidiano escolar.

Sob a aparente banalidade dos eventos registrados, havia exposição das contradições e das incoerências pedagógicas. Diante das padronizações do ensino convencional, os alunos mostravam-se diferentes entre si, e explicitavam como, na sua relação com a escola, pouco transpareciam suas histórias de vida e seus referentes culturais. Para a pesquisa, tais situações expuseram fracassos da experiência de mais tempo.

Justamente por essa via, tais participações foram consideradas elementos incentivadores da superação da escolarização em massa, em prol da educação integral. A cada reivindicação, a cada conflito ou questionamento, a análise da pesquisa buscou evidências da relação entre Pedagogia e movimento social, abrindo-se para o aprofundamento da crítica, alcançando, assim, fundamentos da defesa da educação integral, atingida mediante processos formativos autodeterminados e culturalmente diversificados.

Elevadas ao plano sócio-histórico mais amplo, as inconformidades vivenciadas no contexto da escola rememoravam imposições culturais produzidas no passado e no presente da educação pública brasileira, e da escola de massa em geral. Os fracassos do modelo vigente revelavam a fragilidade de uma escola acostumada a promover nivelamentos, prescrições e a difundir-se por meio da uniformidade de suas intervenções.

Vivenciados como imposições culturais, os processos formativos em curso geravam resistência. Por conseguinte, ocorriam ajustamentos entre as formas escolares dominantes e as inconformidades manifestas. Tarefa complexa, porque refere-se à dificuldade do ensino público de ser promovido de outros modos.

Nesse ponto, os conflitos mostraram-se profícuos, porquanto expuseram a contradição fulcral que permeia a existência da escola de massa, qual seja, a questão da reprodução da desigualdade social. Em face do autoritarismo político-pedagógico expresso nas dominâncias escolares, a crítica dos alunos sinalizava a necessidade de outros parâmetros da qualidade dos processos educacionais construídos.

Remetidas à consciência histórica sobre o movimento educacional favorável à construção de relações sociais equânimes e justas, suas rebeldias acrescentam um campo de possibilidades, a ser potencializado na escola, fundamentado na escuta e na participação dos atores sociais na construção da experiência de educação integral.

Se acessado o repertório histórico da educação crítico-transformadora, a educação integral poderá ser identificada como propulsora de práticas de ensino criativas, cuja meta é a retomada do sentido político da escola e sua integração na comunidade.

Na prática cotidiana, tal reposicionamento pode se expressar como negação da escola limitada à esfera da execução. E, no exercício de sua autonomia, a escola deixar a descoberto as disputas em torno da sua relevância social e, desse modo, participar do debate pedagógico de sua época. E fazer isso mediante o exercício da dúvida metódica sobre o próprio ensino ministrado, perpetuado via acúmulos da Pedagogia, incluindo nesse movimento o estudo da própria prática pedagógica, impulsionado pelo conhecimento das formas escolares não instituídas.

Conforme aumenta a consciência histórica sobre os processos educativos engendrados na/com/contra a escola, maior possibilidade há de a escola se assumir como uma experiência social dinâmica, isto é, de redefinir sua proposta formativa de um modo autodeterminado, sem a necessidade de submeter, repetidamente, suas opções político-pedagógicas ao crivo da eficácia.

Ao contrário, a lógica da eficácia passa a ser alvo da crítica consciente por parte dos atores sociais, particularmente quanto à contestação de uma sociedade desigual com seus ordenamentos excludentes, repercutidos nas práticas escolares.

Os traços cotidianos desse esmiuçamento, vindos da crítica pedagógica, coadunam-se com a denúncia da academia à seletividade do sistema de ensino. Referem-se ao desvelamento da aceitação passiva de metas quantitativas, as quais reforçam o ensino instrucional, simbolicamente atreladas que estão à falácia de uma escola eficiente em garantir a futura colocação profissional dos alunos/cidadãos.

Duvidando desse ordenamento, a atuação escolar crítico-transformadora assume-se como resistente à tarefa de adequar e de conformar os alunos às injustiças do mundo do trabalho. Com essa compreensão, lança--se em difícil atividade de desconstrução da lógica escolar meritocrática, perpetuada na aceitação de que o sucesso ou fracasso do ensino se deve às trajetórias individuais dos alunos, das escolas ou dos sistemas, uns contra os outros e em estado de permanente competição.

Do ponto de vista dos envolvidos com a construção do processo pedagógico, essa outra configuração enseja o enfrentamento do ensino padronizado, sistêmico, incorporado como lógicas socializadoras de controle, intrínsecas ao cotidiano das escolas. Revertê-las em favor da educação integral requer dos educadores atenção redobrada aos processos de subjetivação produzidos, compreendidos para além do caráter prescritivo das reformas curriculares, das políticas e dos programas.

Trata-se de uma lógica de integração de difícil realização, contudo disposta a incorporar as demandas dos alunos, pois entende que, com eles, a escola se fortalece como uma experiência social viva, coletiva. Sua utopia é a prática educativa solidária, transpassada por múltiplas linguagens e participações sociais.

A complexidade dessa ação convertida em política cultural exige dos atores mais do que supõe a mensuração dos resultados da aprendizagem ou a padronização de intervenções didáticas, mesmo aquelas tidas como inovadoras. Isso na medida em que, no dia a dia das escolas, inevitavelmente, o processo educativo deparar-se-á com os efeitos da desigualdade estrutural da sociedade capitalista. E, não sendo possível esconder ou ignorar tais determinações, o acolhimento das participações dos atores sociais, elevados em sua consciência histórica, exigirá da mediação escolar constante revisão, na busca por inovações plausíveis.

Dentro dessa compreensão, no descontentamento ou na indignação dos alunos, a investigação identificou oportunidades de desconstrução dessa expressão instrumental do ensino, desde antes identificada por Freire (1987) como educação bancária.

Na escola da Capoeira, as participações dos alunos ofereceram possíveis chaves de mudança, interpretadas pela pesquisa como notas reflexivas para uma educação integral.

Diante das situações-limite emergentes do cotidiano da escola investigada, e relativas à diversificação de tempos e espaços da experiência educativa, a pesquisa entendeu como de competência do próprio trabalho pedagógico *in loco* a construção de pontes entre a escola, os alunos e o lugar.

7

O LUGAR[96]

> *O olho vê*
> *A lembrança revê*
> *A imaginação transvê*
> *É preciso transver o mundo.*
> *(Manoel de Barros)*

Abro este último capítulo evocando peraltagens e despropósitos do "menino que carregava água na peneira" (BARROS, 2017). Trago-o para dialogar, seguindo por entre poesias, histórias das crianças da Capoeira e outras narrativas, tal como mostrou Benjamin (2015), sobre quaisquer assuntos do mundo em que vivemos.

Nesse diálogo, almejo uma mirada educacional dedicada ao tratamento horizontalizado da criança (não restrita ao aluno), inserida em sociedade. Utilizando-me dessa dialética-estética, anunciarei a descoberta da pesquisa. Para isso, retomo os três exercícios de leitura sugeridos na epígrafe — ver, rever e transver. Utilizarei como guia os referentes culturais locais levantados pelo olhar das crianças e tratados como conteúdo significativo da educação integral.

Nos capítulos anteriores, quando fiz a descrição das lógicas escolares, estava exercitando, preferencialmente, o olho que vê e, por esse empenho, encontrei vestígios do trabalho do aluno real. Observando-os e perguntando-me sobre suas rebeldias, destaquei elementos para debater a insuficiência da abordagem disciplinar contra a qual se indispuseram. Aproximando ainda mais o olhar, encontrei diversidade de episódios conflituosos, que foram então trazidos à reflexão. Com isso, alcancei as primeiras notas para uma educação integral, surgidas como aprofundamento da crítica à escola e reportadas à participação dos alunos na experiência educativa de mais tempo.

---

[96] Neste capítulo os trechos em itálico se referem prioritariamente as falas das crianças sobre suas fotografias. Elas estarão referenciadas as suas respectivas séries, nomeadas para demarcar a pluralidade da infância com seus referentes culturais do lugar. (BAIERSDORF, Márcia. Diário de Campo. 2014-2015. Não publicado).

Naquela etapa da reconstrução da realidade educacional da Capoeira, analisei os ajustamentos e as tentativas miúdas de variação do ensino. Constatei, em face das padronizações do ensino regular transpostas para os Projetos de Contraturno desenvolvidos, muros invisíveis a interditar a mobilidade espacial, requerida por diversas vezes pelos alunos. Aproximando ainda mais o olhar, adentrei as tentativas de interferir no ensino, pois os atores sociais forçavam "rachaduras" nas interdições concretas e simbólicas vivenciadas no cotidiano escolar.

Nos processos formativos em curso, as crianças, frequentemente, revelavam à pesquisa vestígios de uma realidade educacional multifacetada, refletida nas aproximações entre a escola, os alunos e os referentes culturais do lugar. Assim, por entre as dominâncias do ensino e naquilo que escapava às regularidades, identifiquei apostas em movimentos de abertura da escola, que por esse esforço também se apresentou como lugar afeito a encontros e descobertas, conforme reconheceram muitas vezes os alunos.

Recorrendo a uma leitura atenta dessas ambivalências do cotidiano escolar, pondero sobre a necessidade de uma interpretação dos processos educacionais capaz de compreender as tentativas e erros para o desenvolvimento do trabalho pedagógico.

Dentro dessa perspectiva, a pesquisa buscou reconhecer, nas dinâmicas educacionais, reminiscências históricas constitutivas da cultura das escolas; com atenção às tentativas, recentes ou remotas, da cultura escolar de inovar o ensino, retomadas em histórias de êxitos e de fracassos da educação brasileira.

Além disso, considerei a existência de um acervo de memórias da educação na Capoeira e, por essa mirada, recorri ao passado recente como instrumento de reconhecimento do território, dada a sua importância sociocultural, perante os alunos e suas respectivas famílias.

Reportando-me a um horizonte histórico mais amplo, a cultura escolar foi a categoria acessada para aprofundar o olhar sobre o passado, de onde foi possível adentrar a realidade educacional do município. Perspectiva vislumbrada pela primeira vez quando da descoberta do Projeto Conhecendo Piraquara e da reflexão sobre o Seminário de Educação Integral, ambos revistos na segunda parte do livro. São iniciativas municipais que ousaram produzir e registrar conhecimento didático sobre uma educação culturalmente integrada.

Desde o contato com as duas citadas intervenções didáticas, indagava sobre a contribuição das pedagogias não instituídas, em disputa com as dominâncias impostas pela escola de massa. Trata-se de um legado local que revela a atualidade da crítica à educação bancária, e em relação à busca de alternativas de mudanças no ensino instrumental na defesa da educação popular.

Justamente por essa via, "a lembrança que revê" fortaleceu a aposta na escola pública popular e nos atores sociais envolvidos na produção do ensino transformado.

Desse exercício se destacou a defesa da escola, valorizada como lugar de permanente estudo sobre a prática educativa, reconhecido o envolvimento dos atores sociais na construção dessa experiência social. Apostando na escola, foi necessário compreender tal processo de construção coletiva como relativo, ao tornar as atuações dos envolvidos com a prática pedagógica cada vez mais competentes em transver o ensino existente.

A comunidade escolar, por essa via, torna-se estratégica em oportunizar às pessoas que se reconheçam como intelectualmente autônomas, conscientes sobre a própria participação na produção de mudanças na prática educativa. Daí as reflexões sobre a importância da abertura de tempos e espaços para que o saber de experiência feito seja objeto de estudo e aprofundamento, nas relações pedagógicas intraescolares. Bem por isso, neste capítulo reafirmo-me parte de uma dessas tradições crítico-transformadoras.

Com Freire (1987), estive em busca dos temas geradores da localidade. Nas imagens e nos depoimentos, encontrei vestígios de mudanças plausíveis no ensino, reconhecidos como alguns dos inéditos-viáveis dessa realidade educacional. Ao encontro do lugar, e conforme o que foi apontado pelas fotografias das crianças, faço uso da terceira recomendação poética, "é preciso transver o mundo". Nesse exercício, evoco a criança na sua condição de vida, de infância e de autoria.

Nos referentes culturais trazidos pelas lentes fotográficas e narrativas verbais, achei, prioritariamente, rastros de sociabilidade marcada por gestos e práticas solidárias, integradas. Por conta disso, nessa etapa conclusiva da reconstrução da realidade educacional da Capoeira, conjecturo sobre a possibilidade de construção de um ensino contextualizado e de uma educação escolar culturalmente ancorada e voltada à criança em sociedade.

Trato de ilustrar essas conjecturas em três mandalas, confeccionadas de acordo com a referida triangulação escola-alunos-lugar. Finalizo assim a reconstrução da realidade educacional da escola da Capoeira.

7.1 O que as crianças fotografaram?

Com as lentes fotográficas dos alunos, consegui dimensionar o cotidiano escolar na perspectiva da inserção cultural das crianças. Em estima ao modo como elas se envolveram com a proposta de registro, o esforço da pesquisa foi o de prestigiar o detalhamento de suas narrativas.

Os relatos, conseguidos com base na explicação de cada criança sobre as imagens individualmente produzidas, foram reorganizados em trechos textuais, reagrupados de acordo com sistema de categorização das imagens.

Primeiramente, as imagens e os depoimentos foram transcritos em fichas ilustradas, ordenadas segundo 11 categorias, inventariadas de acordo com os dizeres infantis sobre: lugares (60); pessoas (54); bichos (52); minhas atividades (47); objetos (45); autoimagem (36); acontecimentos (29); trajetos (28); plantas (23); trabalho dos adultos (17); e o céu (2). Cada fotografia acompanhava sua respectiva legenda de identificação, produzida com a criança e, por meio desse procedimento, foi classificada. As imagens inseridas no corpo do livro estão entre as autorizadas por elas e suas respectivas famílias.

Na apresentação que segue, fiz algumas recomposições. Ao registro das falas sobre trajetos, acrescentei informes dos itinerários do transporte, levantados por mim. E, ao descritor minhas atividades (47), agreguei os relatos sobre acontecimentos (29) e também o trabalho dos adultos (17). Também, reuni numa única descrição os registros sobre bichos (52) e plantas (23). Uma vez categorizados os relatos e as imagens, foi possível reunir mostra de aspectos existenciais e cotidianos, por meio do que destaco como expressões culturais das crianças da Capoeira.

7.1.1 O Céu[97]

O céu foi fotografado por apenas dois alunos do primeiro ano. Eles se referiram aos detalhes de um céu em movimento e à disposição da atividade imaginativa. Observando-o diariamente, perceberam-no em contínua

---

[97] "O céu vai tão longe e está perto. O céu fica em cima do teto. O céu tem as quatro estações. Escurece de noite. Amanhece com o Sol. O céu serve a todos. O céu ninguém pode pegar. O céu cobre a Terra e a Lua. Entra dentro do quarto, rua do avião. Dentro do universo mora o céu. O céu paraquedas e saltos. O céu vai do chão para o alto. O céu sem começo e nem fim. Para sempre serei seu fã" (Nando Reis e Marisa Monte, 1994).

mudança. *O céu fica em cima da minha casa. De noite ele fica escuro e de dia fica claro. De noite tem estrelas e de dia dá pra ver tudo, até o céu* (Juliana, primeiro ano); *Eu gosto de olhar para o céu. Tinha nuvem grande e estava escurecendo*(Ricardo, primeiro ano).

Associada ao céu, a lua surgiu no relato do menino Gabriel, do quarto ano. Do mesmo modo como fizeram as outras duas crianças, o satélite natural da Terra foi narrado como um pequeno acontecimento diário, uma descoberta comum, corriqueira, que se abre num instante, diante dos olhos.

> *Tirei uma foto da lua da porta da minha casa. O céu estava bem bonito e com muitas estrelas. É legal olhar a lua quando tá bem frio. Parece que ela fica andando e umas nuvens passando por cima dela.* (Gabriel, quarto ano).

7.1.2 Lugares[98]

Os lugares foram descritos por uma gama de narrativas em torno das rotinas da casa, dos espaços frequentados, das pessoas da convivência, dos pontos de referência, de quem ou o que está perto ou longe. Detalhes relacionados a como vivem com a família e o que fazem todos os dias — brincam, moram, trabalham, colecionam, ajudam, enfeitam o jardim, constroem (edificações, cercas de bambus, tapetinhos de crochê) e convivem com parentes e amigos.

> *Na casa da minha avó, tem um quarto com uma mesa e um computador perto da janela. Minha brincadeira é pular a janela lá pra fora. Caio em cima de uns sacos de lã e depois volto jogar no computador, e assim vai.* (Taís, terceiro ano).

As crianças referiram-se preferencialmente às coisas próximas, como, na casa, onde ficavam seus guardados e enfeites, ou seja, os brinquedos colecionados.

> *Meu quarto é lotado de brinquedos: caminhão, dinossauro, boi, vaca, soldado. Tenho uma coleção de carrinhos em miniatura e um carro de controle remoto. As miniaturas ficam no quarto da mãe. Não dou nenhum brinquedo e brinco com todos.* (Marco Aurélio, quarto ano).

---

[98] "O espaço se projeta ou se imagina; o lugar se constrói. Constrói-se "a partir do fluir da vida" e a partir do espaço como suporte; o espaço, portanto, está sempre disponível e disposto para converter-se em lugar, para ser construído" (VIÑAO FRAGO, 1998, p. 61).

E referiram-se ao que lhes era distante como algo esporádico ou desconhecido, visto em situações como ir *até Piraquara*; ou como quando explicavam suas fotografias dizendo *pra lá da roça não é bom ir porque pode ter bicho* (Leonardo, terceiro ano).

Piraquara foi citada como um lugar que está longe. Assim como disse o agricultor Batista, ao se referir ao "antestempo" (CONHECENDO Piraquara, 2007), a menina Carolina referiu-se à cidade como um espaço não transformado em lugar — diferentemente do terreno onde morava, brincava e convivia com os primos, segundo ela, formando uma grande família.

> *No dia em que eu tirei minhas fotos, estávamos de saída para Piraquara, eu e minha mãe. Íamos pegar a calça do pai e comprar remédio. Estou sempre junto com as minhas primas. Moramos no mesmo terreno, cada uma com a sua casa, e somos uma família só.* (Carolina, terceiro ano).

Em sintonia com um passado recente, reconheciam-se dentro de uma tradição local: *Moro desde que eu nasci nesse lugar* (Luciana, quarto ano).

Algumas crianças explicavam que suas respectivas famílias e moradas pertenciam às primeiras ocupações da Colônia Santa Maria. Pelo tempo de permanência na região, sentiam-se culturalmente identificadas.

> *Minha casa já foi filmada várias vezes porque é tombada pelo patrimônio histórico. É de madeira e tem dois andares. Os quartos ficam lá em cima, são dois. Minha bisa veio da Itália no tempo das guerras. A igreja Santa Maria foi feita em mil novecentos e alguma coisa por imigrantes italianos e por brasileiros. Eu moro do lado dela. A vó e mais outra senhora são ministras dessa igreja.* (Adriana, quinto ano).

Quase todos os relatos sobre moradia guardavam esse sentimento de pertencimento. Juliana e Gabriel também mostraram essa identificação, referindo-se à pequena vila na qual as casas eram próximas umas das outras, bem como quando se reportaram ao trabalho dos adultos.

> *Tirei fotos da casa da minha mãe com as roupas que ela estendeu no varal, das flores que ela gosta, do pé de mimosa e também das casas das minhas tias e da casa do meu cachorrinho Fofito. As casas ficam perto umas das outras, e todo dia eu brinco com meus primos de boneca e pega-pega.* (Juliana, primeiro ano).

> *Eu moro num lugar que parece um condomínio, porque tem a casa da minha avó, que é de madeira azul, a casa marrom com amarelo da tia, e junto dali tão construindo as casas da minha prima. A minha casa tá bem no meio e é marrom.* (Gabriel, quarto ano).

As crianças que eram filhas de chacareiros, moradoras de locais afastados, quiseram mostrar onde brincavam e onde desejavam passear: *Meu pai tira peixe do açude. Lá é fundo... Eu sei nadar um pouco e queria ir até lá"* (Raimundo, terceiro ano).

Os lugares de brincar dentro ou fora da casa eram aqueles que despertavam a curiosidade pelo mistério e pela aventura: *Lá no barranco eu brinco de escorregar* (Isadora, segundo ano); *Esqueci de tirar fotos do porão, lá tem um monte de coisas sinistras* (Marco Aurélio, quarto ano); *Na descida para os tanques tem as manilhas que eu gosto de brincar de me equilibrar* (Tereza, quarto ano).

Esmeraram-se em explicar como brincavam. Se sozinhos ou com os amigos, dentro ou fora de casa, próximo ou longe dos perigos e alertas dos adultos.

> *A Sabrina tem uma casinha e fazemos bolo e pudim de barro. Quem fez a casinha foi o pai dela. Juntamos nossos brinquedos. Dá um trabalho pra deixar arrumado e depois guardar tudo de novo. Os piás vão lá e bagunçam tudo.* (Juliana, quarto ano).

Referiram-se aos pontos de localização próximos de casa, exemplos dos caminhos por onde passavam: *O sítio Santa Helena* (Kelly, segundo ano); *A porteira da chácara onde eu moro e a casa do patrão que fica mais pra cima* (Daniel, terceiro ano); *A casa abandonada do meio do mato fica perto da minha* (Marco, primeiro ano); *A chacrinha da Gi* (Aline, terceiro ano); *Aquela árvore é onde eu espero o ônibus todos os dias* (Emilia, segundo ano).

Trataram de mostrar as características de onde vivem: *Onde eu moro passa um rio* (Raul, primeiro ano).

Os lugares surgiam relacionados aos afazeres: a comida no fogão, os cheiros e as flores da varanda, os momentos de descanso com o pai, o guarda-roupa onde se guarda brinquedos: *A minha casa é de madeira e aparece na foto. Na noite passada preparamos pinhão e doce de abóbora, lá no quintal onde tem uns tijolos* (Isadora, segundo ano).

As crianças preocuparam-se em descrever os cômodos e o mobiliário, para assim demarcar os momentos de interação familiar e de individualidade: *A cortina rosa na janela é o meu quarto* (Isa, quinto ano).

Também usaram as descrições para contar sobre os afazeres domésticos: *Nessa foto estou na cozinha, às vezes dou uma ajuda na louça enquanto a mãe lava a roupa* (Joel, quinto ano); *Na minha casa eu enxugo e lavo a louça, e os meus chinelos são por minha conta* (Letícia, quinto ano).

Explicaram onde ficavam quando não estavam na escola, com quem e o que faziam. Descreveram como eram os seus lugares preferidos e como chegar até estes.

> *A minha casa fica perto da escola, ela é verde e de madeira, e eu vou a pé. Volto de ônibus até o tio. Fico com o tio enquanto minha mãe trabalha nas casas. Ali, tem um gramadinho perto do mato, que é onde a gente brinca.* (Mariana, segundo ano).

Os avós surgiram como cuidadores e pessoas afetivamente importantes: *Fico um pouco na minha vó, antes de ir para a escola e depois também. Até a mãe vir me buscar de noitinha* (Luana, primeiro ano).

Quando se reportavam ao convívio em família, as rotinas de trabalho, de aconchego e de brincadeiras ocorridas dentro de casa foram relembradas: *Enquanto minha mãe faz a janta, eu brinco de amarelinha no piso da cozinha* (Bia, primeiro ano).

Na casa, o lugar de estudar apareceu como um espaço de individualidade:

> *O clubinho é onde eu coloco minhas coisas: palito de sorvete, urso, vestido de Carnaval. No clubinho tem um lugar para eu colocar meus materiais de estudar. Fica na sala, mas não tem problema, porque* não *tem televisão. Só dá confusão quando entram uns papagaios pela janela.* (Carolina, quinto ano).

A moradia foi reportada à convivência com os adultos e à participação das crianças nas atividades da família: *A minha casa é aquela com as roupas no varal* (Miguel, primeiro ano); *O jardim com as coisas que eu plantei com a minha avó* (Marina, quinto ano).

As crianças contaram que estavam motivadas a fotografar por dentro e por fora de casa, fazendo disso uma brincadeira para mostrar as imagens uns para os outros na escola: *Fotografei minha casa porque minhas amigas queriam saber como é* (Bianca, quinto ano).

As moradias foram o elemento mais fotografado, integrador das narrativas sobre lugares, sinalizando características de uma socialização com a família e com base nela, delimitada por práticas de cuidado e de autonomia infantil.

A escola também foi evocada, como um lugar acolhedor. Os murais nas paredes foram fotografados, e, nas brincadeiras de casa, os processos de ensino eram retomados: *Do ladinho da minha casa é onde eu brinco de escolinha* (Isa, segundo ano).

A rotina da escola foi relatada segundo preferências pessoais e reportada à forma como se dava o início do dia e os afazeres de aluno.

> *Tirei foto do pátio da escola. Bem de manhã, quando tinha sereno e os alunos estavam chegando. Depois fotografei o pátio, quando não tinha mais ninguém porque o sinal tinha batido e o futebol já tinha parado. Moro perto da escola, onde tem um portão preto. Da para vir a pé. Mesmo assim, às vezes chego atrasado. Tirei foto da minha sala de aula, do cantinho da leitura. Em casa eu quase não leio e aqui na escola só depois que termino a atividade. É legal ler.* (Alessandro, terceiro ano).

Disseram do que gostavam de fazer quando estavam em casa e quando estavam na escola. Nesses relatos, por diversas vezes, os afetos eram nomeados.

> *Em casa eu tirei foto do portão e queria ter tirado da moto do pai, mas não deu porque sou muito "esquecedor". Na escola eu tirei foto do Roberto, Fernando e Pablo jogando pebolim. Na sala todo mundo é amigo.* (Marco, segundo ano).

No registro fotográfico, a escola surgia como um lugar construído, retomado espontaneamente em atividades extraescolares, do dia a dia das crianças: *Da minha casa dá pra ver a escola, bem do alto. Às vezes fico espiando o recreio da tarde* (Gustavo, terceiro ano).

Referiram-se aos lugares relacionados aos hábitos de adultos queridos: *Eu ando por tudo aqui fora, fico mais fora de casa do que dentro. É por ali que fica a grutinha da nona, com a santinha dentro* (Letícia, quarto ano).

E contaram sobre a dificuldade em morar distante de outras casas. Sem vizinhos próximos, buscavam os bichos como companheiros: *Na chácara em que meu pai trabalha tem um gramado em que os cavalos ficam. O pequeno acabou de nascer. Não tem quase nenhum vizinho pra brincar* (Flávio, quarto ano).

Um aluno, recém-chegado à região, contou suas impressões sobre o novo espaço, talvez em vias de se tornar um lugar.

> *Desde o ano passado estou morando nessa chácara. Tem uma casinha na árvore e lá pra baixo dá pra ver a Barragem. Costumo brincar no gramado com o cachorro, perto do galinheiro. Fico soltando pipa. Não tem muitas crianças por perto, só os cachorros. Já fui pescar com o pai na Barragem e tem bastante árvore com sombra. Na chácara tem horta, eucaliptos e muitas árvores. Paisagens bonitas para um dia de Sol.* (Luan, terceiro ano).

A referência ao espaço externo da casa complementou as descrições sobre lugares, pois acrescentou detalhes de outras moradias ou chácaras, bem como do entorno do lar, por exemplo, a varanda, o jardim, a casa de bonecas, os eventos partilhados com outros adultos e entre crianças.

> *Minha casa fica perto do campo de futebol que costuma ser alugado nos finais de semana. Nessas terras moram as pessoas da minha família. Por ter muita gente, todo final de semana tem carne. É bom quando tem festa na casa da vó. Todos se reúnem, mesmo aqueles que não se dão muito bem, como a tia e o tio.* (Ana, quarto ano).

O conjunto de imagens e narrativas permitiu-me acessar uma variedade de experiências sociais indicativas da atividade infantil na Capoeira. Entre os lugares registrados: o quintal, o gramado de brincar em frente da casa, a rua esburacada, a escola, as paisagens locais, o celeiro e a casa dos bichos, a predileção pela Barragem (vista de uma pedra ou da janela do ônibus, por mais de uma vez foi lembrada como especial).

7.1.3 Pessoas[99]

A descrição dos lugares e o registro fotográfico das casas completar-se-iam com outros entes significativos para as crianças, apresentados conforme seus círculos de convivência com adultos e entre pares. Elas se preocupavam em dizer quem eram as pessoas da sua convivência.

> *O de camiseta azul é meu irmão, o de branco é o meu pai, de vestido é a mãe, e o de preto é o meu tio, que vai ficar morando lá em casa até terminarem a dele, em Curitiba. A Cristina que é minha amiga tirou as fotos de mim e da Carolina na Biblioteca. Somos amigas desde o primeiro ano, e vou sempre me lembrar delas. Só o Leonardo e o Daniel que eu conheço desde o primeiro ano. O Joel é meu primo e mora do lado da minha casa.* (Isa, quinto ano).

Os adultos evocados com maior frequência eram pai, mãe e avós. Além deles, tios e tias, professoras da escola, madrinha, irmãos e primos mais velhos.

> *Eu moro numa chácara com o pai e a mãe, e meu irmão. O pai trabalha na chácara em frente, e a mãe limpa a casa do patrão. Com os primos brincamos na cama elástica.* (Raul, primeiro ano).

---

[99] "Gosto de ser gente porque, inacabado, sei que sou um ser condicionado, mas, consciente do inacabamento, sei que posso ir mais além dele" (FREIRE, 1997, p. 58).

E o que contaram sobre os adultos foram, preferencialmente, histórias de trabalho e dos momentos de descontração com pai ou mãe, bem como indícios das dinâmicas familiares: *O pai trabalha na Sanepar, e a mãe cuida da casa. Ela faz batata frita, arroz, feijão e bife a role. Em casa todo mundo gosta de ficar descalço, menos a mãe. É uma casa de homens* (Márcio, quarto ano).

Em alguns relatos encontrei referência às separações decorrentes dos fluxos de trabalho dos pais ou devido aos reordenamentos afetivos das famílias; por vezes os filhos ficando permanentemente sob o cuidado dos avós. Nessa circunstância, reencontros eram descritos como acontecimento especial: *Nesse dia a mãe veio para o meu aniversário. Ela trabalha e mora em Piraquara. Eu moro aqui com o vô e a vó. O bolo foi minha mãe quem fez, carambola com morango* (Marina, quinto ano).

As variadas situações de trabalho, ligadas aos provedores da casa, incluíam descrições elucidativas do cuidado com os filhos: *Quando chego da escola, a mãe deixou a comidinha pronta. Gosto quando ela faz lasanha. O pai roça, limpa, puxa folha e faz reparos na cerca* (Lúcia, quarto ano).

Algumas atividades dos adultos eram narradas pelas crianças como acontecimentos dos quais gostavam de participar e sem restrições: *Às vezes o pai faz briga de galo. O meu galo derrotou outro e matou. Foi vendido por cem reais* (Marco Aurélio, quarto ano).

Momentos de entretenimento entre adultos e crianças, como assistir a televisão, ouvir música e jogo de futebol no rádio, também foram mencionados.

> *Assisto televisão todos os dias com meu pai e minha mãe, o filme do Ramsés. E brinco com o Marcelo e a Kátia* [primos]. *Em casa tenho uma coleção de Kinder Ovo e já faz tempo. Cada vez que a vó ou a tia me dão um chocolate, eu coloco ali na minha coleção.* (Maurício, primeiro ano).

A figura dos avós, próximos do universo lúdico das crianças, demonstrava situações de interação entre os adultos e elas: *Meu avô estava cuidando de mim nesse dia. Ele brinca comigo de bicicleta e de lego. Minha avó também brinca de cara a cara comigo. A mãe gosta de tudo bem limpinho* (Danilo, primeiro ano); *Lá onde eu vivo é bem grande. Dá para andar de bicicleta entre as casas e atentar a vó pela janela* (Luciana, quarto ano).

Para além de cuidar e brincar com os netos, os avós surgiam como pessoas para serem cuidadas, também pelos mais novos: *Minha avó mora no mesmo terreno, e todo dia vamos ver ela. Ela tá bem velhinha, mas ainda gosta de plantar* (Valéria, quarto ano).

Os tios surgiram nos relatos, e de um modo descontraído: *Na minha casa todos gostam de música, funk. É porque o tio é funkeiro. O que eu mais gosto é do Tigrão, tá ligado?* (Sabrina, quarto ano); *O tio é 'criançâo', porque gosta de chocolates e toma a minha vez no Xbox. Também tem o tio* [diz o nome]. *Ele me chama de caveira, só porque sou magro* (Márcio, quarto ano).

As professoras da escola foram mencionadas como alguém que se conhece desde tal série ou em situações na própria comunidade, como festas, ou por parentesco: *Fotografei as professoras. Sou aluno delas desde que entrei nessa escola* (Leonardo, segundo ano); *A Bia também tá no Mais Educação. Ela é minha amiga em quem confio. A professora é minha prima por parte de pai. Ela mora bem perto da minha casa, e a mãe dela tem dois cachorros bravos* (Letícia, quinto ano).

Quando se referiam a outras crianças — primos, amigos da escola ou da vizinhança, irmãos mais novos —, o brincar sobressaía-se, com ênfase na cumplicidade entre pares: *O Joaquim, André e Matheus são meus amigos de brincadeira. Vamos uns na casa do outro, e a gente brinca de espada e jogamos videogame* (Saulo, primeiro ano).

Os registros fotográficos revelavam histórias de peraltices, descritas como brincadeiras. Eram rememoradas nos relatos de quando as amizades haviam sido iniciadas ou na explicação sobre a circunstância em que as fotos foram produzidas.

> *O Bernardo é um amigo engraçado. Ele mora na frente da casa da minha madrinha. Aqui na escola brinco com ele de "lobisomem" que pega as crianças e põe na gaiola, que é o canto da parede. Geralmente eu sou o lobisomem. Brinco eu, o Bernardo, a Tânia, a Silvia, o Vinícius, a Andrea, a Fernanda, a Gilda e o Gustavo.* (Carolina, terceiro ano).

> Às vezes saio para andar de bicicleta com a Letícia e a gente apronta. Outro dia tomamos banho de mangueira escondidas. Molhamos a garagem com sabão, *que era para escorregar. Quando o pai chegou, nem percebeu, porque estava tudo seco e eu de banho tomado.* (Paola, quarto ano).

Os amigos da escola foram descritos pelas convivências, brincadeiras e trocas de objetos como sinal de amizade: *Na foto tem a Kátia, que é namorada do Mario, e o Dani, que apareceu junto com o meu carrinho de ferro. Ganhei esse carrinho do Vinicius do quarto ano* (Leonardo, segundo ano); *Eu, a Sandra e a Bela sentamos todos os dias juntas e ficamos brincando de alguma coisa. Nesse dia a brincadeira foi tirar fotos* (Kelly, segundo ano).

E os que chegaram recentemente à região também contaram sobre as amizades da escola. Um deles era o Raimundo, o mesmo do Reforço. Ele construiu explicação elucidativa dos vínculos que buscava formar:

> *Aqui na escola meus amigos são o Gui, o Vinícius, o Gelson, O Bernardo, a Taiz e só. Tirei várias fotos das crianças da minha sala de aula e uma de mim mesmo aqui na escola.* (Raimundo, terceiro ano).

Registraram os momentos de cumplicidade entre amigos, como dormir na casa uns dos outros, visitar-se ou fazer algo diferente do costume, como ir ao cinema na cidade de Curitiba. Os amigos surgem como alguém em quem se pode confiar: *Vou sempre brincar na casa da Carol porque moramos perto uma da outra. Já pousamos até. Brincamos de escolinha e ela é a professora. Também de boneca, mãe pega e mãe cola* (Tânia, terceiro ano).

E, embora a maioria tenha se referido a um círculo maior de amigos, não apenas os da escola, algumas crianças ficavam mais restritas ao ambiente doméstico, onde se sobressaíam brincadeiras entre irmãos e mediadas pela televisão ou videogame. Nesses casos, eram os irmãos os amigos de todo dia: *Eu e meu irmão jogamos videogame. Cada um com seu carro e seu velocímetro. Somos três irmãos e uma irmãzinha bebê* (Pedro, terceiro ano); *Tirei foto do meu irmão com os cachorrinhos. Ele tem um amigo que brinca todo o dia com ele. Eu também brinco com eles, de fingir que estou trabalhando a terra* (Ricardo, primeiro ano).

Os irmãos menores foram evocados junto à responsabilidade de cuidá-los bem, de acordo com a necessidade de ajudar na família.

> *Cuido do meu irmãozinho e estudo. Faço "mamá" para ele e arrumo a casa. Quando vou brincar, tenho que cuidar muito, porque tem três tanques de água perto, e por isso fico mais dentro de casa.* (Jéssica, quarto ano).

A diversidade das situações relatadas evidenciou um contexto relacional, voltado para variadas possibilidades de conexões entre a ação cultural das crianças e da família, repercutidas em experiências sociais integradoras — entre a escola, a casa, os lugares frequentados e as amizades —, tendo como mote a pertença e a convivência entre pares e com os adultos.

7.1.4 Bichos e plantas[100]

Em suas narrativas sobre bichos e plantas, as crianças fizeram questão de conectar a Capoeira com os pequenos acontecimentos, a mostrar a singularidade de seus pontos de vista sobre a natureza: *Gosto das folhagens da vó e do cheiro das flores* (Bia, primeiro ano).

Deixaram-se contagiar pelo que era para elas muito familiar e, em explicações simples, mostravam a amplitude dada às pequenas coisas, segundo uma variedade de temas: pássaros, frutas, cheiros, afetos, nascimentos, o sustento e a vida que se renova.

> *Em casa tem plantação de feijão, árvores de fruta e morango. O pai tira o sustento da chácara. Pra plantar, tem que abrir um buraquinho, colocar a semente, adubo e depois fechar. Já tem uns carreirinhos de feijão nascendo.* (Cristina, primeiro ano).

Os eventos diários eram narrados como acontecimentos extraordinários, expressos nas explicações sobre nascimento e morte (das plantas, dos bichos enterrados na chácara) e sobre o cuidado com animais peçonhentos:

> *Tirei fotos das galinhas e de uns porquinhos bem pequenos, um morreu.* (Marcelo, primeiro ano).

> *Essa flor que fica grudadinha na árvore na frente da casa onde eu moro é muito cheirosa e bonita. Gosto das flores. Começa assim: primeiro elas são sementes, depois são roxas e depois ficam brancas, menores e caem. Cada uma é diferente. Essa outra, antes de ficar marrom, era amarela. Antes de abrir, era igualzinha a uma pimenta verde. Se eu não puder ser vendedor de flores, quero ser cozinheiro de bolo. Meu preferido é chocolate com morango.* (Bernardo, terceiro ano).

Era este o jeito de revelar a dimensão viva dos eventos cotidianamente aprendidos e compartilhados.

> *Sempre aparece uns tucanos que vão buscar caqui. Também tem uma plantação de milho velho e as galinhas passeando com seus pintinhos. Não quero que ela vá para a panela. De cada três ovos, separamos um para chocar.* (Jéssica, quarto ano).

---

[100] "Estar no mundo sem fazer história, sem por ela ser feito, sem fazer cultura, sem tratar sua própria presença no mundo, sem sonhar, sem cantar, sem musicar, sem pintar, sem cuidar da terra, das águas, sem usar as mãos, sem esculpir, sem filosofar, sem pontos de vista sobre o mundo, sem fazer ciência ou teologia, sem assombro em face do mistério, sem aprender, sem ensinar, sem ideias de formação, sem politizar não é possível" (FREIRE, 1997, p. 64).

E, com esta expressão, o pensamento infantil alçava-se à compreensão do corriqueiro como parte de uma realidade em movimento.

> *Hoje vamos pegar uns dez frangos para corte. Vamos matar para vender no trabalho do pai. Também para comer. O mercado é só pra completar o que falta, porque quase tudo tem na chácara: limão, parreira de uva, repolho, leite, queijo, beterraba, batata doce, salsa, milho, melancia. Pescar é às vezes, nos dias santos.* (Leonardo, quinto ano).

Seus relatos misturavam os bichos de estimação com a estima pelos animais destinados à subsistência da família.

> *O porco gordão que aparece na foto é "Tschuka". Ele é do nono, e a gente vai matar ele. Costelinha do porco é a melhor parte. Eu ajudo a pelar, e quando vai destripar ele fica pendurado. A banha usa pra fazer toicinho.* (Letícia, quarto ano).

> *Tirei foto na estrebaria com a ternerinha que tinha nascido e tentei espiar os porquinhos, mas nem deu para ver aquelas coisinhas fofas!* (Ezequiel, segundo ano).

O mesmo ocorre em relação ao cultivo das plantas, seja para ornamento, seja para garantia de boa colheita: *Depois das árvores é que fica a roça. O pai corta o mato, varre e queima o lixo. Tem vários canteiros plantados, alface, moranguinho, repolho, almeirão e cebolinha. O pai água todo dia* (Joana, terceiro ano); *Os beijinhos da minha mãe ficam no quintal, que é bem grande* (Tereza, quarto ano).

Cachorros de todos os tipos e quantidades foram os animais mais citados, seguidos por cavalos, vacas, gatos, pássaros, coelhos.

> *Tenho nove, porque minha mãe vê na rua e pega pra cuidar. Só três dormem em casa, Peludinho, Neguinho e Buda. Em uma das fotos aparece o Buda, ele é meio cor de vinagre. É mansinho e folgado, entra de metido dentro de casa e deita no sofá.* (Fernanda, quarto ano).

As crianças foram criativas em nomear os bichos, de acordo com suas características físicas e afetivas — *Fofinho, que a mãe pegou da rua* (Fernanda, quarto ano) —, ou em referência a nomes performáticos, alguns midiáticos — *Jack Malandrão* (Carolina, quinto ano); *Tufão, por causa daquela novela do jogador de futebol* (Gustavo, terceiro ano).

Os truques ensinados e a história de como chegaram os bichos eram parte de suas explicações.

> *Se jogar um pãozinho, ele dá a patinha e pula pra pegar a bolinha.* (Denise, segundo ano).

> *O boizinho do meu pai tem uma história bem triste. Quando ele era pequeno, foi atacado por cachorros, e o pai perguntou ao dono se podia levar ele e o dono deixou. Hoje ele é companheiro, o meu irmãozinho até monta nele.* (Simone, quarto ano).

As crianças contaram sobre o abandono de animais e maus-tratos, particularmente com os cachorros, que em muitas moradas ultrapassava o número 10: *Todos os dias no caminho da Barragem, encontramos cachorrinhos abandonados. As pessoas costumam fazer isso. Por isso tem muitos por aqui* (Leonardo, quinto ano).

Com relativa naturalidade, mencionavam o costume de deixá-los acorrentados para que não pegassem as galinhas. Quanto aos gatos, relataram o sumiço de alguns.

> *Tem o "Murisquinho" [gatinho], que é por conta da cor, cinza rajadinho. Antes tinha também a "Miúda" [gata], que apareceu um dia, passou o rabo em mim e nunca mais foi embora. Era tratada na porta de casa, mas desapareceu... Acho que morreu ou pelos cachorros ou envenenada, porque a tia não gosta de gatos.* (Ana, quarto ano).

Uma menina mostrou-se comovida com a situação de injustiça de um dos seus bichos.

> *A égua não tem nome, e a gente chama de "Égua" mesmo. Ela passa noite e dia lá fora no frio, porque só tem duas cocheiras, onde dormem o Baio e o Raio. Para montar neles, eu tenho que subir no barranco, porque ele é alto. Mas bem mansinho!* (Luciana, quarto ano).

Contudo, na maioria das vezes, os bichos eram associados a brincadeiras, truques e afetividade. Em poucos relatos os animais apareceram descritos como ameaçadores: *Por causa desse cachorro, os pais precisam ficar no ponto todo dia esperando a gente descer do ônibus, porque ele costuma atacar* (Aline, terceiro ano).

Registrei um único relato de maus-tratos aos animais por parte de uma criança: *Lá na chácara tem uma cadela que me avança porque eu dou pimenta pra ela e bato nela. O Facão também é bravo. Ele fica amarrado na porta de casa porque mata as galinhas. Já me mordeu* (Raimundo, terceiro ano).

Houve alguns registros de animais peçonhentos encontrados próximo das plantações: *Ali pra dentro das árvores o amigo do pai matou três cobras* (Ana, terceiro ano); *Outro dia, caí perto de um ninho de cobra* (Raimundo, terceiro ano).

A atividade imaginativa descrevia os episódios diários como aventuras dos e com os bichos: *Os galos estavam brigando e os pintinhos assistindo tudo. Minha avó acha que você vai querer essas fotos para levar para uma revista de bichos e plantas* (Simone, quarto ano).

Nessas narrativas os acontecimentos diários surgem relacionados a circunstâncias inesperadas: *O Lulu* [cachorro] *nessa foto tava enfrentando a vaca e a vaca enfrentando o Lulu. Bem nessa hora, eu estava tirando o leite. Era lá pelas cinco horas... Quando passou um helicóptero* (Larissa, quinto ano).

As crianças fizeram relatos sobre os animais da chácara, as galinhas botadeiras, os terneirinhos recém-nascidos, os tucanos a comer caquis no pé, os cavalos, os gansos e os porquinhos. Essas eram as histórias que motivavam seus registros fotográficos.

> *Lá tem cavalo, galinha, pintinhos e um trator de verdade. Tem três cavalos, mas só em um dá para montar, porque as duas éguas são xucras. As galinhas ficam pelo gramado e quando chega de noite voltam sozinhas para o galinheiro.* (Daniel, terceiro ano).

> *O cavalo Pampa é branco e preto. A cor Rosilia é quando ele é laranja claro. E tem o Bragado, que é preto com os pés brancos. Minha carneirinha é da raça Santa Inez. Essa eu não quero deixar matar. Aquela porquinha que eu estava fechando vai criar em dez dias, acho que uns doze porquinhos, que é o que costuma acontecer.* (Leonardo, quinto ano).

> *Tirei uma foto das galinhas empoleiradas na árvore quando anoitece.* (Flávio, quarto ano).

> *O pai fez um gradeado para plantar feijão, milho e só. O feijão tá nascendo. Depois pega a colheitadeira quando chegar a hora.* (Raul, primeiro ano).

Assim, as descrições sobre bichos e plantas estiveram associadas às narrativas sobre ciclos de vida e de subsistência, incluindo-se a participação e conhecimento das crianças sobre as rotinas de trabalho das famílias. O corriqueiro foi inventado como novidade e aventuras.

7.1.5 Minhas atividades[101]

No detalhamento do dia a dia na Capoeira, sobressaiu-se uma descrição da realidade local marcada pelo olhar imaginativo e curioso das crianças, ao lado da participação delas no trabalho da família: *Somos quatro*

---

[101] "Sempre a gente só chegava no fim do quintal. E meu irmão nunca via a namorada dele – que diz-que dava febre em seu corpo" ("A menina avoada", Manoel de Barros, 2017).

irmãs, e eu sou a mais nova. Ajudo a mãe com a louça e a roupa. Quando tá frio, não dá para brincar fora de casa. Aí fico vendo TV e brincando de mamãe e filhinha (Tereza, quarto ano).

Brincar foi a atividade mais relatada, ao lado das falas relacionadas à integração das crianças às rotinas dos adultos.

Reuni trechos de alguns desses dizeres sobre ajudar, brincar, desenhar, entre outras atividades. Com esses relatos identifiquei semelhanças entre as crianças, mas também diferenças na expressão da infância na Capoeira: *Na chácara passam dois rios, onde eu pesco. Não nado porque é perigoso* (Raul, primeiro ano). Nos relatos, havia referência a uma infância sob os cuidados dos adultos. Por exemplo, às permissões/supervisões relacionadas à autorização para ficar dentro ou fora de casa. As narrativas falavam sobre como se dava a participação nas rotinas de trabalho das famílias. Junto a isso, capturei variados relatos sobre práticas corporais, em suas rotinas extraescolares. Esses informes corroboravam a apreensão de experiências de infância, com desenvoltura e relativa independência.

> *Ando toda a chácara. Vou para o campo junto com as vacas. Só não pode avançar muito no campo, porque a égua pode pisar num buraco. Os cavalos puxam a carroça para arrancar o verde e levar a lenha. De vez em quando brincamos na Barragem, mas só se o pai estiver por perto. Na outra foto estou fechando os bichos. Levo lenha, trago sapé. Todo fim de mês ganho uns trocos. Estou guardando porque no final do ano quero comprar uma motinho pequena. O pai vai completar.* (Leonardo, quinto ano).

Quatro crianças disseram participar de atividades educacionais para além da escola e sob a supervisão da família, aulas de futebol ou violão aos sábados na igreja: *Meu violão eu ganhei do pai, todo sábado tem aula na igreja e quem ensina é o meu tio, ele gosta de Sertanejo* (Roberto, quinto ano); *Eu faço aulas de futebol terça e quinta. E assisto Detetives do Prédio Azul* (Miguel, primeiro ano).

Assistir televisão, jogar videogame e escutar rádio foram atividades do interior de casa, relatadas como momentos de individualidade, entre irmãos ou em pequenos grupos, ou ainda de entretenimento compartilhado com adultos. Foram menos frequentes em relação aos relatos sobre práticas corporais.

O desenhar também foi valorizado como momento de individualidade ou praticado nos momentos de brincar com outras crianças de escolinha. No relato de um menino, o desenho ganhou relevo como habilidade de concentração, estudo, motivação e projeção de futuro.

> *Meu lugar preferido de desenhar é no meu quarto, porque lá tem uma bancada com lápis, borracha, apontador e régua. Gosto de desenhar, mas não de pintar. Minha preferência? Carros, caminhões, motos, modelos esportivos. Desde que eu tinha cinco anos comecei a curtir. Eu gostaria de desenhar o meu próprio carro, inventado por mim. Quero ser engenheiro de automóveis, além de goleiro com faculdade de Educação Física.* (Igor, quarto ano).

Quanto ao tempo de escola, entre o mundo inventado pela atividade lúdica e a vida dos adultos, destacava-se a forma como nos relatos aparecia a imitação de certas rotinas da escola e da casa.

> *Comecei tirando fotos das atividades da escola, as folhas que a professora passa pra gente fazer. Gosto das continhas e de resolver sozinha. Em casa eu brinco de escolinha e passo as folhas de Matemática para a minha prima.* (Tatiana, terceiro ano).

> *Brinco de lavar a louça e cozinhar. Os brinquedos da casinha parecem de verdade, pia, armário e fogão.* (Adriana, segundo ano).

Assim como ocorreu nos relatos sobre bichos e plantas, o brincar transformava em aventuras as rotinas do dentro e do fora de casa, e as crianças exercitavam a imaginação.

> *Costumo me esconder atrás da cortina da sala. Fico deitada com os pés na direção do rádio, e assim passo despercebida, até porque o trinta e um é do lado da cortina. Na cozinha eu estava com véu de noiva que era uma toalha de mesa. E também fiquei de cigana. Às vezes pego os vestidos da mãe, salto alto e uns lencinhos que eu tenho...* (Paola, quarto ano).

As brincadeiras foram as atividades preferidas. Por vezes estiveram subordinadas ao senso de responsabilidade e à participação no sustento da família.

> *Ali são minhas vacas, a horta e o porquinho. Você tem que lavar, colocar as teteiras da ordenha mecânica e dar ração a elas. Em casa eu lavo a louça e a roupa. As vaquinhas da ordenha são Onzehoras e Rozeta, e eu estou tirando o leite. Depois de ordenhar vai pra fábrica pra fazer o iogurte e colocar na caixinha.* (Tatiana, quinto ano).

> *Na foto eu estou tirando o leite... As vacas a gente solta umas para o campo e elas vão lá pra perto da igreja. No final do dia elas voltam sozinhas. Precisa acompanhar a ordenha para não transbordar o balde, porque daí é serviço... Limpar o motor e as mangueiras.* (Leonardo, quinto ano).

Na maioria dos relatos, a infância era narrada como se experimentada com relativa independência em relação ao ir e vir: *Gosto de filme de luta, mas o que mais gosto é de videogame. Todo dia jogo um pouco, mas o que mais faço é fora de casa, brincar na areia ou ficar passeando de bicicleta, jogar bola* (Márcio, quarto ano).

Em geral, suas descrições davam-se em torno da ludicidade e da liberdade espacial e de expressão corporal, conforme reforçou Marco Aurélio, com sua narrativa de pipa, cavalgadas e repertório sertanejo.

> *Solto pipa no campo do Rocio e também toco violão. Todo o tipo: "Chalana", "Menino da porteira" e músicas de Deus. Estou aprendendo com o tio nos sábados e domingos. Tem a égua Zaira, que eu ando. Chego a deitar ela de tanto que eu bato, porque é chucra. O meu radinho eu escuto e levo para todo o canto. Gosto do João Luiz Correia, os Serranos, Fogo de Chão e sertanejo em geral.* (Marco Aurélio, quarto ano).

Relatos de circunstâncias advindas da participação infantil na vida adulta, fosse nas rotinas de trabalho, fosse no lazer dos adultos: *Em casa temos uma mesa de sinuca, e jogam eu, meu irmão, o vô e o pai, às vezes valendo dinheiro* (Roberto, quinto ano); *Eu ajudo em tudo. Mexo no trator, fecho as galinhas e os cavalos. Os cavalos já sabem o caminho para as baias. Trato os bichos, cachorros, peixes, galinhas e cavalos* (Juliano, quinto ano).

Havia também relatos sobre o isolamento sentido em razão da localização de suas moradas.

> *Moro nessa chácara em que o pai trabalha. Fico mais sozinho jogando videogame no meu quarto. No quarto tem uma mesa para estudar e uma estante de carrinhos de ferro. No ano passado comecei no Mais Educação, mas acabei saindo. Meu pai achava que não era bom eu ficar sozinho só no videogame. Na escola gosto de jogar futebol para me divertir e ganhar. Mas em casa a bola fica parada. Falta companhia.* (Kaio, quinto ano).

Porém, a atividade de brincar foi amplamente comentada. Pude identificar várias preferências e modos de expressá-lo em suas rotinas.

> *Perto de casa tem um barranco onde eu brinco de escorregar.* (Isadora, segundo ano)

> *O meu irmão Leandro, do quinto ano, é que teve a ideia de fazer a balança, e o pai só amarrou a corda. Eu gosto de balançar até bater o pé no galho da árvore.* (Letícia, quarto ano).

> Tirei duas fotos de mim mesma e das minhas bonecas em cima da cama. Brinco com quase todas. Coloco as roupinhas da minha sobrinha nelas. Brincar mesmo é lá fora, porque a mãe não quer bagunça dentro de casa. (Luiza, quinto ano).

Conforme discorriam sobre seus círculos de convivência e atividades, alternavam narrativas sobre momentos de individualidade, de interação entre pares e de participação nas atividades dos adultos.

Com o conjunto de informes disponibilizados pelas crianças, consegui inventariar atividades infantis cotidianas: assistir a televisão, pescar, ter aulas de futebol e violão, andar de bicicleta na rua, escorregar no barranco, brincar de casinha, escolinha, pega-pega, mãe cola, jogar no computador e com o videogame, brincar de tirar fotos, desenhar, pular de um sofá para o outro, cavalgar, escutar músicas, balançar, ir à igreja, ajudar nas rotinas da casa e nos trabalho de sustento da chácara, jogar sinuca com adultos, passear de carro, brincar sozinho ou com os amigos, inventar aventuras dentro de casa, brincar de boneca e de carrinho.

7.1.6 Objetos colecionados[102]

Assim como as atividades infantis, os objetos colecionados pelas crianças estiveram, majoritariamente, relacionados a brincar. E as imagens capturadas, novamente, ativeram-se ao detalhe, às pequenas coisas.

A listagem dos objetos foi atitude frequente, expressa nos relatos e nas imagens produzidas, como no caso do Gustavo, que fotografou seus carrinhos de ferro ao sol, com bichos de pelúcia e outras miniaturas:

> Tirei foto dos meus brinquedos em cima da mureta, skate em miniatura, minha coleção de carrinhos de ferro, meu Mustang vermelho e do Fusca rosa da minha mãe, que fica no quarto dela. (Gustavo, terceiro ano).

Foram destacadas as coleções dos adultos: a santinha que está na cabeceira do quarto da mãe, o quadro com o desenho dos índios de Roraima, os objetos de perfumaria e acessórios de cabelo colocados na cabeceira da cama, os bichos de pelúcia pregados na parede do quarto. Objetos evocados pelas crianças como elo com os mais velhos, pois estes também possuíam os próprios brinquedos.

---

[102] "Quanto mais uma pessoa entende de um assunto e quanto mais ela passa a saber da quantidade de coisas belas que existe de uma determinada categoria – sejam elas flores, livros, roupas ou brinquedos –, tanto maior será sempre a sua alegria em ver e saber mais sobre elas, e tanto menos ela se preocupará em possuir, comprar ou dar de presente estas mesmas coisas. Aquele entre vocês que me escutaram até o final, ainda que não devessem, terão que explicar isso aos seus pais" (BENJAMIN, 2015, p. 65).

> *Tenho uma coleção de carrinhos que ficam numa estante que o pai comprou. Na minha casa tem um mural de fotos da família e uma santinha, Nossa Senhora Aparecida, que fica do lado da cama da mãe. Peço pra ela saúde para toda a minha família.* (Juliano, quinto ano).

A preferência pelo detalhe reapareceu como a característica marcante da narrativa das crianças, a exemplo do menino que decidiu fotografar apenas as rodas de um dos seus carros em miniatura. Ou da menina que buscou as pedras do jardim e as pequenas flores. Por essa expressividade e preferências, os objetos prediletos eram experimentados como brinquedos.

Não somente aqueles comprados na loja de crianças ou recebidos de presente por adultos, mas quaisquer objetos, desde que transformados em descoberta ou utilizados como meio de comunicação lúdica nas suas interações sociais. Quando não podiam ser assim inventados, as próprias crianças bem o sabiam, ainda que fossem nomeados como brinquedos. Por exemplo, mencionavam a inutilidade de ter muitas bonecas e não brincar com nenhuma delas, ou um bonito painel com ursinhos pregados na parede, sem que se pudesse brincar com nenhum deles.

> *Tenho um monte de bonecas. Umas cem. Mas elas ficam de enfeite em cima do guarda-roupas. Todo dia fico vendo TV, brinco com o Renato e durmo. Não brinco com os vizinhos, e minha bicicleta tá estragada. Fico mais dentro de casa mesmo.* (Adriana, quinto ano).

> *Meus ursos minha mãe colocou costurados na parede, e agora não tem como eu brincar.* (Isadora, segundo ano).

O interesse demonstrado pelos objetos colecionados e guardados consistia em utilizá-los para interagir com outros referentes culturais da Capoeira, expressos nas atividades cotidianas e com vistas ao fluir das relações interpessoais. E, por essas inserções, em suas vivências cotidianas, a maioria das crianças alçava ir mais além do imediato.

Em suas elucubrações, estavam (individualmente, entre pares ou com os adultos) em busca de experiências culturais inéditas. Nos detalhes registrados e apontados em suas coleções, os sentidos, a existência baseada nas minúcias do dia a dia, haja vista o baú de um menino, simbolizando mais que um lugar para guardar objetos em uso ou aqueles esquecidos, depositados mais ao fundo: *Tenho um baú de brinquedos, os mais do fundo acabam ficando de lado* (Danilo, primeiro ano).

O que estava no fundo da caixa poderia se tornar, com a própria caixa, uma prioridade, desde que fizesse sentido na produção de elos entre fantasia e realidade, circunstância favorável à construção de vínculos afetivos e compreensivos do mundo.

Desse modo, as descrições sobre os objetos fotografados deram conta de expressar a atividade intelectiva e afetiva das crianças. Entre as quinquilharias colecionadas: pedras, flores, carrinhos de ferro, dinossauros, desenhos, bola, bichos de pelúcia, roupas, balança, casa de bonecas, bonecas, violão, tudo o que pudesse ser transvisto...

7.1.7 Trajetos[103]

A prefeitura organizava o transporte das crianças segundo duas rotas, chamadas Mananciais da Serra e Santa Maria. Acompanhando os itinerários por uma semana, consegui reconhecer a região da Capoeira. Verifiquei *in loco* alguns dos lugares anteriormente descritos por elas, bem como quais eram as moradias mais isoladas e o tempo de duração dos trajetos até a escola.

As rotas percorriam desde a linha férrea que corta o centro da cidade até as imediações da BR-277, sentido litoral paranaense, na divisa com o município de São José dos Pinhais.

O horário de funcionamento dos turnos escolares era, respectivamente, das 7:45 às 11:45 e das 12:45 às 16:45, para as classes matutinas e vespertinas, respectivamente.

Havia, no entanto, um tempo de espera que podia chegar a cerca de 30 minutos, antes e após o início das aulas, que deve ser somado ao tempo gasto no ônibus, que era de cerca de 40 minutos em cada percurso. Constatei, assim, que, entre o tempo do transporte e o início ou término das aulas, a espera chegava a ser de 2 h 45 min para algumas crianças e de cerca de 80 min para a maioria, entre ida e volta.

A primeira viagem iniciava-se por volta das 6 h. As crianças aguardavam com o dia ainda escuro. Na estrada, estavam acompanhadas por seus responsáveis. Eram crianças que moravam em Pica-Pau e Roça Nova. Elas eram as primeiras a ser deixadas na escola, por volta das 6:30. Depois disso, seguia o itinerário, em direção às pequenas vilas e chácaras. As rotas eram percorridas conforme pontos de referência demarcados pela prefeitura, com base no endereço dos alunos matriculados.

---

[103] "No caminho, antes, a gente precisava de atravessar um rio inventado. Na travessia o carro afundou e os bois morreram afogados. Eu não morri porque o rio era inventado" ("A menina avoada", Manoel de Barros, 2017).

Os locais acordados com as famílias para buscar e entregar as crianças seguiam pontos de referência, tais como: bifurcações, como aquela usada para acessar a vila Pica-Pau; posto de saúde, próximo da escola; as próprias casas das crianças; placas de sinalização da prefeitura, especificamente a Aldeia Indígena e o Morro do Canal; o Sítio Santa Bárbara; bifurcação da rua do armazém de perto da escola; a chácara São Francisco de Assis; o Centro de Recuperação para Alcoólicos Nova Esperança; a Igrejinha da Santa Maria; o Cemitério; o Centro de Estudos Espiritualistas "Casa de Obá"; Aras Estância Bonita; as chácaras Lagoa Serena e Vista da Serra.

As duas rotas margeavam a Barragem, nos limites do Centro de Educação Ambiental da Sanepar, cada uma percorrendo um dos lados da represa. O tempo de conclusão de cada rota era de cerca de 1 h 20 min. A entrega dos alunos da manhã na escola era concluída por volta das 7:20, e dos alunos da tarde às 12:30. Praticamente todas as famílias utilizavam o transporte.

No início do turno da tarde, os itinerários seguiam o mesmo sistema, com os últimos alunos da manhã retornando por volta das 13 h a casa. No circuito do meio-dia, ocorria o regresso dos alunos da manhã e o ingresso dos alunos da tarde, o que propiciava o encontro entre os turnos. Na última rota do dia, retornavam a casa até às 18:45. O tempo de espera no ônibus e na escola antes das aulas explicava o cansaço de muitas crianças, especialmente aquelas que eram as primeiras a ser pegas ou as últimas a ser entregues, já com o dia anoitecido.

Porém, apesar de essa experiência de mais tempo ter sido considerada cansativa pelas crianças (obteve a pior avaliação numérica), elas fizeram questão de se utilizar do registro do caminho para a escola para mostrar paisagens consideradas bonitas, fotografar os amigos do ônibus e contar quais eram os pontos utilizados por elas como referência de localização.

> *Eu tirei minhas fotos todas de dentro do ônibus. O caminho para a escola. A maioria das fotos eu tirei quando achava alguma coisa bonita. A represa que eu passo todo dia e as árvores que na foto ficaram todas embaraçadas, assim como o mato.* (Ângela, segundo ano).

Na escola, os tempos de espera, quando em geral ficavam na Biblioteca, propiciavam convívio e diálogos entre pares. Como na descrição a seguir, que ilustra a movimentação gerada pela chegada das crianças da manhã. Mais uma das histórias de pertença social desse grupo.

> *Está frio e escuro. Uma das funcionárias da cozinha os espera com xícaras de chá quente. Dois meninos conversam empolgados sobre a festa da Roça Nova, que tinha sido no domingo. Duas alunas se juntam à conversa. Elas são irmãs e também foram na festa. Um dos meninos diz que, por um número, não ganhou um cavalo no bingo e que o almoço estava muito caro. O outro explica que não foi porque "o pai tá ecomizanado para ir à festa da igreja matriz, que tem mais prêmios". As meninas dizem que a festa estava bem legal, com várias prendas e que "quase deu problema", porque o tio do menino que quase ganhou um cavalo, por um fio não brigou, o que seria covardia porque ele é muito forte. E tinha piscina de bolinha, cama elástica, pescaria. E "dava pra andar de cavalo". Nisso chega outro aluno. Ele se junta aos que estão conversando. Comentam que viram o tio Fred [secretário] na festa com a namorada. Segundo um dos meninos "ela é linda". Que por ser a igreja muito longe, tiveram que subir a pé e depois ficou cansativo pra descer. Não chegaram a um consenso sobre se tinha mesmo um cavalo de prêmio. Um menino disse que quase ganhou um cavalo americano, mas acabou mesmo levando um litro de uísque, enquanto o outro esclareceu que o prêmio não era o cavalo, mas um passeio a cavalo. Aí as irmãs concordaram e uma delas acrescentou: "por um triz não ganhei também". Nesse tempo em que ocorreu a conversa haviam chegado mais sete alunos, de carro, de moto e a pé. E, de uma vez só, chegaram os que faltavam, trazidos pelo transporte da prefeitura. A sala ficou cheia. Abafada. Barulhenta e agitada. Não tinha lugar pra todo mundo sentar. Alguns continuaram sentados e tentavam continuar vendo o filme. Bateu o sinal e o filme foi interrompido. Formaram fila, no lugar de sempre do pátio escolar.* (BAIERSDORF, Márcia. DIÁRIO DE CAMPO. Piraquara, 2014-2015. Não publicado).

Na apreciação dos tempos de espera, destaco o esforço dos alunos e da família quanto a ir à escola, particularmente considerando a distância percorrida todos os dias e o tempo dos deslocamentos. Os caminhos percorridos nas bifurcações eram estreitos, de terra e nos dias de chuva eram difíceis de se atravessar. As rotas mais animadas eram as da saída do turno da manhã e da chegada dos alunos da tarde.

Durante as rotas, os alunos comentavam, entre si e com a monitora responsável pela segurança das crianças no ônibus, suas histórias da escola e da casa. Explicavam: *estamos com brinquedos no ônibus porque era o dia combinado com a professora do terceiro ano* (Alice, terceiro ano). Cantavam as músicas ensaiadas nas aulas de Canto Coral, do PME — *avião sem asa, fogueira sem brasa sou eu assim sem você* —, e outras canções conhecidas do rádio e da televisão.

Vez ou outra, alguém atrasava a partida por estar na secretaria assinando o livro de ocorrências disciplinares, como ocorreu com o Joel por duas vezes numa mesma semana.

No caminho de volta para casa, irmãos e pais aguardavam nos respectivos pontos combinados. Alguns, em frente dos portões das chácaras para receber ou enviar suas crianças à escola.

Em um desses encontros, havia um pai com botas de borracha e segurando o guarda-chuva e a filha no colo. Assim que a menina subiu no ônibus, o irmão maior desceu e juntou-se ao pai, e os dois acenaram para ela.

Numa outra situação, o irmão mais velho estava aguardando para informar que naquele dia o Luís (primeiro ano) não iria para aula, pois estava com dor de garganta. No próximo ponto, uma mãe esperava para reclamar que o ônibus havia passado antes do combinado e por isso sua filha não compareceu à aula.

Tive a oportunidade de acompanhar uma rota com ex-alunos da escola, muitos deles irmãos dos atuais matriculados. Eles estavam indo para colégios de ensino médio do centro da cidade de Piraquara. Na ocasião, fiquei refletindo sobre as oportunidades educacionais buscadas por crianças, jovens e suas respectivas famílias da região. Verifiquei que todos os passageiros daquele ônibus eram de família instalada havia mais de 15 anos lá, o que mais uma vez confirmou a persistência de laços intergeracionais de pertença com o lugar.

Relacionando esse informe às narrativas de trabalho e de lazer das crianças da escola da Capoeira, bem como relembrando aquela entrevista concedida pelo menino Joel, havia vestígios de aposta das famílias em relação à escola. A oportunidade de estudar era verbalizada pelas crianças e famílias como necessária a um futuro melhor, porém relativizada por um sistema de vida, pacato, em certa medida confortável e sem muitas variações, pois assim faziam os irmãos mais velhos e, antes deles, os pais e talvez os avós. Travessias pessoais e intergeracionais ao encontro da manutenção da simplicidade do modo de vida, em contraste com expectativas apresentadas por alguns alunos, quando expressaram suas visões sobre profissões futuras, como no exemplo do menino desenhista que queria ser engenheiro para projetar carros de luxo.

Havia também demandas advindas da chegada de novas pessoas, muitas delas atraídas pelas grandes propriedades da região, filhos de chacareiros, vindos de outras cidades paranaenses. Circunstância, possivelmente, geradora de diferenças entre os dizeres dos moradores mais antigos, com suas tradições, e as expectativas e tradições das famílias instaladas há menos tempo.

A construção da Barragem também permite aludir às mudanças culturais em curso. Tornada o caminho diariamente percorrido pelas crianças e famílias de hoje, se comparada às rupturas relatadas por famílias que tiveram suas terras alagadas, leva ao pensar a paisagem marcada por mudanças culturais em andamento, reconhecidas sob tais escombros. Mudanças travestidas de aspecto corriqueiro (costumes, tempo de moradia na região, atividades, crenças, condições de trabalho etc.), talvez ocultas na monotonia dos trajetos rotineiros, conforme relatavam as novas gerações.

Também nesse aspecto, a preferência infantil pelos detalhes fotografados da janela do ônibus em movimento e mostrados com familiaridade ensejou o pensar sobre o traço simbólico de uma paisagem modificada, refletida nas diferenças entre os alunos e suas respectivas famílias de ontem e de hoje.

7.1.8 Autorretratos[104]

Nas imagens colecionadas, identifiquei semelhanças, mas também diferenças entre as crianças e suas transições para a adolescência. Verifiquei questões correlacionadas às mudanças, as quais havia, anteriormente, observado em razão dos vestígios capturados nas narrativas sobre os trajetos escolares, vindos dos irmãos mais velhos dos alunos da escola da Capoeira, em alusão a condições de vida, existências e perspectivas infantojuvenis no transcorrer do cotidiano naquela realidade educacional.

Sobretudo, transpus tais vestígios para a interpretação dos autorretratos das crianças mais velhas e das mais novas. Nesse contexto, retomei o dilema anunciado na transição entre a criança e o jovem, talvez vivenciado como estreitamento das visões de mundo, outrora em expansão. Nessa nova fase de vida, a transição começava a ser sentida como o início de algumas incertezas, em contraste com a intensa atividade lúdica, conforme capturado nos relatos sobre o brincar, experimentado como forma e expressão das infâncias sobre a realidade local imaginativamente modificada.

E foi nas imagens produzidas por esses alunos em transição que alguns vestígios dessas incertezas surgiram. Encontrei indícios de uma mudança de lugar social, individualmente experimentada como passagem para outra

---

[104] "No retrato que me faço – traço a traço – às vezes me pinto nuvem, às vezes me pinto árvore... às vezes me pinto coisas de que nem há mais lembrança... ou coisas que não existem, mas que um dia existirão... e, desta lida em que busco – pouco a pouco – minha eterna semelhança, no final que restará? Um desenho de criança... Terminado por um louco" ("O auto-retrato", Mario Quintana).

etapa escolar e coletivamente relacionada à infância-adolescência, em face das condições objetivas das famílias instaladas na Capoeira. Junto a isso, reforço que tal travessia coincide com um conjunto de alterações de ordem biopsicossocial dessa faixa etária, pois os alunos do quinto ano estavam deixando a infância para entrar nos questionamentos e motivações da adolescência. Nas fotografias, o aspecto simbólico dessas transições surgiu representado na preferência pelas *"selfies"*.

Não que os menores também não tenham se fotografado, porém seus registros eram relacionados às atividades infantis, com destaque para as brincadeiras e as pessoas por quem tinham afeto.

Os menores registravam a si mesmos com auxílio dos adultos, como nas vezes em que solicitavam tal registro em casa, junto dos irmãos, ou fazendo suas peraltagens: no quintal, mostrando a língua, indo para a escola, cuidando das plantinhas e dos bichos, andando de bicicleta etc. Quando não eram os adultos que faziam a foto, mas os próprios menores, o resultado evidenciava suas tentativas e seu gosto pelos detalhes, expressos em imagens distorcidas, desenquadradas, tremidas ou muito aproximadas: *Eu estava tentando tirar fotos de mim mesmo, na cozinha da minha casa* (Carlos, primeiro ano).

E, quando não era feita pelos adultos, a tarefa ficava para os amigos, motivando uma brincadeira de modelar, fingir uma aventura ou fazer de conta que se é de outro jeito. Isto é, brincando: *Posando de séria* (Gilda, terceiro ano); *Sinalizando a paz, de óculos escuro estilo não mexe comigo, bravinho, pensando, e de boné* (Márcio, quarto ano); *Eu e minha prima ficamos brincando de tirar fotos um do outro* (Leonardo, segundo ano).

No meio disso, a forma como os alunos mais velhos demarcaram sua própria imagem foi específica. Seus retratos mantiveram a pose típica daquela encontrada nas redes sociais, onde há exposições de adolescentes registrando *"selfies"*. Sob essa influência performática, uma dessas jovens meninas, pertencente a família recentemente instalada na região, perguntou à pesquisadora: *Você poderia me dar as fotos que eu tirei? Quero de lembrança, porque* não *tenho fotos em casa* (Angela, quinto ano).

Solicitação interpretada como expressão do contraste entre o significado individual dessa travessia e o das redes sociais, em razão das condições existenciais das infâncias e adolescências na região.

7.2 Pequeno álbum de fotografias das crianças[105]

O CÉU

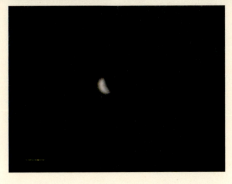

---

[105] Nesta sessão, você encontra breve coletânea das fotografias organizadas de acordo com os descritores anteriormente apresentados. Destaco para demarcar a autoria das crianças, seus saberes e modos de viver a infância. Conteúdo à espera de se tornar parte do trabalho escolar. Fonte: As crianças (2015).

MÁRCIA BAIERSDORF

LUGARES

282

EDUCAÇÃO INTEGRAL:
NOTAS SOBRE A PARTICIPAÇÃO DE CRIANÇAS NA EXPERIÊNCIA DE MAIS TEMPO NA ESCOLA

PESSOAS

MÁRCIA BAIERSDORF

BICHOS E PLANTAS

284

EDUCAÇÃO INTEGRAL:
NOTAS SOBRE A PARTICIPAÇÃO DE CRIANÇAS NA EXPERIÊNCIA DE MAIS TEMPO NA ESCOLA

MINHAS ATIVIDADES

OBJETOS COLECIONADOS

EDUCAÇÃO INTEGRAL:
NOTAS SOBRE A PARTICIPAÇÃO DE CRIANÇAS NA EXPERIÊNCIA DE MAIS TEMPO NA ESCOLA

TRAJETOS

AUTORRETRATO

7.3 A descoberta da pesquisa

Anuncio as crianças como a descoberta da pesquisa. Por meio de suas infâncias, descobri o potencial educacional da relação entre a escola e a localidade. Aos perfis de alunos rebeldes, elas acrescentaram outras características da participação infantil, acessadas conforme colaborações voluntárias e por meio de suas fotos e narrativas pessoais.

Na escola, esses outros perfis talvez estivessem ocultos, porquanto suas participações eram silenciosas, pouco incentivadas nas mediações escolares. Estavam subsumidas no esforço do sistema vigente de conter comportamentos sociais inadequados e de supervisionar bons resultados de aprendizagem. Mas, em relação à vida cotidiana na Capoeira, suas narrativas foram pulsantes. Sinalizavam para a pluralidade de mundos da infância.

As crianças revelavam variados temas com potencial educativo, sobretudo assuntos relacionados às características cultural e ambiental da região, ao lado das dignas formas de viver e de conviver. Para a pesquisa, o exercício de transver a realidade da Capoeira acenava para um horizonte temático, no qual a imaginação e o senso de pertença social das crianças se destacavam. Em seus relatos e em suas imagens produzidas, encontrei doçuras de um mundo corriqueiro, porém tratado com muita curiosidade e alegria. Os lugares, as pessoas, os afetos, as brincadeiras, as solidariedades foram descritos como se o mundo fosse o quintal de sua moradia.

> Acho que o quintal em que a gente brincou é maior do que a cidade. A gente só descobre isso depois de grande. A gente descobre que o tamanho das coisas há que ser medido pela intimidade que temos com as coisas. Há que ser como acontece com o amor. Assim, as pedrinhas do nosso quintal são sempre maiores que as pedras do mundo. (BARROS, 2008, p. 67).

Evocada em relatos de brincadeiras e das histórias da vida em comunidade, as infâncias da Capoeira vibravam como achados da pesquisa. As narrativas das novas gerações tornavam-se a fonte mais próxima para se acessar a diversidade cultural de um lugar socialmente construído.

> De vez em quando, minhas primas vão lá e a gente brinca de mamãe e filinha. Tem bastante espaço para brincar lá fora, mas tem vez que não dá, porque chove. Gosto da balança e brinco na área da vó. Meu pai viaja de caminhão. Já fui com ele para Aparecida e a mãe foi junto. Eu e meu primo Flávio ficamos tirando fotos um do outro. Nós atentamos o cachorro da minha madrinha que mora lá pra cima da minha casa. (Maísa, 2015, aluna do primeiro, 6 anos).

Ontem e hoje, as histórias da localidade propiciaram aproximações com a realidade educacional da Capoeira, percebida como diferenças e pertenças entre crianças e com os adultos, incluindo-se nisso vínculos culturais, laços intergeracionais com a região.

> *Não vou dizer pra vocês que tive uma bela infância, porque* não *tive. Foi uma infância sofrida. Tinha que trabalhar junto com a mãe na lavoura pra ajudar no sustento da casa. Claro que no meio disso aí tinha as coisas que tudo quanto é guri faz. Por exemplo, quando chegava de noite ia roubar pombo e no outro dia fazer churrasco no meio do mato. Levava sal e despenava. Pra nós aquilo era uma aventura.* (Lítio, 2007, morador idoso da Capoeira).

Com Benjamin (2015), evoco rastros dessa infância em sociedade. No intuito de aprofundar o tratamento horizontalizado dado por ele a essa inserção da infância, destaco trecho de mais uma de suas narrativas radiofônicas. Acerco-me da perspectiva que reconhece a existência de temas circulantes entre crianças e adultos, no caso materializados nos brinquedos[106]. Na descrição intitulada "Passeio pelos brinquedos de Berlim II", uma miniatura de roda-gigante surge como peça colecionada, apresentada ao leitor como símbolo temporal modificado na ação cultural da criança, diante das circunstâncias do presente da vida das grandes cidades.

> Vocês já ouviram alguma vez falar da Exposição Internacional de Paris, da qual toda a Europa falou no ano de 1900? Em todos os cartões postais feitos àquela época [...] podia-se ver [...] uma enorme roda mecânica com talvez 16 cabines presas por dobradiças móveis. A roda se movia lentamente, as pessoas sentadas nas cabines contemplavam a cidade, o rio Sena e a Exposição [...] A maquete dessa roda vocês também encontram feita com peças do jogo de montar. Ela também é móvel e as cabines balançam igual como há 30 anos balançavam as autênticas, onde quem sabe os avós de vocês se sentaram. (BENJAMIN, 2015, p. 68).

Nesse trecho, destaco traços de uma infância imersa na cultura, interligada a um passado experimentado como se fosse inédito[107]. O brinquedo, entendido como objeto colecionado de escala reduzida, representa o esforço de compreensão das crianças sobre simplesmente tudo o que a sociedade produz. Nessa intensidade, a realidade está aí para ser vista, e revista, e transvista.

Penso sobre os elos culturais para a construção da experiência da infância na Capoeira. Vislumbro, na ação social das crianças, pontes simbólicas entre imaginação e mobilidade, inventividade e realidade, passado,

---

[106] Artefato material e simbólico a mostrar a interação das crianças em sociedade, de onde se denota compreensão avessa ao isolamento da infância como categoria em si, idealizada ou tutelada.

[107] Entendo que essa realidade imaginada, transvista corresponde poeticamente ao que Freire (1987) identifica no plano das lutas históricas contra a exploração humana, um inédito viável.

presente e futuro de um lugar socialmente construído. Busco, uma vez mais, a relação entre a estética da poesia de Manoel de Barros e a fala das crianças. Seja nas pedras colecionadas no quintal de casa, seja diante da novidade da roda gigante de uma grande cidade, há um intenso trabalho da criança acontecendo, experimentado como produção de sentidos sobre e com o mundo herdado.

Nesses termos, assim como o poeta-menino aconselhado pela mãe a "encher vazios com suas peraltagens"[108], crianças são aquelas pessoas que se lançam curiosamente ao conhecimento do mundo, ao pensamento imaginativo. Merecem ser amadas por seus "despropósitos", sobretudo quando se reconhece quanto de sofrimento a sociedade desigual impõe à condição de vida delas e de muitas famílias.

> O direito a uma vivência digna do tempo da infância é precário quando as condições materiais de seu viver são precárias: moradia, espaços, vilas, favelas, ruas, comida, descanso. Ou quando as condições e estruturas familiares de cuidado e proteção se tornam vulneráveis, inseguras ou são condenadas a formas indignas de sobrevivência. As relações humanas, familiares, de cuidado e proteção dos tempos da infância são ameaçadas quando as condições sociais, materiais e espaciais se deterioram. (ARROYO, 2012, p. 34).

Nesse aspecto, as imagens capturadas e convertidas em narrativas sobre dignidade pelas crianças da Capoeira mostraram-se autênticas produções culturais, revelando autorias transgressoras das relações sociais de opressão. Assim compreendias, podem ser lidas como recusas delas e da família às injustas formas de viver.

Por isso, os referentes culturais capturados, nesse sentido, constituem-se nos achados inéditos desta pesquisa e remetem ao imperativo histórico de uma experiência de infância autodeterminada, como aquela prioritariamente anunciada pelas crianças da Capoeira. Em suas falas, compartilhavam uma expressão curiosa e alegre, endereçada ao mundo de hoje. Suas narrativas estiveram abertas para a produção de outra realidade, imaginativamente requerida e transformada ludicamente.

Seus "desatinos" não se fizeram alheios à cultura de sua época, de seu grupo humano de pertencimento, nem mesmo das desigualdades socialmente produzidas e incidentes sobre sua vida de criança. Muitas delas experimentavam rotinas de isolamento, perigo, ou lhes sobrava menos tempo

---
[108] "O menino que carregava água na peneira" (BARROS, 2017).

para brincar do que o merecido. Mas, do mesmo modo como ocorreu no Seminário de Educação Integral (2015), a maioria preferiu falar sobre suas aventuras, mais do que das desventuras ou dificuldades. Quando convidadas a falar sobre a vida no lugar, decidiram priorizar relatos otimistas de si mesmas, da família, dos amigos e da escola.

Diante de suas narrativas, a pesquisa constatou quão profícuo era para elas se deixar atravessar (LARROSA, 2015) pelas experiências formativas do lugar em que viviam. Como se encorajaram a produzir, conforme suas imagens e seus relatos, sentidos de alegria sobre o mundo. Para a pesquisa, o reconhecimento dessas "janelas de criança aberta ao aluno", em contraste com a forma como participavam da escola de ensino fundamental, estava a exigir disposição dos adultos para olhar de outro modo o trabalho educativo realizado.

Tratava-se de um convite para que a escola exercesse com/como as crianças, cotidianamente, a esperança crítica em outra educação, intencionalmente e em oposição aos fatos que, lamentavelmente, insistem em revelar na sociedade uma infância, em muitos casos, aos pedaços:

> Dia após dia nega-se às crianças o direito de serem crianças. Os fatos que zombam desse direito ostentam seus ensinamentos na vida cotidiana. O mundo trata os meninos ricos como se fossem dinheiro, para que se acostumem a atuar como o dinheiro atua. O mundo trata os meninos pobres como se fossem lixo, para que se transformem em lixo. E os do meio, os que não são nem ricos nem pobres, conserva-os atados à mesa do televisor, para que aceitem desde cedo, como destino, a vida prisioneira. Muita magia e muita sorte têm as crianças que conseguem ser crianças. (GALEANO, 1999, p. 11).

Na ótica da pesquisa, movimentos similares ao convite feito às crianças, quando do registro fotográfico poderiam ter sido incentivados na escola da Capoeira. Na verdade, um movimento de escuta ao encontro de uma educação pública inclusiva, intermediada por experiências de um ensino culturalmente integrado, a exemplo do Projeto Conhecendo Piraquara, ou mesmo possibilidades de uso do Programa Mais Educação.

> Se a universalização da escola básica é vista como um novo tempo, olhemos para que infâncias-adolescências chegam, ainda que tarde, e deixemonos interrogar por seu indigno e injusto viver. Respondamos com outras políticas, outra

> escola, outros ordenamentos, outras vivências de outros tempos-espaços, de um viver mais digno e mais justo. Radicalizemos esses programas para se tornarem políticas de Estado. (ARROYO, 2012, p. 45).

Aos olhos da pesquisa, as infâncias da Capoeira questionavam a capacidade da escola de ser, com maior intensidade, uma experiência social diversificada e autodeterminada. Nesse sentido, as imagens produzidas desvelaram muita magia e sorte (GALEANO, 1999), pois, mesmo por entre agruras de uma realidade humilde, nos relatos e fotografias havia a afirmação de justas e dignas formas de viver. Uma dimensão do ensino integral latente na escola de ensino fundamental em questão, à espera de ser vista, revista e, sobretudo, transvista pela educação escolar.

7.4 Referentes culturais e escolarização

Impulsionada pela abordagem freiriana do universo cultural dos alunos, interpretei os referentes da Capoeira como núcleos temáticos significativos para a construção de processos formativos democráticos, criativos e autônomos, garantindo-se à escola o direito de exercer, a esse respeito, sua relativa autonomia pedagógico-curricular. Nessa trilha, a pesquisa debruçou-se sobre as leituras de mundo das crianças.

Inspirada na possibilidade de outro processo de escolarização, recorro à contestação ao ensino bancário proposta por Freire (1987) a fim de desenvolver esse argumento. Por meio dessa proposta, destaco o convite à desconstrução do ensino instrumental, tal como o existente, limitado a uma escola de passagem, conteudista, preparatória, seletiva, conformadora de um destino social.

Nessa perspectiva, a amplitude dos tempos e dos espaços educativos surge definida como a principal dimensão integral da educação, e requer o acolhimento da diversidade cultural. Essa seria a marca de uma escola transformada, democratizada, isto é, orientada, por meio de suas práticas, à recusa sistemática da exclusão social. No recorte freiriano, essa é uma educação tornada viável, se aberta ao reconhecimento do pensar do povo.

> É na realidade mediatizadora, na consciência que dela tenhamos, educadores e povo, que iremos buscar o conteúdo programático da educação. [...] É o momento em que se realiza a investigação do que chamamos universo temático do povo ou o conjunto de seus temas geradores. (FREIRE, 1987, p. 87).

Na pesquisa, tal princípio educativo se reportou à ação cultural das crianças, considerando seus temas, interesses, expressões e conflitos existenciais. Os núcleos temáticos buscados foram considerados objeto da construção do conhecimento escolar, diante da compreensão de que o ensinável não estaria disponível a priori como lista de conteúdos curricularizados. Precisaria ser apreendido da própria ação social das crianças, mantida a relevância dos saberes escolares, necessários à instrumentalização da mobilização e da consciência populares por justiça social.

Um trabalho minucioso e difícil, subversivo da lógica da eficácia e dos ritos de urgência impostos, mas que, por esse posicionamento político-pedagógico, ousa defender uma escola pública popular. Para isso, requer tempos e espaços diversificados, dedicados ao aprimoramento de relações pedagógicas humanizadas.

Metodologicamente, tal intervenção didática iria ao encontro do desenvolvimento de processos de ensino culturalmente enraizados, a exigir da escola a assunção da especificidade do trabalho educativo que desenvolve. Diante dessa construção metodológica, cresce a aposta em um ensino contextualizado.

Considerando contributos advindos do conjunto de dados produzidos pela pesquisa, esclareço que não houve tempo hábil para que os referentes culturais locais levantados mediante a participação voluntária das crianças fossem apresentados e debatidos com a escola durante o trabalho de campo. Dado que poderia, por exemplo, ter gerado uma intervenção didática a ser analisada com a escola. Contudo, estes ou outros temas geradores existem diante da escola como oportunidades demandadas no confronto com as formas escolares.

Em diversos momentos, demandas foram levantadas nas situações de participação, criadas pela própria escola ou em outras situações que emergiam das tensões vividas. Por exemplo, a expectativa infantil por uma escola como espaço de convivência e de ludicidade. Esses anseios poderiam ter sido tratados como temas significativos e de um modo horizontalizado, o que para a pesquisa seria uma descoberta que viria ao encontro dos objetivos da investigação. No entanto, tal movimento de abertura pedagógica não foi identificado com a força de um passo além das tentativas de inovação do ensino, então buscadas pela escola.

Essa circunstância limitava práticas e mediações que pudessem subsidiar crítica e criativamente o trabalho dos alunos. Isso se deveu à forma como o trabalho educativo se configurava na sua dominância, de um modo basicamente instrumental. No cotidiano escolar, tal fato se expressou como dificuldade em se estabelecer ligação entre a cultura das crianças e os processos formativos em curso.

A curiosidade pujante nas imagens e nos relatos infantis, infelizmente, esteve subestimada por artifícios escolares a serviço da dominância de práticas escolares imbuídas de formalismo e de verbalismo. Em decorrência disso, cresceu a insatisfação dos alunos diante das imposições da forma escolar dominante, o principal propulsor das tensões encontradas. Isto se deu de tal modo que até mesmo as tentativas docentes de aproximar o ensino da condição existencial das crianças foram acomodadas aos sistemas escolares vigentes, por diversas vezes, tendo como resposta uma ação discente contrária à escola.

No caso das mudanças educacionais intentadas, há que se considerar, também, a interferência de disputas exteriores aos processos escolares compartilhados. Isto devido a haver aspectos exteriores, determinantes da construção da experiência escolar, relativos às disputas societárias na configuração do ensino público brasileiro e da própria educação integral.

Movimentos como a contextualização dos conteúdos ministrados, embora presentes no discurso pedagógico, não são produções didáticas de fácil realização. O mesmo ocorre com a construção de abordagens metodológicas abertas à diversidade cultural dos atores sociais, tal como sinalizado na trajetória histórica da educação integral. Por conseguinte, os arranjos sociais na escola tendem a se configurar como frágeis acomodações de distintas demandas temporais e conjunturais. Sob vários aspectos, corresponderão a ações educativas contraditórias ou incoerentes. Mas, também por essa via, expressam o movimento de mudança e continuidade que acompanha a ação pedagógica; por exemplo, no que se refere ao tornar viável um ensino contextualizado.

> Feita a delimitação temática, caberá a cada especialista, dentro de seu campo, apresentar à equipe interdisciplinar o projeto de "redução" de seu tema. No processo de "redução" deste, o especialista busca os seus núcleos fundamentais que, constituindo-se em unidades de aprendizagem e estabelecendo uma sequência entre si, dão a visão geral do tema "reduzido". (FREIRE, 1987, p. 115).

No âmbito das práticas do ensino, trata-se de uma intervenção didática debruçada sobre a experiência escolar, para a qual se faz necessário tempo e espaço para que a reflexão sobre a prática pedagógica ocorra, em bases materiais e simbólicas fortalecidas. Nesse movimento, a própria prática educativa torna-se fonte e objeto de rememoração e de aprimoramento. Trata-se de uma ação educativa capaz de mobilizar conhecimentos pedagógicos acumulados e, em certa medida, incorporados aos embates relacionados ao domínio da produção do saber sistematizado, movimento pelo qual se supõe um complexo trabalho de reinvenção de tradições herdadas.

Na escola da Capoeira, a busca por inovações do ensino também se deu nessa complexidade. Por exemplo, no trabalho com a linguagem escrita e literária, tal como o enfatizado no Projeto Letramento Literário, aula especial valorizada na fala de muitos alunos e professoras, especialmente porque se referia às práticas de leitura — individual, em grupo, em círculo formado no pátio da escola para aproveitar uma manhã de sol, entre outras iniciativas.

Também, quanto aos tímidos movimentos de abertura para o extramuros, ao lugar. Particularmente, não se deve descartar o potencial que tal abordagem temática tem para gerar na escola outras sensibilidades, expressões e tratamento das infâncias que a frequentam. Até mesmo porque, em face dos apontamentos das crianças sobre a realidade educacional da Capoeira, essas foram importantes questões formativas, evocadas como oportunidades de construção de experiências corporais, intelectuais e afetivas.

Por intermédio do planejamento educacional da escola, tais questões necessitariam ser integradas às sistemáticas do ensino fundamental, uma vez que os anseios das crianças apontaram para uma maior participação delas na construção de práticas de ensino-aprendizagem diversificadas, incorporadas ao projeto político-pedagógico da escola.

São questões coerentes com o que foi debatido na proposta curricular piraquarense, conforme demonstrado na proposta metodológica escrita para as áreas do conhecimento ministradas, representadas nas disciplinas, projetos e práticas incentivadas junto à rede de escolas municipais.

Na escola da Capoeira, os encaminhamentos para a diversificação do ensino foram colocados em pauta por mais de uma vez, em sistematizações específicas, como a discussão coletiva do projeto político-pedagógico, dos planos de aula das professoras e dos Projetos de Contraturno ofertados.

Durante a pesquisa, a consulta aos textos prescritos e condutores dessas discussões serviu como parâmetro de contextualização das intenções do ensino no município. As normas consultadas foram complementadas com a observação dos processos em curso, entendidos como prioritários e sinalizadores do movimento real dos envolvidos na construção da experiência educacional, no seu fluir. Assim procedendo, verifiquei, na dinâmica das classes, que a diversidade cultural das crianças, na maioria das vezes, passava despercebida, pois as regularidades compartilhadas recaíam em padronizações uniformizadas.

De um modo predominantemente hierarquizado, a escola assumia seu papel de executora de políticas e normas externas, sobrando pouco tempo para o planejamento desburocratizado do ensino. Ao lado disso, internamente, a equipe de profissionais manteve o foco no controle dos alunos, tendendo por essa ênfase às sistemáticas didáticas já conhecidas e incorporadas como cultura da escola.

Por tudo isso, a atuação escolar não esteve imune aos conflitos socioeducacionais. Como mostrou Dubet (1994), tratava-se de um arranjo social em sutil equilíbrio, a exemplo das rebeldias discentes, confluentes nas escolas e emergentes de cada contexto. Os acordos pactuados exigiam dos mediadores da escola uma atuação pedagógica vigilante, particularmente quanto ao tratamento dispensado às crianças, conforme se viu no Projeto Indisciplina/Convivência.

7.4.1 Leituras de mundo em expansão

Quando com os alunos a pesquisa buscou referentes culturais da Capoeira, o objetivo era vislumbrar pontes entre o trabalho escolar e o modo de vida das crianças. Durante a produção dos dados, a escola não soube do levantamento temático obtido. Contudo, as mesmas crianças estavam lá, com suas histórias de vida e leituras de mundo.

Por caminhos próprios, a escola almejou alcançar seus alunos. Chegou a levantar a necessidade de aprimorar sua compreensão sobre seu projeto político- pedagógico. O mesmo ocorreu em relação a outras tentativas de contextualização dos conteúdos ensinados, traduzidas em alguns passeios e em momentos especiais das aulas convencionais.

Quanto ao PME, as atividades concentraram-se dentro da edificação escolar, preferencialmente nas classes. Restrição sustentada pela dificuldade em se obter acesso ao transporte, um fator impeditivo de movimentações mais frequentes. Tampouco as oficinas realizadas se converteram em oportunidades para que o processo pedagógico aprimorasse a relação entre a cultura das crianças e a cultura da escola.

Ainda assim, os referentes culturais das crianças e da localidade estavam em jogo o tempo todo, pela simples presença física delas. Em certa medida, a escola fazia uso desse conhecimento do grupo, porém de um modo tácito, e seguindo seus próprios padrões.

Poderiam ser convertidos, assim como ocorreu com suas rebeldias, em projetos educacionais específicos, mas não o foram. Assim, diante das dominâncias escolares impostas, a pesquisa deflagrou uma experiência formativa segundo gradientes miúdos de inovações do ensino, tensionada pelos confrontos dos atores sociais com a escola.

As práticas de urgência, ao lado da preocupação em se manter o controle sobre a eficácia dos processos educacionais, determinavam outras prioridades. Mesmo assim, ocorreram momentos dialógicos, reconhecidos pelas crianças nas situações de proximidade dos adultos, como no caso do auxílio às tarefas escolares e de retomadas pacientes relacionadas ao tratamento dispensado aos alunos e a suas convivências. Episódios pelos quais se ensejou maior horizontalidade nas relações pedagógicas.

Tais ordenamentos, nesse sentido, expunham indagações do ensino em face de suas próprias contradições, questionamentos que tinham a esperança de um passo além, tratados na pesquisa como situação-limite da realidade educacional da Capoeira e que por diversas vezes emergiram do contexto da própria escola.

> Daí que [...] a dialogicidade comece, não quando o educador-educando se encontra com os educandos-educadores em uma situação pedagógica, mas antes, quando aquele se pergunta em torno do que vai dialogar com estes. Esta inquietação em torno do conteúdo do diálogo é a inquietação em torno do conteúdo programático da educação. (FREIRE, 1987, p. 83).

Tratou-se de um ponto de inflexão latente, diretamente relacionado à compreensão da realidade dos alunos, pois, quanto mais se conhece um grupo em situação de aprendizagem, maior a possibilidade de encontrar os temas mobilizadores da construção do conhecimento escolar. Quanto mais os atores sociais reconhecem a escola como lugar privilegiado dessa construção, maior a amplitude dos processos formativos compartilhados, traduzidos como inéditos viáveis desse grupo. Disso se depreende a possibilidade de a escola reconhecer a si mesma em razão do valor e da centralidade dos processos formativos que produz, valorizados no seu *devir*.

Larrosa (2015, p. 78) utiliza-se do aforisma das órbitas excêntricas para explicar essa dimensão formativa. A esse respeito, recorre à trajetória de vida do personagem literário José Cemi[109] desde a infância:

> [...] para que o primeiro círculo, o da infância, possa ser conservado, não basta que seja meramente recordado [...] é preciso que o círculo inicial se torne aberto em espiral, num tipo de via excêntrica que o leve para além de si mesmo, para depois voltar a trazê-lo ao local de partida [...] O tempo da formação, portanto, não é um tempo linear e cumulativo. Tampouco é um movimento pendular de ida e volta, de saída ao estranho e de posterior retorno ao mesmo [...] A esfera transparente, o ponto de vista da totalidade, implica por sua vez uma rememoração temporal (a reminiscência no devir) e uma composição espacial (a necessidade invariável do que acontece): todo o tempo concentrado num instante e todo o espaço reunido num ponto.

Da interpretação dessa narrativa literária, apreendo como dimensão do desenvolvimento integral do ser humano o sentido de totalidade nos processos formativos. Considero a educação em sua relação com as confluências da existência, a delimitar rupturas e percursos de uma vida.

De um modo correlato ao aforisma da experiência formativa segundo órbitas excêntricas, destaco os círculos concêntricos propostos por Freire (1987, p. 94), pelos quais se acentua a construção de um processo de conhecimento, concebido como em expansão.

> Os temas geradores podem ser localizados em círculos concêntricos, que partem do mais geral ao mais particular. Temas de caráter universal, contidos na unidade epocal mais ampla, que abarca toda uma gama de unidades e subunidades, continentais, regionais, nacionais, etc, diversificadas entre si.

Por meio dessas duas metáforas que sugerem a construção dos processos formativos escolares, situo a educação integral como o correspondente de um ensino-aprendizagem culturalmente ancorado, incentivadora de percursos epistemológicos em crescentes níveis de autonomia. Daí que, numa outra configuração de escola, tal dimensão integral possa ser reconhecida em razão de percursos não lineares, retomados no fluir de processos educativos compartilhados e em tempos e espaços diversificados.

---

[109] Larrosa (2015) tece reflexões sobre: LEZAMA, José. *Paradiso*. Madrid: Fundamentos, 1974.

Característica substancialmente diferente daquele modelo de instrução para o qual os fins justificam os meios, pois trata-se de uma experiência pedagógica aberta aos inéditos da sociedade, por meio da qual a escola, debruçada criticamente sobre si mesma, estar-se-ia assumindo, cada vez mais, como lugar de comunicação, interação, convivência, estudo, trabalho coletivo e individual e de diálogo entre diferentes. Essas seriam práticas típicas de uma educação transformada, que convidariam a pensar o ensino por uma perspectiva didática culturalmente diversificada.

Em relação às práticas educativas existentes, essa movimentação estaria na direção da configuração de propostas formativas integradas, uma vez admitidos diferentes arranjos curriculares, e de modo a tornar a experiência educativa expressão da produção cultural mais ampla, por meio de composições moderadoras do pactuado entre a escola e a sociedade, ambas em transformação.

7.4.2 Temas geradores do conhecimento

Retomando os apontamentos infantis como pontes entre a escola e os referentes culturais locais, desenhei três mapas temáticos da realidade educacional da Capoeira, confeccionados para ilustrar a requerida abrangência do processo educativo.

Os mapas servem como síntese visual da triangulação escola, alunos e lugar. Foram concebidos em alusão aos temas geradores do conhecimento e desenhados por mim (de um modo típico de como professoras preparam seus cartazes de ensino) com base em características apreendidas da realidade educacional da Capoeira.[110]

Duas sugestões didáticas do PME serviram-se de guia: o currículo-mandala apresentado no caderno *Rede de saberes*; e o manual *Educação patrimonial*, produzido pelo Iphan (2013).

Do caderno pedagógico *Rede de saberes* (2009c, p. 21), abstraí a compreensão da educação integral como relativa à interculturalidade.

> A circulação de saberes e bens culturais pode ser uma operação pedagógica e política, suscetível de instaurar outras formas de organização social bem como outras visões de aprendizagem estruturadas em noções mais amplas de saberes. Queremos uma educação integral pensada a partir

---

[110] Foram confeccionados como cartazes em cartolina e para o livro redesenhados como figuras explicativas.

> da ampliação da prática escolar, através de uma estratégia pedagógica que surja de um eixo central constituído de um projeto de educação onde a prática escolar amplia-se em direção à comunidade. Para isso, estruturamos uma Mandala de Saberes capaz de recuperar e construir o diálogo entre temas transversais, disciplinas, saberes e práticas cotidianas escolares e comunitárias.

No manual *Educação patrimonial* (2013, p. 5), localizei semelhanças entre a produção fotográfica das crianças, conforme categorizada na pesquisa, e a proposta de inventariar as referências da comunidade, definidas como bens culturais:

> [...] são edificações e são paisagens naturais. São também as artes, os ofícios, as formas de expressão e os modos de fazer. São as festas e os lugares a que a memória e a vida social atribuem sentido diferenciado: são as consideradas mais belas, são as mais lembradas, as mais queridas. São fatos, atividades e objetos que mobilizam a gente mais próxima e que reaproximam os que estão longe, para que se reviva o sentimento de participar e de pertencer a um grupo, de possuir um lugar. Em suma, referências são objetos, práticas e lugares apropriados pela cultura na construção de sentidos de identidade, são o que popularmente se chama de raiz de uma cultura.

O caderno sugere que os bens culturais levantados sejam classificados segundo cinco categorias: lugares, objetos, celebrações, formas de expressão e saberes. As categorizações baseavam-se no trabalho de patrimoniamento, tal como incentivado pelo Ministério da Cultura (MinC) à época.

Importante ressaltar que o resgate desses dois documentos não pretendeu fazer prescrições didáticas à escola da Capoeira. Apenas se utilizou da forma gráfica e da coleta de referenciais culturais, sugerida para ilustrar conexões entre:

a. Os eixos formativos da proposta curricular municipal, considerando o trabalho com as áreas do conhecimento e suas respectivas metodologias de ensino.

b. Os elementos observados no cotidiano da escola, conforme os episódios e eventos analisados e problematizados.

c. O universo temático capturado pela pesquisa com a colaboração das crianças.

7.4.3 Eixos formativos da proposta curricular municipal

A primeira figura (Mandala 1), relativa à construção metodológica de uma educação culturalmente integrada, traz o informe dos eixos curriculares das áreas do conhecimento ministradas nas escolas de ensino fundamental (anos iniciais) da rede pública de Piraquara, em 2015.

Mandala 1 – Currículo da escola da Capoeira

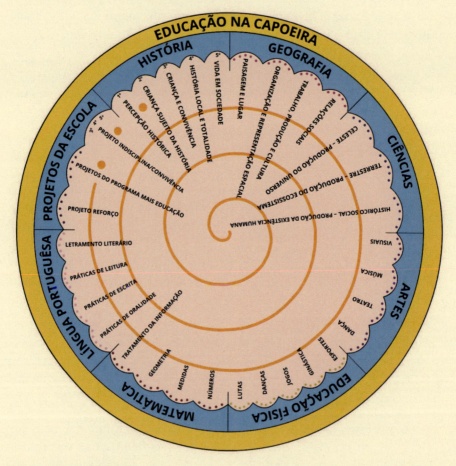

Fonte: a autora (2016)

Os eixos metodológico-curriculares foram transcritos, na mandala, conforme o prescrito na proposta curricular municipal, de acordo com o discriminado a seguir:

a. Eixos da História: Percepção Histórica (1° ano); Criança Sujeito da História (2° ano); Criança e Convivências (3° ano); História Local e Totalidade (4° ano); Vida em Sociedade (5° ano).

b. Eixos da Geografia: Paisagem e Lugar (1° ao 5° anos); Organização e Representação Espacial (1° ao 5° anos); Trabalho, Produção e Cultura (1° ao 5° anos); Relações Sociais (1° ao 5° anos).

c. Eixos das Ciências: Celeste (produção do universo) (1° ao 5° anos); Terrestre (produção do ecossistema) (1° ao 5° anos); Histórico-social (produção da existência humana) (1° ao 5° anos).

d. Eixos das Artes: Visuais (1° ao 5° anos); Música (1° ao 5° anos); Teatro (1° ao 5° anos); Dança (1° ao 5° anos).

e. Eixos da Educação Física: Esportes (1° ao 5° anos); Ginástica (1° ao 5° anos); Jogos (1° ao 5° anos); Danças (1° ao 5° anos); Lutas (1° ao 5° anos).

f. Eixos da Matemática: Números (1° ao 5° anos); Medidas (1° ao 5° anos); Geometria (1° ao 5° anos); Tratamento da Informação (1° ao 5° anos).

g. Eixos da Língua Portuguesa: Práticas de Oralidade (1° ao 5° anos); Práticas de Escrita (1° ao 5° anos); Práticas de Leitura (1° ao 5° anos); Letramento Literário (1° ao 5° anos).

h. Projetos da Escola (2014/2015): Projeto Reforço; Projetos do Programa Mais Educação; Projeto Indisciplina/Convivência.

O intuito da ilustração foi destacar o saber especializado conforme reconhecido pelas escolas municipais, passível de ser acionado e debatido, na hipótese da construção de um trabalho metodológico de redução do universo temático de um grupo, levado para situações e práticas escolares.

Nessa hipótese, ao encontro do inventário de referentes da localidade, convertidos em oportunidades de ensino-aprendizagem contextualizados. Com apoio na proposta freiriana para a contextualização e diversificação do ensino, trata-se de decodificar o universo temático de um grupo em unidades de aprendizagem e sequências didáticas específicas relativas às trajetórias de construção do conhecimento escolar e tendo em consideração os debates acerca do conhecimento curricularizado. Daí a representação de uma espiral no centro da mandala, indicando a relação entre áreas do conhecimento e os saberes de um grupo.

7.4.4 Práticas de um ensino diversificado

A segunda figura (Mandala 2) traz algumas das características da participação dos alunos na escola. Aponta para uma gama de práticas culturais pautadas em relações pedagógicas horizontalizadas, traduzidas como atividade intelectiva, individual e em grupos e de incentivo ao movimento corporal.

Mandala 2 – Educação integral com as tentativas de inovação da escola

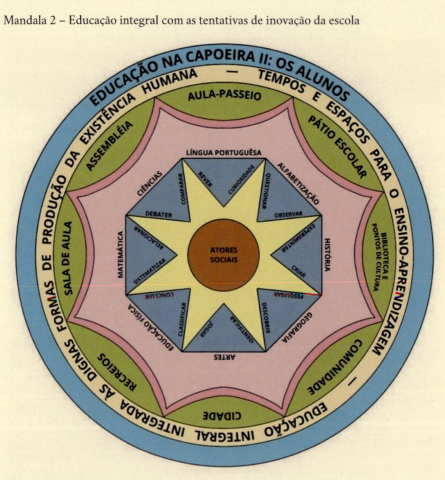

Fonte: a autora (2016)

As práticas de estudo são entendidas como participações dos atores sociais na construção do trabalho educativo. Nesse sentido, seriam mediadas conforme as áreas do conhecimento ministradas e tendo como mote a educação em diferentes experiências socializadoras, dentro e fora da escola. Na figura explicativa, os atores sociais estão no centro e cada participação aparece registrada em palavras-chave, resgatadas das mandalas do PME e relativas à caracterização do trabalho de alunos em várias situações de aprendizagem escolar: rever, desenvolver hipótese, observar, experimentar, criar, pesquisar, descobrir, identificar, jogar, classificar, concluir, sistematizar, relacionar, debater, comparar.

Cada situação de aprendizagem enseja produções escolares decorrentes dessa participação, estariam relacionadas as áreas do conhecimento ministradas: História, Geografia, Artes, Educação Física, Matemática, Ciências, Língua Portuguesa e Alfabetização. Cada face da estrela representada poderia girar em direção das áreas do conhecimento curricular, e estas por sua vez como faces de uma mesma figura geométrica, integradas. A intenção é denotar o incentivo à autoria dos alunos na construção da experiência escolar, particularmente levando-se em consideração a horizontalidade nas relações pedagógicas, expressas na interação docência-discência, bem como na ênfase no trabalho coletivo e de acesso ao conhecimento científico e cotidiano. Trata-se de arranjo pedagógico que ilustra lógicas socializadoras de integração, considerando-se o incentivo aos processos de subjetivação autodeterminados e solidários.

Em relação a tempos e lugares convertidos em oportunidades de ensino-aprendizagem, a mandala evoca uma educação integral integrada às dignas formas de produção da existência humana. Para isso, reconhece uma gama de situações mobilizadas para a produção do conhecimento escolar, atreladas às práticas sociais e intra-escolares. Entre os tempos e espaços de aprendizagem inseridos na mandala, estão aqueles apreendidos das tentativas da escola de promover ajustes e mudanças nos próprios ordenamentos pedagógicos. São eles: classes; assembleia; aula-passeio; pátio escolar; biblioteca e pontos de cultura visitados pelo PME (Centro de Educação Ambiental); centro da cidade visitado durante o Projeto Indisciplina/Convivência (Cras); recreios; comunidade; e pátios escolares.

Colocando os atores sociais — alunos, professoras, diretora, pedagoga, cozinheira, monitores do PME, secretário, famílias, entre outros — no centro da ação educativa, a mandala faz alusão à política cultural da escola (APPLE, 1989). Traduzida em situações de planejamento e decisão sobre as frentes educativas assumidas, e conforme as atuações acordadas como prioritárias entre os envolvidos com a construção da experiência escolar. Sugere tempos e espaços de ensino-aprendizagem diversificados e voltados à dinâmica das classes e interclasses.

7.4.5 Referentes culturais da Capoeira

A terceira figura (Mandala 3) traz os referentes culturais locais, segundo as imagens e os relatos das crianças, as observações das classes e o mapeamento dos pontos de localização territorial, identificados durante o acompanhamento das rotas escolares. Representa um dentre outros recortes do lugar.

Mandala 3 – Referentes culturais da localidade

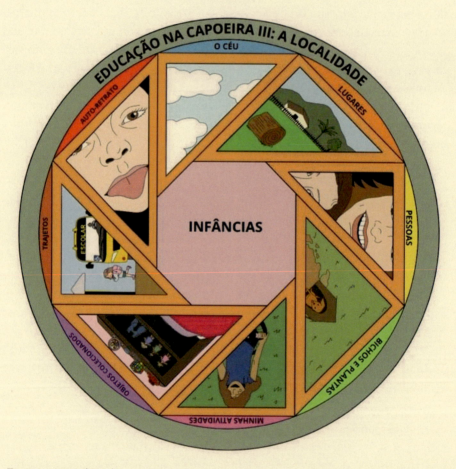

Fonte: a autora (2016)

Cada referente poderia ser fonte de consulta e de intervenção didática na construção do conhecimento escolar. Os núcleos temáticos identificados, pensados em articulação com os campos curricularizados (eixos das áreas do conhecimento e, dentro deles, a noções e conceitos relacionados às respectivas metodologias de ensino) e em seguida traduzidos em processos formativos com o uso de tempos e espaços diversificados, seriam mobilizadores das práticas do ensino-aprendizagem. Trago à descrição os referentes culturais conseguidos, transcrevendo-os como indicativos da amplitude educacional de cada uma das imagens e relatos capturados em relação ao proposto no currículo municipal.

a. Céu: a perspectiva infantil sobre as permanências e as mudanças nos fenômenos naturais e na sociedade, tal como observado nos Eixos Metodológicos das diferentes disciplinas ministradas. Por exemplo, as conexões com Literatura, Astronomia, Música e Dança e sobretudo Filosofia, suscitada pela preferência das crianças pelos detalhes, apreendidos como acontecimentos e descobertas de uma realidade compreendida como algo em movimento.

Lugares: as pertenças e as referências de mundo das crianças valendo-se da convivência familiar e dos círculos de socialização para além da morada. A individualidade construída nas relações sociais, segundo tempos e espaços de afirmação em diferentes grupos de convívio — irmãos e primos, amigos e vizinhos, igreja, escola, lugares frequentados. Dentre as noções e os conteúdos identificados como relacionados às disciplinas escolares ministradas, destaco: noções de representação espacial (dentro/fora, perto/longe, repetição, antes/depois, ontem/hoje, rotinas diárias). Na História e na Geografia, destaco aspectos culturais relacionados à construção de um lugar (laços intergeracionais, a mudança na paisagem, o desejo pelos guardados, as tradições familiares, os novos moradores, as edificações emblemáticas, as práticas sociais de trabalho e de lazer, o avanço do capital econômicos sobre a região).

b. Pessoas: os laços afetivos em expansão a partir das convivências e das experiências com o lugar em que se vive. O destaque para as práticas sociais e corporais, entre pares e com os adultos — o trabalho, os reordenamentos afetivos em arranjos familiares distintos (de onde se destacou a figura dos avós), o lazer (cavalgada, briga de galo, jogo de cartas, futebol, churrasco, desenhar, brincar, entretenimento via televisão, computador e rádio), a ênfase nas amizades da escola e nas responsabilidades perante a família (cuidado dos irmãos e afazeres da casa).

c. Bichos e plantas: a perspectiva filosófica e histórica das crianças reapareceu em novas situações, favoráveis ao aprofundamento e discussão da experiência social. Reflexões sobre a pluralidade de mundos conforme experiências singulares. O gosto pelos detalhes, classificações dos objetos colecionados/observados, os esquecimentos e os vestígios do passado recente de um lugar. Os ciclos existenciais representando nascimento e morte, conforme a observação dos bichos e das plantas. As relações de trabalho com a terra. O sustento das famílias. O senso de responsabilidade e as diferentes expressões da vivência do tempo de infância.

d. Minhas atividades: as dignas formas de viver relacionadas à interação entre crianças e adultos. A multiplicidade do ato de brincar, principal linguagem utilizada na compreensão do mundo social e reconhecida como prática de intervenção e autoria. Responsabilidade, independência, autonomia, cuidado, desenvoltura e o senso de colaboração mútua foram aprendizagens valorizadas pela maioria das crianças, exercitadas em suas experiências familiares.

e. Objetos colecionados: o brinquedo, surgido como coleção, ensejou a construção de categorias explicativas sobre o mundo. O relacionamento intergeracional como possibilidade de ir além do imediato. Reconhecer-se em relação às tradições e, ao mesmo tempo, projetar a própria autoria como marca inter-relacional na construção do presente. Atividade da cultura infantil, expressa como elos entre fantasia e realidade, mudança e permanência, passado e presente-futuro, construção de vínculos afetivos e busca do desconhecido.

Trajetos: representando a ponte entre o passado, o presente e o futuro de um lugar em mudança — a família, a escola, a região. O reconhecimento das diferenças culturais, vivenciadas como algo corriqueiro e repetitivo. Por debaixo disso, o pensamento filosófico impulsiona — o estranhamento sobre o familiar, a relação entre o conhecido e o desconhecido na construção do conhecimento social. Os pontos de localização poderiam ensejar tal reflexão e busca. Nesse caso, seriam convertidos em elementos simbólicos patrimoniados, relacionados às tradições locais e aos vestígios da confluência entre culturas e entre conjunturas temporais/geracionais — equipamento e serviços públicos disponíveis, as casas e chácaras, a aldeia indígena, a Barragem, a igreja, o cemitério, a Casa de Obá e o centro da cidade de Piraquara.

f. Autorretratos: anunciando as incertezas infantojuvenis, a subjetividade individual retratada oferece vestígios de tensões compartilhadas entre os jovens moradores da Capoeira em seus contextos relacionais. O perigo e o risco da travessia entre infância, adolescência e juventude. O sentimento de estreitamento do mundo, talvez experimentado como angústia e contestação de tradições locais herdadas.

Conforme se nota, a mandala do lugar sugere a inserção de outros núcleos temáticos, ensejando propostas para o levantamento dos referentes culturais do lugar, convertidos em novas categorias e abordagens. Sugere também a retomada de rastreamentos anteriores, intergeracionais, tal como aquele apreendido do Projeto Conhecendo Piraquara, do qual destaco: a escola como conquista da comunidade; a Piraquara "de antes tempo" e de agora; os marcos históricos da cidade; as histórias do trabalho; o lazer de ontem e de hoje; histórias das águas; e um pouco mais da relação entre escola e localidade.

As três mandalas sintetizam os informes da pesquisa e evidenciam o movimento de construção metodológica possível de uma educação culturalmente integrada. Podem ser lidas como peças pedagógicas articuladas. Visam ilustrar o sentido da escola como uma experiência social, convertida em tempo e espaço privilegiado da formação integral da criança em sociedade e com suas pertenças.

NOTAS CONCLUSIVAS

> *A obra é a máscara mortuária
> da sua concepção.*
> (Walter Benjamin)

O percurso da pesquisa, revisto neste livro, demarca a defesa de uma escola culturalmente integrada à promoção de um ensino diversificado. Os achados aqui apresentados reconhecem um aluno plural, marcado pela sua condição de infância. A proposta de educação integral vislumbrada corrobora o ideário pedagógico contrário às padronizações e às uniformidades da escola de massa.

Através das regularidades do ensino e por intermédio das imposições da lógica da eficácia pedagógica, os determinantes estruturais atuantes numa realidade educacional particular foram levados à análise, reconhecidos nas lógicas meritocráticas circulantes entre escola e sociedade. Ao dimensionar os conflitos da/com/na escola, os determinantes históricos prevaleceram como configurações de um ensino público massificado e precarizado, desde a sua origem.

Adentrando as dinâmicas culturais da escola, confirmou-se a dominância do ensino instrucional, no contexto, objetivada por meio do controle disciplinar de comportamentos considerados insubordinados, bem como acompanhada do receio de que processos de ensino horizontalizados pudessem ameaçar as regularidades compartilhadas, focadas no rendimento escolar.

Na realidade da escola da Capoeira, havia baixa variação quanto à forma escolar escriturária, socialmente difundida. Por isso, nas iniciativas de mais tempo, as mesmas sistemáticas dos turnos regulares eram replicadas. Os descontentamentos dos alunos e das próprias profissionais da escola a esse respeito tiveram, assim, como dínamo, a imposição da forma escolar dominante na sociedade, porém com as características do contexto. De onde se expôs o fracasso do modelo de escolarização de massas.

Nos eventos capturados, foi possível identificar contestação e conformidade, analisando-os como contradições e ambivalência produzidas na/com a escola. Mesmo diante de ações individuais ou coletivas aleatórias ou incoerentes, ou da baixa conscientização dos atores sociais sobre as finalidades do ensino disputadas, esse tensionamento se fez presente por conturbadas participações, das quais se ergueu a demanda por outra experiência formativa.

Na tentativa de alcançar o ponto de vista do aluno sobre a experiência formativa construída, a investigação lançou-se no exercício de transver aquela realidade educacional. E, quando os temas locais foram inventariados, abriu-se um campo de possibilidades levados à reflexão. Nas imagens e nos relatos, as potencialidades de um ensino diversificado surgem concretamente e segundo a realidade existencial das crianças.

Os temas do lugar foram, então, analisados como oportunidades de outra configuração da escola, possível e necessária. Foram tratados como inéditos viáveis de uma realidade educacional em transformação, contrastados aos limites e às contradições da escola de massa e, ao mesmo tempo, reportados aos temas dessa temporalidade.

Os aspectos problematizados sugeriam desdobramentos em outras iniciativas, de aprofundamento dos temas inventariados com as crianças, transpostos para o debate curricular e as práticas educativas. Mantida a linha metodológica participativa, novas etapas de pesquisa com a escola e seus atores sociais poderiam ocorrer, no sentido de explorar o universo temático categorizado. Nesse caso, as mandalas ilustrativas oferecem-se como ponto de partida.

Além disso, a meu ver, tal aprofundamento iria ao encontro das iniciativas didáticas, identificadas desde as produções oriundas da própria cena educacional municipal. Estou me referindo particularmente ao Projeto Conhecendo Piraquara, considerado um achado da pesquisa, porquanto evidenciou a relação do ensino com a comunidade da qual as escolas municipais são integrantes.

Além desse projeto, encontrei outros vestígios do interesse e mobilização por uma educação culturalmente integrada. Por exemplo, a motivação da rede de escolas em torno do tema da educação integral, conforme registrou o Seminário de Educação Integral (2015), bem como as metas relativas a essa oferta, aprovadas no Plano Municipal de Educação.

Diante dessas frentes de trabalho, acenam novas pesquisas na mesma escola, em outra ou na cena municipal mais ampla. Contudo, desde aqui, destaco como principal achado deste estudo o acervo cultural inventariado com as crianças, analisado à luz das tensões produzidas no contexto da escola da Capoeira.

Os referentes culturais inventariados, conforme pormenorizado na terceira parte do livro, motivaram a sistematização destas notas conclusivas, segundo dois tipos: circunstanciadas e prospectivas, ambas destacadas como contributos para o campo de discussão e de definição da educação integral no Brasil.

1. Notas circunstanciadas

Estou indicando como notas circunstanciadas aquelas que remetem às participações e às avaliações dos alunos na construção da experiência de mais tempo de escola. Foram desenvolvidas como respostas às indagações da pesquisa e relativas às participações das crianças na construção da experiência de mais tempo da escola em que estudavam.

O trabalho investigativo esmiuçou expectativas dos alunos, seus estranhamentos, afrontas, modos de vida e tradições orais. A partir daí, a ação social desses atores foi analisada, em face das tradições e das formas de ensinar da escola da Capoeira. Nesse esmiuçar, ateve-se às banalidades produzidas no cotidiano. Revelou participações engendradas entre os envolvidos na construção dos Projetos de Contraturno, elencados pela escola, e também destacou as tentativas de diversificação do ensino regular.

Mesmo com baixa variação, a experiência escolar trouxe à tona dimensões do ensino integral, analisadas conforme os movimentos de acomodações pedagógicas diante dos conflitos ocorridos. Com isso, foram apreendidos eventos que escapavam às regularidades observadas. Reportadas à assimetria nas relações de poder, algumas dessas dimensões se apresentam aqui como notas para a educação integral.

Algumas delas traduzem indagações acerca das prescrições didáticas e políticas de modelagem, que incidem sobre as escolas em geral, de tal modo a induzi-las a lógicas de organização pedagógica verticalizadas.

Na escola da Capoeira, tal dominância foi observada na participação político-pedagógica dos alunos em espaços de interlocução tratados como concedidos: as classes, os conselhos, o dentro e o fora. Nessas circunstâncias, os impasses eram vivenciados sem que aos alunos fosse incentivada a defesa ética e politicamente organizada de suas demandas e rebeldias.

A escola pouco ousou reverter em componentes do trabalho pedagógico as indagações discentes. Isso desde a escuta das expectativas e histórias de vida das crianças até o modo como abordou as insubordinações, a meu ver, prioritariamente produzidas e incentivadas pela própria forma escolar imposta.

O uso das lógicas sociais meritocráticas, conformadas à vida como destino, associadas às vivências e ao trabalho do aluno real, refletiu-se na condução do trabalho escolar. Consequentemente, nas dinâmicas intraescolares, se fizeram presentes em caminhos conflituosos, de onde surgiram os enfrentamentos observados. Entretanto, apesar dos poucos espaços de incentivo à autonomia e à organização político-pedagógica dos alunos, tentativas de inovar foram registradas e por mais de uma vez bem recebidas por eles próprios.

Apoiada em suas regularidades, a escola empenhou-se em repactuar objetivos e encaminhamentos, considerados indispensáveis ao sucesso da aprendizagem individual. Nesses arranjos, as ações promovidas não seguiram sentido único. Mostraram-se heterogêneas e cruzadas pelas diferentes atuações dos envolvidos na construção do trabalho pedagógico. E, quanto às atuações dos alunos, estas oscilavam entre desorganizadas rebeldias ou domesticadas condutas, de onde identifiquei, nos deslocamentos individuais e coletivos, o uso de lógicas socializadoras disponíveis dentro e fora da escola.

Por vezes, as tensões ocorriam em torno das tentativas do ensino de silenciar reivindicações. Em outras circunstâncias, os confrontos expuseram distorcidas visões do outro, manifestas em gestos discriminatórios entre crianças e com os adultos. Não apenas os alunos rebeldes e agressivos produziram marcas sobre o ensino regular e sobre as iniciativas de mais tempo dele decorrentes. Também os silenciosos e os irrequietos se relacionavam de um modo ambivalente com a escola, imprimindo nela suas compreensões de mundo.

Em meio a essas diferentes frentes da ação social, manifestas pelos alunos, emergiam visões sobre o ensino, segundo suas diversas condutas: acintosas, agitadas, tímidas, cruéis, curiosas, ingênuas. Nesse movimento, o coletivo discente demarcava alguns de seus referentes culturais.

Nos sistemas educacionais impostos e compartilhados, havia ambivalência. Os alunos expressavam seus pontos de vista por entre circunstâncias permitidas ou negadas, passivas ou rebeldes, desarticuladas ou organizadas, conscientes ou dependentes das autoridades adultas, de empatia ou de indiferença. E, da parte das autoridades escolares, as ações priorizadas também acabavam oscilando entre a disciplina e a convivência.

Imersa nesse contexto relacional, a pesquisa buscou escutar os alunos e observar suas participações. Conseguiu, assim, identificar sentidos de uma educação integral, evocada em menção ao cultivo das sensibilidades, das linguagens e das aprendizagens ancoradas em temas da vida social. Entendeu que a construção da experiência escolar de mais tempo se fortalece quando há o resgate crítico das tradições pedagógicas, lado a lado com o aprimoramento da prática educativa. Compreendeu a complexidade do projeto formativo de equilibrar as finalidades do ensino, em face das distintas ações sociais e da precariedade existencial da escola.

Recorrendo ao cotidiano na localidade, encontrou rastros de uma sociabilidade mais ampla, a ser convertida em temas da prática educativa, reportada à totalidade do ser humano. O que as crianças trouxeram, com seus relatos e registros fotográficos, foi, nesse sentido, interpretado como indagações ao ensino convencional. São questões relativas à necessidade de a escola ser convertida em um lugar no qual é possível dialogar, debater, aprender, ensinar, conscientizar-se. O que as crianças disseram corroborou a defesa de uma escola fortalecida nesse difícil trabalho educativo.

Respeitada como local de estudo, aprofundamento e construção de metodologias diversificadas, a experiência escolar não foi, por essa abordagem, concebida meramente como executora de políticas e programas oficiais. Com as mandalas confeccionadas, que ilustram a articulação entre os temas geradores do conhecimento escolar, a perspectiva de um ensino culturalmente integrado pode ser pautada.

Contudo, embora o levantamento dos referentes culturais tenha apontado para a necessidade de mobilização da escola em torno desses temas geradores do conhecimento, a pesquisa não teve a intenção de traduzi-los como prescrição ou sugestões. Isso seria corroborar a marca instrumental do ensino, secundarizando a autonomia pedagógico-curricular da própria escola. A produção de dados não tratou de dizer à escola como fazê-lo, mas antes alertar sobre como, se absorvida em tarefas meramente instrumentais, permanecerá lacunar o trabalho com a diversidade cultural de seus alunos.

2. Mudanças educacionais plausíveis

Diante da dominância da política educacional prescritiva e das lógicas de controle externo do trabalho escolar, as mudanças qualitativas, propagandeadas nos cadernos do PME como alternativa de superação de um modelo de ensino considerado insatisfatório não se efetivaram satisfatoriamente, em muitos casos. O que não depende apenas do discurso político-pedagógico, seja ele conservador, seja transformador.

Sem que a escola seja fortalecida na sua especificidade, as mudanças anunciadas para o ensino poderão permanecer restritas a iniciativas pontuais, casuais ou personalistas. São réplicas da forma convencional de ensino, conforme o que se viu predominar na escola da Capoeira, durante as duas etapas de execução do PME.

Lamentavelmente, nessa circunstância, a dimensão do ensino integral fecha-se, permanecendo a escola como se fosse um mundo incomunicável. E, por essa restrição, demandas concretas das comunidades continuarão latentes ou ocultas, por vezes abandonadas e até mesmo enfraquecidas pela prevalência de lógicas sociais segregadoras e da busca incessante por resultados pedagógicos.

À frente desse alerta, estiveram crianças provocativas, que nem de longe correspondiam, exclusivamente, aos perfis de aluno exemplar ou baderneiro. Com suas participações curiosas e rebeldes, quiseram sua escola de outro jeito. Reivindicaram práticas de convivência e de expressão corporal. Além disso, verbalizaram elos de comunicação entre a experiência escolar e o modo de vida delas e da família.

Essa foi a principal crítica apreendida da relação dos alunos com a escola, assim anunciada nas visões menos otimistas de algumas crianças, para as quais estar mais tempo na escola era visto como uma grande injustiça.

Diante dessa constatação, os referentes culturais reunidos foram concebidos como temas geradores do ensino (conhecimento em expansão). Por meio deles, a necessidade de aproximação entre a escola, os alunos e a família. Possibilidade de um campo de crítica esperançosa refletindo sobre as características de uma educação localmente ancorada, tornada suporte para a construção de nexos, seguindo um movimento de desconstrução de processos formativos fechados, autoritários.

Tal defesa não chega a ser novidade em termos de produção acadêmica, haja vista a contribuição da Pedagogia do Oprimido, insistentemente retomada ao longo do livro. Ainda assim, os relatos e imagens produzidos pelas crianças são uma contribuição específica e inédita, tanto para a escola da Capoeira como para a reflexão acerca da educação integral.

Em linhas reflexivas alargadas, os dados inventariados corroboram a defesa de uma escola pública popular, ou seja, em aproximação com a experiência dos grupos sociais envolvidos na construção da escola. Para além da Capoeira, as notas conclusivas circunstanciadas à escola investigada remontam à noção de integralidade, admitindo-se ser imprescindível reconhecer a natureza comunicativa das escolas, obtida mediante inserção na comunidade da qual são parte.

3. Notas prospectivas

Estou indicando como notas prospectivas aquelas remetidas à perspectiva histórica da educação integral, projetada em novos arranjos do ensino. São reconfigurações relacionadas à finalidade da escola pública brasileira.

Durante o livro, tal perspectiva foi debatida: a) em relação à origem da escolarização em massa nas sociedades industriais; b) tomando por base o recorte epocal do qual surgiu, no Brasil, a expressão, definição e proposição da educação integral como crítica ao ensino convencional e denúncia da precarização da escola básica; c) no âmbito das práticas escolares, em referência à educação integral do indivíduo em sociedade, compreendida como processo formativo culturalmente diversificado, autodeterminado e segundo crescentes níveis de autonomia intelectual.

Em sintonia com essas linhas de discussão, embora o livro comece analisado o próprio PME, não era intenção tomar como foco o campo da produção das políticas públicas, ainda que essa arena tenha sido reconhecida como campo de poder perceptível no contexto das práticas escolares estudadas. No entanto, o contrário pode ser tentado, isto é, a reflexão suscitada no campo das práticas escolares pode ser, sob alguns aspectos, transposta para o plano macropolítico. Nesses termos é que apresento estas notas prospectivas, sistematizadas conforme os contributos e dificuldades do "chão da escola".

Admitindo-se as agruras desse lugar social específico chamado escola, seria recomendável que a política educacional reconhecesse de um modo menos prescritivo a dificuldade real de objetivar mudanças almejadas para o ensino, muitas vezes sem os meios necessários para tanto.

Apontada para o campo maior de poder, estas notas almejam levar ao debate político-pedagógico a necessidade de acolhida das tentativas de mudança promovidas nas escolas, particularmente quando se trata de ousar subverter a lógica da eficácia, conformadora de toda a burocracia escolar existente. Particularmente porque, em face da determinação da lógica da eficácia pedagógica, incentivada no âmbito da política pública, a experiência escolar encontra-se subordinada a um ciclo técnico-racionalista e que contrasta com e contradiz a ruptura da forma escolar.

Tendo em mente essa determinação, repercutida nos conflitos observados nas sistemáticas apreendidas da escola pesquisada, duvido do êxito das orientações prescritivas, avaliativas ou punitivas que atuam sobre o ensino. Isso na medida em que tal conformação tende a colocar a responsabilidade pelo fracasso dos alunos como exclusividade da escola e de seus profissionais, cada vez mais estigmatizados, e, no mesmo compasso em que a educação conservadora, por sua vez, segue estigmatizando seu próprio público.

Em torno dessa desconstrução, há tempos caminham as pedagogias que combatem as injustiças sociais. O legado deixado por elas refere-se à compreensão de que as finalidades da escola não se reduzem à lógica do mercado de trabalho, ao menos não mecânica ou artificialmente. Rememorá-las é, portanto, uma forma de fazer avançar o debate, redefinindo prioridades do ensino hoje. Daí que, para vislumbrar outra educação, seja imprescindível recorrer às lutas sociais em torno da qualidade dos processos educativos.

Retomando o marco legal conquistado na educação básica, compreendido como uma das arenas relativas à configuração das mudanças almejadas, ensaio algumas provocações a produção da política educacional do país.

Nesse limiar, as contestações dos atores sociais da Capoeira aludem aos enfrentamentos históricos que combatem as lógicas supervisoras impostas às escolas, continuamente produzidas e replicadas no sistema educacional, desde a origem da educação pública.

No intuito de instrumentalizar tais posicionamentos combativos, há respaldo legal para a defesa de relações de poder horizontalizadas nas escolas. Este é um ponto de convergência de expectativas crítico-transformadoras, para as quais a educação integral também se volta, por meio da legislação existente, como a serviço da desconstrução das hierarquias pedagógicas impostas.

Com essa pretensão, a dimensão integral da formação dos alunos tenta se traduzir como política cultural das escolas. Surge como reivindicação de relações pedagógicas democratizadas. Referenda, nesses termos, uma ação social repercutida no/com o movimento educacional mais amplo, favorável à construção de política pública de superação da precariedade existencial da escola pública brasileira.

Preservada a dimensão intrínseca da política cultural de cada escola, haveria mais chance de se avançar na discussão sobre como a soma de inovações pedagógicas, conquistadas em cada contexto, recentes ou antigas, poderia influenciar na arena política mais ampla. Ainda nessa linha argumentativa, seria necessário indagar, metodicamente, sobre o porquê dos currículos e programas, a despeito das mudanças propostas ao ensino convencional, continuarem reféns de modelos de gestão de resultados parametrizados.

Nessas notas prospectivas, ensaio resposta provocativa, evocando a tradição pedagógica crítico-transformadora. Argumento sobre a necessidade de garantir meios, tempos e espaços para que a prática pedagógica passe por reflexões na própria escola. Retomo a pluralidade de sistemas sociais, tal como mencionado por Dubet (1994), para lembrar que, mesmo em configurações pedagógicas conservadoras, os atores sociais não se limitarão à simples execução de programas.

Há sempre um conteúdo e uma forma do ensino em discussão, em cada contexto, gerando acomodações, talvez pequenas rupturas, as quais revelam o limite e o alcance da experiência escolar na vida das pessoas.

Por isso, faz-se necessário ouvi-las e, por essa consideração, olhar para a produção das políticas educacionais do país de um modo menos hierarquizado, por conseguinte, mais sensível às demandas do ensino especializado *in loco*.

Com esse intuito, trago à discussão uma breve explanação da Carta Constitucional de 1988 e da Lei de Diretrizes e Bases da Educação Nacional. Destaco desse marco legal a autonomia pedagógica das escolas na construção de suas políticas culturais. Chamo atenção para a persistência da demanda social por democratização do conhecimento, colocada desde longa data pelo movimento social, favorável à transformação da escola e da sociedade.

Admitindo-se um contexto educacional disputado, o ensino integral apresenta-se como proposta formativa inovadora, particularmente em face do anseio por outros parâmetros de reconhecimento da qualidade educacional.

Com esse ponto de vista, não se está pretendendo pormenorizar quanto duraria essa jornada, uma vez que a provocação se refere muito mais à abrangência cultural dos processos educacionais desenvolvidos nas escolas, contudo admitindo que outra educação, possivelmente, necessitaria de mais tempo.

Na normativa vigente, há espaço para a consolidação dessa dimensão do ensino integral, reivindicada e projetada como possibilidade de superação do ensino instrucional. Questão a ser debatida, refletida e generalizada na construção da política pública conformadora dos sistemas educacionais estaduais e municipais.

Pela ótica do direito social subjetivo, há incorporação dessa finalidade educacional alargada. Até porque o teor do sucesso do ensino, conforme a expectativa social incorporada ao marco regulatório, resulta de mobilizações e conquistas do movimento educacional brasileiro, em prol da qualidade educacional, desde a origem da escola pública.

Nesse empenho, o sistema público deveria assegurar uma educação integral identificada com a heterogeneidade cultural do seu público. Para isso, é preciso consolidar, por meio da presença mais efetiva da União, um sistema integrado de ensino, no qual a prioridade fosse consolidar, nos estados e municípios, percursos formativos continuados e em crescentes níveis de autonomia intelectual.

Assim compreendida, a educação integral não seria refém das questões de ordem prática, nem mesmo se veria limitada a importante questão da universalização do acesso, porquanto refere-se principalmente à qualidade dos processos formativos oportunizados nas escolas, na promoção da educação básica. Nesse aspecto, a noção de integralidade corresponde a um princípio de articulação do sistema educacional, conquistado mediante políticas sociais afirmativas, demandadas das desigualdades estruturais da sociedade.

Dentro dessa compreensão, reconhecem-se os mecanismos legais existentes e a oferta de programas sociais transitórios, ambos objetivados como dispositivos de justiça acionados para a mudança substancial do ensino público. Mas há que se ponderar sobre os limites das tentativas formais de promover a qualidade educacional, em contexto de grande desigualdade, como tem ocorrido no ensino público, impactado pelas injustiças estruturais da sociedade brasileira.

Por isso mesmo, concretizar os princípios constitucionais em propostas de gestão democrática e de organização horizontalizada do trabalho escolar tem sido uma pauta disputada e sempre retomada no movimento educacional, no interior da escola e na arena política mais ampla.

Desde o marco constitucional (com destaque para o Art. 206) da Constituição brasileira, a educação escolar surge interligada à igualdade de oportunidades, ao pensamento livre e de concepções pedagógicas, à gratuidade da oferta, à valorização do magistério e ao ingresso na profissão mediante concurso público. Junto a isso, destaque-se que os padrões de qualidade e de gestão democrática devem ser especificados na forma de leis complementares.

Ressalto, entre os princípios educacionais socialmente disputados, a gestão democrática do ensino público. Com ela concluo estas reflexões sistêmicas, tecendo três notas prospectivas para uma educação integral, imbricadas na defesa da escola pública de qualidade.

1.º Aprimorar a autonomia pedagógica das escolas

Neste item, a integralidade está contemplada na articulação entre os níveis e etapas educacionais, uma vez garantida a participação das escolas nas decisões sobre como diversificar o próprio ensino.

Conforme expresso na LDBEN, a gestão democrática da escola pública reconhece a participação popular na construção da política educacional de cada escola[111]. E, no âmbito dos estabelecimentos de ensino, tal princípio confere relativa autonomia pedagógica às unidades escolares em relação aos respectivos sistemas dos quais são parte[112].

Desde esses artigos, a superação da escola de massa está colocada no horizonte da igualdade formal. À escola reconhece-se o direito de ultrapassar sua condição de mero vetor de execução de políticas exteriores, favorecendo-se, para tanto, o exercício de gestão, conquistado por meio de sua relativa autonomia pedagógica. Na condução e no aprofundamento dos processos formativos, reconhece-se a participação da comunidade escolar como instrumento e fonte para objetivar tal política no interior das escolas.

Desse conjunto, a noção de integralidade expressa esse movimento de democratização da sociedade na/com as escolas e por dentro dos diferentes níveis e etapas dos sistemas educacionais. Contudo, tais disputas societárias denotam um marco legal conquistado, porém sempre relativizado quanto ao alcance dos dispositivos assegurados para o enfrentamento das desigualdades sociais e para a superação da precariedade existencial da escola pública brasileira.

Observa-se o distanciamento entre o proclamado e o vivenciado, em face dos movimentos de exclusão, típicos da sociedade capitalista, alheios à produção de matrizes econômicas solidárias e inclusivas. Tal contradição estrutural impacta a produção da política educacional nacional e nas escolas.

---

[111] "Art. 14 Os sistemas de ensino definirão as normas da gestão democrática do ensino público na educação básica, de acordo de acordo com as suas peculiaridades e conforme os seguintes princípios: I – participação dos profissionais da educação na elaboração do projeto pedagógico da escola; II – participação das comunidades escolar e local em conselhos escolares ou equivalentes" (BRASIL. Lei n.º 9.394, 20 de dezembro de 1996).

[112] "Art. 15 Os sistemas de ensino assegurarão às unidades escolares públicas de educação básica que os integram progressivos graus de autonomia pedagógica e administrativa e de gestão financeira, observadas as normas gerais de direito financeiro público" (BRASIL, Lei n.º 9.394, 20 de dezembro de 1996).

De onde se destaca a necessidade de constante mobilização e organização social, em favor de parâmetros de qualidade voltados à oferta de uma educação equânime e combativa das injustas formas de viver.

2.º Educação em sistemas de ensino integrados

A educação integral a serviço da autonomia relativa da escola requer arranjos sociais construídos num campo mais abrangente de poder, relativos à construção das políticas públicas de fortalecimento da educação básica e das escolas. No âmbito da prática pedagógica, isso significa mais do que a execução de políticas e programas, ou a busca incessante por parcerias externas, pois refere-se a uma construção pedagógica complexa e de natureza metodológica.

Compassado às tentativas de inovação do ensino, o campo da produção da política educacional necessita promover mudanças sistêmicas, que sejam receptivas à influência e à repercussão advindas das práticas escolares reais, isto é, não idealizadas. Há dispositivos legais para assegurar a autonomia e integralidade do ensino público nesse sentido.

No campo da produção da política pública, existem normas a ser traduzidas no aprimoramento do acesso, permanência e continuidade entre as etapas e os ciclos da educação básica. Arranjos assim são configurados segundo ordenamentos sociais suscetíveis ao reconhecimento de direitos sociais negados, pois numa sociedade desigual, especialmente nas conjunturas de maior desempenho econômico, necessitariam ser fortalecidos, para que nos momentos de retração, comumente acompanhados de retrocessos sociais, resistam às investidas de desaparelhamento da escola.

Lamentavelmente, na história se observa tais movimentos de retração na construção do sistema educacional brasileiro, marcado por períodos de recrudescimento de investimentos educacionais oficiais ou suplementares, pela descontinuidade da ação política na transição entre governos ou ainda mediante reformas curriculares repetidas a cada novo ciclo político, sem com isso promover mudanças substanciais.

Nesse cenário, faz-se mister o reordenamento das demandas sociais por educação, tendo em vista a (re)composição de arranjos resistentes e que combatam as forças sociais regressivas.

No plano da democratização da sociedade, trata-se de ação política em desconformidade com lógicas socializadoras excludentes, por meio das quais os processos de subjetivação insistem em corroborar a aceitação das injustiças, absorvidas pela população como destino.

Quase trinta anos após a aprovação da LDBEN, signatária do marco constitucional, há dispositivos que articulam uma educação nacionalmente integrada, mas estes ainda não foram concretizados. Muitos deles, infelizmente, não foram traduzidos em legislação favorável ao investimento educacional ampliado e em novas bases formativas[113].

Desde a definição conceitual da educação, a formação integral surge como parâmetro de mudanças qualitativas do ensino, à espera de ser regulamentado. Por exemplo, quando reconhece o direito a uma socialização transversalizada, segundo diferentes esferas culturais — o mundo do trabalho, a família, as manifestações artísticas, as instituições de ensino e pesquisa[114].

Também nas definições introdutórias da LDBEN, nos Títulos II e III — respectivamente, "Princípios e finalidades" e "Do direito à educação e do dever de educar" —, o caráter exclusivamente instrucional do ensino é refutado.

Ainda assim, diante de insuficientes patamares de investimento público e dos efeitos sobre a precarização da oferta, tais prerrogativas de direitos sociais, associados aos parâmetros da qualidade educacional buscada, com frequência, passam por revezes, a ponto de o texto legal ser assimilado na sociedade como mera retórica política, ou ainda se desfazer, em face da descontinuidade das políticas públicas e da ação de governos.

Mas não se trata de letra morta, pois o assegurado formalmente tem se constituído em dispositivo de participação política, acionado pela sociedade em diferentes arenas decisórias, entre as quais as próprias escolas.

Do ponto de vista de quem está na base do sistema de ensino, o garantido em lei expressa o dever ser, resultante formal das lutas históricas de grupos sociais historicamente negligenciados. Portanto, um meio a ser acionado na defesa da qualidade educacional, no exercício da profissão e na construção da experiência de cada escola.

Com essa compreensão, amparada no marco legal conquistado, interpreto a expectativa por educação integral. Evoco-a em sintonia com princípios democráticos, reconhecidos como transformadores da escola básica e em defesa de um sistema de ensino integrado, capaz de assegurar percursos formativos continuados. Questão a ser objetivada na ação política

---

[113] Por exemplo, os debates em torno da definição do custo-aluno qualidade, por vários anos em discussão no Conselho Nacional de Educação.

[114] "Art. 1º A educação abrange os processos formativos que se desenvolvem na vida familiar, na convivência humana, no trabalho, nas instituições de ensino e pesquisa, nos movimentos sociais e organizações da sociedade civil e nas manifestações culturais. § 1º Esta Lei disciplina a educação escolar, que se desenvolve, predominantemente, por meio do ensino, em instituições próprias. § 2º A educação escolar deverá vincular-se ao mundo do trabalho e à prática social" (BRASIL, Lei n.º 9.394, 20 de dezembro de 1996).

voltada à eliminação das barreiras culturais a fim de assegurar aos alunos, no transcorrer da escolarização, o desenvolvimento pleno do aprendizado científico e a inserção consciente na prática social.

Tais aspectos são legalmente previstos como finalidades de cada etapa e modalidades do ensino, integradas num mesmo projeto formador, em crescentes níveis de autonomia intelectual e relativos à construção de laços sociais e afetivos na/com a escola.

Nas disputas societárias, a consolidação dessa outra configuração da escola pública requer patamares ampliados de investimento estatal em equipamentos escolares dignos e na valorização do magistério. Ao lado disso, sugere a consolidação de políticas afirmativas voltadas à eliminação de barreiras culturais que barram o direito a uma aprendizagem continuada, processual e universalizada.

A educação integral, surgida desses embates sobre a qualidade da escola pública, reconhece-se como um desses dispositivos de justiça curricular. Enseja a confluência de forças sociais conformadoras de um ensino sensível às demandas por igualdade de oportunidades educacionais.

3.º Crítica ao ensino prescritivo

A terceira nota prospectiva para uma educação integral retoma as práticas escolares, com base na crítica veemente à cultura da prescrição e às políticas de modelagem do ensino. Destoando dos princípios legais de participação e de gestão democrática, o controle externo da eficácia pedagógica impõe às escolas a manutenção de relações de poder verticalizadas.

A isso dizem respeito reformas curriculares, exames de avaliação externa, sistemáticas de educação bancária replicadas na formação de professores, processos de escolha e aquisição de materiais didáticos contraproducentes, programas sociais e até mesmo a legislação de ensino. Todo esse aparato se impõe de um modo autoritário, uma vez que a cultura prescritiva e de modelagem tende a exacerbar o detalhamento do como deve se dar a prática educativa, em detrimento do reconhecimento da capacidade do ensino de se autogerir quanto às decisões pedagógico-curriculares.

A escola, colocada num lugar de passividade em relação à gestão nacional da política pública, encontra diminuta margem para exercer sua relativa autonomia curricular. E, ainda que as propostas prescritas sofram acomodações à cultura de cada escola, de um modo geral há uma correlação desigual de forças.

Em sentido contrário, a defesa da gestão democrática reforça o aprimoramento dos mecanismos de empoderamento das escolas. A política pública necessitaria fomentar e reconhecer a competência das escolas na realização do trabalho pedagógico. Por exemplo, quanto à elaboração do conhecimento didático e à diversificação de tempos e espaços de aprendizagem. Aos sistemas de ensino compete viabilizar meios para que as ofertas escolares estejam atentas à heterogeneidade dos processos educacionais, impulsionando um trabalho escolar em articulação com os referentes culturais da comunidade.

Há dispositivos legais para essa orientação, a exemplo das "Disposições gerais" da LDBEN, entre os quais: a) possibilidade de variadas composições de grupos de escolares, tendo em vista o progresso individual da aprendizagem; b) adequar o calendário letivo e diversificar as oportunidades de aprendizagem de acordo com as características locais; c) variadas formas de acompanhamento da aprendizagem dos alunos, sendo os aspectos qualitativos prevalecentes sobre os quantitativos; d) estipular adequada relação entre a quantidade de alunos por professor, carga horária e as condições materiais para o exercício da docência; e) pautas diversificadas, articuladas à base curricular nacional comum, e segundo variados arranjos curriculares; f) acolher como componentes formativos os conhecimentos relacionados às linguagens artísticas, ao movimento corporal e à consciência histórica sobre processos de discriminação enraizados na sociedade brasileira.

Diante desses dispositivos legais, a educação integral novamente se apresenta, em razão da abrangência do ensino e como articuladora da democratização da educação básica.

4. Apontamentos finais

Finalizo estas notas reflexivas revisando as questões debatidas ao longo do livro, reunidas em três núcleos interpretativos: (1) mudanças na forma de ensinar das escolas; (2) participação dos alunos na construção da experiência escolar; (3) inserção da escola na localidade e em reconhecimento das expectativas sociais.

1. **Notas relacionadas às mudanças na forma de ensinar das escolas**
    I. As iniciativas de mais tempo ofertadas compuseram uma experiência formativa remetida à cultura da escola investigada. O prescrito nas normas e orientações do PME não chegou a ser

objeto de interlocução entre as frentes do trabalho pedagógico. A efetivação do programa deu-se no âmbito da operacionalização e, mesmo assim, com adaptações e ressalvas.

II. Analisando episódios conflituosos observados no cotidiano escolar, tensões eram produzidas nas dinâmicas culturais da escola, tendo como pano de fundo a imposição da política de modelagem, transplantada para o contexto, porém acomodada às características intrínsecas da cultura da escola.

III. Houve um alcance relativo do PME quanto à modelagem da experiência de educação integral nessa realidade educacional. Na hierarquia de prioridades, prevaleceram prerrogativas da lógica da eficácia escolar *in loco* e do controle comportamental dos alunos.

IV. Colocado ao lado dos demais Projetos de Contraturno, o PME não se converteu em estratégia articuladora dos processos formativos em curso, particularmente no que se refere à educação integral em ruptura com o ensino padronizado.

V. Na cena municipal, o PME manteve seu caráter suplementar, subordinado às ofertas obrigatórias. E, no cotidiano da escola, ocupou um lugar periférico em relação às regularidades do ensino, ou seja, em relação aos sistemas considerados prioritários pela equipe diretivo-pedagógica.

VI. No município de Piraquara e na escola da Capoeira, a adesão ao PME não implicou reorganização da oferta ou reconfiguração do trabalho pedagógico. As adequações estiveram mais voltadas ao uso dos recursos, sendo o programa adaptado às logísticas e dinâmicas preexistentes.

VII. Na fase de declínio do programa, houve redução de matrículas. Dificuldades orçamentárias foram as justificativas para a descontinuidade de ofertas educacionais suplementares, daí a redução das matrículas em tempo integral. Porém, projetivamente a educação integral permaneceu como meta do Plano Municipal de Educação, nos mesmos moldes da proposição do Plano Nacional de Educação.

VIII. Durante o Seminário de Educação Integral (2015), o direito à oferta foi evocado. Prevaleceram relatos de experiência positivos, sustentados na ideia de que seria necessário mais tempo para a realização do trabalho escolar em curso. Não foram registrados questionamentos das escolas direcionados à forma e ao conteúdo do ensino ministrado.

IX. Na escola da Capoeira, as iniciativas de mais tempo acompanharam as tentativas de diversificação do ensino regular, o que tornou possível identificar diálogos e aproximações da docência com diversas vertentes pedagógicas. Porém, as mudanças culturais tendem a ser lentas.

X. Destaco a perspectiva histórica, desveladora do alcance e de limites do processo de institucionalização do ensino. Relembro o caso da institucionalização da Escola Moderna Anarquista Paulistana para reforçar que, "a respeito da escola e de suas vivências" (MORAES, Carmen; CALSAVARA, Tatiana; MARTINS, Ana, 2012, p. 1.010), as práticas pedagógicas em geral remontam a resistência, conservadorismo e mudanças. Daí a compreensão da escola como experiência social construída sobre/com/contra a sua forma institucionalizada.

XI. A leitura das banalidades produzidas na escola em que ocorreu o estudo trouxe concretude para essa abordagem, relativizando a dominância do ensino convencional. Admitindo a imposição cultural da forma escolar padronizada, a experiência escolar reúne esquecimentos promovidos, ressurgidos como conflitos reeditados e como tentativas de inovação. Sobretudo, os insucessos dessa experiência socializadora chamada escola são testemunhos dessa dinâmica.

XII. Nas dinâmicas culturais da escola da Capoeira, o duplo movimento de mudanças e permanências desvelou a ação cultural dos grupos sociais que dela se utilizam, na qual se reconhecem tradições escolares em transformação, ainda que, como no contexto investigado, segundo gradientes miúdos de uma experiência escolar diversificada.

XIII. Na ambivalência das práticas escolares observadas, prevaleceu a abordagem disciplinar comportamental. Entretanto, os laços afetivos de cuidado, convivência, mobilidade e atenção individualizada estiveram presentes e foram valorizados pelos alunos. Foram reconhecidos por eles próprios e, em vários momentos, incentivados pela equipe escolar.

2. Notas sobre a participação dos alunos na construção da experiência escolar de mais tempo

I. As crianças, identificadas como prioridade das iniciativas de mais tempo, eram aquelas reconhecidas pela equipe escolar como casos relevantes, os quais exigiam atenção individualizada, tendo-se como objetivo promover o sucesso das aprendizagens. Em geral, a atenção individualizada, como no Reforço em Contraturno, foi valorizada pelos alunos, em reconhecimento ao trabalho de suas professoras, das monitoras do PME e das mediadoras do Projeto Indisciplina/Convivência.

II. No PME, o convite à participação foi aberto a todos os interessados, do que resultou um conjunto variado de crianças motivadas a conhecer os projetos ofertados, embora não houvesse um crivo para identificar casos relevantes, estes perfis também estiveram envolvidos nessa experiência, como o do menino Raimundo.

III. A apreciação final do PME pelos alunos não chegou a ser de desabono, mas revelou a decepção, mesmo pelos mais pacatos: particularmente quanto às padronizações do ensino regular replicadas, ao lado do não reconhecimento de autorias nas produções em folha e do sentimento de achar a experiência um desperdício de tempo, pelo fato de deixarem de lado a atividade infantil na localidade.

IV. Não por acaso, as incoerências percebidas nas classes e no PME foram utilizadas em atuações desagregadoras e que desafiavam a autoridade adulta, na mesma proporção em que cresceu a vigilância da escola sobre um grupo específico de alunos. No último trimestre letivo de 2015, direcionado a esses perfis comportamentais, foi ofertado o projeto intitulado Indisciplina. O mesmo que, na visão das mediadoras da assistência social, foi considerado questão de Convivência. Os episódios observados nessa iniciativa de mais tempo comportaram gestos de discriminação entre pares e de hostilização da autoridade adulta, por meio de sabotagens, tumultos intencionais, entre outras participações. Porém, a mediação pautada na escuta e nos objetivos do trabalho, mais do que na punição, foi, gradativamente, abonada pelo grupo de alunos. Ao fim, este foi o Projeto de Contraturno mais bem avaliado, com o Reforço e a Capoeira (PME), que havia sido descartada pela escola.

V. Verificou-se que o tempo ampliado não correspondeu inteiramente às expectativas infantis, fortemente relacionadas ao convívio, ao auxílio individualizado, ao trabalho em grupos, ao reconhecimento das autorias e, sobretudo, ao corpo em movimento na escola.

VI. Vivenciados como aulas especiais ou momentos especiais das aulas, alguns dos sistemas apreciados pelos alunos foram transpostos, sobretudo ao PME, porém não se apresentavam como uma ação regular, tal como foi verificado junto aos discentes. Do ponto de vista de muitos alunos, a experiência de mais tempo foi considerada enfadonha.

VII. Descontentamentos similares foram observados nas classes. Contudo, era baixo o grau de organização do coletivo discente para dar prosseguimento aos questionamentos das imposições escolares contestadas.

VIII. As reuniões do Conselho Participativo não chegaram a ser espaços de representação discente. Prevaleceu a lógica do cuidado do adulto sobre os alunos, reconhecidos como sujeitos de direitos, porém de um modo consultivo, tutelado e centrado nas decisões do colegiado docente.

IX. O trabalho dos alunos, nas circunstâncias em que a participação era permitida, bem como nas rebeldias insurgentes, endossou a crítica à escola de massa. Por um lado, evidenciando a relativa atualidade da centralidade da escola na sociedade escriturária e pós-industrial; por outro, denunciando limites da educação bancária. Com base nessa análise, a educação integral somente se sustenta como proposta de diversificação do ensino.

X. No contexto investigado, as crianças expuseram fragilidades da experiência escolar, ao mesmo tempo que acrescentaram visões positivas da vida cotidiana. Se nas relações com a escola se exacerbava o confronto (a exemplo das rebeldias), quando consultados os referentes culturais apontados pelas crianças, surgiram os relatos sobre as dignas formas de viver, valoradas nas imagens sobre o lugar. A escola ressurgia como conquista dos grupos sociais que a frequentavam.

XI. Contudo, os referentes culturais locais não foram reconhecidos como objeto da ação pedagógica. Tampouco mobilizaram sistematicamente os Projetos de Contraturno. Ao menos não em profundidade, ou do mesmo modo como em relação às rebeldias, convertidas em projetos específicos. Sem exercitar a escuta sensível das participações infantis, a escola em algumas decisões desconsiderou necessidades expressas pelos alunos.

XII. Mas, por entre brechas das lógicas escolares impostas, o corpo docente acionou margem de inovação, pelo que foi possível à pesquisa identificar rastros de alteridade vivenciados e mediados com os alunos. Tentativas reconhecidas como dimensões do ensino integral, valoradas e produzidas na ambivalência das relações pedagógicas compartilhadas.

XIII. Da parte das crianças, as participações foram variadas, não correspondentes a um único perfil de aluno. Eram relativas às sistemáticas escolares produzidas e às lógicas socialmente circulantes, disponíveis aos atores sociais. Entretanto, não foi oportunizado aos alunos o aprimoramento das ferramentas democráticas, nos espaços discursados pela escola como de maior abertura, tais como o Conselho Participativo ou as Oficinas do PME.

3. Notas acerca da inserção da escola na localidade e em reconhecimento das expectativas sociais para uma educação integral

I. A experiência de mais tempo foi construída na interlocução com os envolvidos com a escola, os quais conheciam as sistemáticas em curso, eram agentes locais do movimento de afirmação e contestação das regularidades do ensino socialmente produzido.

II. Dos conflitos observados e do universo temático captado com as crianças é que os sentidos da educação integral puderam ser refletidos, elevados à condição de crítica da escola de massa. Foram tratados como temas geradores potenciais e poeticamente reportados à atividade infantil, concebida como capaz de transver uma realidade de outro.

III. Os alunos referiram-se a uma experiência escolar produzida por dentro dos processos instituídos, mesmo quando em contrariedade com o usual. Circunstância imbricada na configuração local da escola, transposta para a experiência de mais tempo e reportada aos referentes culturais da Capoeira.

IV. Nesse horizonte, há fronteiras culturais e históricas entre a escola e o lugar, mas isso não implicou replicar invariavelmente o ensino regular, bancário. Tampouco as inovações almejadas resultaram de um trabalho alheio às tradições pedagógicas herdadas. Daí a aposta na própria cultura da escola e na ação cultural dos atores sociais para a promoção de mudanças educacionais substantivas.

V. Quando inquiridos sobre como vivem as crianças da Capoeira, os alunos reportaram-se às dignas formas de produção da existência humana, expressa em seus afetos, pertencimentos, atividades e brincadeiras. Referentes culturais categorizados e remetidos aos diferentes modos como vivenciavam suas infâncias. Diante das respostas, há um aluno que também é criança e que leva os referentes culturais de sua realidade para a escola.

VI. Para que a escola saiba o que fazer com o tempo-espaço curricular ampliado, no transcorrer das experiências de educação integral, certas imposições do ensino instrucional necessitariam ser desconstruídas.

VII. Refiro-me sobretudo às lógicas hierárquicas, submetidas à gestão da educação por resultados. Retomando a importância dos processos, meios e mediações, a própria prática pedagógica necessitaria ser convertida em objeto de estudo e aprofundamento na/com a escola, de modo a se converter em acúmulos do conhecimento escolar, referendando a universalização de outro projeto formador.

VIII. Para alcançar isso, o desenvolvimento de metodologias de ensino na perspectiva de uma educação culturalmente integrada oferece-se como em oposição às imposições da política nacional de educação por resultados. Limitada por essas prerrogativas, a escola da Capoeira orientou suas prioridades. Por isso, não recorreu aos componentes culturais locais como tema de sistematizações, não do mesmo modo como o fez para os casos classificados como prioridade do Projeto Indisciplina, no intuito de corrigir sua própria eficácia.

IX. No que se refere às características de uma escola diferenciada, tal proposta formativa necessitaria ponderar sobre o desenvolvimento de ações culturalmente integradas para um universo maior de alunos. Questão fulcral de uma escola universalizada, atenta aos limites do ensino convencional e aberta para mudanças culturais ao longo dos anos.

X. Definida no limiar do movimento de continuidade e mudanças no ensino convencional e segundo gradientes de conscientização e de aprofundamento, a educação integral não pode se limitar a exemplos de aspecto imediato, aos relatos de práticas pontuais (algumas até semelhantes à forma escolar criticada). Mantido o compromisso da educação escolar com uma educação equânime e bem estruturada, a formação integral reporta-se aos desafios históricos e às superações almejadas para a educação pública brasileira.

XI. O espectro da pesquisa trouxe este conjunto de notas no intuito de demarcar a redefinição do processo educativo em novos arranjos sociais. Equilíbrio de difícil realização, muito provavelmente não plenamente realizável, porém atrelado às demandas e às expectativas sociais por mais acesso ao conhecimento e por experiências formativas autodeterminadas.

XII. As notas obtidas estão a favor de práticas escolares não discriminatórias e de uma experiência formativa não restrita à instrução. O processo educativo na escola foi pensado como tempos e espaços de exercício de autonomia e de diversidade cultural. O ensino integral foi entendido como ponto de inflexão da escola de massa.

POSFÁCIO

Mia Couto, em um de seus fabulosos contos do livro *Na Berma de Nenhuma Estrada e outros contos*, narra a vida de um menino tão pequeninho que dormia em um pé de sapato de seu pai, enquanto o tempo passava e os pais nutriam a esperança que seu rebento agrandasse. Um menino tão pequeno que habitava o mundo das minudências, no qual seu peso quase não era sentido, tal era sua leveza. Em sua dança com as palavras, o autor mostra um universo em que as coisas "pequenas" tomam outro significado, precisam ser vistas, reinterpretadas, recolocadas no contexto para terem sentido na vida normalizada. Para ver a "miudeza" de tantas coisas importantes que acontecem no dia a dia da vida é preciso "ter olhos de ver". Assomar-se ao mundo com sensibilidade, astúcia e certa "matreirice" para encantar-se com aquilo que para a maioria poderia ser considerado desprovido de importância, e logo, tergiversável.

Por esse universo do olhar matreiro, pelos olhos de azul infinito, de um "brilho brilhoso" que contamina, que a autora transita. Com sua incrível capacidade atravessar o aparente e mergulhar no improvável. Com seu jeito doce de ouvir e de ler a palavra entredita ou mesmo de interpretar sua ausência. Com sua capacidade de interagir sem perder de vista a subjetividade do outro no encontro e na interação com a sua. Com sua coragem de ir no lugar que quase está, mas por vezes falseia no que pode, no que é autorizado, que pode se mostrar. Sem essas características profundas da autora, este texto, por certo não estaria tão permeado de bonitezas construídas com a teoria, com a empiria, com cada quem e cada qual envolvidos no universo da pesquisa.

A leitura do livro nos remete a reflexões profundas sobre o cotidiano das escolas. Não apenas do pensar sobre o que ocorre no período letivo, mas nos permite acompanhar aqueles momentos que, por vezes, fogem do radar das técnicas e estratégias mais ortodoxas de pesquisa. Ao debruçar-se sobre o dia-a-dia das vivências escolares, a autora abre portas para sentir os desdobramentos de uma determinada ação de política pública sob o olhar dos sujeitos da prática em seus contextos. Mais especificamente, permite-nos pensar as ações relacionadas ao Programa Federal Mais Educação (2014-2016) a partir de uma realidade concreta, inscrita em um território geográfico e permeada de uma mescla de saberes e fazeres próprios da cultura escolar.

Ao dar sentido as interpretações da realidade que um grupo de crianças faziam, por meio de lentes fotográficas, a pesquisa aponta para uma forma particular de empoderamento da infância. Ao permitir que cada um fizesse seu recorte da realidade, a pesquisadora envereda por um caminho de pouca previsibilidade na busca heurística do inusitado. Compreender tais imagens demanda preparo teórico, perspicácia sensível, tenacidade para abstrair o significado de questões que emergiam do detalhe e na subjetividade ora identificável, ora repleta de opacidade e dúvidas. Aventurar-se por essas vielas sem perder-se dos objetivos e não permitir qualquer embotamento que desviasse o olhar das questões de pesquisa, certamente não foi tarefa descomplicada.

A imanência do texto nos coloca no espaço da reflexão sobre os sentidos da escola para "as infâncias" (um plural tão bem repisado pela autora), sobre a relação entre a construção cotidiana dos currículos e os olhos daqueles que interagem nesse processo, buscando edificar interconexões insurgentes nas brechas, nas aparentes metonímias que rompem com o corriqueiro e transformam as platitudes em peças fundamentais para a compreensão do contexto. Ou seja, o texto é pródigo em provocações necessárias para repensar as práticas escolares e para assumir um pacto de engajamento com os processos de transformação social, com vista a novas realidades, quiçá, mais justas socialmente.

Assim, ao retomar a história do menino pequenino de Mia Couto, reafirmo a importância das questões que emergem na leitura deste livro e não nos deixam incólumes a realidade descrita. Tal qual descrevia Mia Couto em seu conto, o olhar sutil aos detalhes nos permite compreender nuances que não seriam percebidas na rapidez do que apenas é notado, sem a profundidade que demanda a "miudeza" da essência. Portanto, finalizo este posfácio advertindo o leitor e a leitora de que o texto sobeja bonitezas e sensibilidades, sem perder-se de um debate teórico denso e, sem dúvida, muito necessário.

Marília Andrade Torales Campos
Inverno. Agosto de 2023.

REFERÊNCIAS

ADORNO, Theodor Ludwig Wiesengrund. Educação após Auschwitz. *In*: ADORNO, Theodor W. **Educação e emancipação**. Rio de Janeiro: Paz e Terra, 2002. p. 119-154.

ALVES, Alda Judith. A revisão da bibliografia em teses, dissertações: meus tipos inesquecíveis. **Caderno de Pesquisa**, São Paulo, 1992, n. 81, p. 53-60. Recuperado de https://publicacoes.fcc.org.br/cp/article/view/990

ALVES, Nilda; OLIVEIRA, Inez Barbosa de. Imagens de escolas: espaçostempos de diferenças no cotidiano. **Educação & Sociedade**, Campinas, 2004, n. 86, v. 25, p. 17-36.

APPLE, Michael Whitman. **Educação e poder**. Tradução de Maria Cristina Monteiro. Porto Alegre: Artes Médicas, 1989.

ARROYO, Miguel. **Imagens quebradas**: trajetórias e tempos de alunos e mestres. Petrópolis: Vozes, 2004.

ARROYO, Miguel. O direito a tempos e espaços de um justo e digno viver. *In*: MOLL, Jaqueline (org.). **Caminhos da educação integral no Brasil**: direito a outros tempos e espaços educativos. Porto Alegre: Penso, 2012, p.33-45.

ARROYO, Miguel. Corpos precarizados que interrogam nossa ética profissional. *In:* ARROYO, Miguel; SILVA, Mauricio Roberto da. **Corpo infância**: exercícios tensos de ser criança. Por outras pedagogias dos corpos. Petrópolis: Vozes, 2012, p.23-54.

BAIERSDORF, Márcia. **Ensaios sobre a aula**: narrativas e reflexões da docência. Curitiba: Ibpex, 2010. (Série Pesquisa e prática profissional em pedagogia).

BAIERSDORF, Márcia. **Diário de campo da pesquisa**. Piraquara, 2014-2015. "Não publicado". BANYAI, Istvan. **Zoom**. São Paulo: Brique Book, 1995.

BARBOSA, Jefferson Rodrigues. A ascensão da ação integralista brasileira (1932-1937). **Revista deIniciação Científica da FFC**, [*s. l.*], 2006, v. 6, n. 1/2/3, p. 67-81.

BARROS, Diana Luz Pessoa de. Reflexões sobre os estudos do texto e do discurso. **Língua e Literatura**, [*s. l.*], 1996, n. 22, p. 181-199.

BARROS, Manoel de. **Exercícios de ser criança.** São Paulo: Salamandra, 2008.

BARROS, Manoel de. **Meu quintal é maior do que o mundo**. Rio de Janeiro: Alfaguara, 2017.

BAUER, Martin; GASKELL, George. **Pesquisa qualitativa com texto, imagem e som**: um manual prático. Petrópolis: Vozes, 2002.

BAUMAN, Zygmunt. **Estranhos à nossa porta**. Tradução de Carlos Alberto Medeiros. Rio de Janeiro: Zahar, 2017.

BENJAMIN, Walter. **A hora das crianças**: narrativas radiofônicas. Tradução de Aldo Medeiros. Rio de Janeiro: NAU, 2015.

BENJAMIN, Walter. **Reflexões sobre a criança, o brinquedo e a educação**. São Paulo: Duas Cidades; Editora 34, 2002.

BENJAMIN, Walter. **Rua de mão única**: infância berlinense. Belo Horizonte: Autêntica, 2013.

BEZERRA, Marcos Otávio. Bourdieu, Pierre: Sobre o Estado. **Revista de História**, São Paulo, 2015, n. 173, p. 487-495.

BOURDIEU, Pierre. **A dominação masculina**. Rio de Janeiro: Bertrand Brasil, 2010.

BOURDIEU, Pierre. A escola conservadora: as desigualdades frente à escola e à cultura. *In*: NOGUEIRA, Alice; CATANI, Afrânio (org.). **Escritos de educação**. Petrópolis: Vozes, 2003. p. 41-64.

BOURDIEU, Pierre. **A miséria do mundo**. São Paulo: Vozes, 1998.

BRAIT, Beth; SOUZA E SILVA, Maria Cecília (org.). **Texto ou discurso?** São Paulo: Contexto, 2012.

BRASIL. Decreto n. 7.083, de 27 de janeiro de 2010. **Diário Oficial da União**: sessão 1, Brasília, edição extra, p. 2-3, 27 jan. 2010.

BRASIL. Lei 9.394 de 20 de dezembro de 1996. Lei de diretrizes e bases da educação nacional (LDBN). **Diário Oficial da União:** sessão 1, Brasília, p. 1-9, 20 dez. 1996.

BRASIL. Lei 13.005, de 25 de junho de 2014. Plano Nacional de Educação 2014-2024. **Diário Oficial da União:** sessão 1, Brasília, edição extra, p. 1-7, 25 jun. 2014.

BRASIL. Ministério da Ciência e Tecnologia. **Centros e museus de ciência do Brasil 2009**. Rio de Janeiro: Associação brasileira de centros e museus de ciência: UFRJ. FCC. Casa da Ciência. Fiocruz. Museu da Vida, 2009.

BRASIL. Ministério da Educação. **Bairro escola passo a passo**. Brasília: MEC, 2012.

BRASIL. Ministério da Educação. **Caminhos para elaborar uma proposta de educação integral em jornada ampliada**. Brasília: MEC, 2011a. (Série Mais Educação).

BRASIL. Ministério da Educação. **Educação integral/educação integrada e(m) tempo integral**: concepções práticas na educação brasileira. Mapeamento das experiências de jornada ampliada no Brasil: estudo qualitativo. Brasília: MEC, 2014a. (Série Mais Educação).

BRASIL. Ministério da Educação. **Educaçãointegral**: texto referência para o debate nacional. Brasília: MEC, 2009a. (Série Mais Educação).

BRASIL. Ministério da Educação. **Educação patrimonial**: cadernos 1,2, 3. Brasília: MEC. Iphan, 2013. (Série Mais Educação).

BRASIL. Ministério da Educação. **Escola que protege**: enfrentando a violência contra crianças e adolescentes. Brasília: MEC, 2007. (Coleção educação para todos).

BRASIL. Ministério da Educação. **Gestãointersetorial no território**. Brasília: MEC, 2009b. (Série Mais Educação).

BRASIL. Ministério da Educação. **Manual operacional da educação integral**. Brasília: MEC. Fnde, 2012.

BRASIL. Ministério da Educação. **Programa Mais Educação passo a passo**. Brasília: MEC, 2011b. (Série Mais Educação).

BRASIL. Ministério da Educação. **Redes de aprendizagem**: boas práticas de municípios que garantem o direito de aprender. Brasília: MEC, 2009.

BRASIL. Ministério da Educação. **Rede de saberes Mais Educação**: pressupostos para projetos pedagógicos de educação integral. Brasília: MEC, 2009c. (Série Mais Educação).

BRASIL. Portaria Interministerial n. 17, de 20 de abril de 2007. Programa Mais Educação. **Diário Oficial da União**: sessão 1, Brasília, p.5-6, 24 abr. 2007.

BUFFA, Ester; ARROYO, Miguel; NOSELLA, Paolo. **Educação e cidadania**: quem educa o cidadão. São Paulo: Cortez, 1987.

CALDEIRA, João Ricardo de Castro. **Integralismo e política regional:** a ação integralista no Maranhão (1933-1937). São Paulo: Annablume, 1999.

CANDAU, Vera Maria; LEITE, Mirian Soares. A didática na perspectiva multi/intercultural em ação: construindo uma proposta. **Cadernos de Pesquisa**, São Paulo, 2007, v. 37, n. 132, p. 731-758.

CASTRO, Elizabeth Amorim de. **O leprosário São Roque e a modernidade**: uma abordagem da hanseníase na perspectiva da relação espaço-tempo. 2005. Dissertação (Programa de pós-graduação em Geografia) – UFPR, Curitiba, 2005.

CAVALIERE, Ana Maria (org.). **Educação integral**: história, políticas e práticas. Rio de Janeiro: Rovelle, 2013.

CAVALIERE, Ana Maria. Anísio Teixeira e a educação integral. **Paidéia**, São Paulo, 2010, v. 20, n. 46, p. 249-259.

CAVALIERE, Ana Maria. Educação integral: uma nova identidade para a escola brasileira? **Educação e Sociedade**, Campinas, 2002, v. 23, n. 81, p. 247-270.

CAVALIERE, Ana Maria. Escolas de tempo integral: uma ideia forte, uma experiência frágil. *In*: COELHO, Lígia Martha da Costa; CAVALIERE, Ana Maria (Orgs). **Educação brasileira e(m) tempo integral**. Rio de Janeiro: Vozes, 2012, p. 93-111.

CAVALIERE, Ana Maria. Tempo de escola e qualidade na educação pública. **Educação e Sociedade**, Campinas, 2007, v. 28, n. 100 (especial), p. 1.015-1.035.

CENPEC. **Educação & Participação**: muitos lugares para aprender. São Paulo: editora Cenpec, 2003.

CENPEC. Educação Integral. **Pesquisa e ação educacional**. São Paulo: Cadernos Cenpec, 2006, v.1, n.2.

CENPEC. **Seminário nacional tecendo redes para a educação integral**. São Paulo: Itaú Social, Unicef, 2006. (Câmara Brasileira do Livro).

COELHO, Lígia Martha Coimbra da Costa. Educação integral e integralismo: fontes impressas e histórias. **Acervo**, Rio de Janeiro, 2005, v. 18, n. 1/2, p. 83-94.

COLOMBO, Irineu. **Adolescência infratora parananense**: história, perfil e práticas discursivas. 2006. Tese (Programa de pós-graduação em História) – UnB, Brasília, 2006, p.76-115.

CYTRYNOWICZ, Roney. Caldeira, João Ricardo de Casto. Integralismo e política regional: a ação integralista no Maranhão (1933-1937). **Revista Brasileira de História**, São Paulo, 2001, v. 21, n. 40, p. 277-286.

DUBET, François. A escola e a exclusão. **Cadernos de Pesquisa**, [s. l.], 2003, n. 119, p. 29-45.

DUBET, François. A formação dos indivíduos: a desinstitucionalização. **Contemporaneidade e Educação**, [s. l.], 1998, v. 3, n. 3, p. 27-33.

DUBET, François. **Injustiças**: as experiências de desigualdade no trabalho. Tradução de Ione Ribeiro Valle e Nilton Valle. Santa Catarina: Ufsc, 2014.

DUBET, François. O que é uma escola justa? **Cadernos de Pesquisa**, [s. l.], 2004, v. 34, n. 123, p. 539-555.

DUBET, François. Quando o sociólogo quer saber o que é ser professor. [Entrevista cedida a] Angelina Teixeira Peralva e Marilia Pontes Sposito. **Revista Brasileira de Educação**, São Paulo, 1997, n. 5-6, p. 222-231.

DUBET, François. **Sociologia da experiência**. Tradução de Fernando Tomaz. Lisboa: Instituto Piaget, 1994.

DUBET, François; DURU-BELLAT, Marie; VÉRÉTOUT, Antoine. As desigualdades escolares antes e depois da escola: organização escolar e influência dos diplomas. **Sociologias**, Porto Alegre, 2012, v. 14, n. 29, p. 22-70.

ECO, Umberto. **Obra aberta**: forma e indeterminação nas poéticas contemporâneas. São Paulo: Perspectiva, 2005.

ELIAS, Norbert. **Os estabelecidos e os outsiders**: sociologia das relações de poder a partir de uma pequena comunidade. Rio de Janeiro: Jorge Zahar, 2000.

ESCOLANO, Augustín. Arquitetura como programa. Espaço-escola e currículo. In: VIÑAO FRAGO, Antônio; ESCOLANO, Augustín. **Currículo e subjetividade**: Rio de Janeiro: DP&A, 1998, p. 19-58.

EZPELETA, Justa. **Pesquisa participante**. São Paulo: Cortez: Autores Associados, 1989.

FAUSTO, Boris. A interpretação do nazismo na visão de Norbert Elias. **Mana**, São Paulo, 1998, v. 4, n. 1, p. 141-152.

FINO, Carlos Nogueira. FAQs, etnografia e observação participante. **Revista Européia de Etnografia da Educação**, [s. l.], 2003, n. 3, p. 107-118.

FORQUIN, Jean-Claude. **Escola e cultura**: as bases sociais e epistemológicas do conhecimento escolar. Porto Alegre: Artes Médicas, 1993.

FORQUIN, Jean-Claude. Saberes escolares, imperativos e dinâmicas sociais. **Revista Teoria & Educação**, Porto Alegre, 1992, n. 5, p. 28-49.

FOUCAULT, Michel. **Vigiar e punir**: nascimento da prisão. Tradução de Raquel Ramalhete. Petrópolis: Vozes, 1999.

FREIRE, Paulo. **Educação como prática da liberdade**. Rio de Janeiro: Paz e Terra, 1999.

FREIRE, Paulo. **Pedagogia da autonomia**: saberes necessários à prática educativa. Rio de Janeiro: Paz e Terra, 1997a.

FREIRE, Paulo. **Pedagogia da esperança**: um reencontro com a pedagogia do oprimido. Rio de Janeiro: Paz e Terra, 1997b.

FREIRE, Paulo. **Pedagogia do oprimido**. Rio de Janeiro: Paz e Terra, 1987.

GABRIEL, Carmem Tereza; CAVALIERE, Ana Maria. Educação integral e currículo integrado: quando dois conceitos se articulam em um programa. *In*: MOLL, J. (org.). **Caminhos da educação integral no Brasil**: direito a outros tempos e espaços educativos. Porto Alegre: Penso, 2012.

GALEANO, Eduardo. **De pernas para o ar**: a escola do mundo ao avesso. Porto Alegre: L&PM, 1999.

GALEANO, Eduardo. Es tempo de vivir sin miedo. *In*: OUTRAS PALAVRAS. São Paulo: Outras Palavras, 13 abr. 2015. Transcrição de entrevista. Disponível em: https://outraspalavras.net/poeticas/galeano-para-viver-sem-medo/. Acesso em: 13 set. 2016.

GAMBOA, Silvio Sánchez (Org). A formação do pesquisador em educação e as tendências epistemológicas. *In*: GAMBOA, Silvio Sánchez. **Pesquisa em educação:** métodos e epistemologias. Chapecó: Argos, 2007. p. 79-123.

GARCIA, Regina Leite (org.). **Método**: pesquisa com o cotidiano. Rio de Janeiro: DP&A, 2003.

GARCIA, Tania Maria Figueiredo Braga. Pesquisa em educação: confluências entre didática, história e antropologia. **Educar em Revista**, Curitiba, n. 42, p. 173-191, out./dez. 2011.

GARCIA, Tania Maria Figueiredo Braga; SCHIMDT, Maria Auxiliadora. **Recriando histórias de São José dos Pinhais**. Curitiba: Núcleo de Pesquisas em Publicações Didáticas da UFPR, 2012.

GASKELL, George (ed.). **Pesquisa qualitativa com texto**: imagem e som. Um manual prático. Petrópolis: Vozes, 2002.

GINZBURG, Carlo. **O queijo e os vermes**: o cotidiano e as ideias de um moleiro perseguido pela inquisição. São Paulo: Companhia das Letras, 1987.

GINZBURG, Carlo. Sinais: raízes de um paradigma indiciário. *In*: GINZBURG, Carlo. **Mitos, emblemas, sinais**: morfologia e história. São Paulo: Companhia das Letras, 1990.

GIROX, Henry; SIMON, Roger. Cultura popular e pedagogia crítica: a vida cotidiana como base para o conhecimento curricular. *In*: MOREIRA, Antônio Flávio; SILVA, Tomaz Tadeu (org.). **Currículo, cultura e sociedade**. São Paulo: Cortez, 2002. p. 93-124.

GODOY, Claudia Márcia de Oliveira. **Programa Mais Educação**: mais do mesmo? um estudo sobre a efetividade do Programa na Rede Municipal de São Luís – MA. 2012. Dissertação (Mestrado) – Universidade Católica de Brasília, 2012.

HALL, Stuart. **Da diáspora**: identidades e mediações culturais. Belo Horizonte: UFMG, 2009.

HELLER, Agnes. **Sociología de la vida cotidiana**. Barcelona: Península, 1987.

HÉRBERT-LESSARD, Michelle; GOYETTE, Gabriel; BOUTIN, Gérald. **Investigação qualitativa**: fundamentos e práticas. Lisboa: Instituto Piaget, 2013.

HUNT, Lynn. A força maleável da humanidade. *In*: HUNT, Lynn. **A invenção dos direitos humanos**. São Paulo: Companhia das Letras, 2009.

INSTITUTO BRASILEIRO DE GEOGRAFIA E ESTATÍSTICA (IBGE). **Cidades**. Rio de Janeiro: IBGE, [201?]. Disponível em: http://www.cidades.ibge.gov.br/xtras/home.php. Acesso em: 14 set. 2016.

INSTITUTO BRASILEIRO DE GEOGRAFIA E ESTATÍSTICA (IBGE). **Pesquisa Nacional por Amostra de Domicílios**. Rio de Janeiro: IBGE, 2013. v. 33.

INSTITUTO NACIONAL DE ESTUDOS E PESQUISAS EDUCACIONAIS ANÍSIO TEIXEIRA (INEP). **Censo escolar da educação básica 2013**: resumo técnico. Brasília: Inep, 2014.

INSTITUTO NACIONAL DE ESTUDOS E PESQUISAS EDUCACIONAIS ANÍSIO TEIXEIRA (INEP). **Publicações no Diário Oficial da União**: Anexo I (2010; 2011; 2012; 2013; 2014; 2015). Brasília: Inep [200?]. Disponível em: http://portal.inep.gov.br/basica-censo. Acesso em: 14 set. 2016.

INSTITUTO NACIONAL DE ESTUDOS E PESQUISAS EDUCACIONAIS ANÍSIO TEIXEIRA (INEP). Políticas de educação integral em jornada ampliada. **Em Aberto**, [s. l.], 2012, v. 25, n.88.

INSTITUTO PARANAENSE DE DESENVOLVIMENTO ECONÔMICO E SOCIAL (IPARDES). **Problemas habitacionais dos assentamentos precários urbanos na Região Metropolitana de Curitiba**: Relatório I. Curitiba: Ipardes, 2010.

KRAMER, Sonia. Autoria e autorização: questões éticas na pesquisa com crianças. **Cadernos de Pesquisa**, São Paulo, 2002, n. 116, p. 41-59.

KRAMER, Sonia. **Por entre as pedras**: arma e sonho na escola. São Paulo: Ática, 1998.

KUHLMANN Júnior., Moyses. **Infância e educação infantil**: uma abordagem histórica. Porto Alegre: Mediação, 1998.

LAHIRE, Bernard. O ator plural. *In*: LAHIRE, Bernard. **O homem plural**: os determinantes da ação. Petrópolis: Vozes, 2002.

LARAIA, Roque de Barros. **Cultura**: um conceito antropológico. Rio de Janeiro: Zahar, 2004.

LARROSA, Jorge. Notas sobre a experiência e o saber de experiência. Tradução de João Wanderley Geraldi. **Revista Brasileira de Educação**, [s. l.], 2002, n. 19, p. 20-28.

LARROSA, Jorge. **Pedagogia profana**: danças, piruetas e mascaradas. Tradução de Alfredo Veiga Neto. Belo Horizonte: Autêntica, 2015.

LAVILLE, Christian; DIONNE, Jean. Problema e problemática. *In*: LAVILLE, Christian; DIONNE, Jean. **A construção do saber**: manual de metodologia da pesquisa em Ciências Humanas. Porto Alegre: Artes Médicas, 1999.

MAFRA, Jason Ferreira. O cotidiano e as necessidades da vida individual: uma aproximação da antropologia de Agnes Heller. **Educação & Linguagem**, São Paulo, 2010, v. 13, n. 21, p. 226-244.

MAFRA, Leila de Alvarenga. A sociologia dos estabelecimentos escolares: passado e presente de um campo de pesquisa em re-construção. *In*: ZAGO, Nadir; CARVALHO, Marília Pinto de; VILELA, Rita Amélia Teixeira (org.). **Itinerários de pesquisa**: perspectivas qualitativas em sociologia da educação. Rio de Janeiro: DP&A, 2003. p. 109-136.

MAIA, Denise da Conceição. O sistema penitenciário. *In*: MAIA, Denise da Conceição. **A falta de qualificação profissional como um dos fatores de reincidência do preso**. 2003. Monografia (Especialização) – UFPR, Curitiba, 2003. p. 3-10.

MANIFESTO dos pioneiros da educação nova. **Revista HISTEDBR On-Line**, Campinas, n. especial, p. 188-204, ago. 2006. Documento. Originalmente publicada em 1932.

MARTINS, Ângela Maria Souza. A educação integral segundo a pedagogia libertária. *In*: COELHO, Lígia Martha. **Educaçãointegral**: história, política e práticas. Rio de Janeiro: Rovelle, 2013. p. 15-29.

MARTUCCELLI, Danilo; DUBET, François. **En la escuela**. [S. l.]: Losada, 1998.

MATOS, Scheila Cristina. Monteiro; MENEZES, Janaína Specht da Silva. Os saberes experenciais nas práticas educativas das turmas de jornada ampliada atendidas pelo Programa Mais Educação: um estudo de caso em Duque de Caxias. **Revista Reflexão e Ação**, Santa Cruz do Sul, 2012, v. 20, n. 1, p. 38-55.

MENDES, Jefferson Marcel Gross. Ocupação do solo em Piraquara: diretrizes de zoneamento. **Revista das Faculdades Santa Cruz**, [s. l.], 2009, v. 7, n. 1, p. 43-54.

MINAYO, Maria Cecília de Souza. **O desafio do conhecimento**: pesquisa qualitativa em saúde. São Paulo: Hucitec, 2006.

MOLL, Jaqueline (org.). **Caminhos da educação integral no Brasil**: direito a outros tempos e espaços educativos. Porto Alegre: Penso, 2012.

MORAES, Carmen Sylvia Vidigal; CALSAVARA, Tatiana; MARTINS, Ana Paula. O ensino libertário e a relação trabalho e educação: algumas reflexões. **Educação e Pesquisa**, São Paulo, 2012, v. 38, n. 4, p. 997-1.012.

OLIVEIRA, Sandra Regina. Das imagens à imagem estética. *In*: OLIVEIRA, Sandra Regina. **Leitura de imagens para a educação**. 1998. Tese (Doutorado em Educação) – PUC-SP, São Paulo, 1998.

ORGANIZAÇÃO DA NAÇÕES UNIDAS (ONU) Programa das Nações Unidas para o Desenvolvimento. **Atlas do desenvolvimento humano no Brasil**. Brasil: Pnud; Ipea; Fundação João Pinheiro, 2010. Disponível em: http://www.atlasbrasil.org.br/2013/pt/o_atlas/o_atlas_/. Acesso: 14 set. 2016.

ORLANDI, Eni Pulcinelli. **Discurso e leitura**. São Paulo: Cortez, 1993.

OZ, Amós. **Como curar um fanático**. São Paulo: Companhia das Letras, 2016.

PAIVA, Vanilda Pereira. **Educação popular e educação de adultos**. São Paulo: Loyola, 1973.

PARANÁ. Coordenação da Região Metropolitana de Curitiba. **Localização das áreas de proteção ambiental**. Paraná: Secretaria do Desenvolvimento Urbano, 2004. Disponível em: http://www.comec.pr.gov.br/arquivos/File/LocalizacaoAPAs.pdf. Acesso em: 14 set. 2016.

PAULA, Elaine de; FILHO, João Josué da Silva. As brincadeiras das crianças de um quilombo catarinense: imaginação, criatividade e corporalidade. *In:* ARROYO, Miguel; SILVA, Mauricio Roberto da. **Corpo infância**: exercícios tensos de ser criança. Por outras pedagogias dos corpos. Petrópolis: Vozes, 2012, p. 184-211.

PELLIZZARO, Patrícia Costa; HARDT, Letícia Peret Antunes. **Efetividade do planejamento urbano e regional**: a cidade planejada e a cidade real. Trabalho apresentado ao Encontro da Anppas, 3., 2006, Brasília.

PENN, Gemma. Análise semiótica de imagens paradas. *In:* GASKELL, George (ed.). **Pesquisa qualitativa com texto**: imagem e som. Um manual prático. Petrópolis: Vozes, 2012.

PEREIRA, Kátia dos Santos. **A retomada da educação integral em Brasília**: fiel à concepção original de Anísio Teixeira? 2012. Dissertação (Mestrado em Educação) – Universidade Católica de Brasília, Brasília, 2012.

PIRAQUARA. **Atlas geográfico de Piraquara**. (Produção Didática). Paraná: Prefeitura Municipal, 2003. 5 mapas.

PIRAQUARA. **DVD Conhecendo Piraquara**. (Produção Didática). Paraná: Prefeitura Municipal, 2007. 1 DVD.

PIRAQUARA. **Regional Piraquara (mapa)**. Paraná: Secretaria de Meio Ambiente e Urbanismo, [201?]. 1 mapa. Disponível em: http://www.piraquara.pr.gov.br/facoparte/Mapa+Regional+218+4501.shtml. Acesso em: 14 set. 2016.

ROCHA, Décio; DEUSDARÁ, Bruno. Análise do conteúdo e análise do discurso: aproximações e afastamentos na (re) construção de uma trajetória. **Alea**: Estudos Neolatinos, Rio de Janeiro, 2005, v. 7, n. 2, p. 305-322.

ROCHA, Neusa Terezinha da. **TIC's**: tessituras, visibilidades e viabilidades na aprendizagem do aluno do Programa Mais Educação. 2012. Monografia (Especialização) – UFRGS, Porto Alegre, 2012.

ROCKWELL, Elsie (org.). **La escuela cotidiana**. México: Fondo de Cultura Económica, 1997.

RODRIGUES, Ricardo Crisafulli. Análise e tematização da imagem fotográfica. **Ciência daInformação**, Brasília, 2007, v. 36, n. 3, p. 67-76.

ROMANELLI, Guilherme. **A música que soa na escola**: estudo etnográfico nas séries iniciais do ensino fundamental. 2009. Tese (Doutorado) – UFPR, Curitiba, 2009.

ROMANELLI, Otaíza de Oliveira. **História da educação no Brasil (1930/1973)**. Petrópolis: Vozes, 2001.

SACRISTÁN, José Gimeno. **El valor del tiempo en educación**. Madrid: Morata, 2008.

SACRISTÁN, José Gimeno. Escolarização e cultura: a dupla determinação. *In*: SILVA, Luiz Eron (org.). **Reestruturação curricular**: novos mapas culturais, novas perspectivas educacionais. Porto Alegre: Sulina, 1996. p. 34-57.

SANTOS, Boaventura de Sousa. **Para um novo senso comum**: a ciência, o direito e a política na transição paradigmática. São Paulo: Cortez, 2011.

SARAMAGO, José. **Ensaio sobre a cegueira**. São Paulo: Companhia das Letras, 1995.

SARMENTO, Manoel. Jacinto. A reinvenção do ofício de criança e aluno. **Atos de Pesquisa em Educação**, [s. l.], v. 6, n. 3, p. 581-603, set./dez. 2011.

SAVIANI, Dermeval. **Pedagogia histórico-crítica**: primeiras aproximações. São Paulo: Autores Associados, 1991.SILVA, Rodrigo Manuel Dias da. O conceito de experiência social em François Dubet: possibilidades analíticas. **Mediações**, [s. l.], 2009, v. 14, n. 1, p. 275-290.

SIMÕES, Renata Duarte. **Integralismo e ação católica**: sistematizando as propostas políticas e educacionais de Plínio Salgado, Jackson de Figueiredo e Alceu Amoroso Lima (1921-1945). Trabalho apresentado ao Anped, Grupo de Trabalho História da Educação, 2005.

SOCHA, Eduardo. Escola de Frankfurt: uma introdução às obras de Theodor Adorno, Walter Benjamin, Herbert Marcuse. **Dossiê Cult**, São Paulo, 2008. Edição especial.

SOUZA, Silvério Augusto Moura Soares de. **Concepção libertária e concepção liberal**: confronto de posições e mentalidades na educação do século XIX. 2008. Dissertação (Mestrado) – UFRJ, Rio de Janeiro, 2008.

TEIXEIRA, Anísio. Educação não é privilégio. **Revista Brasileira de Estudos Pedagógicos**, Brasília, 1989, v. 70, n. 166, p. 435-462, 1989. Disponível em: http://www.bvanisioteixeira.ufba.br/artigos/educacao8.html. Acesso em: 14 set. 2016.

TONUCCI, Francesco. **Com olhos de criança**. Porto Alegre: Artes Médicas, 1997.

TOURAINE, Alain. A intervenção sociológica: o método da sociologia da ação. (Introdução). Tradução de Danielle Ardaillon. **Novos Estudos**, [s. l.], 1982, v. 1, n. 3, p. 36-45.

TOURAINE, Alain. **Sociologie de l'action**. Paris: Editions du Seuil, 1965.

TOURAINE, Alain. **Um novo paradigma para compreender o mundo de hoje**. Petrópolis: Vozes, 2007.

VEIGA-NETO, Alfredo. De geometrias, currículo e diferenças. **Educação & Sociedade**, São Paulo, 2002, ano 23, n. 79, p. 163-186.

VIANA, Giovanny Noceti. **Orientar e disciplinar a liberdade**: um estudo sobre a educação das milícias juvenis integralistas (1934-1937). 2008. Dissertação (História) – Ufsc, Santa Catarina, 2008.

VIÑAO FRAGO, Antônio. Do espaço escolar e da escola como lugar: propostas e questões. In: VIÑAO FRAGO, Antônio; ESCOLANO, Augustín. **Currículo e subjetividade**. Rio de Janeiro: DP&A, 1998, p. 59-135.

VINCENT, Guy; LAHIRE, Bernard; THIN, Daniel. Sobre a história e a teoria da forma escolar. **Educação em Revista**, Belo Horizonte, n. 33, p. 7-47, jun. 2001.

WADI, Yonissa Marmitt; OLINTO, Beatriz Anselmo; CASAGRANDE, Attiliana de Bona. Filantropia, privatização e reforma: cenários da assistência psiquiátrica no estado do Paraná. **Histórias, Ciências e Saúde**, Rio de Janeiro, 2015, v. 22, n. 4, p. 1.353-1.371.

WAUTIER, Anne Marie. Para uma sociologia da experiência. Uma leitura contemporânea: François Dubet. **Sociologias**, Porto Alegre, 2003, ano 5, n. 9, p. 174-214.

WILLIAMS, Raymond. **Cultura e sociedade**. São Paulo: Nacional, 1970.

XERXENEVSKY, Lauren Lewis. **Programa Mais Educação**: avaliação do impacto da educação integral no desempenho de alunos do Rio Grande do Sul. 2012. Dissertação (Mestrado) – Porto Alegre, 2012.

ZEITLER, André; GUÉRIN, Jérôme. La construction de l'expérience: entretien avec François Dubet. **Recherche et Formation**, France, maio 2012.